CDRF
中国发展研究基金会
China Development Research Foundation

大数据赋能公共治理

Big Data Empowerment in Public Governance

中国发展研究基金会　著

中国发展出版社
CHINA DEVELOPMENT PRESS

图书在版编目（CIP）数据

大数据赋能公共治理 / 中国发展研究基金会著. 北京 : 中国发展出版社，2024. 11. -- ISBN 978-7-5177-1432-3

Ⅰ. D035-0

中国国家版本馆CIP数据核字第2024N2N509号

书　　名：大数据赋能公共治理
著作责任者：中国发展研究基金会
责 任 编 辑：王海燕
出 版 发 行：中国发展出版社
联 系 地 址：北京经济技术开发区荣华中路22号亦城财富中心1号楼8层（100176）
标 准 书 号：ISBN 978-7-5177-1432-3
经　销　者：各地新华书店
印　刷　者：北京博海升彩色印刷有限公司
开　　本：787mm × 1092mm　1/16
印　　张：29
字　　数：480千字
版　　次：2024 年 11 月第 1 版
印　　次：2024 年 11 月第 1 次印刷
定　　价：138.00元

联 系 电 话：（010）68990635　68990625
购 书 热 线：（010）68990682　68990686
网 络 订 购：http://zgfzcbs.tmall.com
网 购 电 话：（010）88333349　68990639
本 社 网 址：http://www.develpress.com
电 子 邮 件：187182397@qq.com

“大数据赋能公共治理研究”课题组*

课题顾问

方　晋　　中国发展研究基金会副理事长兼秘书长

课题负责人

俞建拖　　中国发展研究基金会副秘书长

课题协调人

朱美丽　　中国发展研究基金会研究三部副主任

课题组成员

严　军　　上海市人民政府发展研究中心党组成员、副主任

赵　青　　四川省人民政府办公厅研究四处处长

李冬莲　　贵州省人民政府发展研究中心产业处处长

孟天广　　清华大学社会科学学院党委书记、教授

郭　丰　　中国信息通信研究院政策与经济研究所副总工、正高级工程师

张　楠　　清华大学公共管理学院教授、清华大学计算社会科学与国家治理实验室副主任

* 课题完成时间：2022 年 12 月。

马　亮　　北京大学政府管理学院教授
郑　磊　　复旦大学国际关系与公共事务学院教授
柳立子　　广州市社会科学院城市文化研究所所长、研究员
张少彤　　清华大学公共管理学院决策科学实验室副主任
王　翔　　复旦大学数字与移动治理实验室研究员
都　静　　中国发展研究基金会公共关系部主任
赵崧妍　　中国发展研究基金会研究三部项目主任
范振婷　　中国发展研究基金会研究三部项目主任
何　伟　　中国发展研究基金会研究三部项目主任
褚冬晓　　中国发展研究基金会研究三部项目主任
钱胜存　　中国发展研究基金会研究三部项目主任
李姚姚　　中国发展研究基金会研究三部原项目主任

序　言

PREFACE

随着全球进入数字化时代，大数据正以前所未有的速度和深度融入社会的各个领域。当前，我国已经开启全面建设社会主义现代化国家的新征程，对实现国家治理体系和治理能力现代化提出了新的更高的要求。数字技术与公共治理的结合正在重塑政府公共产品或服务的组织生产方式，提升部门管理效能。大数据通过精准的数据分析和智能化的技术手段，提高了治理的精细化和个性化水平，为政府的科学决策提供坚实基础的同时，也增强了公众对政府的信任，促进了国家与社会的良性互动，具有很强的战略意义。

面对数字时代对政府治理能力提出的新要求，国家积极完善治理体系，将大数据等方法、手段应用于政府治理的过程之中。“十四五”规划提出，“要迎接数字时代，以数字化转型驱动治理方式变革”。2020年发布的《中共中央 国务院关于构建更加完善的要素市场化配置体制机制的意见》明确将数据定义为生产要素，突出强调了数据治理在国家治理现代化建设中的重要作用。

中国不断拓展数字技术在治理领域的应用，从工具化的“电子政务”走向综合化的“数字政府”、从一元化的“政府管理”走向多元化的“数字治理”、从单向性的“以政府为中心”走向互动化的“以人民为中心”。当前，北京、上海、浙江、广东、四川、贵州等地在结合本地区具体情况的前提下，逐步形成了各具特色的数字治理模式，以数字化、网络化、智能化技术赋能城市建设，切实增强了人民群众的幸福感、获得感，推进了政府治理体系和治理能力现代化进程。在对地方数字治理实践感到鼓舞的同时，我们也看到了大数据赋能公共治理过程中出现了各职能部门数据共享存在壁垒、传输数据质量不高、平台功能重复较多、平台辅助政策效用有待提升、平台算法有待提升、应用场景有待拓展等问题。

有鉴于此，中国发展研究基金会于2020年成立“大数据赋能公共治理研究”课题组，梳理大数据赋能公共治理的理论迭代与模式演化过程，整理我国大数据相关的公共政策脉络，剖析北京、上海、浙江、四川、贵州、广州等地方政府和京东、腾讯、清华同方等企业将大数据应用于公共治理的典型案例，讨论大数据赋能公共治理的关键问题与障碍，并在对比国际案例、结合实地调研成果的基础上，提出相关政策建议。

本课题的顺利完成，得益于课题组全体成员的辛勤付出和众多专家与单位的鼎力支持。东京海上日动火灾保险株式会社为本课题研究提供了赞助支持。北京市城市管理综合行政执法局、北京市朝阳区城市管理指挥中心、海淀（中关村科学城）城市大脑智能运营指挥中心、广州市交通规划研究院和广州市城市规划勘测设计研究院为本课题提供调研场地支持。各课题的专家团队为本课题提供了扎实的研究资料。在中国发展研究基金会内部课题组成员的工作中，俞建拖作为课题组组长承担了课题研究设计、实施和相关报告的撰写工作，朱美丽作为课题协调人具体负责课题推进工作，赵崧妍、李姚姚作为项目组成员共同完成了课题相关协调保障工作并参与研究和写作。

为使课题研究具有坚实的基础和广阔的视角，中国发展研究基金会先后多次组织召开专家座谈会，并委托高校和研究机构学者以及政策咨询系统相关研究人员撰写了11份专题报告，这些报告及其研究团队负责人分别是:《专题

一 大数据赋能公共治理的理论迭代与模式演化》（孟天广）、《专题二 国内推动大数据应用于公共治理的政策现状》（郭丰）、《专题三 国内大数据应用于公共治理的地方实践——上海实践》（严军）、《专题三 国内大数据应用于公共治理的地方实践——浙江实践》（王翔）、《专题三 国内大数据应用于公共治理的地方实践——广州实践》（柳立子）、《专题三 国内大数据应用于公共治理的地方实践——四川实践》（赵青）、《专题三 国内大数据应用于公共治理的地方实践——贵州实践》（李冬莲）、《专题五 大数据赋能公共治理的现状》（郑磊）、《专题六 大数据赋能公共治理的关键问题与障碍》（张楠）、《专题七 公共治理中大数据应用的国际案例、经验与启示》（马亮）、《专题八 大数据治理时代政府适应性改革的政策建议》（张少彤）。在上述领域的专题研究及补充研究的基础上，课题组进一步完成了本项研究的主报告。目前出版的《大数据赋能公共治理》一书，汇总了总报告及上述专题报告的最终成果。

希望这项课题的完成，能够为我国大数据与公共治理领域的政策制定提供参考价值。同时，也期待能够引起更多政府部门、专业人士和社会公众对大数据与公共治理的思考和讨论，推动实现我国治理体系和治理能力现代化的目标。

值本书付梓之际，谨代表中国发展研究基金会对课题组全体成员以及为课题顺利完成提供支持和帮助的单位与个人，表示诚挚的感谢。

中国发展研究基金会副理事长兼秘书长 方晋

2024 年 11 月

目　录

CONTENTS

总报告

第一篇　理论基础

第二篇　应用实践

专题二　国内推动大数据应用于公共治理的政策现状

专题三　国内大数据应用于公共治理的地方实践

专题四　企业参与大数据赋能公共治理的实践案例

第三篇　成效与问题

专题五　大数据赋能公共治理的现状

总报告*

一、引言

随着信息技术和互联网技术的发展，人类社会逐步进入以大数据为基础的数字时代。党的二十大报告明确指出，要以中国式现代化全面推进中华民族伟大复兴。当前，我国已经开启全面建设社会主义现代化国家的新征程，对实现国家治理体系和治理能力现代化提出了新的更高的要求。大数据（数字）赋能公共治理作为新时代治理领域的重要议题，以其鲜明的时代性和创新性受到广泛关注。

以互联网的普及为重要标志的数字时代的到来，不仅改变了人们的生产和生活方式，也塑造了新的政府治理方式。在数字时代的背景下，将大数据等方法、手段应用于政府治理的过程之中，成为推进国家治理体系和治理能力现代

* 本报告作者为中国发展研究基金会“大数据赋能公共治理研究”课题组。

化建设的题中应有之义。时代的变革不仅为我国公共治理带来新的机遇，更带来了新的挑战。

（一）把握时代性是数字治理的方向所指

以“中国之治”有效应对“时代之变”，是党和国家在百年奋斗过程中的成功密码。面对数字时代对政府治理能力提出的新要求，国家积极完善治理体系。《中华人民共和国国民经济和社会发展第十四个五年规划和2035年远景目标纲要》提出，要迎接数字时代，以数字化转型驱动治理方式变革。2020年发布的《中共中央 国务院关于构建更加完善的要素市场化配置体制机制的意见》明确将数据定义为生产要素，突出强调了数据治理在国家治理现代化建设中的重要作用。党的二十大报告中强调了推进“数字中国”建设的重要性。在数字时代的背景下，推进国家治理体系和治理能力现代化建设，要求必须将大数据等方法手段应用于政府治理的过程之中。

一是抓住数字治理新机遇。20世纪90年代以来，我国政府历经办公自动化、政务电子化、政务移动化3个阶段，新时代背景下，建设数字政府、智慧政府是必然之路。我国数据量大，数字治理规模效应正在形成。数据是重要的生产要素，我国经济社会生态等海量数据已深入应用到政府治理中，例如“互联网＋政务服务”“互联网＋监管”“互联网＋督察”等工程在社会中已耳熟能详；利用大数据平台分析风险，提高感知、预测、防范能力，“互联网＋N”使教育、就业、社保、医药卫生、住房、交通、生态建设等应用场景逐渐丰富，各地建设如火如荼，跨部门、跨层级、跨区域、跨领域的平台融合、协同联动不断提升，数字红利时代已来临。

二是应对数字治理新挑战。数字时代在为国家治理提供了强有力的新手段与新工具的同时，也带来了更多挑战与要求。大数据赋能公共治理已然成为国家治理体系和治理能力现代化的必要途径、重要组成和核心基础，已然成为时代发展、国家安全与国家治理的必然趋势、必然要求与必然选择。

首先，近年来，在数字技术参与下，市场化、城镇化和网络化“三化叠加”驱动的社会经济现代化为我国治理体系和治理能力带来新挑战。市场化带来社会利益诉求多元化，公民对治理的参与意愿上升，对公共服务质量要求提高。我国城镇化在时间和空间维度上相对集中，各种社会问题短期内骤发，社会冲突呈现出频度高、强度大、类型多样、相互关联、扩散性强等特征。网络化引起网络行动主义浪潮，酝酿着新生社会风险，更为集体行动提供了重要的组织资源和信息机制。其次，数字时代政府治理与社会治理的转型为国家治理理念、治理方式、治理体系带来内在挑战。理念上，数字时代倡导政社协同共治、公众参与、政民互动的理念，要打破政府与市场、社会的传统边界，提升透明度。方式上，数字时代呼吁决策基于理论模型和数据分析，用科学决策逐步取代经验决策。体系上，数字时代亟须围绕数据这一生产要素制定数据公开、数据采集、数据保护、数据交易等方面的制度体系。

面对种种挑战，国家通过构建主体明确的治理参与机制、完善流程规范的协同治理制度、打造信息集成的治理决策系统、培育专业的治理人才队伍等手段，以系统思维创新我国社会治理模式，构建虚拟网络与现实社会深度融合下数字政府高效治理网络社会的协同机制，加快实现国家治理体系与治理能力现代化[①]。

（二）助力现代化是数字治理的职责所在

当前，我国已经开启全面建设社会主义现代化国家的新征程，对实现国家治理体系和治理能力现代化提出了新的更高的要求。数字治理作为新时代国家治理体系和治理能力现代化建设的重要组成部分，受到党和国家领导人高度重

① 杨晓光、陈凯华、郑晓龙等:《数字技术赋能国家治理现代化建设：挑战及应对》,《国家治理》2023 年第 5 期。

视，国家层面的战略文件也纷纷指出数字政府建设的重要性。

党的十八届三中全会、党的十九届四中全会明确提出推进国家治理体系和治理能力现代化的总目标，高度重视大数据、人工智能、区块链等新兴技术在治理中的应用，在国家层面形成多项顶层设计以推进政府治理、经济治理和社会治理数字化转型，尤其强调数字技术对政务公开、公共服务、政府监管等各方面的重要价值。《中华人民共和国国民经济和社会发展第十四个五年规划和2035年远景目标纲要》提出要提高数字政府建设水平，将数字化变革的客观要求落实到政府治理领域。

二、大数据赋能公共治理的整体进展

（一）党中央始终高度重视

党的十八大以来，以习近平同志为核心的党中央放眼未来、顺应大势，作出建设数字中国的战略决策，进行了一系列总体布局；各级各部门高度重视大数据在公共治理现代化当中的作用，立足时代发展趋势和我国发展需要，制定了详细规划，明确了具体要求。

推动互联网、大数据、人工智能和实体经济深度融合，善于运用互联网技术和信息化手段开展工作等写入党的十九大报告后，我国大数据产业和数字政府建设工作上升到新高度。2022年4月，习近平总书记在主持召开中央全面深化改革委员会第二十五次会议时强调，要全面贯彻网络强国战略，把数字技术广泛应用于政府管理服务，推动政府数字化、智能化运行，为推进国家治理体系和治理能力现代化提供有力支撑①。这一明确而具有洞察力的指引，为我国大

① 《习近平主持召开中央全面深化改革委员会第二十五次会议强调 加强数字政府建设 推进省以下财政体制改革》,《人民日报》2022年4月20日。

数据技术和数字政府建设发展提供了新的指导。

2014年3月，大数据首次写入政府工作报告后，国务院常务会议上多次提及“大数据”，内容涉及企业信息监管、健康医疗、疾病防治、灾害预防、社会保障、电子政务、服务贸易、在线审批等方面。此后，中央领导在考察调研和部署政府工作的多个场合都反复强调，要开发应用好大数据这一基础性战略资源。近年来，“互联网+政务服务”“透明化”“最多跑一次”“加快政府信息系统互联互通，打通信息孤岛”等，都已经成为耳熟能详的话语。

宏观政策方面，“十二五”时期特别是党的十八大之后，中央网络安全和信息化领导小组[①]成立，通过完善顶层设计和决策体系，加强统筹协调，作出实施网络强国战略、大数据战略、“互联网+”行动等一系列重大决策，开启了信息化发展新征程。在《中华人民共和国国民经济和社会发展第十四个五年规划和2035年远景目标纲要》中，数字化发展成为令人瞩目的关键词。数字化发展规划部分，“提高数字政府建设水平”单独成章，并被细化为加强公共数据开放共享、推动政务信息化共建共用、提高数字化政务服务效能三大方面。此外，在国务院印发的《“十三五”国家信息化规划》中，建立统一开放的大数据体系及数据资源共享开放被作为重大任务、重大工作和优先行动。在2021年政府工作报告中，数字化政府转型加速，加强数字政府建设、建立健全政务数据共享协调机制、进一步扩大电子证照的应用领域和互通互认，实现更多政务服务事项“一次认证、全网通办”和建设数字中国成为重要内容。

（二）政策规范不断健全

近年来，我国不断拓展数字技术在治理领域的应用，治理领域正从工具化的“电子政务”走向综合化的“数字政府”、从一元化的“政府管理”走向多元

① 2018年3月，中央网络安全和信息化领导小组改为中央网络安全和信息化委员会。

化的“数字治理”、从单向性的“以政府为中心”走向互动化的“以人民为中心”。面对转型中涌现出的新问题和新需求，我国正着力建立健全数字技术治理的政策规范，引导数字技术更有效地为人民服务、为社会服务。当前，我国关于数字技术规范的法律法规已经初步形成一套权责协同、关注安全、强调隐私的综合性规范体系（见表 1）。

表 1　具有代表性的数字技术相关法律法规

实施时间	名称	主要内容
2017 年 6 月 1 日	《中华人民共和国网络安全法》	网络空间治理目标、网络安全政策的透明度、政府各部门网络治理职责权限、网络安全监管体制、关键信息基础设施保护、网络安全义务和责任
2021 年 9 月 1 日	《中华人民共和国数据安全法》	数据安全与发展、数据安全制度、数据安全保护义务、政务数据安全与开放、数据安全法律责任
2021 年 9 月 1 日	《关键信息基础设施安全保护条例》	关键信息基础设施认定、运营者责任义务、保护工作部门具体分工
2021 年 10 月 1 日	《汽车数据安全管理若干规定（试行）》	汽车重要数据范围、汽车领域个人信息保护工作基本原则、汽车数据处理具体管理要求
2021 年 11 月 1 日	《中华人民共和国个人信息保护法》	不同信息概念适用范围、个人信息处理基本原则、个人信息及敏感个人信息处理规则、个人信息跨境传输规则、各参与主体权责
2022 年 2 月 15 日	《网络安全审查办法》	确保关键信息基础设施供应链安全、保障网络安全和数据安全

资料来源：作者根据相关资料整理。

2014 年 3 月，大数据首次被写入政府工作报告，中国大数据政策开始起步。此后，大数据战略的中央政策发展大致经历了预热阶段、起步阶段、落地阶段和深化阶段 4 个阶段，我国正不断从数据大国向数据强国迈进。时至今日，中共中央办公厅、国务院办公厅以及工业和信息化部、国家发展和改革委员会、国家互联网信息办公室等部门已经印发大量政策文件，从宏观和中观两个维度推动大数据及电子政务工作发展，覆盖范围涉及总体战略、数据市场、政务公开、大数据中心、信息产业等多个领域，构建了一套结构清晰、目的明确、协同有效、多元共进的数字化战略发展中央政策体系。

在中央政策支持下，各地方积极开展广泛的数字政府建设探索工作。自党的十九届四中全会明确提出推进数字政府建设以来，数字政府建设就成为各级政府的数字化“一号工程”。在各地陆续发布的“十四五”规划或数字政府、智慧城市建设“十四五”专项规划中，数字政府建设成为重点和亮点，“一体化”“标准化”“服务化”“智能化”等关键词频频出现，反映出各地方政府充分把握中央精神，立足时代发展需要，结合政府转型的基本趋势和本地区发展的独特情况，在实践基础上推动数字政府建设有序发展。值得关注的是，2021 年是“十四五”开局之年，为响应中央号召，贯彻落实数字政府建设工作要求，各省在 2021 年省政府工作报告中也提及要持续发力政府职能转变，深化“放管服”改革，优化营商环境，进一步加强数字政府建设等内容。

政策先导必须与法治建设同行，大数据发展的积极政策必须以可靠的制度条例为保障。截至 2021 年 10 月，贵州、深圳、上海、天津、海南、山东、山西、安徽、吉林等省市相继出台了大数据治理相关条例（见表 2），其他多个省份也都在积极制定中，例如，2022 年 4 月，广西壮族自治区大数据发展局公开发布了《关于征求〈广西壮族自治区大数据发展条例（征求意见稿）〉修改意见的函》。各地管理条例或着眼于全局性综合性发展，关注多领域协同推进，或以关键领域治理条例为制度先导，集中力量优先解决大数据治理中的重点难点。此外，为加快数字政府建设进程，推动电子政务及信息化发展，各省陆续出台了因地制宜的相关规划或整体工作方案，而数据开放立法规则成为各地政府关注的重点。

表 2　具有代表性的大数据相关地方性法规

实施时间	名称	主要内容
2016 年 3 月 1 日	《贵州省大数据发展应用促进条例》	数据采集、数据共享开发、数据权属、数据交易、数据安全、“云上贵州”
2022 年 1 月 1 日	《深圳经济特区数据条例》	数据相关权益范围和类型、个人数据保护、公共数据治理、数据要素市场、数据全生命周期安全、数据领域公益诉讼、相关法律责任
2019 年 1 月 1 日	《天津市促进大数据发展应用条例》	政府单位数据采集管理的主体责任和主要职责、数据产业发展的相关政策、大数据在制造业和服务业的应用
2019 年 11 月 1 日	《海南省大数据开发应用条例》	大数据共享、大数据开放和安全保障、数据交易环境、大数据产业促进
2022 年 1 月 1 日	《山东省大数据发展促进条例》	数据安全责任制、数据资源目录管理、数据采集边界、数据跨境审查
2020 年 7 月 1 日	《山西省大数据发展应用促进条例》	政府管理职责、大数据发展应用政策、服务保障措施
2021 年 5 月 1 日	《安徽省大数据发展条例》	数据资源归集整合、数据资源开发应用、数据安全管理、大数据发展
2021 年 1 月 1 日	《吉林省促进大数据发展应用条例》	数据处理、发展应用、促进措施、数据安全与保护

资料来源：作者根据相关资料整理。

（三）体制机制不断完善

当前，我国已初步形成了从中央到地方的较为完善的大数据治理体制。基于《深化党和国家机构改革方案》等一系列体制机制改革方案，我国构建了中央政府多方协同、地方政府整合统一的大数据管理机构体系。

在中央政府层面，各个部门拆分大数据治理相关职能，在本部门权限边界内履行大数据管理责任。中央网络安全和信息化委员会办公室（国家互联网信息办公室）作为互联网管理的主体，重点关注互联网领域大数据信息管理、信息安全、文化宣传等领域。工业和信息化部通过其下设的信息技术发展司、信息通信发展司、信息通信管理局和网络安全管理局管理大数据治理相关事项，重点关注大数据产业管理、大数据基础设施建设、大数据技术发展、打击大数据信息犯罪等领域。国家发展和改革委员会下设高技术司，其职责为组织实施国家大数据战略，衔接平衡信息化发展规划与国家发展规划，推动信息化工业化协同建设工作。国家市场监督管理总局下设反垄断局和网络交易监督管理司，分别负责大数据领域反垄断事务和网络交易相关大数据管理工作。公安部下设全国公安大数据工作领导小组、公安部“互联网＋政务服务”平台和公安部大数据中心和备份中心，既强调利用大数据充分赋能社会安全治理，建立智慧公安，又关注严厉打击危害数据安全的各类违法犯罪活动，维持并保障大数据治理的基本安全。

在地方政府层面，大数据治埋领域的各项职能通常被统一纳入独立的大数据管理机构。省级大数据管理机构成立途径可分为通过职能整合组建新机构（职能更为专业但较为单一）、赋予其他机构数据管理方面职能并挂牌（职能多与原机构职能存在交叉重合）两类。参考各管理机构网站主要职责介绍，各省大数据管理相关机构的职能定位总体集中在制定和宣传政府数据治理的理念、战略、行动方案并进行监管，政务信息整理及公开、共享，政府数字政务一体化平台及公共数据平台的运营维护，推动大数据相关产业发展及行业管理，数据管理问题，资金安排及项目审批，对外交流合作，人才队伍建设等工作。

（四）数字治理支撑践行全过程人民民主

2019 年 11 月 5 日，习近平总书记在《关于〈中共中央关于坚持和完善中国特色社会主义制度 推进国家治理体系和治理能力现代化若干重大问题的决定〉的说明》中指出，建议更加重视运用人工智能、互联网、大数据等现代信息技术手段提升治理能力和治理现代化水平①。数字治理为全过程人民民主的探索提

① 《习近平关于〈中共中央关于坚持和完善中国特色社会主义制度 推进国家治理体系和治理能力现代化若干重大问题的决定〉的说明》，《人民日报》2019 年 11 月 6 日。

供了新的路径，让全过程人民民主的制度优势更好地转化为治理效能，促进国家治理体系与治理能力现代化。

在政策支持下，我国着力推动数字政府建设，以数字化手段畅通群众诉求表达渠道，破解公众参与社会管理难题。党的二十大报告起草过程中，中央有关部门专门开展了网络征求意见活动，收到854.2万多条留言。2022年政府工作报告起草组收到网民建言近百万条，报告起草组对1100多条代表性建言中的重点意见予以吸收。政府门户网站交流互动能力持续增强。2022年，70%以上的政府网站已迁入集约化运营平台运行，为企业和群众提供统一便捷的交流访问渠道[①]。

国务院关于加强数字政府建设的重大决策部署，提出要以数字问责增强决策的透明度和责任意识，提升行政监督水平。以信息化平台固化行政权力事项运行流程，推动行政审批、行政执法、公共资源交易等全流程数字化运行、管理和监督，促进行政权力规范透明运行。

三、大数据赋能公共治理的主要实践经验与问题

（一）各地实践总结

当前，国家治理体系和治理能力现代化不断发展，以大数据为代表的各类新型信息技术在这一过程中被视为助力发展的重要支柱。随着我国经济社会发展水平快速提高，各地已经拥有开展大数据赋能公共治理工作的基础。在结合本地区具体情况的前提下，我国许多地区逐步形成了各具特色的治理模式。从政府出发，在实践中产生了北京、上海、浙江、广州、四川、贵州等不同地区

① 国家互联网信息办公室：《数字中国发展报告（2022年）》。

的有益经验。

1. 北京实践

作为首都，北京市既面临超大城市治理的普遍性问题，又面临首都治理的特殊性问题。在实践中，具体表现为：治理对象规模巨大、复杂多元，对治理全覆盖、精细化要求高；治理对象具有高流动性、不确定性，对数据共享、实时反应和风险应对能力要求高；治理问题多主体化，对权责分配、部门协调要求高；治理技术应用困难，对技术普及、平台搭建、技术完善要求高；首都公共治理政治性强，对治理对象、治理能力、治理方式要求高。以上种种问题，为大数据技术在北京市公共治理中的应用提出了需求和挑战。

在北京市推动大数据赋能公共治理工作的进程中，海淀城市大脑、北京城市管理综合执法大数据平台、北京 12345 接诉即办朝阳分中心平台具有典型代表性。3 个平台基于不同领域，在与传统部门融合的基础上，结合各自区位、资源、政策等优势分别开展了关注统筹性、专业性和回应性的实践尝试。值得注意的是，在北京实践中，大数据技术不仅被作为辅助决策的工具，而且成为民众参与城市治理的重要支撑；大数据不仅赋能了科学治理、统一治理，而且赋能了民主治理、规范治理。

北京市大数据赋能公共治理的经验主要可以总结为以下几项。第一，领导高度重视支持，提供关键保障。大数据技术对资源和管理的要求，使得领导支持具有关键意义。第二，发挥城市优势，提供有效支撑。北京市正因为充分发挥资金、智力、政治优势，才能够分别推进大数据赋能公共治理的设施完善、功能完善、民主回应完善。第三，各级管理人员发挥能动性，提供探索动力。各级部门不仅敢想、敢干，而且会想、会干，善于基于新技术思考新问题，基于新方法探索新方向。第四，敢于用数据平台驱动体制机制创新。围绕各大数据平台，北京市各类权责合一、统一高效、沟通流畅、灵活易调的新管理体制不断生成。第五，提高自由度，为创新提供宽松氛围。大数据赋能公共治理的创新性，不仅需要实践者个人敢于创新，更要建立良好的创新氛围。北京市不仅鼓励各具特色的尝试，也在探索过程中充分放权，创造了良好的氛围。

2. 上海实践

作为全国信息化综合发展水平位居前列的城市，上海市政府部门带头示范，率先探索推进公共数据资源的共享和开放，以大数据赋能公共治理。为解决超大型城市公共治理面临的问题，上海市创新、优化城市数据治理机制，运用大数据手段为城市公共治理赋能。通过采集公共数据、设置集成平台、建立共享机制、保障数据安全等做法，以数字化转型驱动治理方式变革，加快数字社会建设步伐，提升数字政府建设水平，打造了大数据赋能公共治理的地方实践样本。

具体而言，上海市将优化城市数据治理机制置于大数据赋能公共治理的核心位置，在实践中主要可以总结为以下几类做法。第一，理数据，形成动态、融合、跨部门的权威专题库。上海市在广泛联合各类机构的基础上建立了公共数据标准体系，在各类数据基础库的基础上加快推进数据专题库建设，并以大数据中心从线上、线下两个渠道建立了数据异议核实处理机制。第二，搭平台，确保数据资源“应编尽编”“应归尽归”。经过多年努力，上海市打造了高度集成的电子政务云，计算能力和储存空间位居全国前列，并基于此打造了功能完全的大数据资源平台。第三，建机制，推进数据高效有序交换共享。在各部门梳理形成公共数据需求清单、责任清单、负面清单的基础上，上海市推行了“1515”数据共享机制，并结合实践要求统筹推进“一网通办”与“一网统管”。第四，保安全，筑牢“制度、技术、管理”三道防火墙。上海市补足补全了“云、网、数、用、维”安全管理制度，落实了公共数据安全分级管理，并建立健全了安全运营监管机制。

3. 浙江实践

浙江省委、省政府在“八八战略”的指引下，持之以恒推进数字化改革，涌现出了一批彰显浙江辨识度、具有全国影响力的应用成果、理论成果和制度成果。

在实践中，浙江省主要从 4 个方面推进大数据赋能公共治理的工作。第一，推动政务服务提质增效。浙江省将公示公开作为重要方法，将提高办事效率作为发展关键，不仅在长期发展中已经形成了著名的“四张清单一张网”，而且初步构建了网上一站办、就近办、线上线下无缝衔接的“一网通办”浙江模式。第二，机关运行管理高效。2019 年浙江省提出“打造机关效能最强省”的工作目标，把“最多跑一次”的理念延伸到机关内部。实践中，浙江省建立了提高机关内部办事效率的“一件事”业务流程，并构建了在线协同办公体系，有效利用大数据赋能机关效率提升。第三，省域治理现代化。就具体内容而言，浙江省基于新冠疫情期间建立完善“健康码”的工作经验，逐步将健康码与公共医疗体系服务对接，并推出了企业码、浙品码等；浙江省强化数字化监管体系，建立了包括浙江公平在线、浙江外卖在线等大数据监管平台；城市大脑建设工作试点展开，在立法规范和应用场景等方面都有较大推进。第四，构建保障体系。大数据赋能公共治理必须深刻嵌入完善的体制机制。在实践中，浙江省强化体制机制保障工作，创新管理体系，并建立了一系列数据管理制度规则。此外，浙江省还建立了共享开放的一体化数据资源体系，推动数据归集、共享、开放和应用。

4. 广州实践

近年来，广州市坚持规划先行与建管并重的治理理念，用数据规划，依数据建设，靠数据管理，将数字城市建设作为全面落实网络强国、数字中国战略的重要内容，作为深化“放管服”改革、推进政府治理体系和治理能力现代化的重要支撑。

在实践中，广州市大数据赋能公共治理主要体现在以下 3 个方面。第一，数字城市，赋能发展。广州市以数定城，夯实底线；以数延链，筑巢引凤。不仅通过大数据技术赋能地质测量、土地规划，还以大数据技术助力协同发展、产业转型。第二，数字建设，精细实施。广州市着力打造全景三维的数字城市，强调建立综合化的数字城市系统模型，并将数字审批作为提升城市治理能力的重要抓手。第三，数字管理，为民谋福。广州市不仅以数字技术留存宝贵的文化遗产，建构文化遗产数字模型，而且发展面向民生的数字政务体系，优化政务服务体验，在诸多方面提升了民众的幸福感、获得感。

5. 四川实践

四川省在公共治理中积极应用大数据赋能，助力政务服务、公共安全、产业发展等工作，切实推动公共治理能力和水平的不断提升。

具体工作中，四川省在以下 5 个领域充分发挥大数据赋能作用，着力提升公共治理水平。第一，以大数据助力基层党建。四川省持续深化基层党建领域改革，整合各类党建网络资源，打通各平台数据通道，推进基层党建工作数字化、智能化运行，切实提升基层党建工作水平。第二，以大数据助力公共管理。四川省充分利用已有数据，建立新的数据管理平台，强化数据的分析运用，着力实现城市管理和自然资源管理的智慧化、精准化。第三，以大数据助力公共服务。四川省充分运用大数据技术，推动公共服务从“可办”向“好办”“易办”转变，在政务服务、民政服务、教育服务和基本医疗 4 个方面取得了良好的成绩。第四，以大数据助力公共安全。大数据为四川省公共安全管理水平的提升提供了新途径，在地质灾害防治、危化品检测、重点物品管理和反电信诈骗等方面发挥了充分作用。第五，以大数据助力产业发展。四川省高度重视大数据在行业中的运用，并积极通过信息化手段，整合和汇聚四川省大数据搭建相关平台，助力农业、文旅等产业发展。

6. 贵州实践

近年来，贵州省作为全国首个国家大数据综合试验区，认真贯彻落实党中央、国务院关于大数据发展的系列决策部署，把大数据作为弯道取直、后发赶超的战略引擎，深入实施大数据战略行动，扎实推进国家大数据（贵州）综合试验区建设，大力推进大数据赋能公共治理工作。

在实践中，贵州省在6个方面取得了大数据赋能公共治理的显著成效。第一，大数据赋能基层党建，助力党建工作高效化。贵州省尝试将大数据运用到党建领域，实现了党员干部全覆盖、党员教育常态化和党建工作的高效化。第二，大数据赋能公共管理，助力政务服务优质化。近年来，贵州省围绕“数据从哪里来、数据放在哪里、数据如何用”问题，开展政府数据“聚通用”攻坚会战，实施“迁云”行动，创新政务信息化建设新机制，建成了“一云一网一平台”。第三，大数据赋能公共服务，助力生产生活便捷化。近年来，贵州省加速推进大数据与公共服务深度融合，利用大数据洞察民生需求，促进资源整合、服务流程再造，在政务民生服务、医疗、旅游、教育、劳动保障等领域运用取得显著成效，不断推动民生服务均等化、普惠化、便捷化。第四，大数据赋能公共安全，助力社会安定长效化。近年来，贵州省不断推进大数据公共安全治理体系，依靠大数据技术的支撑，深入研究公共安全事件及防治基础理论、关键技术、经验教训等，探索运用大数据赋能优势推演公共安全事件的仿真模拟。第五，大数据赋能脱贫攻坚，助力脱贫攻坚成果高质化。贵州省充分利用大数据发展先行优势，将高新科技领域的创新应用与实现贵州脱贫地区跨越发展紧密结合，运用大数据支撑大扶贫，探索出了一套“大数据＋大扶贫”的“贵州战法”。第六，大数据赋能智慧建设，助力城市管理精细化。贵州省深入贯彻落实新发展理念，主动拥抱大数据时代，以数字化、网络化、智能化技术赋能城市建设，政府治理体系和治理能力现代化进程加快推进，群众获得感、社会满意度大幅提升，智慧城市建设成效显著。

（二）存在的问题

1. 各职能部门数据共享存在壁垒，不同功能平台难以有效衔接

数据共享，指为实现数据内外部价值而进行数据共享和交换的一系列活动，包括数据内部共享（企业内部跨组织、部门的数据交换）、外部流通（企业之间的数据交换）、对外开放。在大数据赋能公共治理过程中，职能部门之间和平台间的数据共享问题是赋能不畅、赋能不全、赋能不力的重要原因。

数据共享的政策目标在执行中存在一定困难，主要包括以下 5 个方面。第一，数据需求不明确。这类问题产生的根源是在政府部门运行和履职过程中，对自身的部门职能定位不清晰，具体业务需求不明确。第二，数据内容规范不一致。长期以来，由于我国各区域、各部门信息化发展的时间先后不同，我国信息化与电子政务发展缺乏相对具体的顶层设计规划，导致各部门、各地方的信息化建设采取不同的方式、方法与技术标准，各部门在多数情况下存储目录和编码体系无法兼容。第三，数据共享渠道不通畅。现阶段，电子政务的业务系统都是从中央到地方的“纵向通道”，数据采集录入之后，都直接接入部委系统统一建立的数据库，基层部门是无法留存数据的，因此缺乏在基层的横向之间可信的共享机制，条块分割的现象大量存在。要解决这一问题，需要中央和地方协作。第四，信息数据化程度不充分。在供给领域，各级政府部门文件资源数据化的程度存在很大差异，文件资源数据化的转换速度、合标程度、数据质量和价值参差不齐。此外，各地领导对于数据形态的理解、对数据模式的偏好都会形成该地区数据表现的路径依赖，最终导致政府文件资源数据化程度的不充分。第五，整合共享长效机制不健全。大数据赋能公共治理必然是一项长期性工程。但是，当前政府信息资源数据跨部门的整合共享呈现零散性、短时

性等特点，这主要是因为人的关系被作为建设政务数据共享一体化平台的核心导向，主要领导的意志是推动建设的重要动力，缺乏核心部门的牵头统筹。

2. 传统数据质量不高，无法适配新型大数据平台

现代化政府治理必然基于数据，但基于数据的治理并不必然具有相同的数据需求模式。在从传统治理模式向大数据赋能公共治理模式的发展过程中，对数据的要求也不断提升，主要表现为需要数据多元化、精细化、统一化和实时化。但是，基于传统治理需求所收集的数据并不能完全有效地为大数据平台所用。

传统数据质量不高，主要体现为 3 个方面。第一，大量数据细化程度低。大数据平台所赖以维系的数据必须高度精细化，必须精确到人、精确到点、精确到事。然而，大量传统数据仍停留于“片”和“面”，缺乏足够细化的数据。第二，数据准确化程度低。许多数据与现实状况不符，在系统中呈现为“伪数据”，极大影响了大数据系统的正常运转。第三，数据类型与大数据治理平台的要求不符。大数据治理的全方位性使得其数据需求范围大大扩展，但许多数据所涉及的领域是以往城市治理没有涉及或涉及不深的，这为传统数据进入大数据系统带来了困难。

3. 不同职能部门的平台、新旧平台重复建设，需要融合

当前，对于城市治理现代化的要求大大提高，城市治理现代化水平被纳入城市发展和政府绩效的重要考察标准中。在全国各地，这体现为许多地区争相上马大数据平台，将大数据建设作为城市治理的重要政绩工程。这有利于不同区域和部门因地制宜、精准施策，但也导致对大数据资源的利用不当，在过度消耗资源的同时降低了实际效率。

在实践中，许多平台功能重复，资源浪费；平台之间缺乏互补，存在疏漏，各自为战。因此，数据融合应当是接下来一段时间大数据赋能公共治理发

展的关键点。这并不意味着各地必须将各类大数据平台集中整合为一个机构、一个平台，而是各类大数据平台应当被整合进一个体系、一套规范。当前，数据来源、数据类型以及数据应用都存在普遍的高度重复性，而解决高度重复性、实现大数据赋能公共治理的高效化也必须从数据来源、数据类型及数据应用入手。

4. 平台辅助决策效用有待提升

近年来，大数据项目已成为我国一些地方一项新的政绩工程。一些地方存在"指尖上的形式主义"问题。许多大数据应用更多是传统治理理念和治理模式的简单数字化，浮于表面，流于形式，好看不实用，既没有给公众带来良好的服务体验，也没有提升治理效能，更没有带来深层次的改革和转型，还浪费了大量财政资金。

在实践中，大数据平台在以下 3 个方面没有有效实现辅助决策功能。第一，大数据处理质量低，或者与决策的信息需求较远。一些大数据平台缺乏维护，提供的信息缺乏准确性，无法用于决策。一些大数据平台提供的信息往往具有较低重要性，无法被有效应用于决策。第二，大数据信息缺乏有效的整合机制，许多信息仅仅被作为零散的数据，而不是被集中处理为可供决策参考的明确指引。第三，尚未普遍形成严格有效的辅助决策机制。许多大数据平台重建设而轻应用，呈现数据"聚而不通、通而不用"的状况。长此以往，线上线下"两张皮"必将为大数据赋能公共治理带来不良后果，而领导专报制度或许是大数据充分辅助决策的有效途径。

5. 数据平台算法仍有优化提升空间，数据安全问题值得重视

城市发展不是一成不变的，而是动态演进的，这要求大数据平台必须与时俱进。对于大数据平台而言，实现与时俱进的关键在于算法。在实践中，当下的大数据平台算法仍存在巨大的优化提升空间。

在实践中，大数据平台算法至少包括如下两类问题。第一，过于强调技术刚性，忽视人的自主性。在公共治理实践中，算法实际上具有权力属性，必然被或清晰或潜在地赋予权力内涵，而若是忽视人的自主性，则算法会导致“科学化”的权力对个人实施不当行为，忽视个人的主观能动意义，最终呈现为大数据算法的恶性循环。第二，大数据算法处理能力不足。许多公共治理大数据平台仍然以数据集中和简单的数据处理为主，缺乏新算法的引入。一些大数据平台在数据深度挖掘的领域明显乏力，而包括机器学习在内的 AI 技术则应用普及率更低。在未来，面向社会、提倡人文关怀、充分结合智力资源的大数据平台，方能真正符合大数据赋能公共治理的要义。

6. 大数据应用场景有待进一步拓展

当前，大数据已经进入公共治理各个领域，成为政府治理的重要抓手。但是，大数据赋能公共治理的潜力仍有待挖掘，许多应用场景仍可被进一步拓展。当前，我国大数据赋能公共治理主要集中于建设“整体政府”和“开放政府”。在可预见的将来，大数据应用场景拓展必然伴随着“回应政府”和“濡化政府”的建设发展。

在实践中，一些地区的大数据平台仅仅被用于交通管理、舆情综合、电子政务等领域。但是，实现这些功能所需要的数据并未被完全挖掘出潜力。诉求缺乏回应、管理缺乏监督、一个治理要求缺乏多个治理维度，都使得大数据在赋能过程中实际上无法形成一个有效的闭环。此外，一些部门管理者在路径依赖思维下缺乏创新意识，没有充分意识到大数据能够带来的治理效能；一些部门管理者习惯于将大数据平台作为信息收集工具，却不重视大数据平台的公共服务功能，这必将使得大数据赋能公共治理的应用场景受到限制，数据潜在效能尚待充分发挥。

四、大数据赋能公共治理效能提升的政策建议

（一）树立数字治理意识，提升统筹规划层次

一些地区运用大数据等先进技术推进数字化转型的过程中，在实现数字服务、数字治理、数字民生等方面仍与其他地区存在较大距离。诸多原因中，相关领导不重视、规划能力不强是重要因素。因此，在未来推进我国大数据赋能公共治理的过程中，各级政府应当牢固树立数字治理意识，提升统筹规划层次，增强信息技术能力、数据治理能力、行政决策能力，统一思想，提高认识，重视大数据技术在国家治理现代化中的作用，以整体性安排、合理性规划为大数据赋能公共治理打开道路。

在工作中，围绕业务职能建立“定数据”机制，基于权责关系加强公共数据治理体系建设是当前要务。只有处理好数据权责关系问题，才能让大数据不再成为“走过场”，而是实实在在的数字治理工具，才能提升大数据治理整体效能。数据权责关系不清主要体现在 4 个方面，即重复采集现象普遍、数据归属权不明确、数据管理权不清晰和使用方责任边界模糊。因此，如何破解公共数据治理根源性障碍，可以通过构建以“三权四定”为基础的公共数据治理体系来探索。所谓“三权”是指公共数据的“归属权”“使用权”和“共享管理权”，做到厘清“三权”关系，同时也要注意数字产权区别于传统产权的非排他性、可再生性等特征，避免数据要素在确权过程中产生争议；“四定”是指在部门业务职能“三定”方案（定部门职责、定内设机构、定人员编制）的基础上，增加“定数据”的明确要求，将职能业务映射到数据层面，实现部门“数据职责”清单化管理，整治“指尖上的形式主义”，明晰数据采集对象，减小部门数据处理压力，为形成规范化的政务数据保障责任体系提供有力的指引和依据。

此外，应鼓励省级行业主管部门推进集约化数字支撑系统平台的建设，着力化解行政管理体制层级化与信息体制一体化的矛盾。一方面，省级集约化平台的论证和设计要建立严格的程序和标准，平台建设以构建统一的业务标准和技术标准为基础，需求和设计方案出台过程要对基层地区进行充分的调研，结果要经过基层代表的评审和确认，确保需求和设计能够满足基层实际工作的需要，避免仅考虑省级管理的需求而忽略了基层实际操作的要求。另一方面，在推进集约化平台建设过程中，要明确各级各部门权责划分，积极、快速响应基层个性化要求，增强平台技术时效性、创新性，避免集约化网站“大而不新”。

（二）完善数据采集交易、使用、保护法规政策

大数据不仅关乎公共治理效果，也关乎国家安全和公民权益。大数据所蕴含的效能不仅可以被用于提升公共服务水平，而且可能被用于不良目的，对社会和个人造成威胁。因此，必须充分完善数据采集交易、使用、保护法规政策，防范数据安全风险，增强总体国家安全观，提升公民权益保障意识，落实《中华人民共和国数据安全法》《中华人民共和国个人信息保护法》等法规，加强公共数据安全防护和个人隐私保护。这一工作至少包括两方面内容。第一，加快数据安全保护制度规范建设。各地区各部门应加强对公共数据分类分级管理，落实各环节的安全责任，并制定公共数据脱敏技术规范等配套措施。各级大数据部门要健全相应安全管控体系，探索多方参与、协同共治的新型监管体系。要完善个人信息保护机制，坚持个人信息保护与数据要素市场发展并重，采用多种措施加强对个人信息和重要数据的保护。第二，加强数据要素全生命周期安全管理。要加强数据要素流动过程安全保障，规范数据在采集、传输、存储、处理、共享、开放、利用、销毁等全生命周期的主体责任和安全技术标准，建立健全数据安全评估制度、安全责任认定机制和重大安全事件及时处置机制。

建立对技术、设备和服务提供商的安全审查制度，鼓励行业协会、产业联盟制定行业算法自律准则，探索推进算法治理。完善跨境数据流动规则，保证数据流动的安全有序，着力构建多边数据流动规则体系。

在实践中，应当确立数据利用、保护先行原则，按“保护—合理利用—交换—共享”的发展思维推动大数据行业和产业健康有序发展。在建立并完善相关法律法规的基础上，要建立长效的公共数据争议审核工作机制，坚持与法律同步、与实践同行的原则，实现争议审核中政府与社会协同发力，实现处理可问责、信息可复查、争议可追溯的工作要求。

（三）推动多主体数据共享、平台互通

多主体数据共享、平台互通不仅是降低大数据成本的要求，也是提升大数据治理效能的要求。只有充分实现主体间数据交流、平台间数据互通，才能够保证大数据管理真正被纳入统一化规范体系中，使大数据能够发挥其集中化优势。

在数据管理权责关系清晰的前提下，各地各部门还可探索建立以下制度机制。第一，统采共用机制。按照“统一采购、共同使用”的原则获取并利用社会数据，对不同层次数据采取分级化的采取共用方案。第二，编制政务数据目录和供需对接清单。各级政务部门按照数据管理权责依法依规梳理形成整体化政务信息资源目录；各地区各部门对照政务信息资源目录，编制形成政务数据供需对接清单。第三，探索构建基于区块链技术的政务数据流通长效机制。通过区块链、智能合约等新兴技术，建立不同层级部门之间数据的动态双向流动机制，加强央地间数据共享，加快实现省区内数据回流赋能基层治理。

此外，可以尝试增强政企互动，构建数字化时代新型 PPP 关系。数据层面的政商关系区别于传统政商关系，政府处于弱势地位，因此首先需要明确政府和市场边界、明晰数据提供者和服务者角色。在此基础上，实现政府对企业的

大数据采购，强化政企大数据平台互通。这不仅能推动数据采集成本降低，而且有利于政府加强对企业大数据采集、储存、分析等若干环节的监督，能够充分利用企业在大数据领域的智力、管理等各项资源，提升大数据赋能公共治理的总体效能。

（四）强化服务与赋能，拓展大数据公共治理应用场景

当前，各类公共治理大数据平台普遍将其功能重点置于政府管理和辅助决策层面，即强调大数据在数据收集、数据分析等方面对政府决策和组织完善的支持作用。但是，只有充分发挥大数据平台的公共服务功能，推动大数据平台公共服务化，拓宽大数据公共治理应用场景，结合其他应用技术，才能够更好盘活既存技术资源和基础设施资源，增强民众获得感，实现大数据赋能公共治理为民所有、为民所用、为民所谋。

推进大数据公共服务化，首要问题是处理好国家与社会在大数据领域的互动关系。大数据不仅能够重塑公共决策过程，而且其所衍生的智能化社会治理能够提升民众满意度。实现智能化社会治理，可从社会治理民情（诉求）感知、社会治理风险评估和政府回应 3 个层面构建智能社会治理的体系与实现路径。

必须要注意的是，大数据公共治理应用场景的拓展不是一蹴而就的过程，而是一个随实践发展不断完善的过程。任何一种新的治理问题出现，任何一种新的治理需求产生，都要求大数据系统有针对性地建立独特算法与特殊处理体系。特别是，当前正处于大数据赋能公共治理的蓬勃发展阶段，对大数据治理的需求不断变化。因此，就长期发展而言，大数据系统不能采取政府传统的“招标—采购—再招标”模式，而是可以探索迭代式和组件式系统开发模式，将大数据系统模型化，既有利于系统灵活处理各类新问题，也可大大避免投入资金的浪费问题。

（五）为多元主体提供广泛、多层次、制度化的参与渠道

大数据赋能公共治理是多元主体共同支撑的全方位过程，必须将其置于总体化宏观视角下进行分析。相对而言，政府虽然具有相对充足的权力保障和资源供给能力，但只有政府、智库、社会组织、企业、个人等主体各司其职，基于其独特性发挥优势，才能不仅降低费效比，而且高质量推进大数据赋能公共治理精准化、科学化和服务化。

在实践中，这要求实现以下三方面。第一，建设大数据赋能公共治理的民意回应机制。大数据赋能公共治理不能仅仅停留于单一化的“诉求—处理—反馈”的单环关系，而是要打造全过程、综合化的民意回应机制，从个别意见中发掘具有普遍性的民众意愿，在问题尚处于潜在状态的阶段即将其解决。第二，建设大数据赋能公共治理的规范化参与机制。在大数据赋能公共治理的过程中，各类主体都必须拥有一定话语权，数据收集、分析、处理的过程必须被置于多方监督下，算法必须在多方参与的过程中被严格置于相关法律法规约束下。第三，强化大数据赋能公共治理的公开化治理能力。公开化治理能力不是意味着政府主导的单向化信息公开，而是意味着建设规范化、参与化、长期化的信息公开体系，让大数据公共治理在阳光下运行，避免大数据公共治理过程中由于信息不公开导致的信任问题。

（六）多措并举优化数字治理生态

实现大数据赋能公共治理的目标，必须集各类主体之合力，不应该是政府“唱独角戏”，要形成政府、企业、社会良性互动的格局，构建繁荣多元的数字生态，为推动全面数字化转型汇聚更多资源。只有多措并举，将资金、智力、制度等体系置于综合化考量下，才能够真正实现数字治理生态优化，实现构建治理资源体系、规则标准体系、组织架构体系、数据安全体系、治理运行体系五大数据治理体系，实现我国大数据赋能公共治理的可持续发展。

就当前实践而言，至少可以从以下5个方面推进数字治理生态建设工作。第一，加强政务公开。应制定专门的数字化项目政务公开指导意见，统一规范各级政府部门数字化项目建设工作，全面公开大数据公共治理系统的资金、管理等各类应公开信息。第二，加强数据开放。应积极利用企业和第三方组织相关优势，为其参与公共服务供给和数字政府建设创造有利条件，而政府也可在数据脱敏后基于开放原则尝试向社会和市场提供部分数据，既避免风险，又能够提升综合效率，实现数据开放和数据保护的平衡。第三，探索以财政资金撬动数字政府建设的机制。可以充分调动公共事业单位或市场主体的资源进行开发建设，建立根据应用实际效果进行财政资金补贴的机制，而不是传统方式下数字化应用建设费用由财政资金大包大揽。第四，加强培训交流和人才培养。应当面向全体公务人员提供数字化素养培训和数字化技能培训，培养一批既懂业务又懂技术的复合型人才，同时建立大数据部门与主要数字政府支撑机构（企业）间的人员交流机制。第五，建立专家和用户参与机制。将专家和用户深入整合到大数据改进发展体系中，充分发挥智力因素、民意因素对大数据赋能公共治理的促进作用，及时整改潜在问题、处理关键需求。

（七）构建数字治理科研基础设施

科研基础设施是研究大数据赋能公共治理的底座。近年来，我国各地各部门逐渐重视公共数据资源的共享交换与开放应用，但在数字治理研究领域，基础资源的建设与共享仍有所欠缺。减少对公共数据资源使用和利用的限制，赋予科研更大自主权，才能更好发挥智力资源对治理决策的辅助作用。

在实践中，可以从以下3方面推进科研基础设施建设工作。第一，建立科研数据库。鼓励政府各部门向高校和研究机构开放相关公共数据资源，通过建立数据平台集中发布公共数据，包括财政、税务、教育、卫生等领域。第二，建立科研知识库。构建数字化治理知识图谱，需要一个具备时效性、开放性和全面性的知识库，整合大数据赋能公共治理已有研究，为智慧国家建设提供理论参考依据。第三，建立科研算法库。当前，社会科学和治理领域的算法资源相对有限，迫切需要政府、高校、智库、企业等多元主体的共同参与，建立具备通用性、适用性的科研算法库，广泛支持公共治理的决策和分析。

（八）保障基层数字治理需求

在实际治理过程中，不同行政层级面对的具体业务类型有所差异。越高层级面对的业务越综合、越抽象，而越低层级面对的业务越单纯、越具体，需要整合大量的数据和信息。基层政府由于人力和财力的限制，难以满足海量的信息化需求。

因此，在实践中考虑数据治理问题时，应更多关注县、乡、村的基层信息化水平，把更多的人力、财力、物力下沉基层，实现公共财政、人才资源向基层聚集，以充足的信息化经费、专业的信息化人才推动基层数字治理提质增效。

（九）聚焦关键行业和特定人群，坚持以人民为中心

数字治理要坚持以人民为中心的发展思想。首先，要聚焦关键行业。金融、消费、教育、医疗等特定领域数字化进程较其他领域更为迅速，同时也涌现出了更多问题。数据金融平台反垄断、大数据杀熟、师生信息安全、医疗数据共享等问题关系民生福祉和社会安全，要加强关键行业数字平台监管，强调企业社会责任，建立数字化伦理体系，制定数字化应用规则，切实保护人民群众利益。其次，要关注特定群体。数字洪流下，越来越多的老年人、残疾人等弱势群体被科技边缘化，新冠疫情后大量线下空间被数字化，“数字排斥”现象尤为突出。要实现数字包容，弥合数字鸿沟，数字化应采用包容性而非强制性方法，为特殊群体提供替代服务与面对面服务，真正理解特殊群体实际需求，打造方便其使用的数字产品和服务。

第一篇　理论基础

专题一

大数据赋能公共治理的理论迭代与模式演化*

一、数字时代的公共治理的挑战与机遇

21 世纪以来，互联网、物联网、大数据、人工智能等新兴科技迅速发展，标志着人类社会进入数字时代。新一代数字技术不仅重新塑造了经济社会的生产方式、消费方式、运转方式，也对各国政府的治理方式提出了新的挑战。为了应对新的时代变化，党的十九届四中全会明确提出推进国家治理体系和治理能力现代化的总要求和总目标，各地政府也进行了大量运用数字和智能技术驱动治理现代化的实践，激发了市场创新活力，激活了社会参与热情，也激励着政府的自我革新。实现数字时代的治理现代化，已经成为历史发展的必然趋势。

（一）第四次科技革命与第五个现代化

21 世纪以来，以大数据、云计算、区块链、人工智能为代表的第四次科技革命在全球范围内蓬勃兴起，在迅速改变人类生产生活方式的同时，也对传统

* 本专题作者为清华大学孟天广，山东大学赵金旭。

的社会治理模式构成挑战，世界各国纷纷推出政府数字化转型的相关政策，以便在新一轮的国际竞争中立于不败之地。面对世界百年未有之大变局，中国政府锐意创新、积极应对，充分利用科技革命的最新成果，推进国家治理体系和治理能力现代化。国家治理体系和治理能力现代化，是中国共产党领导的继农业、工业、国防和科技现代化之后的第五个现代化，是非物质层面的国家治理制度、体制和机制的现代化。所以说，第四次科技革命与第五个现代化的历史交汇成为重要时代命题。

在人类文明的重大转型中，科技革命始终是举足轻重的动力源。正如马克思主义理论所言，科技革命驱动着生产力的飞跃，由此驱动着上层建筑，包括国家政治制度、政治形态、法规体系等国家治理体系和治理能力的系统性变革。由于特殊的历史地理原因，中国在前三次科技革命中始终处于“追赶”和“学习”状态。以大数据和人工智能为代表的第四次科技革命，日渐成为探索中国式现代化，实现国家治理“弯道超车”，丰富和发展中国特色社会主义理论体系的新历史机遇期。从实践情况看，我国政府通过实施创新驱动发展战略加强了自身在数字和智能技术创新中的引领作用，在国际社会率先探索适应数字与智能技术的新兴产业、商业模式和治理模式，这促使我国在数字经济、数字政府领域走在世界前列[①]。

大数据、区块链、人工智能等新兴技术快速经历了从科技创新到应用扩散的转型，深刻地影响着社会经济生活以及国家治理。以数据驱动和数字化治理为核心特征的政府数字化转型，成为近年来全球政府治理改革的核心议题[②③]。

① 孟天广：《政府数字化转型的要素、机制与路径——兼论“技术赋能”与“技术赋权”的双向驱动》,《治理研究》2021 年第 1 期。

② 郁建兴、黄飚：《超越政府中心主义治理逻辑如何可能——基于“最多跑一次”改革的经验》,《政治学研究》2019 年第 2 期。

③ 黄璜：《数字政府：政策、特征与概念》,《治理研究》2020 年第 3 期。

近年来，我国运用数字技术驱动治理现代化已产生了丰富的实践成果，发挥着激发市场创造活力、激活社会参与热情、激励政府自我改革等积极作用[①]。在新冠疫情期间，数字与智能技术在疫情防控、风险研判和复工复产等方面的创新应用，为我国有效应对疫情风险提供了坚实的技术支撑。“十四五”规划明确提出加快“数字化发展”，其中数字政府要成为经济与社会数字化发展的基础保障。概言之，以获取、共享和分析数据为基础，以面向、基于和经由数据的治理为机制，数字技术重构了政府、企业、媒体和社会大众等主体的行为模式及其互动关系，为政府数字化转型准备了充分条件。

（二）大数据对公共治理的挑战

近年来，我国快速推动政府数字化转型，并通过政府数字化转型带动数字经济、数字社会的创新迭代。随着移动互联网带来的不同主体随时随地的链接互动，电子商务、社交媒体、移动支付、网络金融等新兴业态和生活方式的快速普及推广，政府监管和政务服务也在迅速实现数字化、精准化、智能化升级，这也同时对政府传统治理模式构成挑战，尤其是需要公共部门组织形态、治理技术、治理机制、治理理念的系统性变革。

市场化、城镇化和网络化“三化叠加”进一步对我国传统治理体系和治理能力构成挑战。首先是市场化。市场化带来社会利益多元化，以及批评性公民的形成，譬如伴随着经济发展，人民群众的物质和精神生活需求提升，对公共服务的质量要求提高，对公共治理的参与意愿上升，这对治理能力和治理效能提出更高要求。其次是城镇化。21 世纪以来，我国经历了快速城镇化进程，这一进程促使我国进入各种社会问题频发的过渡期。由于我国城镇化进程在时间和空间维度上极度压缩，存在一定程度的社会冲突。最后是网

① 翟云：《整体政府视角下政府治理模式变革研究——以浙、粤、苏、沪等省级“互联网 + 政务服务”为例》，《电子政务》2019 年第 10 期。

络化。随着数字时代的到来，网络成为最广泛、便捷的新兴媒介，成为公共信息扩散、公共舆论形成、公众参与的新生渠道，引起网络行动主义浪潮酝酿着新生社会风险，更为集体行动提供了重要的组织资源和信息机制[①②]。

数字时代国家治理体系和治理能力的转型又是多个层面的“立体化”转型。首先是治理理念面临挑战，数字时代政府需要不断创新治理理念。数字时代国家治理应倡导政社协同共治、公众参与、政民互动的治理理念，政府要打破其与市场、社会等其他组织的传统边界，促进数据流通、公开以保障治理过程透明化运行[③]。其次是治理方式面临挑战，进入数字时代，公众获取和生产的信息量越来越大，政府不再垄断信息资源，传统社会治理方式未能有效发挥新兴技术带来的政治沟通和民意回应作用。同时，既有决策模式注重依靠经验决策、小数据决策，而数字时代政府必须依赖采集多源异构数据，基于理论模型和数据分析加深对治理问题和场景的理解和判断，以数据分析为基础产生科学决策，逐步取代经验决策[④]。最后是新生数据治理体系还不健全，譬如个人隐私和政府数据开放问题。数据已经成为重要的生产要素，然而，我国数据开放和个人隐私保护方面的制度尚不完善，目前没有一部完整的数据法对数据安全、隐私保护等做出详细规定。政府数据公开也缺乏强有力的政策，这制约着政府数据的公开程度和数据价值的开发。政府不仅面临着如何公开数据、公开何种数据的难题，而且安全与隐私、自由与规制之间的平衡亦难以把握。

---

① 胡锐军：《社会冲突触发因素的政治学分析》，《政治学研究》2015 年第 2 期。

② 孟天广、黄德远：《重访回应性政府：网络问政制度的多样性与制度绩效》，《中国社会科学（英文版）》2019 年第 4 期。

③ 孟天广、张小劲：《大数据驱动与政府治理能力提升——理论框架与模式创新》，《北京航空航天大学学报（社会科学版）》2018 年第 1 期。

④ 孟天广、赵娟：《大数据驱动的智能化社会治理：理论建构与治理体系》，《电子政务》2018 年第 8 期。

（三）大数据为公共治理带来的机遇

进入数字时代，政府数字化转型成为治理现代化的必由之路。国家治理的理念、制度和技术体系迫切需要数字化再造，而科技革新为政府数字化转型提供了重要的科技驱动力，进而驱动着治理制度、组织形态和治理技术体系的变革。当前学界从不同角度探讨了大数据对公共治理带来的机遇。

首先，我国政府高度重视政府数字化转型。党中央和国务院高度重视大数据、人工智能、区块链等新兴技术与治理现代化的关系，在国家层面上形成多项顶层设计以推进政府治理、经济治理和社会治理数字化转型，尤其强调数字技术对于政务公开、公共服务、政府监管等各方面的重要价值。2015 年 9 月，国务院发布了《促进大数据发展行动纲要》。文件明确指出，信息技术与经济社会的交汇融合引发了数据迅猛增长，数据已成为国家基础性战略资源。大数据已成为稳增长、促改革、调结构、惠民生和推动政府治理能力现代化的必然选择。此后国务院办公厅陆续推出“互联网 + 政务服务”“互联网 + 监管”“互联网 + 督察”等政务服务改革以推进数字政府建设，使其成为推进国家治理体系和治理能力现代化的重要部署。

其次，市场资源要素驱动政府数字化转型。在大数据时代来临的契机下，大数据驱动治理转型应运而生，反映出以新兴技术推动国家治理网络化、数字化和智能化的趋势①。一方面，基于大数据的数字政府应用，提升了政府治理能力，并丰富了政府治理技术工具箱，是改善政府治理质量的必要条件②。另一方面，数字和智能技术应用于治理现代化存在丰富内涵和应用场景。2017 年 12 月，

---

① 孟天广、李锋：《网络空间的政治互动：公民诉求与政府回应性——基于全国性网络问政平台的大数据分析》，《清华大学学报（哲学社会科学版）》2015 年第 3 期。

② 孟天广、王烨：《基于大数据的社会治理创新：地方创新与治理效能》，《广西师范大学学报（哲学社会科学版）》2021 年第 1 期。

中共中央政治局就实施国家大数据战略进行第二次集体学习，提出要运用大数据提升国家治理现代化水平，要利用大数据平台，分析风险因素，提高感知、预测、防范能力；要运用大数据促进保障和改善民生，利用“互联网 +N”推进教育、就业、社保、医药卫生、住房、交通等领域大数据普及应用，让“百姓少跑腿、数据多跑路”。这充分说明了应用大数据创新国家治理的丰富内涵和全景图形。与此同时，2017 年，国务院印发《新一代人工智能发展规划》，对人工智能技术带动产业升级和经济转型、改善民生和建设智能社会等提出了战略目标和实现路径。

最后，信息技术迭代创新要求政府数字化转型。20 世纪 90 年代以来，我国政府历经办公自动化、政务电子化、政务移动化 3 个阶段，逐步迈入数字政府建设阶段[①]。我国政府从 20 世纪 90 年代启动电子政务系统建设，历经 20 世纪 90 年代注重自动办公系统和政府信息化系统的建立，进入 21 世纪初强调政府上网工程并普及政府门户网站，2010 年以来进入政务移动化阶段，在全国范围内建设一体化网上服务平台、网络问政平台，以及微博、微信在内的移动政务[②]。2015 年以来，我国逐渐在政府信息化工程基础上推进数字政府建设，强调利用数字技术推进政务服务、政府监管、决策支撑和政治传播[③]，进而构建政府主导、社会协同、公众参与的新型治理模式。

① 戴长征、鲍静：《数字政府治理——基于社会形态演变进程的考察》，《中国行政管理》2017 年第 9 期。

② 孟天广、郑思尧：《信息、传播与影响：网络治理中的政府新媒体——结合大数据与小数据分析的探索》，《公共行政评论》2017 年第 1 期。

③ 翟云：《整体政府视角下政府治理模式变革研究——以浙、粤、苏、沪等省级“互联网 + 政务服务”为例》，《电子政务》2019 年第 10 期。

二、大数据赋能公共治理的理论迭代

（一）数字治理：大数据赋能公共治理的概念内涵与理论迭代

大数据赋能公共治理，就是一个国家和地区的公共权力部门直接面对大数据、全面基于大数据、创新应用大数据而实施公共治理活动的过程及能力。从总体上看，现有对数字政府治理的研究已经形成了大量理论成果，这些研究从不同侧面为数字政府治理提供了丰富多彩而又睿智深刻的理论认识工具。总结这些研究，可以发现，目前有关数字政府治理的理论建构大体围绕工具论、空间论、平台论、结构论和系统论等展开。

1. 工具论

联合国经济与社会发展部门最早将电子政府定义为政府借助互联网信息技术向公众和企业提供信息和公共服务的过程，这成为工具论思想的最初源头。电子政务的概念在中国很快传播开来，成为时至今日仍被广泛使用的学术概念。早期的电子政务，其实包括“电子”和“政务”两方面的内涵，既包括技术基础，也包括服务和管理等制度层面的建设，但是从长期的发展过程来看，它过多地强调了电子政务的技术和工具层面，而忽略了制度建设层面，所以此时的数字政府，通常意义上成为政府内部技术底层的建构，以及在处理政府内部和外部关系中，提高效率、效力和服务能力的工具。正如克里斯托弗·胡德在《数字时代政府工具》一书中理解的那样，数字政府其实是公共治理的枢纽工具、法制工具、财税工具和行动工具中的底层，它构成了公共治理和政策运行的技术支撑体系[①]。从政府的实践经验看，1993 年 9 月，美国启动“国家信息基础设施”（National Information Infrastructure，简称 NII）工程计划，旨在建设为美国

① Hood. C.The Tools of Government in the Digital Age，Palgrav Macmillan，New York，2007.

人民提供海量信息资源的“信息高速公路”。1993年底，中国推出“三金工程”（金卡工程、金桥工程、金关工程），作为推动国家信息化的基础设施，成为政府履职尽责、提高效能的有力工具。自此之后，中国又相继推出“政府上网工程”“天眼工程”“雪亮工程”“两网一站四库十二金”“两微一端”等，这些都为政府基本职能的发挥、日常功能的运转、公共服务的供给提供了底层的基础支撑。

2. 空间论

空间论认为数字政府本质上扩展了政府活动和政务行为的空间范围，使其从经典物理时空的限制边界中超脱出来，形成与现实世界平行、互动、映射而又迅速扩展的虚拟化公共空间。米加宁等认为以信息技术为代表的科技革命，在数字空间内产生了新的社会形态，从而使传统的政府治理形态面临完全不同的运行特征，给公共服务领域带来前所未有的革命性变革①。潘云鹤也认为数字技术其实是在信息编码、硬件和抽象的基础上，将传统“物理空间—社会空间”的基础性政府活动范围，拓展成“物理空间—社会空间—数字空间”的三维空间形态，进而形成“线上与线下互动”“虚拟与现实融合”的新型社会协同演化体系②。可以看出，空间论关注网络信息技术对政府治理时空边界的扩展，其实是对政府职能范围的补充，尤其是在移动互联网、工业互联网、物联网等新一代信息技术的广泛渗透和冲击下，虚拟空间已经与经典物理空间既高度融合、密不可分又实时互动，这就更要求在数字政府概念内涵下，既要包含借助虚拟空间对物理空间和社会空间的治理，又要包含对数字空间本身的治理。正是在这种思想的影响下，诺夫斯基（Janowski）认为数字政府研究的关键是如何在虚

① 米加宁、彭康珺、章昌平：《大数据能驱动地方政府机构改革吗？》，《电子政务》2020年第1期。

② 潘云鹤：《人类世界正由两元空间变成三元空间》，《中国信息化周报》2019年第7期。

拟化的公共空间内建立起有效的运行机制、行为规则和制度体系[①]；徐晓林等也认为，在数字政府环境下，必须发挥政策优势，以标准化为切入点，推进数据的流通与共享，做好隐私保护、数据确权等基础工作[②]。可以说，如何在迅速扩展的虚拟空间中建立起与现实世界既高度协同又能相互促进的秩序体系，成为空间论所关注的核心议题。

3. 平台论

在工具论将数字政府看成"政府传递公共服务"的工具，空间论将数字政府看成"政府活动范围"的基础上，平台论则更加强调"主体间互动渠道和关系的改变"。平台论将数字政府看成是不同治理主体间的"互动枢纽"和"网络接口"，它既是不同主体参与公共事务和政治生活的"渠道"，又是不同主体、资源、信息、要素等广泛协同，展示、表演、互动、合作，形成丰富多彩的公共管理生活，建构出实时动态政策议程的"舞台"。这在电子商务领域的表现更为明显，平台本身不生产任何产品，但是作为信息流通的枢纽，它可以促成人员（厂家、销售商、消费者、监管者等）、资源、商品、要素的广泛流动，使双方和多方迅速达成交易。从实践经验来看，平台化已经成为数字政府发展的前沿趋势，2009 年《数字英国报告》中将数字政府视为数字化管理、全国联网、有机统一的政府管理平台；2015 年，《数字日本创新计划》提出打造全国性服务平台；《新加坡电子政务总体规划（2011—2015 年）》致力于建设以电子政务为核心的政府服务和管理平台。从我国各地的案例看，"粤省事""浙里办""渝快办""马上办""指上办""一网通办""热线问政平台""基层治理平台"等综合性公共服务和社会治理平台建设，已经成为数字政府发展的最新动向，即加快

① Janowski T. Digital Government Evolution: From Transformation to Contextualization, Government Information Quarterly, 2015.

② 徐晓林、周立新：《数字治理在城市政府善治中的体系构建》，《管理世界》2004 年第 11 期。

建设“一体化”的政务服务平台建设，推进政务服务“一网、一门、一次”式改革，已经成为“互联网 + 政务服务”建设和发展的关键。

4. 结构论

结构论强调数字政府的演化创新对工业社会基础上确立的传统政府、市场和社会三元结构所产生的重大冲击，并塑造新型政府形态、行政管理体系、市场运行机制、政府回应体系、数据开放体系、公共服务体系等的系统变革[①②]。从其发展历史看，大体分成两个阶段：一是早期的科层组织结构重塑阶段。哈默和钱皮等私人管理领域有关业务流程重塑（BRT）思想的讨论，以及新公共管理运动中林登等人有关“无缝隙政府”和“公共部门流程再造”的研究，均认为，信息技术正在使韦伯意义上的经典科层组织结构发生变化。一方面，在横向上，传统基于专业技术分工的“串联式”的条块部门关系，逐渐变成同时“面向”顾客的“并联式”的业务关系。另一方面，在纵向上，又使科层组织变得“扁平化”，大量中间阶层正在消失，组织高层决策和一线执行的互动更加紧密，以使组织的边界更加灵活而有弹性。二是近来的社会治理结构重塑阶段。随着数字技术跨越于科层组织边界，在政府、市场和社会的广阔空间和治理平台上发挥作用，固有的政府、市场和社会结构也受到剧烈冲击，突出表现在技术向社会“技术赋权”和技术向政府“技术赋能”的双向互动过程中，传统国家与社会的关系也在发生根本性的变革，“党建引领”的“以人民为中心”的多种主体协商共治的智能化社会治理结构正在形成[③④]。它可能意味着一种不同

---

① 斯蒂芬·戈德史密斯、威廉·D. 埃格斯：《网络化治理：公共部门的新形态》，北京大学出版社，2008。

② 孟天广、张小劲：《大数据驱动与政府治理能力提升——理论框架与模式创新》，《北京航空航天大学学报（社会科学版）》2018 年第 1 期。

③ 孟天广、赵娟：《大数据驱动的智能化社会治理：理论建构与治理体系》，《电子政务》2018 年第 8 期。

④ 郑磊：《数据与数字化转型》，《21 世纪经济报道》2020 年第 12 期。

于工业社会的，而以广泛参与和数字协商为特征的人类社会新型治理结构正在形成。

5. 系统论

单纯的结构论是片面的，容易陷入技术决定论的泥潭中去，这也正是系统论产生的哲学根基。系统论认为，数字政府的建设和发展过程本质上是数字技术与个体、组织、制度、价值等环境持续互动和相互影响的结果，单纯在技术层面寻求软硬件的突破，往往难以达到数字治理的良好效果，而需要在不同的治理主体、资源、信息、要素环境中，建构起具有自发性、持续性和内生性创新能力的，数字经济、数字政府、数字社会良性互动、持续互补、相互激发、相互促进的数字治理新生态，由此才能真正实现数字政府建设的终极目标和价值理念。在管理学和组织社会学等学科领域，曾长期存在着技术与结构关系的讨论，一方面，技术决定论认为是技术最终影响和决定着组织、制度和社会治理的结构；另一方面，系统论则认为，技术并不能决定一切，结构对技术有反作用，就是说固有的组织结构、制度体系、价值观念和社会利益关系等会对技术采纳的过程产生持续影响，使技术的刚性约束、目标和效果产生“调试”和“偏移”，也就是说技术和结构是相互影响、相互约束和相互建构的。正是受系统论思想的影响，数字政府领域的奠基人芳汀提出了“技术执行”的分析框架，认为数字政府的建设过程，其实是数字技术被采纳到政府后，官僚体制内的个体、组织、社会关系网络、制度体系、价值观念等持续互动和相互建构的复杂的政治过程。也正是在系统论思想的指导下，人们才逐渐加深了对“信息孤岛”“数据烟囱”“数据整合”等现象和难题的认识。刘淑春提出数字政府是“治理理念创新 + 数字技术创新 + 政务流程创新 + 体制机制创新”的系统性、协同式变革。何圣东等认为传统政府应转型升级为以“小前端 + 大平台 + 富生态 + 共治理”为目标模式，多主体网络协同治理、O2O 线上线下一体化的数字政府架构体系。郁建兴等以浙江“最多跑一次”改革为例，阐述了数字政府对经济体制、行政体制、社会体制改革的深层次“撬动”效应，它会带来与传统治理体系完全不同的主体间关系，以及相应的治理技术体系，进而构建全新的决策体系、资源体系和理论体系变革①。

（二）技术赋能：大数据驱动治理创新的政府变革

国家治理现代化迫切需要构建全新的治理模式以适应时代变革，尤其需要从厘清数字时代的政府、市场和社会关系角度，实现理念创新、体系变革、机构调整和职能优化等多个方面的“立体化”和“系统性”转型升级②，具体包括技术赋能政府数字化转型的 3 个维度：

一是重构政府治理能力。政府数字化转型是新兴数字技术革新所创造的政府变革新机遇，是一种集数据驱动、技术嵌入、社会协同为关键机制的新型治理能力。政府数字化转型对政府治理能力的重构，表现在 3 个方面。首先，政府认识论转型升级。数字技术驱动意味着治理能力必须要“直接面对数字技术、全面基于数据治理和创新应用数字技术”，超越既往经验驱动、危机驱动和理想驱动等认识论。其次，政府治理空间拓宽重构。在“一切皆可量化”的数字化浪潮中，数字空间逐渐成为现实世界的“镜像”，数字社会与现实社会日益融为一体，国家治理不再局限于物理世界，而是拓展到数字空间，要求治理主体掌握数字空间与物理空间的社会运行规律，实现线上线下充分联动、协同共治③。最后，政府治理工具丰富完善。运用数字技术，可从更宽领域、更长时段、更高精细度对公共事务和政策过程进行分析，更加准确、及时、深入地

① 郁建兴、黄飚：《超越政府中心主义治理逻辑如何可能——基于“最多跑一次”改革的经验》，《政治学研究》，2019 年第 2 期。

② Andrew Chadwick. Internet Politics. States，Citizens，and New Communication Technologies，2006.

③ 孟天广：《数字治理生态：数字政府的理论迭代与模型演化》，《政治学研究》2022 年第 5 期。

把握多元诉求，预测研判社会发展趋势及潜在社会风险，提升决策、监管和服务能力。

二是赋能政府自身治理。数字技术重塑政府内部运作流程，重构科层组织权力架构，尤其是从政府过程的角度，改善政府的决策流程，优化决策目标，提升决策质量，诊断施政效果，精准化施政评估。从政府职能的角度看，数字政府对政府治理的功能边界、基本能力和主导机制等形成重要影响，进而推进在线政府、政府数据开放、数据流动与数字权利等的发展。孟庆国、关欣、马亮认为，受到信息技术进步和政府改革实践双重推动的电子政务，已对变革政府管理过程和手段产生巨大影响[①②]。郑磊、郑跃平、刘美岑聚焦政府数据开放问题，对政府数据开放的历史、进展、意义、关键因素、互动关系和趋势等进行了阐述和考察[③④]。黄璜等将数据视为连接技术创新与政府治理的分析框架[⑤]，认为电子政务等技术驱动的“电子”理论无法为“数据流动”提供社会理论支持，进而将“数据流动”划分为数字机器、应用系统、数据网络和信息空间4个层次，为数据驱动的新议题和技术驱动的传统议题之间提供了相互连通的理论基点和分类框架。

三是赋能政府的经济与社会治理。这一视角关注数字技术对政府“对外”施政的影响。数字技术可以改善公共服务的水平和质量，便于政府履行监管和

① 孟庆国、关欣：《论电子治理的内涵、价值与绩效实现》，《行政论坛》2015年第4期。

② 马亮：《公共部门大数据应用的动机、能力与绩效：理论述评与研究展望》，《电子政务》2016年第4期。

③ 郑磊：《开放政府数据研究：概念辨析、关键因素及其互动关系》，《中国行政管理》2015年第11期。

④ 郑跃平、刘美岑：《开放数据评估的现状及存在问题——基于国外开放数据评估的对比和分析》，《电子政务》2016年第8期。

⑤ 黄璜、赵倩、张锐昕：《论政府数据开放与信息公开——对现有观点的反思与重构》，《中国行政管理》2016年第11期。

审批职能，提高政府应对社会危机和自然灾害的反应速度和敏捷程度[①]，可以为“精准施政”“精准激励”提供坚实的治理机制。数字技术改善了政府与公众、社会组织和市场主体之间的互动，包括程序公开、规则公开、结果公示和信息发布等在内的政务公开，涉及网上办事、意见征询、网上投诉、实时反馈等在内的在线政务，可以超越传统治理方式的时间、空间和资源限制。此外，数字技术正在塑造新型政治互动的空间和机制，为政府治理信息不对称和信息碎片化提供了关键的信息收集、处理和利用的公共性平台。回应制度的建立促使政府对公众需求进行精准定位、及时应对以提升政府回应能力，进而提升精准决策能力。

（三）技术赋权：大数据驱动治理创新的社会变革

1. 大数据驱动的智能化社会治理体系

智能化社会治理意指运用大数据驱动社会治理的网络化、智能化和系统化[②]。

第一，提升政府决策的科学化和民主化水平。相较于传统的社会管理，大数据环境下的政府决策更加强调治理的法治化、溯源性和社会性，强调政府决策过程的主动性、互动性和预防性。相关的治理技术和工具准备是政府决策转型的强大支撑。在大数据时代技术方法不断更新的契机下，智能化社会治理通过对社会过程数据信息的采集，把握民情民意，构建以刻画和分析社会运行过程为目的的数据库和知识库，可实现对社会规律的动态把握和社会风险的预测预警[③]。

---

① 谈婕、高翔：《数字限权：信息技术在纵向政府间治理中的作用机制研究——基于浙江省企业投资项目审批改革的研究》，《治理研究》2020 年第 6 期。

② 孟天广、赵娟：《大数据驱动的智能化社会治理：理论建构与治理体系》，《电子政务》2018 年第 8 期。

③ 孟天广、赵娟：《大数据驱动的智能化社会治理：理论建构与治理体系》，《电子政务》2018 年第 8 期。

第二，提高政府回应的精准性和有效性。大数据时代，回应型政府成为全球治理变革的重要方向。借助现代信息技术，社会治理以多元化治理和协商性决策为理念，以解决公共问题、社会问题为根本目的，对公众诉求进行实质性回应的系列制度和实践正在形成[①]。在智能化社会治理系统中，借助构建以国内外不同地区各领域社会治理案例、资料和政策为基础的知识库，利用大数据的文本分析、回归分析和预测分析等方法，使政府政策或行为与民情民意数据库相关联，以发现地方政府回应社会治理需求的多样化模式。

第三，强化政策执行的协同性和创新性。为解决政策执行过程中的信息梗阻困局，构建全面系统的社会诉求监测、社会风险评估预警和政府应对体系开辟新的路径。一方面，借助大数据和相关技术的革新，全面采集各种网络数据及其他社会经济数据，可构建出有助于系统化、动态化监测和评估全国和地方性社会治理状况的评估体系；另一方面，大数据技术可助推直接实现跨地区、跨层级的数据采集和共享，增进对社会治理规律及动态的实时把握，增强对社会风险的预见和溯源能力，为优化治理结构和提升治理能力提供技术基础。

2. 数字技术驱动的综合治理能力

大数据时代，以信息、知识和数据为代表的社会资源传播方式发生明显变化，作为社会治理主体中的重要组成部分，技术赋权的功能日益明显。技术赋权，是指通过获得信息、参与表达和采取行动等社会实践方式，依靠数字技术，在实现自身社会地位变化的同时，改变了旧的社会结构，继而完成自我增权[②]。

第一，数字技术赋予公民话语权。随着网络信息技术从传统互联网，向移

① 孟天广、李锋：《网络空间的政治互动：公民诉求与政府回应性——基于全国性网络问政平台的大数据分析》，《清华大学学报（哲学社会科学版）》2015 年第 3 期。

② 孟天广：《政府数字化转型的要素、机制与路径——兼论“技术赋能”与“技术赋权”的双向驱动》，《治理研究》2021 年第 1 期。

动互联网，进而向工业互联网和物联网的转型升级，数字技术的渗透深度日益加剧，带来公众广泛参与的同时，也为普罗大众提供了一种新型的政治诉求表达渠道。具体而言，与报纸、广播电台等传统媒体相比，互联网无边界、去中心的特点，无疑有助于人们自由行使表达权①。这种新型意见表达方式使许多公共议题在网络空间内充分交流互动，逐渐建构起新型政治传播机制的同时，也推动“媒介权力”从政治统治集团及其机构垄断的“权威主导”模式，向普通民众参与传播的“草根主导”模式转变②。尤其是移动互联网短视频自媒体平台的出现，更进一步推动不同阶层人群的话语平权③。相关实证研究也显示，移动短视频不仅极大降低了创作内容的难度，并且传播推荐算法和激励措施的去中心化，使得每个用户具有较为平等的传播权利④。

第二，数字技术赋权公众参与。个人意见可以同各地的话题参与者即时互动，并汇聚成网络舆论，共同形成强大的现实影响力。在以“昆山龙哥案”为代表的社会公共事件中，网络舆论扮演了重要角色⑤。仅在微信平台，案发后一周内，共有约 4811 个公众号发表了至少 6961 篇文章，其中 113 篇文章的阅读量超过 10 万，舆论的关注点从个人防卫行为的正当性上升为社会的法治公平等议题，检察院受到影响后提前介入了此案的立案环节。本次事件中，除那些发表的网络文章外，普通人的阅读、点赞、分享、转发和评论等个体化的表达行

---

① 王四新:《表达自由：媒体与互联网——以美国为例》,《国际新闻界》2007 年第 5 期。

② 杨嵘均:《论网络空间草根民主与权力监督和政策制定的互逆作用及其治理》,《政治学研究》2015 年第 3 期。

③ 张林:《自媒体时代社会话语生态变迁：生成模式、主体形式与权力结构》,《理论导刊》2019 年第 12 期。

④ 金文婧:《移动短视频内容生产与传播的去中心化研究——以快手短视频为例》,《新媒体研究》2019 年第 10 期。

⑤ 尹凌:《新媒介技术赋权下的舆论表达与公共参与——以“昆山龙哥案”网络热议为例》,《新闻传播》2019 年第 15 期。

为，也成为社会舆论形成与扩张的重要组成部分。然而需要注意的是，较低的准入门槛也使互联网中的信息准确程度相较传统媒体更低。不准确的信息在经过网络空间的碎片化后容易进一步激化冲突[①]。

第三，数字技术驱动政社协同。从国家与社会关系的角度看，传统由政府主导的线性管理模式无法对复杂社会问题给出有效的解释和应对方案[②]，而数字技术有利于组织实现与个人和政府机构的交流合作，形成政府与社会协作共治的新局面。从不同的治理主体看，无论是市场之外的社会组织，还是在市场中以企业为代表的经济组织，都是重要的组织力量[③]。在商业组织中，传统企业正向以网络化生态、全球化整合、平台化运作、员工化用户、无边界发展、自组织管理为特征的智慧型组织进行再造[④]。也就是说，数字技术为虚拟社群的“组织化”、资源动员和集体行动能力塑造起到重要的支撑作用，进而实现社会的自我组织、自我管理和社会共治[⑤]。

三、大数据赋能公共治理的结构与体系

（一）大数据赋能公共治理的内在结构：数字治理生态系统

数字治理生态的建设是数字社会系统创新发展的题中之义。在实践中，数字社会体现为社会数字化、网络化和智能化的相互融合促进。作为一种新型治理方式，数据融通和以人民为中心的“智慧服务”理念，成为政府数字治理对

---

① Kerbel M R，Bloom J D. Blog for America and Civic Involvement，The International Journal of Press/Politics，2005.

② 范如国：《复杂网络结构范型下的社会治理协同创新》，《中国社会科学》2014 年第 4 期。

③ 叶林：《“陌生人”城市社会背景下的枢纽型组织发展》，《中国行政管理》2013 年第 11 期。

④ 李海舰、田跃新、李文杰：《互联网思维与传统企业再造》，《中国工业经济》2014 年第 10 期。

⑤ 李振锋、张弛：《城市社区治理中的虚拟社群参与——基于对城市更新中虚拟社群的考察》，《治理研究》2020 年第 4 期。

社会发展内在需求的响应[①]。数字技术驱动政府治理在系统性、整体性、协同性上进行能力建设的同时，多类治理资源和多元治理主体所共同构成的数字治理生态也逐渐成形。

1. 数字治理资源

数字治理资源包括海量数据、不断升级的数据分析技术、完善的数据监管体系以及庞大的智能化解决方案库。

数据已成为当前数字时代的关键治理资源。党的十九届四中全会进一步将数据认定为支持国家经济与社会发展的新的生产要素[②]。从国家治理来说，政府如何实现对海量数据的挖掘和使用，成为推动数据向治理资源转化的现实挑战。从经济角度来说，数据的所有权、使用权以及数据安全等均成为政府数字化转型的制度基础，建立适用于数据要素治理的法规制度便显得尤为迫切；从社会角度来说，隐私保护、政务数据与社会、经济数据的边界，以及围绕数据采集与处理的群己边界等问题也正逐渐成为数据治理不能回避的规范伦理[③]。

数据分析技术是基于算法、算力的升级对海量数据中的信息要素进行汲取、整合和提炼的科技手段，辅助人们在各类场景中做出科学决策，是实现数字治理生态的技术基础。以深度学习、知识计算、社会计算和可视化等为代表的数据分析技术逐渐成为国内外科技公司发展的重点[④]。在国家治理领域，上述数据分析技术已成为政府制定决策的重要驱动力量。例如，相较于过往行政主导精准扶贫，数据分析技术的使用加强了精准扶贫与大数据之间的耦合关系，减少

① 戴长征、鲍静:《数字政府治理——基于社会形态演变进程的考察》,《中国行政管理》2017 年第 9 期。

② 《中共中央 国务院关于构建更加完善的要素市场化配置体制机制的意见》，2020 年。

③ 孟天广:《政府数字化转型的要素、机制与路径——兼论“技术赋能”与“技术赋权”的双向驱动》,《治理研究》2021 年第 1 期。

④ 程学旗、靳小龙、王元卓等:《大数据系统和分析技术综述》,《软件学报》2014 年第 9 期。

了信息不对称，提升了精准扶贫绩效[①]，促进了政府扶贫治理由经验决策向科学决策的转换。

2. 数字治理主体

在数字治理生态的建构中参与数字治理的主体包括政府、专业机构、科技社群（科技企业、数据科学家）、媒体（自媒体）和公众。他们在整个数字治理生态中协同共治，一起支撑着社会良性运转。

在实践中，治理资源在各个治理主体间并不会自发地进行有效协调，容易出现治理的有效性不足或治理偏离公共性，也就是产生“治理失灵”。因此，在不断地完善治理规范和机制外，为更好地促成数据开发和利用，政府在数字治理生态中的主导地位便十分有必要，即制定国家层面的数据发展战略规划，并为此推动国家政策的修订和施行，为数字时代的社会发展保驾护航。

传统的产业组织因技术服务能力的强化，实现了更多跨行业、跨组织、跨机构的连接和协同。新兴数字平台企业获得了大规模组织不同主体和配置不同资源的能力，实现在诸如线上医疗、线上教育等新型公共服务领域与政府优势互补、强强联合。社会公益组织受惠于数字技术，在组织规模、管理规范、动员号召力上有了明显增进，更成为新冠疫情防控中社会韧性建设的重要力量[②]。

在数字治理生态的建构中，媒体和新兴的自媒体成为有效的社会监督力量，作为公共治理的重要主体之一，长期发挥着“舞台”“大脑”“灯塔”的作用[③]，并以发现、定义、协商，共同决定履行自己的治理职能[④]。自媒体在内容和形式

① 汪磊、许鹿、汪霞：《大数据驱动下精准扶贫运行机制的耦合性分析及其机制创新——基于贵州、甘肃的案例》，《公共管理学报》2017 年第 3 期。

② 朱健刚：《疫情催生韧性的公共治理共同体》，《探索与争鸣》2020 年第 4 期。

③ 曾姝、杜骏飞：《超越传播——媒介在社会及社会管理中的新定位》，《青年记者》2011 年第 10 期。

④ 刘畅：《媒体在社会治理中的主体性探析》，《编辑之友》2019 年第 5 期。

上进一步打破了行政权力对信息的垄断，促进地方公权与私权的权力平衡，制约行政公权力的滥用和扩张，促使政府向服务公众的方向转型[①]。

现代公共治理是一个复杂的系统工程，仅依靠政府力量注定独木难支。比如解决环境保护、垃圾分类、维护市容市貌等问题，都需要发挥广大社会公众的力量。在数字治理时代，每一位公民既是数据的生产者也是数据的使用者，即老百姓是公共服务的产消者。没有大规模的公众参与，就不会有大规模的数据生产，数据治理的需求也无从谈起。

（二）大数据赋能公共治理的外在体系：数据治理要素体系

大数据赋能公共治理，将复杂的社会运行体系映射在多维、动态的数据体系之中，实现对社会运行规律、社会偏好（诉求）变化趋势及规律、政府回应机制及效果差异等实时地、数量化地、可视化地观测，不断积累社会运行的数据特征以应对各类社会风险、提升公共治理有效性[②]。具体而言，大数据通过信息、协作、平台、安全等要素的协调统一，赋能公共治理体系和治理能力现代化。

1. 信息

数据是信息的载体，信息是有背景的数据，知识是呈现规律的信息[③]。数据只有成功转换为信息，并在政府的上下级之间、部门之间流动，才可为政府解决信息不对称困境提供科学和客观依据。例如，在大数据赋能国家治理现代化的过程中，首先要对网络空间中民情民意等多元丰富的数据展开进一步处理和分析，从中提取出能够广泛代表民情民意特点的信息，尤其对能够体现治理过程、反映治理诉求和行动取向的相关数据进行收集、处理和展示，形成有价值的信息。

---

① 刘露瑶、朱国云：《公众自媒体参与社会治理的法治价值研究》，《南京社会科学》2017 年第 5 期。

② 孟天广、赵娟：《大数据驱动的智能化社会治理：理论建构与治理体系》，《电子政务》2018 年第 8 期。

③ 陈潭：《大数据驱动社会治理的创新转向》，《行政论坛》2016 年第 6 期。

2. 协作

公共治理是一项庞大而复杂的系统工程，对政府内部机构和外部多元治理主体的协作需求不断提升。公共治理的协作包括两个维度，一是政府内基于专业分工而形成的科层条块部门之间的协作；二是政府与市场主体、社会组织、网络社群、研究机构等的协作①。政府机构内部通过数据的在线重构可实现跨部门信息流、业务流的协作治理，打破过去需要机构或制度改革才可实现协作的传统模式；政府部门和数据企业在数据的挖掘、处理技术等方面的协作，与研究机构在相关政策研究、数据处理与分析能力等方面的协作，可共同在监测社会发展动态、发现并应对社会风险、协调冲突利益等方面发挥强大的多主体协同治理能力。

3. 平台

政府通过创建公众参与的开放互动平台，与公众诉求在网络平台持续互动与互联，为利益诉求的表达提供通道，为构建社会协商民主体系拓宽渠道②。2006 年开始，我国政府门户网站开通并设置领导信箱、政务论坛等互动交流模块；同年，人民网开通《地方领导留言板》专栏，供各省、市、县级主要领导与网民交流，这两类平台已覆盖全国，成为公众参与网络问政的主要平台，为政府与社会的互动提供了路径。此外，各级政府开通的政务微博、微信问政、开放论坛等地方性平台，亦为政民互动提供重要渠道。

4. 安全

数据安全贯穿数据挖掘、数据存储、数据传输和数据应用等环节，如何保

① 孟天广、赵娟：《大数据驱动的智能化社会治理：理论建构与治理体系》，《电子政务》2018 年第 8 期。

② 孟天广、赵娟：《大数据驱动的智能化社会治理：理论建构与治理体系》，《电子政务》2018 年第 8 期。

障涉及公众隐私的身份信息不被泄露和侵犯，成为数据治理的重中之重[①]。我国于 2017 年 6 月 1 日施行的第一部规范网络安全的基础性法律《中华人民共和国网络安全法》，对网络运营者和个人未经被收集者同意而泄露、出售数据的行为明令禁止。我国虽然制定了一系列公民个人信息保护相关的法律法规，但并未对网络空间的动态数据的属性、所有权和使用权做出明晰的界定，也没有出台关于公民个人信息保护的“宪法性”法律。因而，未来要充分利用数据资源强化公共治理，必须要对全流程、多环节可能出现的数据安全以及数据权利问题予以清晰的约束和界定，以提供制度约束和保障基础。

（三）大数据赋能公共治理的最新议题

中国数字政府的未来将在自身演化、生态拓展与全球位阶上呈现新格局，实现从数字政府到智慧政府再到数字生态，以及从数字中国到数字强国的新突破。

1. 从数字政府到智慧政府

狭义的数字政府，可视为从电子政务到智慧政府发展的过渡和转换阶段。贯穿这三个不同阶段的内在要素是数据治理。数字政府时期可视为数据治理 2.0 阶段，在这一阶段，“用数认知、循数决策、依数施策”明显区别于电子政务，演化为政府的深层本能和基础能力，演进为政府的构建框架和要素构成。智慧政府达到数据治理 3.0 阶段，是在上述两个阶段目标实现的基础上，最终实现“智慧数控、整体智治、众智共治”。

当前，数字政府发展正在经历从“数字”到“数治”的转型。“数字”阶段主要通过运用互联网、物联网等数字技术，将物理世界存在的人、物、服务等链接起来，强调政务服务的触达性，致力于运用数字技术更广泛地触

① 孟天广、赵娟：《大数据驱动的智能化社会治理：理论建构与治理体系》，《电子政务》2018 年第 8 期。

达到不同人群，达到万物互联。“数治”阶段主要是运用大数据、云计算、人工智能等数字技术来建设数字政府平台，通过政务数据的开放和共享，提升政府运用数字技术进行治理的能力，更加强调数据能力向治理能力的转化。

未来，智慧政府以“政府主导、社会协同、全员参与、开放共享、众智共治”为特征，将达到政府治理的“数智”阶段。此阶段将运用大数据、云计算、人工智能、区块链等各类数字技术构建数字生态，通过政府主导的多元治理主体协同共治、全员参与的包容性治理，体现为治理的全面生态化。通过政务数据分类分阶段开放，政府内部纵向层级、横向部门之间协作共享等，靶向解决社会问题，精准化满足社会多元主体的差序需求，全面实现数字政府的智慧数控、整体智治与众智共治（见图 1–1）。

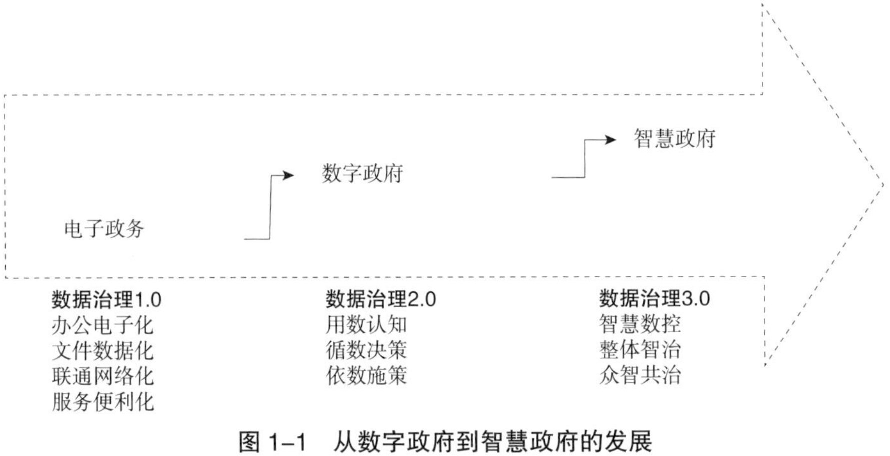

图 1–1　从数字政府到智慧政府的发展

资料来源：孟天广、张小劲等，《中国数字政府发展研究报告（2021）》。

2. 从数字政府到数字生态

数字政府的发展是融实体（政府、社会、经济）与虚体（网络、平台、应用）于一体的双向互动治理，是运用数据分析诊断实体社会经济运行情形，并提出精准解决方案的虚实融合性治理。数字经济和数字社会运行产生的海量多源数据资源，在体现其行为痕迹的数字表征下，通过关联分析和宏观图景把握，可实现从网络服务、“指尖”服务到“音控”服务的精准化提供，并基于政府对经济运行和社会发展的客观化感知，予以精准化定位和靶向性治理。

数字政府发展应跳出实体政府的治理局限，充分发挥数字经济的基础驱动作用，激活其发展活力和创新动力，形成具有国际竞争力的数字产业化和产业数字化集群；充分发挥数字普惠包容、数字参与和智能服务功能，打造政府负责、社会协同、公众参与、法治保障、技术支撑的治理新生态；充分提升全民的数字技能和数字素养，通过治理知识普及化、治理参与普遍化、服务享受普惠化形成共建、共治、共享的数字社会新格局（见图 1–2）。

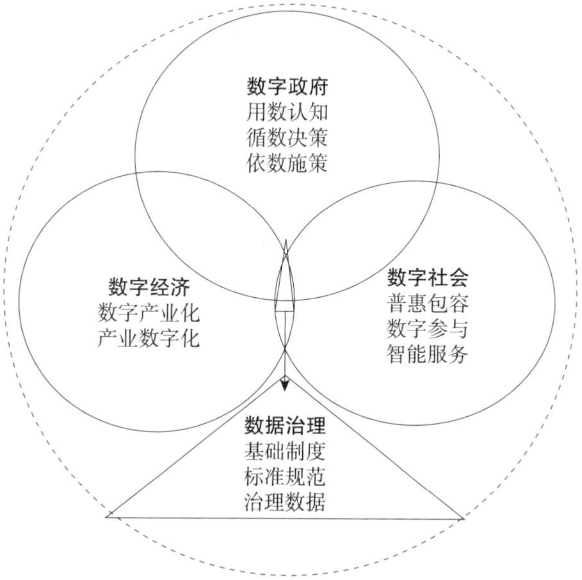

图 1–2 从数字政府到数字生态的拓展

资料来源：孟天广、张小劲等，《中国数字政府发展研究报告（2021）》。

3. 从数字中国到数字强国

数字中国既是技术体系也是国家战略，只有建设好数字中国，才能实现我国的可持续发展，也才有可能为全世界的可持续发展做出贡献①。

如今，我国已成为名副其实的网络大国。截至2020年12月，我国网民规模达9.89亿人；互联网行业在新冠疫情影响下，成为全球唯一实现经济正增长的主要经济体；自2013年起，我国已连续8年成为全球最大的网络零售市场，网络支付使用率近九成，数字货币试点进程全球领先②。与此同时，我国电子政务发展排名从2018年的第65位提升至2020年的第45位，进入全球电子政务发展"非常快"阵列，其中在线服务指数由全球第34位跃升至第9位，迈入全球领先行列③。上述成绩的取得，为我国从数字中国建设成为世界数字强国奠定了坚实基础。

四、大数据赋能公共治理的治理模式与应用场景

大数据技术正成为政府回应社会公众诉求偏好的重要驱动力以及理论研究与创新的重要生长力。一方面，大数据在社会民情感知与预测方面显示出巨大的应用潜力。大数据可汇聚社会中的个体行为和意愿偏好数据，使过去无法通过大规模获取数据的研究主题得以实现④。另一方面，大数据实时获得的大规模时间序列数据，可用来预测舆情情感倾向、公众情绪与大规模冲突事件⑤。所

① 孙小礼：《数字地球与数字中国》，《科学学研究》2000年第4期。

② 第47次《中国互联网络发展状况统计报告》，2021年。

③ 《2020年联合国电子政务调查报告——数字政府助力可持续发展十年行动》，2020年。

④ 李振锋、张弛：《城市社区治理中的虚拟社群参与——基于对城市更新中虚拟社群的考察》，《治理研究》2020年第4期。

⑤ 孟天广、李锋：《网络空间的政治互动：公民诉求与政府回应性——基于全国性网络问政平台的大数据分析》，《清华大学学报（哲学社会科学版）》2015年第3期。

以，从国家与社会的角度看，大数据在平台政府建设、数字经济治理、智能化社会治理、数据监管与规制等不同方面创造出丰富多彩的治理模式和应用场景。

（一）平台政府建设

数字治理资源的不断增加与数字治理主体的多元特征将使数字治理生态的建构过程有利于国家治理能力的提升、治理手段的丰富，并带来政府评估—反馈机制的进步，形成“众治、共治和智治”的治理结构。从实践应用角度来说，在数字治理生态中数字政府建设必然是以开放、智慧和回应为导向的。

数字治理生态的数字政府智慧性主要是指政府依靠数字化实现智慧治理。随着国家治理复杂性的增加，移动互联网、人工智能、城市大脑、区块链等数字科技的发展为这些问题的解决提供了可能。即时感知、精准滴灌、科学决策、主动服务、智能研判、高效运行的新型治理形态将成为智慧治理的未来形式。对于社会公众而言，数字治理带来的最直观变化，就是政府从管理型向服务型转变，针对性的服务和精细化回应成为可能。

（二）数字经济治理

相较于美国、英国、日本等发达国家，我国数字经济起步较晚，但总量巨大且发展速度迅猛[①]。世界发达国家为保持本国数字经济高质量发展，非常重视数字经济对经济社会的全方位辐射带动作用，为中小企业发展制定减税降费政策，持续建设数字网络基础设施，缩小城乡之间的数字鸿沟，密切关注和拓展与实体经济应用领域的联系[②]。为促进我国数字经济高质量发展，应该进一步重视我国数字经济发展，完善数字经济治理体系。

① 孟天广、张小劲：《中国数字政府发展研究报告（2021）》，经济科学出版社，2021。

② 张晓、鲍静：《数字政府即平台：英国政府数字化转型战略研究及其启示》，《中国行政管理》2018 年第 3 期。

1. 融合数字经济和实体经济，助力数字经济发展

发展数字经济的关键是融合数字经济和实体经济，如“社区团购”就把传统零售业以线上模式更好地推进了百姓生活。另外，要发挥数字经济在生产要素配置中的优化与集成作用，进一步促进深度融合。建设数字经济的产业集聚区，引进具有前瞻性的企业，建设与高等学府和研究机构的合作机制，建设示范基地，培育具有发展潜力的新型数字企业。

2. 加强反垄断调查，营造公平发展环境

应加强反垄断调查，政府需要借助大数据、人工智能等前沿技术，建立快速反馈机制和预警机制，对潜在风险进行识别并及时加以处理，需要对相应的政策制度进行创新，建立数字经济现代化的治理体系，构建数据的价值体系和流通机制。

（三）智能化社会治理

随着数字经济时代的到来，智能化社会治理（Intelligent Social Governance）的提法应运而生，其意指运用大数据来努力推动社会治理的网络化、智能化和系统化①。具体而言，智能化社会治理旨在利用大数据强大的数据采集和分析能力，结合社会治理理论和互联网技术，将复杂的社会运行体系映射在多维、动态的数据体系之中，实现对社会运行规律、社会偏好（诉求）变化趋势及规律、政府回应机制及效果差异等实时地、数量化地、可视化地观测，不断积累社会运行的数据特征以应对各类社会风险、提升社会治理有效性②③。

---

① 孟天广、赵娟:《大数据驱动的智能化社会治理：理论建构与治理体系》,《电子政务》2018年第8期。

② 赵娟、孟天广:《数字技术与公共危机治理：治理能力与治理效能——来自社会公众与公共部门的证据》,《中央社会主义学院学报》2021年第1期。

③ 赵金旭、孟天广:《科技革新与治理转型：移动政务应用与智能化社会治理》,《电子政务》2019年第5期。

大数据时代的智能化社会治理有利于提升社会治理的科学化和民主化程度。相较于传统的社会管理，社会治理更加强调治理的法治化、溯源性和社会性，强调社会治理过程的主动性、互动性和预防性。实现智能化社会治理，可从社会治理民情（诉求）感知、社会治理风险评估和政府回应 3 个层面构建智能社会治理的体系与实现路径。大数据所呈现的社会治理诉求，在特定的数据处理技术辅助下，可有效转化为政府精准化治理、诊断式回应及动态式评估的能力。

第一，社会治理民情（诉求）汇聚。网民数量的急剧增长、各种社交平台及公众网络使用习惯的不断成熟，使网络成为公众诉求表达和政治参与的重要工具，为民情数据的收集提供了绝佳的场地和机会。通过特定数据挖掘和信息处理技术，可检测和评估特定地区的公共议题关注热度、变化趋势以及讨论角度、态度情感等问题，帮助社会治理参与主体更好地把握公众诉求，提升公众知情度和政策支持度[①]。

第二，社会治理风险动态评估与预测。通过大数据方法对数据进行解析、关联关系挖掘和可视化展示，可实时监测和评估社会风险状况，并通过不断检验、改进评估系统的准确性和稳定性，构建有效的社会治理感知辅助系统，实现政府、市场、社会多方协同的社会治理结构[②]。

第三，基于知识库的诊断式政府回应模式。借助构建以国内外不同地区各领域社会治理案例、资料和政策为基础的知识库，利用大数据的文本分析、回归分析和预测分析等方法，将政府政策或行为与民情民意数据库相关联，可以发现地方政府回应社会治理需求的多样化模式，再借助智能匹配方法为社会治理政策需

① 孟天广、黄种滨、张小劲：《政务热线驱动的超大城市社会治理创新——以北京市“接诉即办”改革为例》，《公共管理学报》2021 年第 2 期。

② 赵金旭、孟天广：《科技革新与治理转型：移动政务应用与智能化社会治理》，《电子政务》2019 年第 5 期。

求者提供可比性区域的社会治理知识集合，为政策学习和扩散创造条件[①]。

（四）数字监管与规制

虽然我国的数字化建设已经取得了突飞猛进的进步，但数字技术应用在政府内部数据共享、政府外部数据开放，以及决策预警研判等方面仍面临较多挑战，亟须通过各种创新机制予以系统性改善。为解决“数据烟囱”和数据壁垒问题，打破部门壁垒，应该从如下5方面入手解决。

第一，完善开放性的数据资源体系。加强顶层设计和统筹规划，切实推进政务信息资源互联共享，从根本上打破“数据烟囱”“信息孤岛”现象。积极构建统一标准体系、统一技术平台、统一安全防护、统一运维监管模式，推动中央部门与地方政府条块结合、联合试点，进而实现地方一体化在线政务服务平台与国家政务服务平台的全面对接和多级协同联动管理。

第二，塑造包容性的数字生态体系。数字政府发展离不开良性运行的数字生态体系。协同发展既是建设数字政府的目标指向，也是数字政府发展的过程属性。一方面，要坚持开放性、包容性原则，以人民为中心，积极打造社会协同、多元参与的良性数字生态圈。应进一步发挥好政府主导作用，协调各方力量，搭建合作平台，创建共同愿景。另一方面，要坚持普惠性、实效性原则，重视推动区域均衡发展，着力消除数字鸿沟，增进人民福祉。应进一步加强数字基础设施建设，加快网络覆盖，加大移动通信基站建设，推进提速降费，逐步缩小乃至弥合数字鸿沟。

第三，构建协同性强的政策制度体系。数字政府发展是对政府运行模式的整体性重塑，需要构建协同有效的政策制度体系。一方面，成立由主要领导组成的数字政府发展领导小组和领导小组办公室，分别负责全面统筹工作和编制

① 孟天广、赵娟：《网络驱动的回应性政府：网络问政的制度扩散及运行模式》，《上海行政学院学报》2018年第3期。

规划方案等具体任务；另一方面，统筹协调各部门的工作，设立数字政府发展标准化工作专班，定期开展专题研究，及时指导各部门落实数字政府发展工作任务。要注重保障财政支持和资金投入。

第四，制定统一性的规范标准体系。标准化是数字政务良性发展、形成健康完整治理生态的必经之路。要着力构建标准规范体系。针对政务领域大数据、云计算等信息技术领域，加强数据共享、流程再造、信用体系等方面的应用标准制定和规范研究。

第五，打造专业性的数字人才体系。打造业务型、技术型和管理型等多元人才聚合的人才结构。一方面，重视数字化人才教育，扩大大数据、人工智能等专业人才的培养规模；另一方面，建立数字化人才保障体系，建设一支复合型人才队伍。此外，重视与一流科研机构、专家学者、技术人才等海内外人才的合作，研讨具有国际化水平的数字政府转型路线和操作方案。加强数字化技能培训，着力培育公务员的“数字素养”，使其同时具备数字化思维和应用数字技术的能力。

五、大数据赋能公共治理的未来趋势

（一）整体政府：政府内部组织的整体化重塑

整体政府包含数据汇合、业务整合和组织融合，其超越政府内部纵向层级与横向结构的物理整合，以数字技术对政府业务流程进行重塑再造、信息共享和权力重构，消弭政府治理的碎片化、割裂化、交叉化困境，实现公共服务的一站式、无缝隙供给[①]。地方政府在重塑组织内部业务流程和数据共享方面的创

① 孟天广、张小劲：《大数据驱动与政府治理能力提升——理论框架与模式创新》，《北京航空航天大学学报（社会科学版）》2018 年第 1 期。

新实践，表明数字技术可切实促进整体政府的实现[①]。整体政府包含 3 个方面：一是从中央到地方不同层级的纵向整合，运用数字技术消除传统科层间的信息沟通障碍，促进纵向政府的扁平化与网络化；二是不同功能的横向部门整合，以网络整合、业务融通取代单纯物理整合，通过内部业务的整合实现对外服务的便捷；三是公私部门间的合作关系与整体协作，构建自上而下的矩阵式、协同化、生态化组织。

（二）开放政府：数据流程资源的开放与共享

开放政府是近 10 年来中外学界的热点议题之一。开放政府，是指在一定制度框架和技术背景下，政府部门将自身的议程设置、调查研究、政策制定、落实监督及信息反馈等工作环节充分公开，从而确保可记录化、透明化、扁平化、规范化的一套标准、原则、程序和实践。大数据及相关技术为建立和完善开放政府提供了广阔的分析视角和实践空间。大数据时代以全方位开放为理念。无论是美国提出的开放政府战略，还是规模不断扩大的世界“开放政府联盟”组织，世界各国政府的开放意识都在强化。“互联网 +”背景下，权力机制扁平化、决策主体多元化、协同效应复杂化等特点进一步使开放政府的建立成为必然。

政府通过数据和流程等的开放透明，可吸纳多元主体参与政府治理过程，汇聚众智，促进共享共治与治理能力互补。开放政府包含 4 个类型：数据开放、流程开放、决策开放及回应开放，政府应通过开放理念、开放制度、开放平台、开放应用等系列支撑与服务，协同社会主体共同治理，调整和适应社会需求，促进公共服务质量提升。

（三）回应政府：政府服务的全面可持续回应

在数据驱动的政府治理这一语境下，回应政府这一政治学中的经典议题理

① 郁建兴等:《最多跑一次改革：浙江经验、中国方案》，中国人民大学出版社，2019 年。

应得到更充分的发掘和扩展①。回应政府是指以现代信息技术和社会治理技术为信用证托，以多元化治理和协商性决策为理念，以解决公共问题、社会问题为根本目的，对公众诉求进行象征性或实质性回应的一系列准则、规范、流程、标准和实践。回应性不应以一时一事的回应为着眼点，而应以能否建立全方位、高稳定性、高可持续的回应机制为核心评价标准。大数据及其相关技术为实现全社会的民众诉求可得到全面把握、快速分析和精准回应的理念提供了技术基础②。

我国各地政府通过热线电话、网民留言、政务抖音等多元化数字政府应用感知民情，初步建立并规定了政府回应的速度、原则、质量等，并将其作为基层政府官员的绩效考核依据，有效提升了公众在社会转型过程中的获得感、幸福感和满意度③。已有研究表明，政府各类回应制度和机制的设立，切实提升了政府回应质量④。实践中，政府回应要超越一时一事的碎片化回应，建立稳定、可持续的回应机制，精准提供普遍性的群体性服务和个性化回应，建立更为科学、合理、稳定的反馈评估机制，促进各级政府真正以人民需求为中心，以问题解决为牵引，以回应质量为目标，实现全面、稳定的可持续回应。

（四）濡化政府：价值引领重塑和理念软实力

濡化政府是政府通过数字平台和各类数字应用工具，在政府内外引导和传播治理价值、治理理念、社会文化、施政策略等，通过“培育和厚植社会核心

---

① 孟天广、张小劲：《大数据驱动与政府治理能力提升——理论框架与模式创新》，《北京航空航天大学学报（社会科学版）》2018 年第 1 期。

② 孟天广、赵金旭、郑兆祐：《重塑科层“条块”关系会提升政府回应性么？—— 一项基于北京市“吹哨报到”改革的政策实验》，《中国行政管理》2021 年第 4 期。

③ 赵金旭、孟天广：《官员晋升激励会影响政府回应性么？——基于北京市“接诉即办”改革的大数据分析》，《公共行政评论》2021 年第 2 期。

④ Tianguang Meng，Zesen Yang，“Variety of Responsive Institutions and Quality of Responsiveness in Cyber China”，China Review，2020.

价值，传导和传播良风善行，更好地发挥党风廉政建设，以及教化社会的治理模式和治理能力”[①]。政府的“数字化思维、数字化理念、数字化战略和数字化规则”[②]等均可应用数字化工具来予以濡化培育和引导。在我国“政府主导、社会协同、价值引领”的宏观话语体系基础上，通过濡化机制可以在政府内部培育层级治理的整体性意识，在政府外部培植社会协同共治理念，营造良性营商环境，自上而下赋能政府机构、个体公务员。结合地域特色，还可形成一套完整的宏观—微观话语体系，通过数字化手段，为数字政府发展及其综合治理能力的提升提供实现路径。

数据驱动的政府治理不仅应体现为对新技术新手段的开放性包容，也应体现为对中华民族传统价值观的创新性拓展。政府治理联动机制本身是一个复杂的多元主体之间的关系，而濡化政府的核心要素是契约化、法治化、平等化和责任化[③]。濡化政府的特征集中体现在政府的教化职能及其实现方式上。这种职能和方式是文化理念、当代治理理论与互联网技术革命相结合的产物，即“文化 + 互联网 + 治理能力”，因而涵盖了内涵更为广泛的政府治理能力。

（五）智慧政府：政府技术能力的智能化再造

大数据将引领公共部门决策从信息时代、知识时代向智能时代迈进。在智能时代，决策各个环节之间的合作、任务之间的对接会更精确，这就要求政府治理在一个较高层面实现“智能化”，以降低整个国家和社会的运行成本[④]。智

---

① 孟天广、张小劲：《大数据驱动与政府治理能力提升——理论框架与模式创新》，《北京航空航天大学学报（社会科学版）》2018 年第 1 期。

② 戴长征、鲍静：《数字政府治理——基于社会形态演变进程的考察》，《中国行政管理》2017 年第 9 期。

③ 孟庆国、关欣：《论电子治理的内涵、价值与绩效实现》，《行政论坛》2015 年第 4 期。

④ 孟天广、张小劲：《大数据驱动与政府治理能力提升——理论框架与模式创新》，《北京航空航天大学学报（社会科学版）》2018 年第 1 期。

慧政府，是指公共部门以一定的社会需要为前提，以国家法律法规为依据，在客观技术条件允许的情况下充分利用物联网、云计算、大数据分析、移动互联网等新一代信息技术，以用户创新、大众创新、开放创新、共同创新为切入点而开展的一系列决策、政务智能化措施①。智慧政府强调以作为平台的政府架构为基础，实现政府、市场、社会多方协同的公共价值塑造，实现政府管理与公共服务的精细化、智能化、社会化。智慧政府既为数字政府的实现提供了技术支撑，亦是政府数字化转型的关键阶段和最终目标。数字政府可视为从电子政务到智慧政府的过渡和转换。

智慧政府的4个关键环节分别是决策的智能化、部署的智能化、执行的智能化及反馈的智能化。决策的智能化，是指决策议程设置、历史案例参考及政策效果建模技术的智能化。部署的智能化，是指软硬件配套设施将决策标准及流程付诸于具体计算环节的智能化。执行的智能化，是指互联网、物联网等信息接收及输出终端在必要的人工辅助下落实相关政策或采取必要回应的智能化。而反馈的智能化，则是指政策反馈系统在对反馈信息进行收集、分类、预处理及信息提取方面的智能化。

六、结论

如何在新一轮的科技浪潮中，把握机遇，迎接挑战，推进国家治理现代化，是关系到全面建设小康社会和“两个一百年”奋斗目标的重要时代课题。作为新科技革命重要成果，大数据正在推动传统公共治理向智能化社会治理转变。大数据的快速发展与普及推广为政府数字化转型与公共治理提供了科技驱

① 王益民:《数字政府》，中共中央党校出版社，2020年。

动力，通过技术赋能和技术赋权双重机制推进国家治理体系与治理能力现代化。伴随着社会生活“网络化”和“数字化”进程的持续推进，数字政府成为未来政府形态。当前，数字政府建设业已成为“推进国家治理体系与治理能力现代化”中最为关键的议题和内容，而且，随着第四次科技革命在全球的蓬勃推进，数字政府建设将进一步成为影响国家治理体系和治理能力的决定性因素。

正是在这样的时代背景下，本专题对大数据赋能公共治理进行了理论分析与政府数字化转型的探索，对数字时代中国公共治理所面临的机遇和挑战进行了系统化总结，对我国数字政府的治理结构与体系、治理模式与应用场景进行了系统化归纳，总结、提炼和建构出既具有中国本土化理论特色，又具有国际视野比较价值和借鉴意义的数字政府治理结构与治理体系、治理模式与应用场景，从而能够在大数据时代的浪潮中，充分把握机遇，全面依托数字生态的加速共同发展。

首先，以人民为中心，密切感知数字化时代人民的需求和导向，凝聚和集成政府治理现代化的发展策略；以制度为保障，着力加强数据开放、信息汲取、民意吸纳、信息处理、数据使用和信息反馈的标准性和典范性。

其次，以结果为导向，将回应型政府、开放型政府、整体型政府、濡化型政府和智慧型政府的实现，作为数字生态阶段性建设的必要条件和象征性结果。

最后，以善治为基石，通过数据标准、数据规则和数据设施，科学治理、协同治理、精准施策，积极投入到国际数字化发展的时代潮流中，为推动并实现面向世界、面向未来的政府善治、经济发展、社会进步，积极储备力量。

数字政府转型已然成为全球浪潮，其发展速度之快、遍及国家之广、涉及领域之多，在人类治理转型的历史上都值得瞩目。中国在这场全球浪潮中紧跟技术革新的步伐，将政府数字化转型作为国家治理现代化的重要机制。由数字技术和治理理论结合所催生的数字治理新模式，为政府组织形态变革、职能结构整合、运作方式优化、治理主体协同、无缝隙服务等，提供了理论源泉与实践路径。从而在历史和现实的大跨度时间范围内，加深对数字政府建设和发展规律的认识。通过大范围的多案例比较，分析数字政府发展在宏观治理结构上，对国家与社会关系，尤其是在网络公众参与、政府民意回应、科层流程重塑、公共危机治理等方面产生的深远影响，及其产生的最新治理结构关系和深层因果机制。

第二篇　应用实践

专题二

国内推动大数据应用于公共治理的政策现状*

一、政府大数据治理发展现状综述

（一）综述

21世纪，伴随着数字化、网络化、智能化的飞速发展和广泛应用，人类进入了大数据时代，数据已经成为重要的生产要素和社会财富，甚至是国家间竞争的基础性战略资源。我国作为世界上最大的互联网市场之一，信息技术创新和大数据的发展也是日新月异，我国的数字化进程已经逐步扩展到政务、民生、经济、社会各个领域。党的十八大以来，党中央放眼未来、顺应大势，作出建设数字中国的战略部署，进行了一系列超前布局，我国大数据产业取得突破性进展。2017年，“数字中国”作为建设现代化经济体系和创新型国家的重要举措，与建设科技强国、质量强国、航天强国、网络强国、交通强国等并列写入

* 本专题作者为中国信息通信研究院郭丰。

了党的十九大报告，标志着我国开启了大数据治理的新征程。2019年，党的十九届四中全会通过《中共中央关于坚持和完善中国特色社会主义制度、推进国家治理体系和治理能力现代化若干重大问题的决定》，进一步明确要求，“建立健全运用互联网、大数据、人工智能等技术手段进行行政管理的制度规则。推进数字政府建设，加强数据有序共享，依法保护个人信息”。可见，运用大数据推动经济社会发展、促进国家治理体系和治理能力现代化、保障和改善民生已经成为我国国家和社会治理的重要组成部分。

通过构建数据驱动的政务运行新机制、新平台、新渠道，打造整体协同、高效运行的数字政府，能够有效打通“信息孤岛”，实现业务协同、系统互通、资源整合、信息共享，加快信息技术与政府业务全面深度融合，不断提高数据应用创新能力；能够提高管理和服务一体化、便捷化、智能化水平，建成人民满意的服务型政府。

本专题将围绕大数据运用于公共治理，从国家战略规划、政府工作报告、政策法律规范、大数据管理机构和地方政府实践等几个方面对相关资料进行收集、整理和分析，以期对我国大数据治理现状有更加全面和清晰的认识。

（二）国家宏观政策文件

1. 总体性描述

党中央、国务院高度重视信息化工作，成立中央网络安全和信息化领导小组，通过完善顶层设计和决策体系，加强统筹协调，做出实施网络强国战略、大数据战略、“互联网 +”行动等一系列重大决策，开启了信息化发展新征程。数字政府一词最早于2017年提出，2018年广西壮族自治区、广东省发布数字政府规划，将数字政府从理念阶段推进到实践阶段。2019年党的十九届四中全会提出推进数字政府建设，加强数据有序共享，数字政府建设提升至国家顶层设计层面。2021年发布的国家“十四五”规划进一步明确了数字政府内涵，提出要从公共数据开放共享、政务信息化共建共用、数字化政务服务效能提升3方面着手，提升政府治理、政府决策、政务服务能力。

党的十八大以来，政府工作报告对于数字政府建设相关内容基本以政务服务为主，政务服务内容不断深化、细化。2014年3月，大数据一词首次写入政府工作报告，2015年政府工作报告提出推广电子政务和网上办事；2016年强调大力推行“互联网+政务服务”，实现部门间数据共享，让居民和企业少跑腿、好办事、不添堵；2017年提出加快国务院部门和地方政府信息系统互联互通，形成全国统一政务服务平台；2018年“互联网+政务服务”首次被写入政府工作报告，并提出要使更多事项在“网上办理”，必须到现场办的也要力争做到“只进一扇门”“最多跑一次”等。

之后，政府工作报告对于政务服务表述更为具体，由“网上办理”到“一窗受理”“一网通办”，由“异地可办”向“跨省通办”推进。2019年，政府工作报告提出推行网上审批和服务，抓紧建成全国一体化在线政务服务平台，加快实现“一网通办”“异地可办”，使更多事项不见面办理，确需到现场办理的要“一窗受理、限时办结”“最多跑一次”。建立政务服务“好差评”制度，服务绩效由企业和群众来评判。到2020年政府工作报告提出深化“放管服”改革，推动更多服务事项“一网通办”，做到企业开办全流程“网上办理”等。

2. 规划

（1）“十四五”规划

2021年3月11日，十三届全国人大四次会议表决通过了《中华人民共和国国民经济和社会发展第十四个五年规划和2035年远景目标纲要》，“数字”一词多次出现。相比“十三五”规划，“十四五”规划以数字化单独成篇，第五篇“加快数字化发展，建设数字中国”对数字中国的目标、具体任务做出了明确指示，提出“3+1”的数字化发展体系，即从数字经济、数字社会、数字政府3方面推动数字化转型，以数字化转型整体驱动生产方式、生活方式和治理方式变革，同步构建数字生态，为数字化转型提供规则体系保障。

“十四五”规划“提高数字政府建设水平”章节阐述了如何将信息技术、数字技术应用于政府管理和政府服务，推动政府治理流程再造和模式优化，从而提高决策的科学性以及服务效率。

①公共数据方面

健全数据资源目录和责任清单制度，提升国家数据共享交换平台功能，深化国家人口、法人、空间地理等基础信息资源共享利用。建立健全国家公共数据资源体系，确保公共数据安全，推进数据跨部门、跨层级、跨地区汇聚融合和深度利用。开展政府数据授权运营试点，鼓励第三方深化对公共数据的挖掘利用。扩大基础公共信息数据安全有序开放，探索将公共数据服务纳入公共服务体系，构建统一的国家公共数据开放平台和开发利用端口，优先推动企业登记监管、卫生、交通、气象等高价值数据集向社会开放。

②政务信息化方面

完善国家电子政务网络，集约建设政务云平台和数据中心体系，推进政务信息系统云迁移。加强政务信息化建设快速迭代，增强政务信息系统快速部署能力和弹性扩展能力。加大政务信息化建设统筹力度，健全政务信息化项目清单，持续深化政务信息系统整合，布局建设执政能力、依法治国、经济治理、市场监管、公共安全、生态环境等重大信息系统，提升跨部门协同治理能力。

③政务服务方面

加快构建数字技术辅助政府决策机制，提高基于高频大数据精准动态监测预测预警水平。全面推进政府运行方式、业务流程和服务模式数字化、智能化。深化“互联网+政务服务”，提升全流程一体化在线服务平台功能。强化数字技术在公共卫生、自然灾害、事故灾难、社会安全等突发公共事件应对中的运用，全面提升预警和应急处置能力。

（2）“十三五”国家信息化规划

2016年12月15日，国务院印发了《“十三五”国家信息化规划》。规划多处提及大数据及其相关内容，在第四部分重大任务和重点工程及第五部分优先行动中，强调了“建立统一开放的大数据体系”及“数据资源共享开放”的任务和行动。

①发展目标

到2020年，“数字中国”建设取得显著成效，信息化发展水平大幅跃升，信息化能力跻身国际前列，具有国际竞争力、安全可控的信息产业生态体系基本建立。信息技术和经济社会发展深度融合，数字鸿沟明显缩小，数字红利充分释放。信息化全面支撑党和国家事业发展，促进经济社会均衡、包容和可持续发展，为国家治理体系和治理能力现代化提供坚实支撑。

②具体措施

规划提出要建立国家治理大数据中心，统筹利用政府和社会数据资源，推动宏观调控决策支持、市场监督管理、社会信用、风险预警等大数据应用，建设社会治理和公共服务大数据应用体系。

同时，规划还提出要创新社会治理，以信息化为支撑，加强和创新社会治理，推进社会治理精细化、精准化。同时要推进多元矛盾纠纷化解信息化平台建设，有效预防和妥善化解各类矛盾纠纷，为社会风险防控提供支撑。完善全国信用信息共享平台，推行网上受理信访、举报制度，拓展网上政民互动，畅通群众利益协调和权益保障渠道。推进智慧社区建设，完善城乡社区公共服务综合信息平台，建立网上社区居委会，提高社区治理和服务水平。

规划提出，进行数据资源共享开放行动，形成公共数据资源开放共享的法规制度和政策体系，建成国家政府数据统一共享交换和开放平台，形成跨部门数据资源共享共用格局。构建全国信息资源共享体系的工作包括：制定政府数据资源共享管理办法，构建政府数据统一共享交换平台，梳理制定政府数据资源共享目录体系，推动信息资源跨部门跨层级互通和协同共享。稳步实施公共信息资源共享开放的工作包括：各地区、各部门根据自身职能，梳理本地区、本部门所产生和管理的数据集，编制数据共享开放目录。建立共享开放数据汇聚、存储和安全的管理机制，应按照规定提升数据开放平台的安全保障水平。

（3）“十三五”规划

“十三五”规划纲要（以下简称纲要）共分为20篇。在拓展网络经济空间这一篇中，把大数据作为基础性战略资源，提出实施国家大数据战略，促进大数据发展的行动，继续推动数据资源共享开放、开发应用，助力产业升级以及开展社会治理。

纲要提出要加快政府数据的开放和共享。依托政府数据统一共享交换平台，加快推进跨部门数据资源共享共用。加快建设国家政府数据统一开放平台，推动政府信息系统和公共数据互联开放共享。推进重点领域大数据高效采集、有效整合，深化政府数据和社会数据关联分析、融合利用，提高宏观调控、市场监管、社会治理和公共服务精准性和有效性。制定政府数据共享开放目录，依法推进数据资源向社会开放。统筹布局建设国家数据中心基础设施。研究制定数据开放、数据保护等法律法规，持续完善关于政府部门的信息资源管理办法。

3. 政府工作报告

2021年政府工作报告是党的十八大以来首次将数字政府写入政府工作报告，折射出政府数字化转型的加速。

（1）加强数字政府建设

政府工作报告提出，2021 年要深入推进重点领域改革，更大力度激发市场主体活力。加强数字政府建设，建立健全政务数据共享协调机制，推动电子证照扩大应用领域和全国互通互认，实现更多政务服务事项网上办、掌上办、一次办。企业和群众经常办理的事项，2021 年要基本实现“跨省通办”。

当前，我国的数字政府建设已进入全面提升阶段，数字政府成为推进服务型政府建设的重要抓手、一体化政府建设的重要助推器、提升治理智慧化水平的重要工具。但数字政府建设过程中还存在一些需要引起关注的问题，主要表现在：政务数据共享协调机制有待完善、电子证照扩大应用领域和全国互通互认有待进一步强化、数字政府服务能力建设有待加强。

（2）建立健全政务数据共享协调机制

建立健全政务数据共享协调机制，应当从国家层面加强顶层设计，统筹部署，整体推进各地区、各部门政务服务平台规范化、标准化、集约化建设和互联互通，推动实现政务服务事项全国标准统一、全流程网上办理，促进政务服务跨地区、跨部门、跨层级数据共享和业务协同，并依托国家一体化在线平台推动政务服务线上线下深度融合。

（3）进一步扩大电子证照的应用领域和互通互认

国家市场监督管理总局、中国国家标准化管理委员会已发布和实施的有关电子证照的国家标准和技术规范有：《电子证照　总体技术架构》《电子证照　目录信息规范》《电子证照　元数据规范》《电子证照　标识规范》《电子证照　文件技术要求》《电子证照　共享服务接口规范》等。各地区各部门数字政务平台应当按照上述标准规范，重点优化完善数据共享交换平台，完成与国家一体化在线政务服务平台资源共享服务中心的对接，实现政务服务事项管理库、电子证照库目录等业务数据的汇聚，与国家一体化在线政务服务平台的实时交换。

（4）实现更多政务服务事项“一次认证、全网通办”

全国各地区各部门已建的身份认证系统应当按照国家相关标准规范对接国家一体化在线政务服务平台的统一身份认证系统。用户认证、印章使用、证照共享等方面的技术支撑体系也必须实现全国标准规范统一，彻底打破各自为政、互联互通互信难的局面，实现“一次注册、全网通行”“一次认证、全网通办”的目标。各省、市的数字政务服务平台应当按照“应上尽上、全程在线”的要求，坚持数字政务服务“上网是原则、不上网是例外”的基本原则，实时与国家平台无缝隙对接，实现用户信息互认和集中统一管理。

（5）建设数字中国

2021 年政府工作报告介绍“十四五”时期主要目标任务时提到：加快数字化发展，打造数字经济新优势，协同推进数字产业化和产业数字化转型，加快数字社会建设步伐，提高数字政府建设水平，营造良好数字生态，建设数字中国。

（三）当前国际进展及研究情况

1. 国际推进情况

（1）联合国推进情况

①联合国经济和社会事务部公共机构和数字政府司

联合国经济和社会事务部旨在促进并协助各会员国公共行政和机构的发展，以实现包括可持续发展目标在内的国际共识发展目标。

联合国经济和社会事务部公共机构和数字政府司主要职责为协助政府间讨论、研究和能力建设，以建立有效、负责任、包容和透明的机构。这包括从制度层面分析和报告可持续发展工作，特别是机构和公务员制度、整体政府方针、创新机制、信息和通信技术、公共问责制以及可持续发展相关问题。

数字政府司侧重于分析和协助工作，为实现可持续发展目标打造包容、高效、问责清晰、设备完善的公共机构。数字政府司专注于为 2030 年可持续发展议程建立强大机构和高效管理方式，协助联合国政府间机构分析公共制度所起作用，将之作为可持续发展目标审查工作的组成部分，并协助公共行政专家委员会的工作。

在联合国公共服务奖颁奖期间，数字政府司在联合国公共服务年度论坛上促成了多利益攸关方关于变革机构和建立公众信任的对话。数字政府司尤为关注政策整合、延续和创新，其分析工作和能力建设活动帮助各国分析如何组织、调动国家和地方政府及公务员，以实现可持续发展目标。数字政府司还协助最高审计机构组织对可持续发展目标执行进程的审计工作。

数字政府司还侧重于信息和通信技术方面的工作。信息和通信技术在实现 2030 年可持续发展议程过程中正发挥日益明显的变革性作用。数字政府司协助互联网治理论坛的工作，并推动信息社会世界高峰会议的后续工作。由数字政府司开展的两年一度的联合国电子政务调查旨在研究全球趋势及其对可持续发展和人民的影响。

数字政府司内主要活动包括：在管理和公共行政相关议题上协助联合国大会、联合国经济及社会理事会、可持续发展高级别政治论坛和公共行政专家委员会的工作；在涉及不同利益相关方、地区和国际组织及电子政务的领域跟进信息社会世界高峰会议；开展研究、撰写分析报告（世界公共部门报告、联合国电子政务调查）；在研究和分析的基础上提供咨询服务和能力建设工具；通过分析报告和组织包括联合国公共服务论坛在内的活动，分享为可持续发展目标及各种公共行政问题提供机构支持的经验；通过包括联合国公共行政网在内的各种渠道，加强与其他国家、地区和专业组织的合作伙伴关系。

②联合国秘书长数字合作高级别小组

2018 年 7 月 12 日，联合国秘书长数字合作高级别小组由联合国秘书长安东尼奥·古特雷斯宣布设立。该小组是为了推动各项相关建议，加强各国政府、私营部门、民间社会、国际组织、技术和学术界以及其他相关利益攸关方在数字空间的合作而设立的，将致力于提高各方认识，使人们更多地了解数字技术给社会和经济带来的变革性影响，并推动开展更广泛的公开辩论，探讨如何在顾及相关人权规范的情况下确保人人享有安全和包容的数字未来。安东尼奥·古特雷斯特别要求该小组研究如何使数字合作助力可持续发展目标的实现（2015年由193个联合国会员国共同制定的保护人类和地球的宏伟议程），以及相应的数字合作模式来推进关于数字治理的讨论。

小组成员有着多样的学科和部门背景，所在国家、性别、年龄不同，以反映数字领域的跨界性质。安东尼奥·古特雷斯邀请了20名在技术和政策领域有专业及学术背景的独立专家。所有成员均以个人身份任职，不代表其附属机构。鉴于年轻人在未来会受到数字社会更大影响，小组中也有数位35岁以下成员。

2019年6月10日，联合国以全球直播的方式发布全球数字经济未来发展纲领性报告《数字相互依存的时代——联合国数字合作高级别小组报告》，该报告由联合国数字合作高级别小组提出，马云与梅琳达·盖茨任小组联合主席。

该报告主要分为3个部分："一个都不落下"部分主要论述了如何使数字技术有助于实现可持续发展目标，创造更具包容性的数字经济；"个人、社会和数字技术"部分总结了数字领域中有关人权、人类自主性与安全的问题；"全球数字合作机制"部分分析了当前机制的不足，在改进全球数字合作架构方面提供建议。报告提出了5条建议：建立一个包容的数字经济和社会，加强人力和机构能力，保护人权和人类自主性，维护数字信任、安全和稳定，加强全球数字合作。

③联合国电子政务调查报告

联合国电子政府调查报告是一份评价联合国所有成员国电子政府发展状况的全球性报告。联合国经济和社会事务部从2001年起发布该报告。该报告旨在帮助各国相互学习、借鉴、了解本国电子政府的优势和挑战，制定电子政府政策和战略。该报告也是全球唯一包含193个联合国成员国电子政府发展情况的报告，被用作衡量各国电子政府发展、提升政府能力、提供政策建议和分享实践经验的标杆。该报告遵循联合国《2030年可持续发展议程》中的可持续发展目标和不让任何一个人掉队的原则，尤其注重第11号目标（可持续城市和社区）和第16号目标（和平、公正与强大的政府机构）。

④联合国“数字合作路线图”

2020年6月，联合国秘书长安东尼奥·古特雷斯公布“数字合作路线图”，推动数字技术以平等和安全的方式惠及所有人。安东尼奥·古特雷斯在当天举行的数字世界现状和数字合作路线图实施视频高级别活动上表示，人类正处于技术治理的关键时刻。无论是为战胜新冠疫情，还是为实现可持续和包容性的复苏，“数字连接都是不可或缺的”。

“数字合作路线图”主要包括推动数字通用连接、促进数字技术成为公共产品、保证数字技术惠及所有人、支持数字能力建设、保障数字领域尊重人权、应对人工智能挑战、建立数字信任和安全。安东尼奥·古特雷斯强调，路线图的首要目标是“连接、尊重和保护数字时代的人们”。这份路线图响应了数字合作高级别小组关于全球互联互通、数字包容、人权、人工智能、信任与安全等关键问题的建议。

2020年6月，联合国大会召开“快速技术变革对实现可持续发展目标的影响”视频高级别会议。安东尼奥·古特雷斯在会上表示，数字革命影响着每个国家和地区以及人类生活的所有领域。互联网是一种强大而重要的全球公益产品，需要尽可能促进“高水平的国际合作”。

⑤数字能力建设机制

数字能力建设机制由国际电信联盟和联合国开发计划署联合发起。该联合机制旨在支持联合国秘书长公布的“数字合作路线图”。

该联合机制的具体目标是：指导利益相关方利用国际电信联盟、联合国开发计划署现有的相关资源，包括数字技术扫盲和技能培训等；确定数字能力发展举措需求未得到满足的领域，并在需要时与最终用户合作制定新的干预措施；确定未满足利益相关者需求的模式和趋势；在执行数字战略、能力开发举措或其他高度优先的业务领域为合作伙伴提供战略、业务和项目支持；在地方和国际层面加强数字能力，以实现包容性的数字和社会转型。

该联合机制巩固了国际电信联盟和联合国开发计划署之间的伙伴关系，以推动数字能力发展，并设想建立一个新的统一结构，促进资源、角色和责任的联合。国际电信联盟通过其发展部门提供直接援助和能力发展举措，以弥合数字鸿沟、促进数字包容，推动全民数字化转型。在实现两个机构之间现有合作的同时，联合机制还为国际电信联盟和联合国开发计划署之间更广泛、更长期的合作铺平了道路。

（2）国别经验

针对数字政府建设发达国家主要围绕制定数字政府建设战略规划、深化政务数据开放和应用、建立首席信息官制度、政务数据融合与共享、人工智能与智能化政府、隐私保护与数据安全等展开。胡税根等认为，我国可借鉴发达国家建设“政府即平台”的数字政府发展模式、建立公众需求导向的政府数据开放与共享机制、提升数字政府智能化水平、注重数据安全与隐私风险防范的经验①。

① 胡税根、杨竞楠：《发达国家数字政府建设的探索与经验借鉴》，《探索》2021年第1期。

美国政府数据治理经过多年探索发展，形成涵盖数据开放、信息公开、个人隐私保护、电子政务、信息安全和信息资源管理六大领域的治理体系，以隶属总统行政办公室并负有联邦预算建议和评估职责的管理与预算办公室为核心，以重要数据信息部门（联邦政府首席信息官委员会、白宫科技政策办公室、司法部信息政策办公室、国家档案和记录管理局、商务部等）为支撑的治理结构①。2002 年，美国颁布《电子政务法》并成立电子政务和信息技术办公室。数据开放政策基于 3 份基础文件，分别是奥巴马总统备忘录《透明与开放政府》②、管理与预算办公室备忘录《开放政府指令》③和 OMB 备忘录《开放数据政策》④。政务信息公开则有 3 部关键性法案《信息自由法》（1967 年颁布，2016 年修订）、《联邦咨询委员会法》（1972 年）和《阳光下的政府法》（1976 年）。2011 年，美国白宫科技政策办公室建立了大数据高级监督组，2012 年 3 月 29 日，《大数据研究与发展计划》正式对外发布，标志着美国将大数据上升为国家战略。2016 年 5 月，《联邦大数据研发战略计划》发布。2019 年 12 月，管理与预算办公室发布《联邦数据战略与 2020 年行动计划》。该战略描述了美国联邦政府未来 10 年的数据愿景，由使命、原则和实践 3 部分内容构成，从伦理、意识、文化等层面共同确立了政府机构应如何使用联邦数据的长期框架。此外，该联邦数据战略确立了 40 项具体数据管理实践，如建立重视数据并促进数据共享使用的文化，保护数据提高透明度，增强数据管理分析能力和多样化数据访问路径；还确立了 2020 年 20 项具体行动方案，包括具体的时间安排和

① 黄璜：《美国联邦政府数据治理：政策与结构》，《中国行政管理》2017 年第 8 期。

② Barack H. Obama：Memorandum on Transparency and Open Government，2009.

③ OMB. Open Government Directive，Memorandum For the Heads of Executive Departments and Agencies，2009.

④ OMB. Open Data Policy—Managing Information as an Asset. Memorandum For the Heads of Executive Departments and Agencies，2013.

责任机构等。该战略的突出特点在于，将数据作为战略资源开发，对数据的关注从技术转移到资源。

英国政府在近年的联合国电子政务调查报告中一直名列前茅，从推动政府网站“瘦身”到发布最新版的《数字服务标准》，数字政府建设正在完成从“服务数字化”到“数字服务化”的进化。英国数字政府发展可划分为“电子政务”和“数字服务”（包含“数字政府战略”和“政府转型战略”子阶段）两大阶段[①]。2012 年，颁布《政府数字化战略》。2012 年 10 月，英国开启“政府网站瘦身革命”，将 2000 个政府网站缩减为唯一的 UK.gov。2013 年，英国发布《把握数据带来的机遇：英国数据能力战略》。2014 年，开始实施《政府数字包容战略》。2015 年，启动“数字政府即平台”计划。2017 年，英国政府基于原有的《政府数字化战略》发布了《政府转型战略 2017—2020》战略计划，旨在明确政府以民众需求为核心，不断解决公共服务事务中存在的问题，通过数字化载体构建和跨部门有机协同，改变政府服务模式，将政府自身转化为一个数字化组织，为公民提供全流程的面对面高质量服务。2019 年，英国发布最新版《数字服务标准》。英国数字政府平台建设有利于打破组织壁垒、重塑权力运作模式，推动政府跨部门业务的整体转型[②]。

2018 年，欧盟颁布《通用数据保护条例》，引导各成员国逐步加强政务数据、公共数据及个人信息保护，致力于政务数据的安全开放、共享；2020 年 2 月，欧盟发布《塑造欧洲的数字未来》《欧洲数据战略》等，实现政府与企业间、私营部门间数据共享，提高政府的决策能力；此外，欧盟依托《网络安全

① 林梦瑶、李重照、黄璜：《英国数字政府：战略、工具与治理结构》，《电子政务》2019 年第 8 期。

② 张晓、鲍静：《数字政府即平台：英国政府数字化转型战略研究及其启示》，《中国行政管理》2018 年第 3 期。

法》和《开放数据指令》等立法，强化数据开放共享安全，致力于在欧盟内部建立安全、高效的政务数据共享开放体系。其中，2020 年 2 月 19 日由欧盟委员会公布的《欧盟数据战略》，提出在 2030 年将欧洲打造为世界上最具吸引力、最安全、最具活力的数据敏捷型经济体，并匹配了构建跨部门治理框架、加强数据投入、提升数据素养和构建数据空间四大支柱性战略措施。

丹麦在公共服务数字化方面位于世界前列，《2018 年联合国电子政务调查报告》显示，从 2016 年的第九名跃居全球第一。徐国冲等以诺兰模型为基础，结合丹麦电子政务实际发展历程，将“数字丹麦”划分为 3 个发展阶段。初始阶段，公共部门内部办公信息化（简单数据处理工作、电子设备的使用）。信息系统使用局限于部门内部，影响较小，电子化由少数部门逐渐推广到多数部门，由内部逐渐向外扩散。成长阶段，电子政务发展速度和规模有了质的变化。建立专门的信息网络平台，使信息具有针对性且能够很好地整合并加以利用。成熟阶段，信息资源实现共享，并开始进一步的探索。公共部门内部电子化全覆盖，实行“无纸化”办公；重视整个信息网络系统的安全。数字丹麦建设模式具有其独特性，包括以公民的需求为中心，践行“公民无国界”的理念；中央政府和地方政府协力，打造无缝隙互动型电子政务；企业、公民共同参与，公共服务无处不在；通过电子政务优化营商环境，探索新型监管机制等，这些均可为我国数字政府建设提供有益参考①。

2012 年 10 月，澳大利亚政府发布《澳大利亚公共服务信息与通信技术战略 2012—2015》。2013 年 2 月，澳大利亚政府信息管理办公室成立了跨部门大数据工作组，并于 2013 年 8 月正式发布《公共服务大数据战略》以推动公共部门利用大数据分析进行服务改革。该战略提出 6 条指导性的大数据原则：数据

① 徐国冲、吴筱薇：《“数字丹麦”建设：战略、特点与启示》，《学习论坛》2021 年第 2 期。

是一种国家资产，应用于提升人民福祉；数据共享和大数据项目开发过程中严保用户隐私；数据完整和过程透明；政府部门间以及政府与产业界间应共享技术、资源和能力；与产业和学术界广泛合作；加强政府数据开放。2015年，澳大利亚成立数字化转型办公室，并于2016年升格为数字化转型局（DTA）①。澳大利亚数字化转型的要点主要有6个方面：以群众为中心、保护数据、提升服务能力、协同治理、持续创新、数据共享。对我国数字化转型提供的有益启示包括：成立专门的数字化小组、制定数字化策略及服务标准、开发合适的数字工具等措施。

巴西于2020年4月制定了数字政府战略并通过10332/2020号法令，为数字服务的转型、数字渠道的统一和系统间互操作性的发展制定了指导方针。巴西制定数字政府战略的主要目标为：提供直观、直接的公共数字服务，并整合到一个平台中；促进政府数据库的集成和互操作性；实施通用数据法；提供数字公民身份；优化信息技术基础设施。其中，在2020年第10332号法令的附件中，巴西政府指出，使用区块链是其实现巴西数字政府服务扩展的目标之一，到2022年通过区块链解决方案在联邦公共管理中至少提供9个数据集，并通过准确安全的算法，利用资源来创建可互操作的联邦政府区块链网络。

2. 国内研究进展

在国际和国内不同时期和发展阶段曾出现过电子政务、电子政府、电子治理、数字政府、数字治理等各种概念，这些概念虽然内涵外延不尽相同，但都体现了政府治理技术手段的迭代和治理目标的发展，其内核是一样的，均为利用信息和数字技术赋能政府以优化治理。

在我国，近20年来基于国际趋势影响和本土治理需求的协同作用，政府上

① 章燕华、王力平：《国外政府数字化转型战略研究及启示》，《电子政务》2020年第11期。

网、政府信息化、电子政务、政府数字化转型、智慧政务、数字政府、数字治理等概念和目标在不同阶段被政府、学界所接受和使用①。

黄璜认为，中国政府数字化转型在技术现实和治理理论两个层面不断交织行进迭代升级，他将中国政府运用现代计算技术发展过程分为3个政策阶段：20世纪70年代后期至2001年为政府信息化阶段；2002—2017年为电子政务阶段；2018年至今为数字政府阶段。其中电子政务阶段根据典型政策或现象，又可分为4个子阶段：2002—2009年，“两网一站四库十二金”等著名电子政务工程启动；2010—2012年，政务微博、微信等政务信息服务第三方平台兴起，智慧城市、政府大数据、数据开放等概念出现；2013—2015年，中央成立网络安全和信息化领导小组及其办公室，网络空间治理、大数据发展被提到国家高度，“信息惠民”“（新型）智慧城市”等试点在全国铺开；2016—2017年，“放管服”的改革思路提出，围绕“优化服务”展开“互联网+政务服务”，围绕“放管结合”展开“互联网+监管”②。

《数字政府概念的社会史考察》一文对我国数字政府概念演进不同阶段进行考察，将跨度近40年的演进过程分为4个阶段，分别是电子政务阶段（1992—2010年），互联网+政府阶段（2011—2015年），智慧治理阶段（2016—2017年）和数字政府阶段（2018年至今）③。

综合来看，各学者对中国政府数字化转型阶段的划分标准和时间段有所差异，但大体上可从以下几个主题展开。

政府信息化相关研究主题。20世纪70年代后期到80年代初，我国开始在电力、气象、人口、地质等领域应用计算机辅助科学计算，实现办公自动化，

① 郑磊：《数字治理的效度、温度和尺度》，《治理研究》2021年第2期。
② 黄璜：《数字政府：政策、特征与概念》，《治理研究》2020年第3期。
③ 吴慧娴、付光伟：《数字政府概念的社会史考察》，《河南科技学院学报》2021年第5期。

主要是对计算能力的应用，还谈不上支持政府管理[①]；1993年，中央为实现管理服务电子化启动了“三金工程”（金卡工程、金关工程和金桥工程），1999年启动“政府上网工程”。2001年，国务院办公厅制定全国政府系统政务信息化建设的5年规划，总体目标要求用3~5年建设以“三网一库”为基本架构的政府系统的政务信息化枢纽框架。有学者将政府信息化定义为，政府有效利用现代信息和通信技术，通过电话、网络、公用电脑站等信息服务设施，在方便的时间、地点及方式下，对政府机关、企业、社会组织和公民，提供自动化信息及其他服务，构建有回应力、有效率、负责任、具有更高服务品质的政府[②]。石卫对1999—2010年我国政府信息化研究论文进行了计量分析，发现在2000年以前是政府信息化缓慢发展阶段，论文数目增长缓慢；2001—2005年是快速发展阶段，有关政府信息化的研究较多；2006—2010年是相对稳定阶段。研究涉及信息层面问题、人员层面问题、技术层面问题、法律和制度层面问题、其他方面问题，政府信息化的发展主要受国家政府信息化规划、政策与中国加入WTO两方面的影响[③]。

电子政务相关研究主题。2002年《国家信息化领导小组关于我国电子政务建设指导意见》发布，2006年《国家电子政务总体框架》发布，电子政务建设总体框架基本显现。张敏等人对CSSCI数据库中2004—2013年电子政务领域的文献研究热点及演化趋势展开分析：2004—2008年，电子政务年度发文量较高，主要以政府门户网站为研究对象，对电子政务的理论、政府门户网站的结构框架及绩效评估进行研究；2009—2013年，整体发文量偏低，部分研究者将研究对象由政府网站转移到政务微博、移动政务上，传统政府网站研究与新兴的政

① 黄璜：《数字政府：政策、特征与概念》，《治理研究》2020年第3期。

② 张斌：《中国政府信息化》，《中国科技信息》2005年第4期。

③ 石卫：《1999—2010年我国政府信息化研究论文计量分析》，《图书馆学研究》2011年第7期。

务微博、移动政务研究并存，共同促进电子政务研究发展[①]。

智慧城市和智慧政务相关研究主题。2010年IBM提出智慧城市概念，此后，全球各国相继推出智慧城市发展战略，我国住房和城乡建设部于2012年开始正式推行智慧城市试点建设。赵玎等将智慧政务界定为基于实境网络，通过综合应用云计算、语义网等多种技术，面向公民和企业提供无缝对接的政府公共服务的高级阶段电子政务。其认为从纵向发展来看，智慧政务并非全新的政务形式，是电子政务发展到一定程度后的高级阶段，必然要求政府公共服务范式从全能型转向服务型和智慧型；从横向结构来看，智慧政务的提出基于智慧城市和智慧社会的体系，智慧政务是智慧城市建设的核心内容之一[②]。

数字政府和数字治理相关研究主题。经过20多年的发展，政府结构由物理碎片化到虚拟空间整体性转变、政府管理由封闭到开放、政府内部治理由部门协调到整体协同、政府运行由传统手工业到智能智慧，由此进入数字政府阶段[③]。2019年党的十九届四中全会《中共中央关于坚持和完善中国特色社会主义制度、推进国家治理体系和治理能力现代化若干重大问题的决定》中首次明确使用数字政府这一概念，实现了从电子政务到数字政府的跨越性转变，"数字政府上升到了国家新高度，数字政府建设在一定程度上具有了合法化、制度化"[④]。

在国外研究中，数字政府更侧重于将数字技术赋能于政府自身，数字治理的目标是将技术赋能于政府、企业和社会公众等多元主体，并最终重塑三

---

① 张敏、吴郁松、霍朝光：《我国电子政务的研究热点与研究趋势分析》，《情报杂志》2015年第2期。

② 赵玎、陈贵梧：《从电子政务到智慧政务：范式转变、关键问题及政府应对策略》，《情报杂志》2013年第1期。

③ 汪玉凯：《数字政府的到来与智慧政务发展新趋势——5G时代政务信息化前瞻》，《人民论坛》2019年第11期。

④ 吴慧娴、付光伟：《数字政府概念的社会史考察》，《河南科技学院学报》2021年第5期。

者之间的关系[①②]。而现有研究对数字政府和数字治理相关概念及内容范畴的认知具有重合，且近年来还呈现出界限渐趋模糊，趋同日益明显的态势[③④]。数据开放被认为是推动数据利用的一种重要方式，数据治理则是政府数据开放的基础[⑤]。

目前对于数字政府和数字治理如何定义学界并无标准答案。

一些学者基于形态视角将数字政府概念理解为政府从工业社会向信息社会的形态转变[⑥]，是“借助大数据、物联网等技术实现政府决策、政务管理、公共服务提供等多领域的数字化，实现政府内部改革及外部行政的创新或再造，继而打造公开透明、民主开放政府形象的一种政府形态”[⑦]；也有一些学者基于过程视角对数字政府进行定义，将电子政务向数字政府转变的政策演变特征总结为核心目标、顶层设计、政策议题、业务架构以及技术基础等5个方面[⑧]，电子政务是“政务服务＋互联网”（政府的互联网化），数字政府则是“互联网＋政务服务”（互联网化的政府），数字政府不仅包括电子政务，还涉及公众参与、业务协同和组织变革[⑨]；还有学者认为数字政府是一个平台或生态系统，是“政府、企业、公民和其他利益相关者为了创造公共价值，采用包括门户网站、社交媒体、移动客户端、大数据分析、人工智能、云计算等各种信息技术，对政

① Sharon S. Dawes、郑磊、纪昌秀：《电子治理的演进及持续挑战》，《电子政务》2009 年第 10 期。

② 郑磊：《数字治理的效度、温度和尺度》，《治理研究》2021 年第 2 期。

③ 李健、张锐昕：《从电子政务到电子治理：分歧与趋同》，《上海行政学院学报》2018 年第 6 期。

④ 郑磊：《数字治理的效度、温度和尺度》，《治理研究》2021 年第 2 期。

⑤ 王翔、郑磊：《面向数据开放的地方政府数据治理：问题与路径》，《电子政务》2019 年第 2 期。

⑥ 王伟玲：《加快实施数字政府战略：现实困境与破解路径》，《电子政务》2019 年第 12 期。

⑦ 吴慧娴、付光伟：《数字政府概念的社会史考察》，《河南科技学院学报》2021 年第 5 期。

⑧ 黄璜：《中国“数字政府”的政策演变——兼论“数字政府”与“电子政务”的关系》，《行政论坛》2020 年第 3 期。

⑨ Michael E. Milakovich: Digital Governance: New Technologies for Improving Public Service and Participation, New York: Routledge, 2012.

府管理流程和公共服务提供方式进行变革和创新，而形成的组织架构、运作方式和治理形态”[①]，是目标、主体、手段、对象和结果的集合。数字政府的实质被理解为是“为治理赋能，其价值追求应该是通过在线服务和数字民主，构建政府与公众和企业之间的网络命运共同体”[②]；数字政府治理的核心是数据融通和以人民为中心的智慧服务[③]。

资源观学者将政府大数据视为拥有高密度经济及社会价值的新型资源[④]。数据观学者认为其是政府所拥有、管理的符合大数据基本特征的数据集合[⑤]，而技术观学者将政府大数据看作政府信息化建设中运用的大数据技术和配套基础设施、应用之集合[⑥]。宋懿等人整合上述观点，将政府大数据治理能力界定为：政府主体在大数据治理进程中，依照不同组织目标及实践情境需求，对数据、技术及资源等管理要素进行界定、关联并重新调整要素间关联顺序及其作用关系，从而提升其整体作用效果、效率和效能的能力[⑦]。

黄璜将政府数据治理划分为宏观、中观、微观 3 个层面。宏观层面是政府作为治理主体对数据产业、数据经济乃至整个社会数据化过程的宏观治理，如国家数据战略；中观层面是政府对在社会公共事务治理中所产生或需要的数据资源的治理，如政府数据资源的利用、共享和开放等；微观层面是对政府行政

① 马亮：《数字政府建设：文献述评与研究展望》，《党政研究》2021 年第 3 期。

② 叶战备、王璐、田昊：《政府职责体系建设视角中的数字政府和数据治理》，《中国行政管理》2018 年第 7 期。

③ 戴长征、鲍静：《数字政府治理——基于社会形态演变进程的考察》，《中国行政管理》2017 年第 9 期。

④ 杨道玲：《我国电子政务发展现状与“十三五”展望》，《电子政务》2017 年第 3 期。

⑤ 荆雪蕾：《“互联网 +”形势下政府大数据开放与共享研究》，《中国管理信息化》2017 年第 10 期。

⑥ 童楠楠：《我国政府信息服务中大数据应用的困境与对策》，《图书情报研究》2017 年第 2 期。

⑦ 宋懿、安小米、马广惠：《美英澳政府大数据治理能力研究——基于大数据政策的内容分析》，《情报资料工作》2018 年第 1 期。

管理过程中产生、使用的数据，尤其是信息系统中所存储数据的治理，旨在提高决策管理效率[①]。

郑跃平等人结合国内10个代表性省份和城市的数字政府建设规划、政策文本、典型实践，从资源依赖程度、决策权、正式与非正式规制权及所有权等维度详细比较和分析了数字政府的建设特征，并按照权力集中与分散的程度对不同维度数字政府建设的基本特征进一步梳理和归类，最终将我国数字政府建设基本模式划分为内部管理模式、服务交付模式、平台垄断模式3种[②]。

针对政府数据开放平台建设，国内学者也各有见解："平台"层面应包含界面体验、数据导引、数据展现、数据获取、数据应用展示、互动交流6个关键评估指标[③]；建立数据集之间的相互关系从而实现平台数据资源创新利用[④]；建立互动交流板块和完善的检索功能[⑤]等。

马亮在《数字政府建设：文献述评与研究展望》一文中对我国现有数字政府相关研究进行了整理分析，并提出一些不足之处。针对数字政府的影响因素研究主要是定量案例研究和比较案例研究，如地方领导留言板[⑥]、"云上贵州"[⑦]、

---

① 黄璜：《美国联邦政府数据治理：政策与结构》，《中国行政管理》2017年第8期。

② 郑跃平、杨学敏、甘泉等：《我国数字政府建设的主要模式：基于公私合作视角的对比研究》，《治理研究》2021年第4期。

③ 郑磊、关文雯：《开放政府数据评估框架、指标与方法研究》，《图书情报工作》2016年第18期。

④ 王卫、王晶、张梦君：《基于数据生命周期的政府数据开放平台框架构建研究》，《图书馆理论与实践》2019年第3期。

⑤ 岳丽欣、刘文云：《我国政府数据开放平台建设现状及平台框架构建研究》，《图书馆》2017年第2期。

⑥ 李慧龙、于君博：《数字政府治理的回应性陷阱——基于东三省"地方领导留言板"的考察》，《电子政务》2019年第3期。

⑦ 周雅颂：《数字政府建设：现状、困境及对策——以"云上贵州"政务数据平台为例》，《云南行政学院学报》2019年第2期。

浙江省“最多跑一次”改革[①②]等实践案例研究。在数据共享和开放方面，复旦大学独创“开放数据指数”对地方政府数据开放状况进行评估；省级大数据治理以强调统筹规划的重构式为主，市级大数据治理则为强调实践应用的探索式[③]。

马亮认为现有研究的问题和不足包括以下几方面：一是我国数字政府评估主要关注功能性，对供给侧进行客观测评，缺少对用户需求侧主观测评，忽略与用户互动的运行体系构建[④]，且侧重于外部的电子政务特征，没有评估内部信息系统整合及运行。二是对于数据共享和业务协同，停留于重要性认识，缺少对内涵、影响因素、对策建议的具体研究。三是政商关系和政企合作对促进数字政府建设意义及作用少有研究关注。四是现有研究较为零散，缺乏从数字政府多层治理等角度的多维度系统研究。五是公民作为用户使用数字政府的意愿和能力需增强[⑤]。

在我国数字政府治理实践层面，郑磊认为，存在形式数字化、过度数字化现象，衍生出“指尖上的形式主义”，比如一些地方移动智能应用，脱离公众现实需求且使用率低，不但没有便民反而增加公众的成本和负担。不熟悉、不会进行数字化操作的群体，会存在被数字社会抛离的剥离感[⑥]。

此外，技术只是赋能者，而非决定者。数据治理过程中的数据信息安全和

---

① 何圣东、杨大鹏：《数字政府建设的内涵及路径——基于浙江“最多跑一次”改革的经验分析》，《浙江学刊》2018 年第 5 期。

② 刘淑春：《数字政府战略意蕴、技术构架与路径设计——基于浙江改革的实践与探索》，《中国行政管理》2018 年第 9 期。

③ 马广惠、安小米：《政府大数据共享交换情境下的大数据治理路径研究》，《情报资料工作》2019 年第 2 期。

④ 钟伟军：《公民即用户：政府数字化转型的逻辑、路径与反思》，《中国行政管理》2019 年第 10 期。

⑤ 马亮：《数字政府建设：文献述评与研究展望》，《党政研究》2021 年第 3 期。

⑥ 郑磊：《数字治理的效度、温度和尺度》，《治理研究》2021 年第 2 期。

法律监管、数字利维坦导致技术权威和技术独裁[①]、个体权利选择与自由意志的被剥夺等问题[②]，也需要进行探讨和解决，比如怎样防止数据被滥用，如何避免算法歧视，公权力数据治理的边界界定，公众是否有选择权、参与权和监督权等。

二、大数据服务于政府公共治理的相关法规、政策

（一）总体性描述

《2020 联合国电子政务调查报告（中文版）》显示，我国电子政务发展指数从 2018 年的 0.6811 提高到 2020 年的 0.7948（满分值为 1），排名从 2018 年的第 65 位提升至第 45 位，取得历史新高，达到全球电子政务发展“非常高”的水平。其中，作为衡量国家电子政务发展水平核心指标的在线服务指数上升为 0.9059（满分值为 1），指数排名大幅提升至全球第 9 位，国家排名位居第 12 位，在线服务达到全球“非常高”的水平[③]。

图 2–1 展示了 2010—2020 年我国电子政务发展指数及世界排名变化情况。

根据国家互联网信息办公室发布的《数字中国发展报告（2020 年）》，2020 年全国一体化政务服务平台基本建成，已联通 31 个省（区、市）及新疆生产建设兵团，实名用户已超过 4 亿人。省级行政许可事项实现网上受理和“最多跑一次”的比例达到 82.13%，全国一半以上行政许可事项平均承诺时限压缩超过 40%。中央政府门户网站及其政务新媒体覆盖全球 200 多个国家和地区超 7.68

① 薛金刚、庞明礼：《“互联网 +”时代的大数据治理与官僚制治理：取代、竞争还是融合？——基于嵌入性的分析框架》，《电子政务》2020 年第 4 期。

② 金华：《国家治理中的过度数据化：风险与因应之道》，《中共天津市委党校学报》2021 年第 1 期。

③ 联合国经济和社会事务部：《2020 联合国电子政务调查报告（中文版）》，2020。

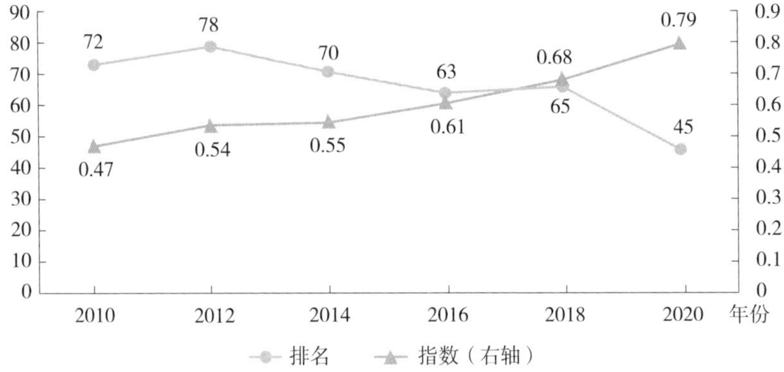

图 2-1　我国电子政务发展指数及世界排名变化情况

资料来源：2010—2020 年联合国电子政务调查报告、《数字中国发展报告（2020 年）》。

亿用户，年传播量达 138 亿次。政务信息资源开发利用深入推进，截至 2020 年底，全国一体化政务服务平台已发布 53 个国务院部门的数据资源 9942 项，为各地区各部门提供共享调用服务达 540 余亿次，支撑身份认证核验 15.6 亿次、电子证照共享交换 4.6 亿次。全国政府网站集约化水平和网上服务水平持续提高，数量从 2015 年底的 84094 个精减至 2021 年年中的 14581 个[①]。

人民网舆情数据中心发布的《2020 中国政府数字治理指数报告》从基础保障力、数字创新力、治理行动力和公共引导力 4 个维度出发，对 31 个省（区、市）的数字治理水平进行量化评估，评出的前五名为北京、浙江、广东、上海和江苏，一些省份总分有待提升，但在部分指标上表现出彩。该报告认为，我国正在经历从单一电子政务到数字治理的转型。基础保障方面，5G、新基建等设施对数据收集、传输越发重要，政府部门开始主动认识并积极回应信息鸿沟、网络安全等问题。数字创新方面，城市治理现代化数字系统解决方案和“数字孪生”新型生活生产方式诞生。治理行动方面，各级政府积极进行信息公开和

① 国家互联网信息办公室：《数字中国发展报告（2020 年）》，2020。

数据整合，打通数据平台，提高公共服务提供能力。公共引导方面，政府逐渐由“以政府为中心”向“以人民为中心”转变，借助政务融媒体拓宽政民良性互动渠道①。

（二）法律法规

1. 网络安全法

2016年11月7日，十二届全国人大常委会经表决高票通过了《中华人民共和国网络安全法》（以下简称《网络安全法》），该法于2017年6月1日起正式施行。

《网络安全法》是国家安全法律制度体系中的又一部重要法律，是网络安全领域的基本法，对于确立国家网络安全基本管理制度具有里程碑式的重要意义，明确了网络安全的内涵和工作体制，反映了中央对国家网络安全工作的总体布局，标志着网络强国制度保障建设迈出了坚实的一步。

《网络安全法》确立了网络安全法的基本原则；提出制定网络安全战略，明确网络空间治理目标，提高了我国网络安全政策的透明度；进一步明确了政府各部门的职责权限，完善了网络安全监管体制；强化了网络运行安全，重点保护关键信息基础设施；完善了网络安全义务和责任，加大了违法惩处力度。

2. 数据安全法

2021年6月10日，十三届全国人大常委会第二十九次会议表决通过《中华人民共和国数据安全法》（以下简称《数据安全法》），并于2021年9月1日起正式施行，《数据安全法》共七章五十五条，主要内容包括数据安全与发展、数据安全制度、数据安全保护义务、政务数据安全与开放、法律责任等。

① 人民网舆情数据中心：《2020中国政府数字治理指数报告》，2020。

《数据安全法》旨在统筹数据安全与发展，通过制定大数据战略，构建数据交易、全流程安全管理、分类分级保护、风险评估、应急处置、安全审查、出口管制等基本制度，积极应对数据这一非传统领域的国家安全风险挑战。以总体国家安全观为出发点和落脚点，保障国家数据安全，促进数据开发利用。

《数据安全法》第五章对“政务数据安全与开放”做出了规定，这是我国在国家层面出台的法律中首次对政务数据开放做出明确规定，涉及政务数据开放的原则、范围、方式和目的。

3. 个人信息保护法

《中华人民共和国个人信息保护法》（以下简称《个人信息保护法》）历经3次审议及两次公开征求意见后，于2021年8月20日由第十三届全国人民代表大会常务委员会第三十次会议通过，2021年11月1日起施行。《个人信息保护法》作为个人信息保护领域的基础性法律，其出台解决了个人信息层面法律法规散乱不成体系的问题，与《数据安全法》《网络安全法》《中华人民共和国密码法》共同构建了我国的数据治理立法框架。

《个人信息保护法》厘清了个人信息、敏感个人信息、个人信息处理者、自动化决策、去标识化、匿名化的基本概念，从适用范围、个人信息处理的基本原则、个人信息及敏感个人信息处理规则、个人信息跨境传输规则、个人信息保护领域各参与主体的职责与权利以及法律责任等方面对个人信息保护进行了全面规定，建立起个人信息保护领域的基本制度体系。

《个人信息保护法》是中国首部个人信息保护单独立法，翻开了我国个人信息保护法治事业的新篇章。

4. 网络安全审查办法

《网络安全审查办法》是国家互联网信息办公室、国家发展和改革委员会、工业和信息化部等多部门联合编制的办法，目的是通过网络安全审查这一举措，及早发现并避免采购产品和服务给关键信息基础设施运行带来风险和危害，保障关键信息基础设施供应链安全，维护国家安全。

2020 年 4 月 27 日，发布《网络安全审查办法》，2020 年 6 月 1 日起实施。2021 年 7 月 10 日发布国家互联网信息办公室关于《网络安全审查办法（修订草案征求意见稿）》公开征求意见的通知。

5. 关键信息基础设施安全保护条例

2021 年 7 月 30 日，国务院公布了《关键信息基础设施安全保护条例》（以下简称《关基条例》），并于 2021 年 9 月 1 日起与《数据安全法》一起正式实施。《关基条例》是《网络安全法》《数据安全法》《个人信息保护法》的重要配套法规，该条例聚焦关键信息基础设施安全，建立专门保护制度，明确关键信息基础设施的认定原则和程序，压实关键信息基础设施运营者的义务和责任、落实合规要求，对关键信息基础设施的网络安全提出明确的监管要求，为我国深入开展关键信息基础设施安全保护工作提供有力保障。

《关基条例》全文共 6 章 51 条。包括总则、关键信息基础设施认定、运营者责任义务、保障和促进、法律责任、附则。

《关基条例》第二条将电子政务领域纳入关键信息基础设施的范畴。

《关基条例》通过明确各级的责任，形成国家统筹和监督部门、行业保护部门、运营者多级的立体化协同综合防控体系。

《关基条例》明确和强调了保护工作部门的具体分工：国家网信部门负责统筹协调，国务院公安部门负责指导监督，国务院电信主管部门和其他有关部门按各自分管的行业负责保护和监督、省级人民政府有关部门履行相应的属地管理责任。保护工作部门有预警、应急预案和演练、定期安全检测、职务行政责任、廉洁行政责任和滥用信息责任六大义务。

此外，该条例规定了关键信息基础设施运营者九大义务：网络安全保护义务、认定报告义务、建立健全网络安全保护制度和责任制义务、设置专门安全管理机构义务、保障专门安全管理机构运行义务、年审和报送义务、重大网络安全事件或威胁报告义务、采购网络产品和服务合规义务、主体变更安全义务。

在《关基条例》第四章里，明确指出了“单位个人双罚制”原则。在我国现行法律体系中，采取双罚制的主要是生态环境、食品药品、公共安全、金融监管等严监管领域。此次将关键信息基础设施安全纳入双罚制，从严监管的制度价值目标不言而喻。

6. 汽车数据安全管理若干规定（试行）

2021 年 8 月，国家互联网信息办公室、国家发展和改革委员会、工业和信息化部、公安部、交通运输部联合发布《汽车数据安全管理若干规定（试行）》（以下简称《若干规定》），自 2021 年 10 月 1 日起施行。

《若干规定》的适时出台从政策法规层面对汽车数据安全保护提出要求，为有序开展汽车领域重要数据和个人信息保护工作指明了方向。该规定共 19 条，旨在维护国家安全和社会公共利益，保护个人、组织的合法权益，针对汽车领域个人信息和重要数据安全风险，明确了处理者的责任义务和汽车数据处理活动的要求，包括以下 3 个方面重点内容：明确了汽车重要数据范围；为汽车领域个人信息保护工作明确了基本原则；对汽车数据处理提出了具体管理要求。

（三）中央政策

2014 年以来，我国大数据战略的谋篇布局大致经历了 4 个不同阶段，正逐步从数据大国向数据强国迈进。

2015 年 8 月，国务院正式发布《促进大数据发展行动纲要》，做出了

“大数据是提升国家治理能力的新途径，是促进经济转型增长的新引擎，是提升社会公共服务能力的新手段”的战略判断，确立了国家大数据发展战略。该行动纲要明确提出要立足我国国情和现实需要，2017 年底前形成跨部门数据资源共享共用格局，2018 年底前建成国家政府数据统一开放平台，率先在信用、交通、医疗等十几个重要领域实现公共数据资源合理适度向社会开放。

2016 年 3 月，《中华人民共和国国民经济和社会发展第十三个五年规划纲要》正式提出实施国家大数据战略。

2016 年 7 月，《国家信息化发展战略纲要》进一步提出要构建统一规范、互联互通、安全可控的国家数据开放体系，加强互联网政务信息数据服务平台和便民服务平台建设，加强信息资源开发利用的顶层设计和系统规划，完善制度体系，构筑国家信息优势；2016 年 9 月，国务院出台《政务信息资源共享管理暂行办法》和《关于加快推进“互联网 + 政务服务”工作的指导意见》，政务数据开放正在成为透明政府建设和便民服务的重要内容。

2016 年 12 月 18 日，工业和信息化部印发《大数据产业发展规划（2016—2020 年）》，提出促进行业大数据应用发展，推动重点行业大数据应用，促进跨行业大数据融合创新，强化社会治理和公共服务大数据应用，推动大数据与各行业领域的融合发展。

2017 年 10 月，党的十九大报告提出推动大数据与实体经济深度融合，为大数据产业的未来发展指明了方向。

2019 年 4 月 26 日，《国务院关于在线政务服务的若干规定》开始施行。

2020 年 4 月 9 日发布的《中共中央 国务院关于构建更加完善的要素市场化配置体制机制的意见》，将“数据”与土地、劳动力、资本、技术并称为 5 种要素，提出“加快培育数据要素市场”。2020 年 5 月 18 日，《中共中央 国务院关于新时代加快完善社会主义市场经济体制的意见》进一步提出加快培育发展数据要素市场，标志着数据要素市场化配置上升为国家战略。

2021 年 11 月 15 日，工业和信息化部发布《“十四五”大数据产业发展规划》，提出打造数字经济发展新优势，以推动高质量发展为主题，推进供给侧结构性改革，释放数据要素价值，夯实产业发展基础，着力推动数据资源高质量、技术创新高水平、基础设施高效能，围绕产业链构建，提升产业供给能力以及行业赋能效应，统筹发展和安全，培育产业生态，有力支撑建设制造强国、网络强国和数字中国。

（四）地方政策法规

1. 各地“十四五”相关规划中有关数字发展、数字政府建设的内容

党的十九届四中全会明确提出推进数字政府建设以来，数字政府建设就成为各级政府的数字化“一号工程”。“十四五”时期，在各地陆续发布的“十四五”规划或数字政府、智慧城市建设“十四五”专项规划中（如《广东省数字政府改革建设“十四五”规划》《浙江省数字政府建设“十四五”规划》《北京市“十四五”时期智慧城市发展行动纲要》等）均强调加快推动数字政府建设，提高数字政府建设水平。各省（区、市）“十四五”相关规划中有关数字发展及数字政府建设的内容见表 2-1。

表 2-1　部分省（区、市）“十四五”相关规划中有关数字发展及数字政府建设的内容

省（区、市）	内容
北京	加快数字社会、数字政府建设，提升公共服务、社会治理等数字化智能化水平。健全数字领域法规与政策体系，完善数据共享规则和标准体系，培育数据交易市场，组建大数据交易所，促进数据资源高效有序流动和深度开发利用。推动政务数据分级分类、安全有序开放，保障数据安全。积极参与数字领域国际规则和标准制定。基于市级大数据平台建设城市大脑中枢，建立物联、数联、智联三联一体的新型智慧城市感知体系，实施“城市码”体系建设工程和“时空一张图”工程

续表

省（区、市）	内容
天津	发展5G、工业互联网、大数据中心等新基建。加强数字社会、数字政府建设，提升公共服务、社会治理等数字化智能化水平。创新行政管理和服务方式，建立健全运用互联网、大数据、人工智能等技术手段进行行政管理的制度规则，推进政务服务标准化、规范化、便利化，深化政务公开
河北	创新政务信息化服务模式，推进信息资源整合和深度开发，促进政务流程协同再造，推动治理思维变革、服务效能提升、管理协同进阶，建设智能化的服务型政府
山西	推进电子政务云建设，打造山西政务服务一体化综合平台，加快政务数据资源共享共用。深化“互联网 + 政务服务”，建设完善省级政务云平台，推动部门数据资源向省级政务云平台集聚，打响“一网通办”山西品牌
内蒙古	推进数字内蒙古建设，提升数字化生产力，推动经济社会各领域数字化优化升级。加强数字社会、数字政府建设，建设新型智慧城市和数字乡村，推进公共数据开放共享、政府信息共建共用，提升公共服务、社会治理数字化智能化水平。深化“放管服”改革，推进政务服务标准化、规范化、便利化，建设“一网、一门、一次”综合服务平台，推行以社会保障卡为载体的居民服务“一卡通”
辽宁	推进数字社会、数字政府建设，建设省域数据统一共享开放平台，推进政务数据资源归集共享，有序开放基础公共数据资源，大力发展数据服务和资源交易，促进全社会数据资源流通，加快大数据、人工智能等政用、商用、民用发展。提升公共服务、社会治理等数字化、智能化水平，推行智慧政务，加快辽宁“数字蝶变”。健全信息安全保障体系，加强公共数据和个人信息保护
吉林	加快数字政府建设，推进数据资源共享和业务集成，建设城市运行管理中心，促进数字化技术在城市安全、交通运输、公安警务、市场监管、生态气象、社会信用等领域广泛应用，建设数字化治理体系。落实《吉林省促进大数据发展应用条例》，强化公共数据管理，推动公共数据有序开放，加快培育数据要素市场，积极开发利用数据资源。保障公共数据安全，加强个人信息保护
上海	以“一网通办”“一网统管”两张网建设全面提升服务管理质效。以两张网建设为“牛鼻子”，充分运用现代科技手段，以智能化、数字化为突破口，推动城市治理模式创新、治理方式重塑、治理体系重构。着眼于“高效办成一件事”，持续推进“一网通办”建设，完善全方位政务服务体系，实现与市场主体和群众生产生活密切相关的服务事项全部接入，提高在线办理率、全程网办率，成为政务服务最优、营商环境最好的“网购型”服务城市。着眼于“高效处置一件事”，加强“云、数、网、端、安”基础设施建设，强化系统整合和数据汇集治理，全面建成市、区、街镇三级城运中心，形成“一门户、多系统”的应用场景开发格局，持续提升态势全面感知、趋势智能预判、资源统筹调度、行动人机协同能力，实现“一屏观天下、一网管全城”，使“一网统管”成为上海城市治理的关键支撑和重要标志

续表

省（区、市）	内容
江苏	加快建设数字政府，全面推进政务系统数字化建设，建立政务服务清单，完善数据共享体系和协调机制，促进公共数据资源汇聚和开发开放，着力消除“信息孤岛”。保障数据安全，加强个人信息保护。积极参与数字领域国际规则和标准的制定。推进政务信息系统整合，构建全省一体化、标准化大数据共享交换体系，政务数据资源跨部门、多层级共享和“一源多用”。建设覆盖延伸至村（社区）的新一代电子政务外网，推动政务服务线上线下一体化发展。建设省市两级政务云平台，推动政务信息系统全部上云。统一建设应用“苏服码”系统。做强江苏政务服务移动端
浙江	加快数字化改革，建设国家数字经济创新发展试验区，建成数字社会建设样板省、数字政府建设先行省，打造全球数字变革高地。加大政务信息系统统筹整合力度，提升云计算、大数据、物联网、人工智能、区块链等前沿技术在政府治理中的融合应用水平。到 2025 年，形成比较成熟完备的数字政府实践体系、理论体系、制度体系，基本建成“整体智治、唯实惟先”的现代政府，省域治理现代化先行示范作用显现
安徽	2022 年底，建成“线上政府”。到 2025 年底，建成智慧政府，实现“皖事通办”
福建	加大数字技术应用场景开发开放力度，促进数字技术、产品、解决方案迭代和应用，打造“数字应用第一省”。分期分批建设行业主题数据库，推动数字档案室、档案馆建设。全面推进电子证照生成和普及应用，实施统一政务业务协同平台（服务总线）工程
江西	加快数字政府建设，扩大基础公共信息数据有序开放，拓展提升“赣服通”服务功能，加强“赣政通”平台建设，加快实现“一次不跑”“一网通办”“一链办理”
山东	持续推进“放管服”改革，深化“一网通办”“一次办好”。推进政务服务标准化、规范化、便利化，深化政务公开。加强全省政府网站集约化平台建设。推进“互联网 + 监管”平台建设应用，实现动态监管和即时监督。建设全省一体化协同办公平台，优化“山东通”移动办公服务
河南	推进省大数据中心建设，完善电子政务外网，推动云网融合，建成省、市数字政府云。扩大基础公共信息数据有序开放，推动公共数据与企业数据深度对接，发展第三方大数据服务产业，探索政府、企业、社会多方数据资源融合应用新模式，支持数字技术开源社区等创新联合体发展
湖北	加快发展数字经济，建设数字社会、数字政府，推进线下服务网点与政务服务平台深度融合，加快构建以大数据为支撑的决策体系，建设一屏全览的综合展示可视化平台，打造科学决策“驾驶舱”
湖南	加快数字政府建设，加强数据资源开发利用，推动政府数据共享，促进社会数据融合，加快数字社会建设，统筹规划建设一批行业信息化应用系统，建立重点领域的智慧化融合应用系统，提高公共服务数字化智能化水平。深入开展“互联网 + 政务服务”，加快数字政府和服务型政府建设

续表

省（区、市）	内容
广东	推动数字化优化升级，建设“数字湾区”、数字政府、数字社会，建设国家数字经济创新发展试验区，提升公共服务、社会治理等数字化智能化水平。探索数字数据立法，建立数据资源产权、交易流通、跨境传输和安全保护等基础制度和标准规范，支持企业参与数字领域规则和标准制定。加强数字化发展的支撑保障，提升数字技术和数字基础设施水平。提升全民数字技能，实现信息服务全覆盖。2025 年全面建成“智领粤政、善治为民”的“广东数字政府 2.0”
广西	加强数字社会、数字政府建设，提升公共服务、社会治理、边境管控等数字化智能化水平。保障数据安全，加强个人信息保护。全面推行“不见面”办事，更好实现一窗受理、限时办结、“最多跑一次”。推行智能审批，拓展自助办理。推进政务服务“跨省通办”，实现高频事项全覆盖。深化政务公开。推进公共资源交易平台整合共享
海南	建设数字政府和智能公共服务建设工程。建设智慧教育国际资源共享平台、“12345”网上服务平台
重庆	加强数字社会、数字政府、数字孪生城市等建设，提升公共服务、社会治理等数字化智能化水平
四川	推进部门业务专网整合，全面完善和延伸统一高效的电子政务网络。优化升级省级政务云平台，推动跨区域共建共享，加快完善全省一体化政务云基础设施。加快推进“互联网 + 监管”系统应用，构建监管事项全覆盖、监管过程全记录、监管数据可共享、监管结果可追溯的智慧监管体系
贵州	推动单纯的政府治理模式逐步向多元协同治理的模式转变。加快推进全国一体化在线政务服务平台试点省、公共资源交易平台整合共享试点省、社会信用体系与大数据融合试点省建设
云南	加强数字社会、数字政府建设，拓展数字化公共服务，提升政务服务、社会治理、执法司法、边境管控、应急救援等数字化智能化水平。加快建设大数据中心。加强数据共享和个人信息等安全保护。建立数据资源开放共享、市场化配置体系，推动政府数据、重点行业数据、重点领域公共信息数据有序开放共享。深入开展“互联网 + 政务服务”，深化政务公开，打造全面网络化、高度智能化、服务一体化的现代政府治理形态。加快“一部手机办事通”迭代升级，推进更多政务服务事项“一网通办”“跨省通办”“最多跑一次”
陕西	推进数据资源体系建设，组建省政务大数据中心，完善公共基础数据库和主题数据库，推进数据资源交换共享和开放利用，整合应急管理、公安、交通运输、自然资源、生态环境等部门信息资源，建设全省综合智慧监控系统
甘肃	加强数字社会、数字政府建设，提升公共服务、社会治理数字化智能化水平。加快公共数据开放共享，保障数据安全，加强个人信息保护。深入开展“互联网 + 政务服务”，建设一体化政务服务平台，深化公共资源交易平台整合共享，完善“不来即享”服务机制，推进可享政策和服务扩面提标

续表

省（区、市）	内容
青海	全面推进 5G 建设应用，推动实现城市、县城、重点乡镇和重点景区 5G 全覆盖。高水平推进国家大数据云计算和容灾备份基地建设，打造青藏高原大数据云计算产业集聚区
宁夏	加强数字化治理，构建对接国家、辐射全区的公共数据共享开放平台，推进政务服务、公共服务、社会治理数字化智能化发展。保障公共数据安全，加强个人信息保护。全面实现政务服务“一网通办、全域通办、就近可办”

资料来源：根据各省（区、市）公开发布的“十四五”相关规划整理。

2. 2021 年各地政府工作报告提及数字政府建设内容

2021 年是“十四五”开局之年，为响应党中央号召，贯彻落实数字政府建设工作，各省（区、市）在 2021 年各地政府工作报告中提及要持续发力政府职能转变、深化“放管服”改革、优化营商环境、进一步加强数字政府建设等内容，具体如表 2-2 所示。

表 2-2　2021 年部分省（区、市）政府工作报告关于数字发展、数字政府建设的内容

省（区、市）	内容
北京	1. 全面推进智慧城市建设。加强顶层设计，布局全域应用场景，一体化建设数字政府、数字经济、数字社会。构建标准化的城市基础信息编码体系，推进泛在有序的城市感知体系初具规模，实现城市运行管理“一网统管”。实施“十百千”工程，重点发展智慧交通、智慧市政、智慧教育、智慧医疗、智慧养老，提升民生领域智能化服务水平，解决好老年人运用智能技术的数字鸿沟问题，创造普惠便捷的智慧生活服务。 2. 提高基层治理效能。推动出台接诉即办条例，优化 12345 市民热线、企业热线和网上平台功能，实施群众诉求首接负责制
山西	打造“六最”升级版。开展“对标先进、争创一流”活动，持续引深“放管服”改革。深化“一枚印章管审批”改革，推行“一件事一次办”集成服务。推进“证照分离”改革全覆盖，实现新设企业“一天办结”。推动 130 余项高频个人服务事项“跨省通办”、70 余项高频事项“省内通办”。以“五个一”引领数字政府建设，启动“千项数据资源共享工程”，拓展“晋政通”“三晋通”覆盖应用，提升“互联网 + 监管”能力，实行包容审慎监管，既“无事不扰”，又“无时不在”

续表

省（区、市）	内容
内蒙古	深化“放管服”改革，推进工程建设项目审批、不动产登记等领域改革，实行行政许可和备案事项清单管理，推进“证照分离”改革全覆盖。实行证明事项和涉企经营许可事项告知承诺制。完善社会信用体系，加大失信惩戒力度，维护公平竞争市场环境。推进“一网通办”、“掌上办”、代办帮办等工作，整合便民服务热线，不断优化政务服务环境
辽宁	推进“放管服”改革向纵深发展，实现“证照分离”改革全覆盖，全链条、全流程下放行政审批权，多措并举确保接得住、管得好。提升政务服务水平，推进“一网一门一次”改革，“一网通办”达到全国先进水平
上海	深化“一网通办”，实现公共服务事项接入基本覆盖、高频事项“一件事一次办”基本覆盖，强化市民主页、企业专属网页主动提醒、精准推送的服务功能，加快打造“网购型”政务服务城市。深化“一网统管”，加快智能传感器布设，推出一批新的应用场景，推进线上线下业务流程协同再造，像绣花一样精细管理城市。推动“两张网”融合发展，促进数据汇聚共享、业务相互赋能、功能深度融合。深入推进智慧公安建设，加快完善立体化、信息化社会治安防控体系
江苏	持续深化“放管服”改革。推进“互联网＋政务服务”，巩固“不见面审批”成果。全面推进“一件事”改革，推进“证照分离”改革全覆盖，深化商事制度改革，推进部门联合“双随机、一公开”监管，深化“互联网＋监管”、信用监管，加强信用惩戒体系建设，严守质量和安全底线
浙江	1. 深化“掌上办事”“掌上办公”“掌上治理”，推进政务服务“一网通办”，推动“一件事”集成改革，推出100项“智能秒办”事项。加强政府数字化项目统筹，持续完善“浙里办”“浙政钉”“浙里督”，建设一批省域空间治理、风险防范、综合执法等多业务集成协同应用项目，依靠现代科技手段推进高效协同。 2. 加快建设“智慧城市”“数字乡村”，让城市和乡村更“聪明”。坚持传统服务与智能化服务并行，方便老年人等特殊群体办事。 3. 加强个人信息保护，确保数据安全。 4. 打造一流营商环境。坚持人人都是营商环境、事事关系营商环境的理念，深入推进“最多跑一次”改革，制定实施优化营商环境5年行动计划，深入推进营商环境便利化，在政策制定、机制建立、办事流程设计上要把方便留给群众和企业，把麻烦留给自己。 5. 深化“企业码”应用，提升涉企服务精准化水平。持续推进“证照分离”改革，开展商事登记确认制改革试点
安徽	纵深推进“放管服”改革。实施创优营商环境提升行动。开展“证照分离”改革全覆盖试点，全面推行证明事项和涉企经营许可事项告知承诺制，在全省推行深化企业简易注销登记改革试点。加快智慧监管建设，扩大部门联合“双随机、一公开”监管覆盖范围，优化提升“互联网＋营商环境监测”系统。全面实行市场主体住所（经营场所）“负面清单＋自主承诺”登记制度改革。推进政务服务“跨省通办”。深化开发区法定机构改革试点，加快开发区“标准地”改革。拓展和优化“四送一服”平台，推动政策及时精准落地

续表

省（区、市）	内容
福建	着力打造一流营商环境。深入推进“放管服”改革，持续开展“减证便民”，打破政务数据共享壁垒，推动更多高频政务服务“省内通办”“跨省通办”，实施统一的市场准入负面清单制度，完善要素交易规则和服务体系，让创新创业创造在福建更快捷、更方便、更易成功。全面推行“双随机、一公开”监管，更多采用信用监管、大数据监管，完善包容审慎监管机制，加强公平竞争审查，强化反垄断和防止资本无序扩张。健全企业家恳谈会、服务民营企业“四访四通”等机制，办好企业家活动日，依法平等保护民营企业产权和企业家权益。完善减税降费落实工作机制，推行惠企政策“免申即享”。优化提升“金服云”平台功能
山东	围绕企业和个人全生命周期开展“双全双百”工程，各推出100件高频事项集成办、极简办、全域办。深化数据共享开放，开展大数据创新应用突破行动。全面推进简易注销试点和证照分离改革
河南	纵深推进“放管服”改革，全面清理重复、变相和违规审批，广泛推行告知承诺制。推进政府数字化转型，加快数据联通归集共享、有序开放和应用，优化提升一体化政务服务平台、“豫事办”功能，推动更多事项“一网通办”“掌上可办”。加快“互联网+监管”系统建设，提升监管水平
湖北	深化“放管服”改革，围绕高效办成一件事，推进跨部门、跨层级、跨地区的流程再造与系统重构。加快政务服务“一网通办、一窗通办、一事联办、跨省通办”，拓展“鄂汇办”App便民事项。全面实施市场准入负面清单制度。全面推行企业开办“一张表、一日办、零费用”，实现工程建设项目审批“80、60、40”目标。全面推行涉企经营许可告知承诺制，先发证后现场检查。全面推行“双随机、一公开”监管，进一次门、查多项事，对市场主体无事不扰，最大限度减小执法活动对企业正常生产经营的影响。推进社会信用体系建设。加强营商环境评价结果运用
广东	1. 深入推进数字政府建设。完善粤东粤西粤北政务信息化基础设施，全面完成地市政务大数据中心和云网建设。推进省市两级数据资源共享平台对接联通，扩大省级一体化政务服务平台应用，实施“一网统管”3年行动计划，在经济运行、自然资源、环保、水利、应急等领域取得标志性成果。推进政务服务事项标准化，优化再造业务流程。 2. 加快线上线下政务平台整合，拓展“粤省事”“粤商通”“粤政易”应用范围和服务功能，推进“粤平安”“粤政图”等平台建设，推动更多事项“一网通办”，基本实现教育、社保、医疗和企业登记、经营许可等高频事项“跨省通办”。办好首届数字政府建设峰会
重庆	1. 集聚“云联数算用”全要素群，丰富“数字重庆”云平台功能，推动全国一体化大数据中心枢纽节点和国际数据港、西部数据交易中心建设，建成中国移动边缘计算平台，推进数据开放共享，挖掘大数据商用、民用、政用价值。 2. 加快构建智慧化城市综合管理服务平台，推行城市综合治理“一网统管”、城市运行安全“一屏通览”、融合智慧调度“一键联动”，让城市运行更智慧、更精准、更高效。 3. 深化“放管服”改革，全面推行证明事项和涉企经营许可事项告知承诺制，提升“渝快办”“渝快政”效能

续表

省（区、市）	内容
四川	深入推进“放管服”改革。实施市场准入负面清单制度，加快“一网通办”前提下的“最多跑一次”改革，推进更多“一件事一次办”，将与群众生产生活密切相关的政务服务事项依法赋予乡镇（街道）办理权限。推广企业投资项目承诺制，实现投资项目全程网办。推动外商投资事项“一站办结”，推进国际贸易“单一窗口”建设。实施数字政府3年行动计划，建设全省统一的大数据资源中心，聚焦“联、通、办”问题，打破“信息孤岛”，擦亮“天府通办”品牌，完善政务大厅“一站式”服务功能，提升网上政务服务能力。加强事中事后监管、“互联网＋监管”，开展营商环境评价
贵州	大力优化营商环境。全力打造“贵人服务”品牌，建设国内一流营商环境。营造更好的政务环境，深化“放管服”改革，推进行政审批“三减一降”，实施数字政府建设行动，推进省内高频热点事项“全省通办”，基本实现政务服务高频事项“跨省通办”。营造更好的法治环境，加强“双随机、一公开”监管，完善社会信用体系，依法保障投资者权益
云南	加快“数字云南”建设步伐。同步推进数字经济、数字政府、数字社会、数字城市建设。巩固“一部手机”系列产品单项冠军地位，加快企业设备联网上云、系统云迁移，实施重点行业数字化、网络化、智能化改造项目35个，培育10个行业领先的智能制造示范企业，树立一批产业互联网融合应用标杆，全力打造“三张牌”数字化高地。推动大数据、人工智能、区块链等产业加快发展，深化“刷脸就行”“扫码亮码”等集成创新，拓展数字化、智能化、智慧化应用场景，布局一批高水平数字产业聚集区。建立多语种信息数据中心，打造全国区块链产业发展高地、面向南亚东南亚辐射中心数字枢纽。开展城市大脑建设试点。实施4A以上景区和特色小镇智慧化改造。迭代升级政务云，打造全省数字政务一体化服务体系
陕西	增强市场主体活力。纵深推进“放管服”改革。实施新一轮优化营商环境3年行动计划，深化相对集中行政许可权改革，推广“一业一证”“一企一证”“证照联办”，推行综合监管、联合执法。加快数字化平台化集成应用和政务数据开放共享，优化审批服务事项流程，积极拓展“全程网上办”和“最多跑一次”事项

资料来源：根据各省（区、市）政府公开发布的2021年政府工作报告整理。

3. 地方性法规

截至2021年10月，贵州、深圳、上海、天津、海南、山东、山西、安徽、吉林等省市相继出台了大数据相关条例。

（1）贵州

2016年，贵州省出台了中国首部大数据地方性法规《贵州省大数据发展应用促进条例》，并于2019年和2020年相继出台了《贵州省大数据安全保障条例》《贵州省政府数据共享开放条例》，对数据采集、数据共享、数据安全等基本问题做出明确规定。

《贵州省大数据发展应用促进条例》自2016年3月1日起正式施行。该条例紧扣贵州省大数据发展应用的现实需求和趋势，对数据采集、数据共享开发、数据权属、数据交易、数据安全以及“云上贵州”等基本问题做出了宣示性、原则性、概括性和指引性规定，把贵州省在以大数据兴业、惠民、优政等领域的创新做法以地方性法规的形式确立下来，将大数据产业发展纳入了法治轨道。

2017年5月1日实施的《贵阳市政府数据共享开放条例》，不仅是全国首部关于政府数据共享开放应用服务的地方性法规，也是全国设区的市出台的首部大数据地方性法规。

2019年8月1日通过的《贵州省大数据安全保障条例》分别从安全责任、监督管理、支持与保障、法律责任等方面对大数据安全保障做了明确的规定，是我国大数据安全保护省级层面的首部地方性法规。

《贵州省政府数据共享开放条例》自2020年12月1日起施行。该条例对政府数据、政府数据共享、政府数据开放进行了明确，条例中所称的政府数据，是指行政机关在依法履行职责过程中制作或者获取的，以一定形式记录、保存的各类数据，包括行政机关直接或者通过第三方依法采集、管理和因履行职责需要依托政府信息系统形成的数据。

（2）深圳

《深圳经济特区数据条例》是国内数据领域首部基础性、综合性立法，于2022年1月1日起实施。

《深圳经济特区数据条例》共7章，内容涵盖个人数据、公共数据、数据要素市场、数据安全等方面，坚持“保护与发展并重，以保护为基础，以发展为目标，以保护促发展”的基本指导思想，旨在为数字产业、数字经济的发展提供良好的法治环境。

《深圳经济特区数据条例》的主要内容和制度创新包括：探索数据相关权益范围和类型；强化个人数据保护；提升公共数据治理水平；探索培育数据要素市场；保护数据全生命周期安全；建立数据领域公益诉讼制度；关于违反条例相关规定的法律责任。

《深圳经济特区数据条例》在国家立法的基础上进一步细化数据安全保护的相关内容：明确市人民政府负责统筹数据安全管理工作；明确数据处理者的数据安全管理责任；明确数据安全监督部门通过开展数据安全预警工作、对数据处理者进行数据安全管理认证和评估、约谈违规数据处理者等措施强化数据安全监督。

此外，《深圳经济特区数据条例》强化个人数据保护，并从5个方面探索培育数据要素市场。

（3）上海

2022年1月1日开始实施的《上海市数据条例》分为总则、数据权益保障、公共数据、数据要素市场、数据资源开发和应用、浦东新区数据改革、长三角区域数据合作、数据安全、法律责任和附则。

《上海市数据条例》在个人信息特别保护章节，对备受关注的过度收集信息、用户“知情同意”、人脸识别、自动化决策等问题做出回应。

对于数据跨境流通，《上海市数据条例》规定在临港新片区内探索制定低风险跨境流动数据目录，这一立法要求在全国属首次提出。

在数据交易方面，首次突破性承认了数据权益可交易；在数据交易平台建设方面，上海将在浦东新区设立数据交易所，开展实质化运营，与此前常规的交易撮合平台不同，该数据交易所经政府授权将承担数据交易组织与监管责任。

此外,《上海市数据条例》设专章聚焦公共数据,力图解决各方关注的若干公共数据棘手问题,例如,公共数据更新和质量、数据共享和利用、经费保障等,并对公共数据如何授权运营提出要求。在基础设施方面,《上海市数据条例》要求上海市加强和完善数字基础设施规划和布局,提升电子政务云、电子政务外网等政务基础设施能力,建设新一代通信网络、数据中心、人工智能平台、智能终端等新型基础设施,建立完善网络、存储、计算、安全等数字基础设施体系,推动数字基础设施共建共享、互联互通。

基于上海在长三角地区的重要作用,《上海市数据条例》提出加强长三角区域数据合作,长三角将建立统一的数据标准体系和共享开放机制。

(4)天津

《天津市促进大数据发展应用条例》于 2018 年 12 月 14 日通过,自 2019 年 1 月 1 日起施行。

《天津市促进大数据发展应用条例》紧紧围绕天津市对大数据发展应用的迫切需求和发展趋势,强调推动数据共享开放,明确了政府单位数据采集管理的主体责任和主要职责,提出为数据产业发展提供资金、人才政策支持,并推动大数据在制造业和服务业的应用,旨在构建大数据发展应用新格局,加快培育数据驱动、人机协同、跨界融合、共创分享的智能经济形态。

(5)海南

2019 年 11 月 1 日《海南省大数据开发应用条例》正式施行。《海南省大数据开发应用条例》在大数据共享、开放和安全保障的基础上,立足建设中国特色自由贸易港的时代要求,突出大数据开发、应用和产业促进,将区块链等新技术应用写入《海南省大数据开发应用条例》,致力于打造安全可信的数据交易环境,为数据资产化奠定了坚实的法规基础。条例明确了海南自贸试验区、自贸港大数据产业布局和导向,指明了大数据助力海南自贸试验区、自贸港建设的任务和途径。

（6）山东

《山东省大数据发展促进条例》于 2022 年 1 月 1 日起施行，标志着山东大数据领域的第一部地方立法出台。该条例明确，实行数据安全责任制，按照谁采集谁负责、谁持有谁负责、谁管理谁负责、谁使用谁负责的原则确定数据安全责任。

《山东省大数据发展促进条例》将数据资源划分为公共数据和非公共数据，明确公共数据和非公共数据的范围；规定数据资源实行目录管理，对数据目录编制及数据的采集、汇聚、治理、共享和开放提出具体要求；对数据采集划出“禁区”，强调不得重复采集能够通过共享方式获取的公共数据；采集数据不得损害被采集人的合法权益。

《山东省大数据发展促进条例》对自然人、法人和其他组织开展涉及个人信息的数据活动做出规定，强调数据跨境审查，数据安全责任单位向境外提供国家规定的重要数据，应当按照国家有关规定实行数据出境安全评估和国家安全审查。

（7）山西

2020 年 5 月 15 日，山西省十三届人大常委会第十八次会议通过《山西省大数据发展应用促进条例》，自 2020 年 7 月 1 日起施行。

该条例包含确定政府管理职责、制定大数据发展应用政策、规定服务保障措施等内容。《山西省大数据发展应用促进条例》明确，山西省政府将统筹下一代互联网、新一代移动通信技术、数据中心、工业互联网等新型基础设施建设工作，推动基础设施的共建共享和互联互通。省政府设立专项资金，对大数据基础设施建设给予补助，对符合条件的大数据市场主体根据经营情况或者对地方财政的贡献情况给予奖励，对行业大数据融合应用示范、大数据机构科技创新发展和人才培养给予奖励。

（8）安徽

2021 年 3 月 26 日，安徽省十三届人大常委会第二十六次会议表决通过了《安徽省大数据发展条例》，于 2021 年 5 月 1 日起实施。

《安徽省大数据发展条例》着眼于大数据的特征及其对经济发展、社会治理、行政管理、人民生活等方面产生的影响，对数据资源的归集整合、开发应用、安全管理和促进大数据发展的相关措施等方面进行规范。

《安徽省大数据发展条例》强调政府投资的政务信息系统依法应当实现互联互通；要求构建江淮大数据中心平台，并以此为依托筹建区域公共数据共享交换平台和开放平台；要求公共数据按照规定向江淮大数据中心平台归集，鼓励非公共数据向江淮大数据中心平台汇聚；支持非公共数据依法开放共享。《安徽省大数据发展条例》明确实行数据安全责任制，开展数据活动单位具有 5 项具体数据安全保护义务。

（9）吉林

《吉林省促进大数据发展应用条例》于 2021 年 1 月 1 日起正式施行。该条例包括总则、数据处理、发展应用、促进措施、数据安全与保护、法律责任和附则共 7 章 61 条，全面规范了公共数据采集、归集、应用、安全等全过程管理。主要内容及特点包括：明确了管理部门、建立了大数据全生命周期的管理体系、强化了省大数据平台的核心作用、规定了依目录进行管理的机制、大力推进公共数据共享和开放、促进大数据发展应用、强调数据安全和法律责任等。

4. 数据开放类

根据北京市政府门户网站首都之窗公布的《2020 年北京市政府信息公开工作年度报告》，截至 2020 年底，北京市政府门户网站累计公开政府规章 296 个、规范性文件 37320 个。作为政府信息公开的重要载体，《北京市人民政府公报》

首推数字公报政策标准文本。2020 年北京市持续升级优化智能搜索平台和智能问答平台，实现了政府信息“一网通查”，即搜即用，共办理公众政府信息公开申请 3.8 万余件，同比增加 8.24%；33364 名市民、4830 个社会组织享受到“点对点”个性化答复服务；还编制了涵盖企业办事事项 526 条的政务公开利企服务手册（中英文版）和梳理简明问答 548 条公众咨询的高频事项的新版政务公开便民服务手册。

《深圳经济特区数据条例》作为数据领域第一部综合的地方性立法，于 2021 年 6 月 29 日经深圳市第七届人民代表大会常务委员会第二次会议通过，自 2022 年 1 月 1 日起施行。该条例分为 7 章，共 100 条，内容涵盖个人数据保护，公共数据共享、开放和利用，数据要素市场的培育和保障，数据安全及监督和法律责任等，不仅对现行《中华人民共和国民法典》《中华人民共和国网络安全法》《中华人民共和国数据安全法》《中华人民共和国个人信息保护法》等进行了更为细致的补充规定，还对数据权益、数据交易、数据要素市场体系建设等尚存在立法空白的领域进行了突破与先试。为加强公共数据统筹管理，构建高质量的公共数据资源体系，加快建设数字经济、数字社会、数字政府，该条例从促进公共数据共享开放等方面，设计了公共数据治理的顶层框架，并确立了分类分级、需求导向、安全可控的原则，要求公共数据应当在法律、法规允许范围内最大限度开放。

三、大数据管理机构现状

（一）总体性描述

参考各数据管理机构网站主要职责介绍，各省大数据局的职能定位总体集中在制定和宣传政府数据治理的理念、战略、行动方案并进行监管（如法规政策起草、政策研究，一网统管等），政务信息整理及公开、共享（如政务动态信息发布、解读回应信息发布、专项数据信息公开、安全防护情况监测、公众留言办理情况等），政府数字政务一体化平台及公共数据平台的运营维护（如便民服务、利企服务、跨省通办服务、党建专题服务等），推动大数据相关产业发展及行业管理（数字基础设施建设、企业大数据治理平台建设、扶贫大数据监测体系和智慧教育等民生服务）、数据管理问题（如数据采集、交易、开放的格式、标准、技术等），以及资金安排及项目审批、对外交流合作、人才队伍建设等工作上。

2018 年，中共中央印发《深化党和国家机构改革方案》，要求省级党政机构改革方案要在 2018 年 9 月底前报党中央审批，在 2018 年底前机构调整基本到位。省级以下党政机构改革，由省级党委统一领导，在 2018 年底前报党中央备案。地方机构改革任务在 2019 年 3 月底前基本完成。

《省级政府和重点城市一体化政务服务能力（政务服务“好差评”）调查评估报告（2021）》表明，随着以国家政务服务平台为总枢纽的全国一体化政务服务平台建设成效逐步发挥，我国网上政务服务发展已经由以信息服务为主的单向服务阶段，开始迈向以跨区域、跨部门、跨层级一体化政务服务为特征的整体服务阶段，31 个省（区、市）中有 30 个地区构建了覆盖省、市、县、乡、村的 5 级网上政务服务体系。截至 2020 年，31 个省级政务 App 已陆续推出，微信、支付宝等第三方平台政务服务不断拓展。

（二）中央政府的大数据管理机构

1. 中央网络安全和信息化委员会办公室（国家互联网信息办公室）

国家互联网信息办公室成立于 2011 年 5 月，是经国务院批准设立的互联网信息监管机构。

根据 2018 年的《深化党和国家机构改革方案》及《国务院机构改革方案》，国家互联网信息办公室与中央网络安全和信息化委员会办公室，列入中共中央直属机构序列，一个机构两块牌子。为了优化中央网络安全和信息化委员会办公室的职责，更好维护国家网络空间安全和利益，将国家计算机网络与信息安全管理中心由工业和信息化部管理调整为由中央网络安全和信息化委员会办公室管理。

国家互联网信息办公室的主要职责包括：指导、协调、督促有关部门加强互联网信息内容管理，落实互联网信息传播方针政策和推动互联网信息传播法治建设，指导有关部门做好网络游戏、网络视听、网络出版等网络文化领域业务布局规划，负责网络新闻业务及其他相关业务的审批和日常监管，协调有关部门做好网络文化阵地建设的规划和实施工作，依法查处违法违规网站，负责重点新闻网站的规划建设，组织、协调网上宣传工作，指导有关部门督促电信运营企业、接入服务企业、域名注册管理和服务机构等做好互联网地址（IP 地址）分配、域名注册、网站备案、网络接入等网络基础管理工作，指导各地互联网有关部门开展工作。

2. 工业和信息化部

中央编办关于工业和信息化部有关职责和机构调整的通知对工信部相关职责和机构进行了调整。将信息化推进、网络信息安全协调等职责划给中央网络安全和信息化委员会办公室。

调整后，工业和信息化部负责网络强国建设相关工作，推动实施宽带发展；负责互联网行业管理（含移动互联网）；协调电信网、互联网、专用通信网的建设，促进网络资源共建共享；组织开展新技术新业务安全评估，加强信息通信业准入管理，拟订相关政策并组织实施；指导电信和互联网相关行业自律和相关行业组织发展。负责电信网、互联网网络与信息安全技术平台的建设和使用管理；负责信息通信领域网络与信息安全保障体系建设；拟订电信网、互联网及工业控制系统网络与信息安全规划、政策、标准并组织实施，加强电信网、互联网及工业控制系统网络安全审查；拟订电信网、互联网数据安全管理政策、规范、标准并组织实施；负责网络安全防护、应急管理和处置。

此外，工业和信息化部还负责加强和改善工业和通信业行业管理，充分发挥市场机制配置资源的决定性作用，强化工业和通信业发展战略规划、政策标准的引导和约束作用。根据职责分工拟订推动传统产业技术改造相关政策并组织实施。加强对促进中小企业发展的宏观指导和综合协调。加快推进信息化和工业化融合发展，大力促进电信、广播电视和计算机网络融合，促进工业由大变强。

2018 年《深化党和国家机构改革方案》和《国务院机构改革方案》对工业和信息化部职责进行微调，内设机构不变。

（1）信息技术发展司

信息技术发展司主要职责如下。

第一，统筹指导工业领域信息安全；研究拟订工业信息安全和信息安全产业发展战略、规划、政策和标准；指导做好重要工业领域工控系统信息安全保障工作；指导协调信息安全技术、产品研发及产业化；依法管理电子认证服务业，推进个人信息保护。

第二，统筹推进工业领域信息化发展；研究拟订信息化和工业化融合发展战略，提出政策建议；指导推进工业数字化、智能化、网络化制造和应用；促进工业领域电子商务和现代化流通体系建设。

第三，提出并组织实施软件和信息服务业行业规划、重点专项规划、产业政策、行业规范条件、技术规范和标准；指导有关测评和质量工作；指导行业公共服务体系建设。

第四，承担软件和信息服务业行业管理工作；拟订行业发展战略，提出发展思路和政策建议，协调发展中的重大问题和重大事项，承担行业基本情况、重要信息等调查研究工作。

第五，组织推进软件技术、产品和系统研发与产业化，促进产业链协同创新发展；指导推进软件和信息服务业发展；推动新技术、新产品、新业态发展和应用。

第六，审查信息化、软件和信息服务业固定资产投资项目（含利用外资、境外投资和技术改造投资），提出项目安排建议；提出行业投资指南；承担有关国家科技重大专项中软件项目的相关管理工作；参与相关战略性新兴产业专项的组织实施。

第七，组织实施信息技术推广应用；承担安全可靠的信息产品、系统推广应用工作；推进行业软件和系统解决方案推广应用；推进软件正版化和知识产权保护。

第八，推动信息服务业创新发展；组织推进信息技术服务工具、平台的研发和产业化；指导安全可靠的信息系统集成能力建设。

（2）信息通信发展司

工业和信息化部信息通信发展司的主要职责是：牵头信息通信业标准化及相关国际标准制定和推广工作，拟订移动互联网、物联网、新一代移动通信等网络技术发展政策并组织实施；协调电信网、互联网、专用通信网的建设，促进网络资源共建共享；拟订信息通信业开放政策；拟订电信业务资费政策并监督实施；拟订电信普遍服务政策并组织实施，推动宽带网络建设和应用水平提升；承担信息通信业经济运行分析、监测和预警，拟订信息通信业发展战略、规划和政策；监督管理通信建设市场；承担信息通信企业“走出去”和国际信息通道建设相关工作；承担重要信息通信设施建设管理。

（3）信息通信管理局

工业和信息化部信息通信管理局的职责包括：承担互联网（含移动互联网）

行业管理职能，依法对电信和互联网等信息通信服务实行监管。具体职责有：承担通信网码号、互联网域名和IP地址、网站备案、接入服务等基础管理及试办新业务备案管理职能，负责电信和互联网业务市场准入及设备进网管理，推进三网融合，负责信息通信网络运行的监督管理，组织协调应急通信及重要通信保障，监督管理电信和互联网市场竞争秩序、服务质量、互联互通、用户权益和个人信息保护。

（4）网络安全管理局

工业和信息化部网络安全管理局的职责包括：承担电信和互联网行业网络安全审查相关工作，组织推动电信网、互联网安全自主可控工作；组织拟订电信网、互联网及其相关网络与信息安全规划、政策和标准并组织实施；承担建立电信网、互联网新技术新业务安全评估制度并组织实施；承担电信网、互联网网络与信息安全技术平台的建设和使用管理；承担特殊通信管理，拟订特殊通信、通信管制和网络管制的政策、标准；承担电信网、互联网网络数据和用户信息安全保护管理工作；拟订电信网、互联网网络安全防护政策并组织实施；承担电信网、互联网网络与信息安全监测预警、威胁治理、信息通报和应急管理与处置；指导督促电信企业和互联网企业落实网络与信息安全管理责任，组织开展网络环境和信息治理，配合处理网上有害信息，配合打击网络犯罪和防范网络失窃密；管理党政专用通信工作。

3. 国家发展和改革委员会

国家发展和改革委员会创新和高技术发展司职责包括：统筹推进战略性新兴产业和数字经济发展，组织实施国家大数据战略，衔接平衡信息化发展规划与国家发展规划；统筹信息化的发展规划与国民经济和社会发展规划、计划的衔接平衡，会同有关部门研究拟订国民经济和社会信息化发展战略和规划，研究信息化发展的重大问题，衔接平衡信息化发展的相关政策；组织拟订推进创新创业和高技术产业发展的规划和政策，推进创新能力建设和新兴产业创业投资；会同有关方面提出国家重大科技基础设施规划布局建议；提出国家技术经济安全和培育经济发展新动能政策建议，推动技术创新和相关高新技术产业化，组织重大示范工程；指导企业信息化，参与推动信息化与工业化的融合，推进重点领域的信息化建设。

4. 国家市场监督管理总局

（1）反垄断局

反垄断局的职责包括：组织指导公平竞争审查工作；拟订反垄断制度措施和指南，组织实施反垄断执法工作；承担反垄断执法国际合作与交流工作；承担指导企业在国外的反垄断应诉工作；承办国务院反垄断委员会日常工作。

（2）网络交易监督管理司

网络交易监督管理司的职责包括：组织指导网络交易平台和网络经营主体规范管理工作；组织指导协调网络市场行政执法工作；拟订实施网络商品交易及有关服务监督管理的制度措施；依法组织实施合同、拍卖行为监督管理，管理动产抵押物登记；组织实施网络市场监测工作；指导消费环境建设。

5. 公安部

（1）全国公安大数据工作领导小组

全国公安大数据工作领导小组是2018年1月公安部成立的一个工作领导小组，成立全国公安大数据工作领导小组的主要目的是实施公安大数据战略，加快推进数据融合共享，建好智慧公安的“大脑”，提升公安工作智能化水平，以机器换人力、以智能增效能，最大限度地释放警力，最终提高公安机关核心战斗力。

其主要职责包括：坚持大数据建设应用与安全防护同步规划实施，加快构建大数据安全保障体系；运用大数据技术，对传统侦查打击手段的智能化改造，构建以数据为关键要素的数字侦查打击模式，对各类违法犯罪活动的精准打击；

健全以国家关键基础设施为重点的网络安全等级保护制度和通报预警机制，完善综合防御体系；应用大数据、机器学习、人工智能等新技术，坚持综合研判与专业研判相结合、机关研判与基层研判相衔接，实现对各类风险隐患的敏锐感知、精确预警；加强安全管理，严格制度、严格审计，严防发生公民个人信息泄露等违法违规问题。

（2）公安部“互联网＋政务”服务平台

公安部“互联网＋政务”服务平台是全国一体化在线政务服务平台的重要组成部分，按照国务院的有关部署要求，已对接贯通国家政务服务平台，统一了用户体系，解决了企业和群众在公安平台和政府平台重复注册、多次验证等问题，实现了一次认证、单点登录、全网通办。

该平台已将驾驶人考试预约、交通违法处理等 29 项公安高频热点政务服务事项挂接至国家政务服务平台，并同步业务数据，同时也支撑全国一体化在线政务服务平台网上身份实名认证。

（3）公安部大数据中心和备份中心

2018 年 1 月 24 日，公安部党委书记、部长赵克志在全国公安厅局长会议上指出，要加快建立公安部大数据中心和备份中心，统一标准，统一接口，加强高端集成应用，为部本级各部门各警种提供统一的公共云计算环境和集中运行维护保障，为全国公安机关信息资源共享提供强有力的支撑。

（4）公安部网络安全保卫局

国新办 2021 年 9 月 17 日举行新闻发布会，介绍了公安机关护航全面建成小康社会有关情况。公安部网络安全保卫局局长王瑛玮在发布会上表示，数据安全事关国家安全、公共安全和广大群众的切身利益。《中华人民共和国数据安全法》已正式实施，公安机关将发挥自身职能，采取有效措施，保障我国数据安全。

一是加强数据安全监督管理，组织开展数据安全监督检查、检测评估等工作，督促数据处理者依法履行安全保护责任和义务，整改网络安全、数据安全风险、隐患、漏洞和突出问题，提高安全保护能力。二是加强数据安全相关事件的调查处置和案件侦办，严厉打击危害数据安全的各类违法犯罪活动。三是深入推进关键信息基础设施安全保护和网络安全等级保护工作，制定出台数据安全保护技术标准，督促、指导数据处理者采取相应的技术措施和必要的其他措施，保障数据安全。四是依托国家网络与信息安全信息通报机制，加强数据安全监测、通报、预警和应急处置工作，防范数据安全事件和威胁风险。五是在有关部门的统筹协调下，建立完善数据安全工作机制、政策和基础制度，为贯彻落实《中华人民共和国数据安全法》提供各项保障。

（三）各省（区、市）大数据管理机构

1. 总体性分析

我国地方大数据管理机构的成立时间大致以党的十九届三中全会，即第八次机构改革开展为分界线，分为两个阶段。2012—2017 年第八次机构改革前为第一阶段，广东、贵州、浙江、上海、重庆、江西、内蒙古等作为大数据治理走在前沿的省（区、市），其政府大数据管理机构先后成立。其中，广东是于 2014 年成立全国首个省级政府数据管理机构的省份，亦是全国率先推行大数据战略的省份之一。2018 年党的十九届三中全会召开，启动了第八次机构改革，各地大数据管理机构的设立进入第二阶段，即高速发展期。截至 2021 年 9 月，已有超过 27 个省级大数据管理机构或省级大数据管理平台相继成立。

省级大数据管理机构成立途径可分为通过职能整合组建新机构（职能更为专业但较为单一）、赋予其他机构数据管理方面职能并挂牌（职能多与原机构职能存在交叉重合）两类。在机构性质方面，第八次机构改革前，以事业单位性质为主，改革后转为以行政单位性质为主（包含政府直属机构和政府

组成部门）；在隶属关系上，由改革前隶属部门多样化转为以政府或政府办公厅为主[①]。

此外，现在仍存在各地区政府数字管理机构、数字治理能力、平台建设发展不均衡等问题，在实现跨层级、跨地域、跨系统、跨部门、跨业务的协同管理和服务建设方面仍有差距。

2. 各地大数据管理机构具体情况

（1）北京市经济和信息化局（加挂北京市大数据管理局牌子）

按照《北京市机构改革实施方案》（京发〔2018〕31号），将市经济和信息化委员会、市无线电管理局的职责整合，组建市经济和信息化局，作为市政府组成部门，加挂市无线电管理局、市大数据管理局、市国防科学技术工业办公室牌子。不再保留市经济和信息化委员会及其管理的市无线电管理局。将市经济和信息化委员会的信息化推进工作、网络安全协调职责划入市委网络安全和信息化委员会办公室。

（2）天津市大数据管理中心

天津市大数据管理中心为中共天津市委网络安全和信息化委员会办公室（天津市互联网信息办公室）所属全额财政补助事业单位，主要承担数据资源的采集、存储、登记、开发利用和共享，监测分析大数据产业发展运行态势，以及数据安全体系建设、安全保障工作；承担全市统一政务信息资源共享交换平台、"津云（政务云）"平台、数据开放平台、数据中心的运行维护等工作。

（3）山西省行政审批服务管理局（加挂山西省政务信息管理局牌子）

根据《山西省机构改革方案》，将省政府办公厅的政务改革和管理职责，有关部门承担的行政审批服务管理、政务信息管理等职责整合，组建山西省行政

① 孟庆国、林彤、乔元波等：《中国地方政府大数据管理机构建设与演变——基于第八次机构改革的对比分析》，《电子政务》2020年第10期。

审批服务管理局，加挂山西省政务信息管理局牌子，承担省政府优化营商环境相关职责，作为省政府直属机构。2018 年 10 月 26 日，山西省行政审批服务管理局正式挂牌成立。

（4）内蒙古自治区政务服务局

内蒙古自治区政务服务局的主要职责包括：负责自治区“互联网 + 政务服务”组织管理工作，推进“互联网 + 监管”应用，推行政务服务电子监察。指导全区政务服务工作。起草有关政务服务规章草案并组织实施。负责全区行政权力和公共服务事项标准化、规范化建设及应用工作，精简优化政务服务流程，构建统一的政务服务体系。负责自治区政府政务服务、电子政务及政务公开等工作。拟订相关政策措施、工作计划、标准规范、配套制度并组织实施。负责自治区本级政府信息公开和政务公开工作。指导、协调、监督各地区各部门开展政府信息公开和政务公开工作。承担自治区推进政府职能转变和“放管服”改革协调小组办公室日常工作，对重大问题进行调查研究，提出相关工作建议。负责全区政务服务、电子政务、政务公开工作的日常监管和年度考核工作。受理有关政务服务和政务公开的咨询、投诉、建议工作。统筹指导自治区政府系统电子政务工作。规划监管全区政府网站，负责内蒙古自治区人民政府网的建设管理工作，协调各地区各部门参与内蒙古自治区人民政府网内容建设。负责自治区政府网络与国务院网络互联互通的建设管理工作。指导自治区本级实体政务大厅运行管理。组织协调、监督管理政务服务事项的办理。负责开展政务服务质量评估工作。完成自治区党委、政府交办的其他任务。

（5）辽宁省营商环境建设局（加挂辽宁省大数据管理局牌子）

2021 年 5 月 13 日，辽宁省大数据管理局正式挂牌成立。为加强辽宁大数据的集中统一管理，在辽宁省营商环境建设局加挂辽宁省大数据管理局牌子。

辽宁省大数据管理局的主要职责为：归口管理全省数据资源，负责数据资源的挖掘、归集、管理、共享、开放，统筹数字政府建设，负责政府数字化转型，负责政务大数据发展规划、政策建议、标准规范、安全保障、督促检查等工作，负责规划协调、指导监督全省政府系统电子政务建设工作，负责省级政务信息化建设项目审批工作，协调推进、督促落实数字产业化和产业数字化工作。

（6）吉林省政务服务和数字化建设管理局（吉林省软环境建设办公室）

吉林省将省政府办公厅的电子政务建设、政务公开协调职责，省发展和改革委员会、省工业和信息化厅等相关部门的省大数据建设项目和资金管理、政务信息系统整合共享、行政审批制度改革、“数字吉林”建设、优化营商环境建设职责等整合，组建了吉林省政务服务和数字化建设管理局，作为省政府直属机构，加挂吉林省软环境建设办公室牌子。

（7）黑龙江省政务大数据中心

2019 年 5 月 22 日，黑龙江省政务大数据中心正式揭牌成立。黑龙江通过整合黑龙江省政务信息化管理服务中心、省工信委信息中心、省科技厅所属计算中心、省计算机软件研究中心、原省委防办所属省教育转化中心以及省发展改革委所属省信息中心等 6 家单位或职能部门组建了黑龙江省政务大数据中心。

该中心承担推进数字龙江建设，统筹全省电子政务基础设施和重要信息系统建设，肩负政府数据和社会数据采集、汇聚、管理，推进战略新兴产业发展等方面的重要职责。该中心重点做好服务支撑政府治理体系和治理能力现代化、服务支撑黑龙江省“放管服”改革和“办事不求人”工作落实、服务支撑优化营商环境等方面工作，认真落实国家大数据有关政策，积极开展黑龙江省大数据发展战略、政策法规、创新应用等方面研究，全力推进黑龙江省一体化在线政务平台和数据共享交换平台建设，为重塑黑龙江省营商新环境、实现全面振兴全方位振兴提供坚强的技术支撑和运行保障。

（8）上海市大数据中心

2018 年 4 月 12 日，上海市大数据中心正式揭牌。该中心构建全市数据资源共享体系，制定数据资源归集、治理、共享、开放、应用、安全等技术标准及管理办法，实现跨层级、跨部门、跨系统、跨业务的数据共享和交换。

上海市大数据中心的主要职责为贯彻落实国家大数据发展的方针政策，做好上海大数据发展战略、地方性法规、规章草案和政策建议的基础性工具。该中心承担制定政务数据资源归集、治理、共享、开放、应用、安全等技术标准及管理办法的具体工作。同时，推进上海政务信息系统的整合共享，贯通汇聚各行业、各行政部门和各区的政务数据。

在相关部门的指导下，上海市大数据中心承担政务数据、行业数据、社会数据的融合工作，开展大数据挖掘、分析工作，承担全市政务云，以及上海政务网的建设和管理，指导各区、各部门数据管理工作，配合相关部门开展全市数据安全、数据管理的绩效评估和督查工作。

（9）江苏省信息中心（江苏省大数据管理中心）

江苏省信息中心原名江苏省经济信息中心，是省政府直属副厅级全民事业单位。2017 年 6 月，省政府召开常务会议，根据中央编办批复，在江苏省信息中心加挂江苏省大数据管理中心牌子。

该中心主抓数据的“归集、应用、产业、安全”四大重点任务，承担制定规范、数据管理、数据应用、产业发展和安全保障等 5 项职责，具体包括：负责全省大数据资源归口管理工作；组织实施省级大数据中心建设、管理和运维；推进大数据综合应用，引导大数据产业孵化；等。通过数据汇聚、集中管理、研究分析，充分发挥大数据管理中心面向政府、面向企业、面向社会的应用服务功能。

（10）浙江省大数据发展管理局

按照党的十九大关于发展大数据、建设数字中国和智慧社会、提高社会治理智能化水平的部署要求，浙江组建省大数据发展管理局，负责推进政府数字化转型和大数据资源管理等工作。通过组建这一机构，进一步加强互联网与政务服务的深度融合，统筹管理公共数据资源和电子政务，推进政府信息资源整合利用，打破“信息孤岛”，实现数据共享，进一步助推“最多跑一次”改革和政府数字化转型，加快推进数字浙江建设。

大数据发展管理局作为浙江省政府办公厅管理的副厅级机构，整合办公厅的公共数据和电子政务及政府门户网站建设管理职责，以及省经济和信息化委员会的电子政务发展、政务和社会公共服务信息资源开发利用职责。

（11）数字福建建设领导小组办公室（加挂福建省大数据管理局牌子）

数字福建建设领导小组办公室（福建省大数据管理局）是福建省发展和改革委员会的部门管理机构。

根据《福建省省级机构改革实施方案》，数字福建建设领导小组办公室作为省政府部门管理机构，为副厅级，由省发展和改革委员会管理，加挂省大数据管理局牌子。办公室主要职责是：贯彻落实国家有关信息化的政策和法律法规，拟订并组织实施福建省信息化的政策和法规规章；具体统筹福建省信息化工作，推进重点领域信息化应用；统筹规划和协调推进重大信息化基础设施和公共平台建设；负责全省公共信息资源综合管理和开发利用；组织编制数字福建建设投资计划，负责相关项目管理；负责福建省互联网经济牵头抓总、宏观指导、统筹协调和组织推进相关工作等；承担数字福建建设领导小组和省互联网经济联席会议日常工作。

（12）江西省信息中心（江西省大数据中心）

江西省信息中心成立于1987年，加挂江西省电子政务网络管理中心、江西省信用中心、江西省大数据中心牌子。下设12个职能部门，主要职能包括4个方面：一是承担全省电子政务外网、全省跨部门重大业务应用平台和省人民政府门户网站等重要门户网站的建设、管理与运维；二是承担全省宏观经济监测、预测和景气分析，负责政务信息资源开发利用；三是承担全省公共信用信息的归集、整合、应用和服务；四是承担全省公共数据汇集、共享和开放等工作。

（13）山东省大数据局

为主动适应数字信息技术的快速发展，解决部门“信息孤岛”和“信息烟囱”问题，加快推进“互联网＋电子政务”，建设“数字山东”，根据《山东省省级机构改革的实施意见》，在山东省政府办公厅大数据和电子政务等管理职责的基础上，组建省大数据局，作为省政府直属机构。2018年10月31日，山东省大数据局挂牌成立，其主要职能是：负责牵头制定并组织实施全省大数据发展应用规划和政策措施，加快建设“数字山东”和“互联网＋政务服务”；统筹规划大数据基础设施建设，建立完善数据开放平台和标准体系，推动政府数据开放共享利用，承担政务服务平台建设管理工作；指导协调大数据产业发展，健全大数据安全保障体系等。

（14）河南省大数据管理局

河南省大数据管理局是根据《中共中央办公厅、国务院办公厅关于印发〈河南省机构改革方案〉的通知》设立的，是河南省人民政府办公厅管理的、负责全省政务服务和数据管理工作的部门管理机构，为副厅级。

河南省大数据管理局网站于2019年12月31日正式开通，是在省大数据管理局的指导下，由河南省大数据管理局主办，大河网提供技术支持建设而成的官方网站。

河南省大数据管理局网站聚焦河南省政务服务和数据建设成果，以“数字化河南＋服务型政府”为宗旨，及时发布河南省政务服务和数字政府建设的最新文件精神、动态资讯，开展大数据示范应用，推进“用数据说话、用数据决策、用数据管理、用数据创新”新机制的建立。

（15）湖北省政务管理办公室

湖北省政务管理办公室的主要职能有3项。第一，承担好省数字政府建设领导小组办公室的职能，具体包括：一是统筹协调。统筹全省政务大数据资源的整合应用和共享开放，加强对省本级预算单位电子政务项目预算审核，指导、监督全省政府网站建设管理。统筹推进、指导全省政府系统电子政务建设和应用工作，加快全省一体化在线政务服务平台建设，推进与全国一体化政务服务平台以及各市州政务服务平台的对接联通。推进长江大保护、河湖治理、污染防治、精准扶贫等方面的智慧平台建设，积极探索更多数字政府的应用场景，为提升政府治理能力和治理水平提供支撑。二是顶层设计。加强数字政府建设顶层设计，明确数字政府总体框架，提出建设目标任务和实施路径，为全省数字政府建设提供规划指引。三是制度建设。构建涵盖经济调节、市场监管、公共服务、社会治理、环境保护、政府运行等领域的数字政府标准规范体系，建立相关工作制度。第二，承担好政务服务监督指导和政务公开工作。第三，承担省政府推进职能转变和“放管服”改革协调小组办公室的职能。

（16）湖南省政务服务和大数据中心

根据《政务信息资源共享管理暂行办法》（国发〔2016〕51号）、《政务信息系统整合共享实施方案》（国办发〔2017〕39号）和湖南省委、省政府有关要求，湖南省政府政务服务中心于2016年11月建成了湖南省政务数据共享交换平台，作为湖南省政务服务和大数据中心组成部分，实现了上连国家、下连市州、横向连接委办局的政务信息资源共享交换体系。

为进一步提升政务信息资源的整合效率，规范湖南省政务数据交换过程中的重要问题，省政府政务服务中心申请编制并发布《政务大数据中心数据交换规范》地方标准。该标准的发布和运用对湖南省政务信息共享工作具有重要的指导意义，进一步加强了政务数据有序共享交换，为湖南政务部门及社会公众提供规范的管理与服务，有力地推动了“互联网 + 政务服务”工作的开展。

（17）广东省政务服务数据管理局

2014 年 2 月，广东省率先设立大数据管理局，它以广东省经济和信息化委员会内设机构的形态出现在公众面前，负责研究拟订并组织实施大数据战略、规划和政策措施，引导和推动大数据研究和应用等方面工作。

2018 年 10 月 26 日上午，广东省政务服务数据管理局正式挂牌，是广东省政府办公厅的部门管理机构。为统筹推动数字政府建设，促进政务信息资源共享和协同应用，提升政务服务能力，成立广东省政务服务数据管理局。广东省政务服务数据管理局的主要职责是按照省委、省政府关于数字政府改革建设的既定部署，按时保质保量推进政务信息化集约化建设，加强统筹协调。

（18）广西壮族自治区大数据发展局

2018 年，广西壮族自治区组建大数据发展局。大数据发展局是广西壮族自治区机构改革新成立的直属机构，承担推进数字广西建设，统筹全区电子政务基础设施和重要信息系统建设，负责政府数据和社会数据采集、汇聚、管理，推进战略性新兴产业发展，整合相关部门信息化建设、政务服务监督管理等重要职能。大数据发展局挂中国—东盟信息港建设办公室、广西壮族自治区政务服务监督管理办公室牌子。

大数据发展局充分利用中国—东盟信息港这一平台，完善三位一体、联动发展的大数据发展体系，加快培育新经济新业态，发展壮大新动能，力求赢得高质量发展主动权。

（19）海南省大数据管理局

海南省大数据管理局是海南自由贸易试验区和中国特色自由贸易港建设背景下制度创新的举措之一，由海南省人民政府依法设立并直接管理，于 2019 年 5 月 23 日挂牌成立，是不以营利为目的、不列入行政机构序列、不从事法定职责外事务、具有独立法人地位的法定机构。

海南省大数据管理局的职责包括：组织实施大数据、信息化、智慧城市政策措施；推进社会经济、民生保障各领域大数据开发应用，引导和推动大数据分析研究和应用工作；统筹全省政务信息网络系统、政务数据中心、电子政务基础设施以及全省基础性、公共性政务信息化项目的建设和管理等；使用省本级财政性资金、中央财政补助资金的信息化工程项目的管理、市县信息化建设项目的审核。

（20）重庆市大数据应用发展管理局

2018 年 11 月 5 日，重庆市大数据应用发展管理局正式挂牌。按照《重庆市机构改革方案》，重庆将市经济和信息化委员会的人工智能、大数据、信息化推进职责，重庆市发展和改革委员会的社会公共信息资源整合与应用、智慧城市建设职责等整合，组建重庆市大数据应用发展管理局，作为市政府直属机构。

（21）四川省大数据中心

四川省大数据中心是四川省省级机构改革中组建的省政府直属正厅级事业单位，于 2019 年 7 月 19 日揭牌亮相。

其主要职能为开展全省大数据发展战略、地方性法规、规章草案和标准规范的基础性研究工作；为全省电子政务基础设施规划建设、组织实施、运行维护提供支撑服务；承担全省政府数据、公共数据、社会数据汇聚整合、共享开放、应用融合等数据管理工作；负责全省一体化政务服务平台、四川政务服务网等政务服务平台建设管理；开展面向政务服务的大数据、物联网、人工智能等新技术新模式应用研究及示范试点；推进政务系统大数据安全体系建设和安全保障工作；等。

（22）贵州省大数据发展管理局

2017 年 2 月，贵州省公共服务管理办公室更名为贵州省大数据发展管理局，为省政府正厅级直属事业单位。贵州省将省公共服务管理办公室职责全部划入贵州省人民政府办公厅，将贵州省经济和信息化委员会承担的有关数据资源管理、大数据应用和产业发展（除电子信息制造业外）、信息化（除“两化融合”外）等职责，整合划入贵州省大数据发展管理局。此外，贵州省信息中心（省电子政务中心、省大数据产业发展中心）调整为由省大数据发展管理局管理。2018 年 11 月 4 日公布了《贵州省机构改革方案》全文。

（23）云南省政务服务管理局、云南省数字经济局、云南省云上云中心、云南省信用中心

2019 年 2 月 18 日，云南省政务服务管理局、云南省数字经济局、云南省云上云中心、云南省信用中心挂牌成立。

云南省数字经济局的主要职能为：完善政务服务管理体制、优化全省营商环境，构建更科学、更完善、更高效的政务服务体系，切实增强企业和群众的获得感和幸福感；推动云南深化“放管服”改革、加快推进“互联网 + 政务服务”、加强全省政务服务监督管理；不断改进省信用信息共享平台功能，提升数据归集能力，强化守信联合激励和失信联合惩戒，为全省经济社会发展创造良好的信用环境；统筹做好全省数字经济发展顶层设计，高质量建成全省人口、法人、宏观经济、自然资源、电子证照“五朵云”。

2017 年 3 月 1 日，昆明市在昆明市工业和信息化委员会加挂昆明市大数据管理局牌子，负责昆明大数据发展和智慧城市建设的战略组织实施、管理协调、规划制定，引导和推动大数据研究应用。成立该局的目的是采集、整理、共享和应用政府部门信息，消除“信息孤岛”，建立政府信息数据开放机制。

（24）拉萨市大数据发展管理局

西藏自治区拉萨市设有大数据发展管理局（中共拉萨市委员会网络安全和信息化委员会办公室），部门职责为：贯彻落实中央和自治区党委关于网络安全

和信息化工作的方针政策，贯彻落实市委对网络安全和信息化工作的统一领导及决策部署，协调督促有关方面落实市委网信委的决定事项、工作要求；组织开展对涉及全市政治、经济、文化、社会等各个领域的网络安全和信息化重大问题研究，向市委网信委提出工作建议；完成市委、市政府和市委网信委交办的其他任务；统筹推进网络党建工作；指导互联网行业自律；承担网络人士的团结引导工作；统筹推进全市信息化工作，协调解决信息化建设中的重大问题；负责全市大数据产业发展和行业管理；负责以大数据为引领的信息产业行业管理；负责网络安全和信息化人才队伍建设工作；指导、检查和推动各县（区）和市直有关部门网络安全和信息化工作。

（25）陕西省政务大数据局、陕西省政务大数据服务中心

2021 年 7 月 13 日，陕西省政务大数据局、陕西省政务大数据服务中心挂牌成立。陕西省政务大数据局的主要职责是贯彻落实国家数字政府建设决策部署，推进政务信息化和政府数字化转型，负责全省政府系统政务数据资源管理工作。新成立的陕西省政务大数据服务中心为省政府直属正厅级公益一类事业单位，由省政府办公厅（陕西省政务大数据局）代管，主要开展全省政务大数据发展战略、规章草案和标准规范的基础性研究工作，配合实施全省政府系统电子政务建设任务和重大项目，承担省级政府系统网络和数据安全体系建设等。

（26）兰州市大数据管理局

兰州市大数据管理局是兰州市机构改革组建的新部门，为兰州市人民政府工作部门。兰州市大数据管理局将相关的人工智能、信息化推进、社会公共信息资源整合与应用、智慧城市建设职责等进行了整合。

（27）宁夏回族自治区信息化建设办公室

2017 年 2 月，由宁夏回族自治区信息化建设办公室牵头建设的宁夏政务大数据服务平台和民生在线服务门户开发完成，进入上线试运行阶段，标志着宁

夏回族自治区政务数据共享开放总枢纽取得阶段性成果，为实现跨地区、跨部门、跨层级的政务数据共享开放奠定了坚实的基础。

宁夏政务大数据服务平台包括政务大数据分析系统、数据开放门户、政务大数据库、大数据平台和相关标准体系库等。汇聚了公安、民政、人社、旅游等部门的 21 个业务系统数据库，有效支撑各相关部门之间的业务协同。

宁夏民生在线服务门户整合了“8+N”朵云的应用服务系统，建成了全区统一身份认证系统，为社会公众提供在线办理民生服务的统一窗口，实现一次登录、全网通办各类民生服务。该门户包括自然人服务、法人服务、咨询服务、投诉服务、意见征集、地图服务、新闻咨询、用户中心八大模块。

（28）乌鲁木齐市工业和信息化局

乌鲁木齐市工业和信息化局是市人民政府工作部门，为正县级，对外加挂乌鲁木齐市大数据发展局牌子。

乌鲁木齐市工业和信息化局（乌鲁木齐市大数据发展局）贯彻落实党中央、自治区党委关于工业和信息化、大数据发展工作的方针政策和决策部署以及市委工作要求，在履行职责过程中坚持和加强党对工业和信息化、大数据发展工作的集中统一领导。

（29）珠海市政务服务数据管理局

珠海市在全国首创建立基于区块链技术的跨区域跨平台共享“链资信”数据库，实现珠海市公共资源交易中心与其他城市公共资源交易中心、市场监管部门、身份证照信息及行业主管部门的数据汇聚，通过数据共享、上链存证，打通行业部门、交易平台与市场主体的信息屏障。招投标资信数据来源由企业自行上传填报变为链上权威数据源获取，降低企业投标成本。珠海市工程建设招投标项目已全部启用“链资信”，“链资信”数据库将会实现“链上”数据共享，延长服务链路；“链上”数据存证，交易全程追溯；“链上”数据应用，拓展智慧场景。

（四）各省（区、市）一体化政务平台建设

1. 总体性分析

《省级政府和重点城市一体化政务服务能力（政务服务“好差评”）调查评估报告（2021）》显示，北京、上海、江苏、浙江、安徽、广东、四川、贵州8个省级政府的一体化政务服务能力总体指数非常高（超过90）；天津、河北、山西、内蒙古、辽宁、吉林、黑龙江、福建、江西、山东、河南、湖北、湖南、广西、海南、重庆、云南、宁夏18个省级政府的一体化政务服务能力总体指数高（80~90）；6个省级政府的一体化政务服务能力总体指数为中（65~80）。然而，各地区一体化政务服务能力仍存在一些问题，比如，“东强西弱、南强北弱”的格局使政务服务均等化、普惠化难以实现，政务服务线上线下融合不够，数据共享与业务协同仍需深化，用户体验仍需进一步提升，一体化政务服务平台相关运行规则尚需建立健全，现有法律法规的制约需要突破等。

2. 代表性案例

北京市大力推进“网上办、掌上办、自助办、智能办、区域办”，建成覆盖四级的一体化政务服务体系。

浙江省以数字化改革为总抓手，打造“整体智治、唯实惟先”的现代政府。“浙里办”已实现全部政务服务事项网上可办。“浙政钉”将100余万名政府工作人员“接入”一个平台进行工作沟通和办公协同，办公效率大大提升。

专题三

国内大数据应用于公共治理的地方实践

一、北京实践[①]

城市治理现代化是国家治理现代化的关键部分。当前，城市发展中还存在许多新老问题，人民群众日益增长的对美好生活的向往对城市治理现代化提出了更多、更高的要求。值得期待的是，随着经济、科技的快速发展，以大数据技术为代表的新技术手段正为城市治理现代化提供新的、更多的抓手和工具。大数据赋能公共治理的地方实践中，北京实践具有一定的代表性。北京市在不断探索将大数据运用于城市治理各个方面，实现政府、智库与企业联合发力，充分发挥大数据在城市治理决策和服务两方面的功能，通过大数据推动北京市城市治理精细化、智能化、高效化，形成了大数据公共治理的“北京样本”。

① 本部分作者为中国发展研究基金会“大数据赋能公共治理研究”课题组。

（一）北京超大城市公共治理面临的问题与挑战

1. 治理对象规模巨大、复杂多元，对治理全覆盖、精细化要求高

首先，北京市人口规模巨大且构成复杂。据第七次人口普查数据，北京市具有常住人口 2189 万人，其中城区常住人口 1775 万人，远远超出“城区常住人口大于 1000 万”的超大城市标准。市内人口收入水平、教育文化水平、来源地区、文化和信仰等差异较大，需求多元化、异质化程度高。其次，北京市城市运行体系规模巨大且构成复杂。2020 年，北京市境内各类道路共计 29537 公里，全市集中供热管道长度共计 63740 公里，自来水供水管道长度共计 22626 公里，公共交通运营线路长度 29145 公里，地上地下管网共同组成了一张宏大且复杂的城市毛细血管网，支撑起整个北京市的运营。在这个规模巨大的城市里，每日北京市垃圾清运量达 2.2 万吨，污水处理量达 530.2 万立方米，轨道交通客运量达 626.8 万人，特快专递业务量达650.9万件[①]。在这样负载量巨大的系统中，不仅存在无数可能发生各种疏漏的问题点，而且任何一点疏漏都可能对城市正常运行产生巨大影响。因此，北京市的城市治理必须实现全覆盖、精细化。全覆盖，是指城市治理必须覆盖城市的所有区域、所有人口、所有要素，不能在任何一个治理对象上有所缺漏。精细化，是指必须关注每一个治理对象的细节，必须避免大而化之的治理认知。要针对复杂情况具体问题具体分析，结合治理对象的特殊性对症下药，做到因人而异、因地而异、因事而异，实现治理现代化所要求的高标准。

2. 治理对象具有高流动性、不确定性，对数据共享、实时反应和风险应对能力要求高

作为全国首都、重要的交通枢纽和经济发达地区，北京市人口具有高度的流动性。这不仅表现为人口在北京市各区之间流动，还表现为跨城市、跨地区、

① 数据由北京市城市管理综合行政执法局提供。

全国范围乃至世界范围的人口流动，打通地区壁垒，实现信息数据共享对维护公共安全至关重要。北京市公共治理对象规模巨大，风险的连锁和传导效应强，任何治理行为必须高度重视其及时性，否则将导致既有治理问题进一步扩大，“晚治理”可能产生不可知影响，基本等同于“不治理”，因此必须重视提高治理速度，提升实时反应能力。另外，大城市治理的问题往往具有高度不确定性，问题产生的位置、问题内容、问题产生时间、问题发生主体等都具有高度不可预知性，这要求治理主体必须充分提升风险应对能力，在实践中既提升管控基本风险的普遍应对能力，又加强对风险预判的特殊应对能力。

3. 治理问题多主体化，对权责分配、部门协调要求高

公共治理问题自身具有复杂性，往往难以实现有效的权责分配，条线之间、部门之间权责分配历来是治理难题。一方面，一个部门必须同时应对多方面问题，承担多项职责，而在实践中往往缺乏相应的权力、资源，最终陷入“管不动”的困境中；另一方面，一个问题的解决往往需要多个部门协同发力，而在实践中往往缺乏足够的协调机制，最终陷入“踢皮球”的困境中。因此，北京市的城市治理发展必须充分理顺权责分配关系，推动部门协调一致，这是传统方式所欠缺的。此外，城市的公共治理不应是政府的“独奏”，而应该是政府与社会合作的“协奏”。在政府管理职责到位的同时，社会多元主体也应尽职尽责，实现政府、企业单位、非营利组织和社会公众共同参与治理。这要求必须扭转传统上传下达的公共治理机制，在新起点上实现公共治理多元协同的突破。

4. 治理技术应用存在困难，对技术普及、平台搭建、技术完善等要求高

当前，公共治理已经逐步实现了信息化，但是新技术不意味着新成果，在既有公共治理技术的落实中仍然存在许多问题。只有充分推广才能将新技术带来的治理效能最大化，只有技术普及才能让更多人享受新技术带来的治理获得感。但传统公共治理新技术的应用往往停留于单一性、单向性，既缺乏有效的

监督反馈机制，又缺乏多元的治理参与模式，拉大了公共治理新技术与民众之间的距离。在现实中，这体现为系统功能尚不完善，用户黏度不强，平台界面还不够友好，产品还不够丰富，使用还不够便利，服务事项在覆盖面和广泛度上尚有差距，影响了办事民众和企业的体验感，甚至导致一些民众的不信任。另外，城市治理部门的工作人员在应用新技术的过程中也同样遇到困难。在技术层面上，系统部分功能有待优化、智慧化程度有待提升，技术赋能还有改进空间。在管理层面上，某些新技术的应用与传统管理体制存在冲突，甚至传统模式和技术平台双系统并行并用，增加了工作人员工作量。未来，必须在技术应用层面突破既有障碍，调动多方积极性，实现技术更新与治理效能同步增强。

5. 首都公共治理政治性强，对治理对象、治理能力、治理方式要求高

与中国其他特大城市和超大城市相比，北京市最突出的特点在于其具有首都属性。北京市的城市公共治理不能脱离其首都的独特性。作为首都，北京市城市治理中的任何问题都可能上升为政治问题，都可能成为国际敏感问题，都可能带来严重的后果。这决定了北京城市治理要应对治理对象、治理能力和治理方式的独特挑战。在治理能力方面，北京不能照搬照用其他城市的经验，必须充分考虑北京市的特殊性，城市治理必须要服从首都属性，这要求北京市必须在充分提升治理能力的同时高度重视政策对稳定的影响。在治理方式方面，北京的城市治理必须积极寻求各方配合，既要保持在治理中的主导地位，又要有效发挥各方积极性，实现协同治理，做到治理不缺位、不越位、不乏力。

（二）北京市大数据赋能公共治理的主要做法

1. 海淀城市大脑

（1）建设背景与历程

传统工业文明路径下，城市建设集中化、大型化、中心化，具有人口分布

集聚性高、产业布局密集性高、生产要素流动性高、社会管理风险性高的特征，容易产生环境污染、就业困难、治安恶化、交通拥堵、资源短缺等问题。随着智慧时代的到来，以互联网、云计算、大数据、人工智能为代表的智能化成果成为推动城市治理、解决城市病的一大力量，城市大脑思维应运而生。

海淀城市大脑是城市的智能操作系统，是具备自学习、自优化、自演进特征的未来城市的基础设施，是城市治理体系和治理能力现代化的科技支撑，是引领城市数字经济发展的核心引擎。海淀城市大脑聚焦城市治理领域，以“智能+”为基本模式，以需求牵引、业务驱动为特质，以数据驱动、AI赋能为核心，实时汇聚各领域数据资源，进行“类人脑”处理，对城市运行态势进行全感知、全互联、全分析、全响应、全应用，推动公共资源高效调配、城市事件精准处置、城市治理全局协同的城市级智能治理平台，是海淀区立足首都“四个中心”“两区三平台”战略定位的重要抓手和龙头工程。

2018年1月，海淀城市大脑的建设构想首次提出。2018年8月，海淀区委、区政府通过了城市大脑建设方案。2018年10月，专班组成立，海淀城市大脑进入全面推动建设阶段。在建设过程中，海淀区坚持“跑出应用加速度”的目标，主张项目建设要进入“快车道”。城市大脑建设需要协调各方参与，需要投入大量人力物力，因此其作为“一把手工程”需要上级领导的大力支持。在海淀城市大脑建设的过程中，海淀区主要领导乃至北京市领导高度评价了海淀城市大脑的建设工作，将城市大脑建设作为工作要点，多次批示相关推进工作并亲自调度，为城市大脑建设工作提供了必要的支持。

（2）运行模式与结构

海淀城市大脑的总体管理体制可以被总结为四轮驱动。四轮驱动，指的是在城市大脑的建设和管理中，平台公司担任总包，产业联盟搭建资源池，研究院提供智库支持，专班组负责统筹各方。四方协同发力，又形成一个统一有序的整体。在此基础上，平台实现了三统筹：依托平台公司，组织各家公司进行建设统筹；依托区科信局、研究院和产业联盟进行技术统筹；专班代表区委、区政府依托成员单位进行业务统筹。在组织层面，城市大脑建设基于现实要求，采取了六大组织方式，即大尺度谋划、大范围统筹、大团队协同、大力度创新、大资金运作、大场景应用。在项目管理层面，坚持从需求申报到业务维护的全过程多元参与，实现跨部门协同、跨领域协同、跨机构协同。在方法机制验证层面，城市大脑建设基于四轮驱动的整体统筹协调，以需求调研—分析论证—场景封装—统招分签—建设运营为流程，确保实现智库有效参与、政府有效推动、社会有效协同的发展。

海淀城市大脑建设具有 4 项重要的管理机制创新。一是“创新合伙人”。海淀充分发挥组织优势和组织作用，通过管办分离、统分结合的建设机制，政产学研用多方结成创新合伙人。政府侧合伙人激励引导企业侧合伙人共同参与、共同构建城市大脑，形成政府、企业新型生产关系，畅通高科技企业在城市大脑场景应用的渠道，形成新技术新产品对城市大脑的硬支撑。创新合伙人面向城市大脑场景汇聚高科技产业生态；面向城市大脑建设与运营持续不断提供产品和技术资源；面向政府与企业、企业与企业的合作，缔结新型伙伴关系。以城市为孵化器，通过城市级场景助力产业发展与城市治理。二是“需求牵引、业务驱动”。在顶层设计指引下，各部门围绕问题和需求统筹开展建设，相互协作，形成共建局面，同时建立从业务场景到技术封装和数据共享的新路径，由业务部门牵头打破由技术部门技术主导的信息化路径依赖，实现业务场景驱动，统筹实现精细化和智慧化。三是“三融五跨”。为适应城市大脑全面统一、动态生长的要求，通过“技术融合、业务融合、数据融合，跨层级、跨街镇、跨系统、跨部门、跨业务”的工作方法，采取切实手段真正推动了协同发展。四是

“生命体”动态演进。通过将人工智能引入城市治理领域，使城市大脑实现感知、认识、分析、推演的持续循环，促进城市大脑持续地生长和演进。将互联网基因融入城市大脑，将技术体系构建成安全可演进的开放式平台，融合不断涌现的新技术、新算法、新应用，对未来不断演进的业务需求快速响应，以迭代式开发的思路对城市大脑持续升级。

海淀城市大脑按照“1+1+2+N”架构模式建设，即一张感知网、一个智能云平台、两个中心（大数据中心、AI 计算中心）、N 个创新应用，涵盖城市管理、公共安全、生态环保、智慧交通、智慧能源等领域，已汇聚 18 个市区部门数据，融合 79 家企业技术，创新 55 个场景应用。城市大脑以人工智能为核心，融合其他前沿技术，形成业务、数据、技术的融合发展、动态演进，为海淀城市治理体系和治理能力现代化提供可持续进化的科技支撑。在建设中，城市大脑搭建了城市大脑新型基础设施，主要包括以下 3 方面。

一是一张感知网。海淀城市大脑搭建了全区接入能力 500 万量级的统一平台，从城市安全运行领域有限空间、设施管理等 6 个场景入手，采集 2 万多条传感数据，融合多种网络。已接入近 2 万路视频信号，初步构建一张感知网络。实现有限空间安全监测、市政管线安全监测、城市消防设施安全监测、城市交通设施安全监测、城市市容设施安全监测、城市环境气候监测。最终，以发现即处置、处置即考核为目标，实现监测场景和管理系统的结合，为政府部门、公服企业等提供城市管理的全面感知、分析预警、人工智能辅助决策，形成从接警到多部门协同处置及事后评估的闭环。

二是一张图。2018 年采集建筑物 15.7 万余幢，建筑面积 1.8 亿平方米，摸清了底数，完善了海淀区既有建筑物基础信息数据库，为“城市大脑时空一张图”开展跨部门的数据协同应用奠定了房屋数据应用基础，实现了全区既有建筑物信息动态管理。实现了信息化监测手段，降低城管巡查成本；安全问题造成损失明显减少，城市管理成本明显降低；梳理管理职能，提高城市管理水平；智能化管理手段，提供城市管理可靠决策依据；创新城市管理新模式，提高城市管理的效率；提高经费使用效率，增强市民生活幸福感。

三是新一代城市智能运行调度平台（IOCC）。该平台整合了全区各职能部门系统数据资源，对智慧社区、事件告警、消防设施状态进行可视化监测，实现管辖区域内对“人、车、地、事、物”的全面监控，辅助管理者综合掌控全区安全态势。通过视频识别、接诉即办、大城管等方式发现问题，完成自动识别、分类、生成事件，在三维城市模型中形成事件预警，根据事件类别判断属于哪些委办局事件系统，并将消息自动推送到处置单位或是街道的相关系统。建成了一个海淀的“数据港”，率先在国内实现城市级多维异构数据的融合应用。通过对城市交通、生态环境、城市管理、公共安全、智慧能源等几大领域态势监测和事件感知，能够辅助管理者掌握城市运行整体情况和正在发生的城市事件。例如防汛模块，接入了气象局、水务局、物联网设备等相关数据，将视频会议、业务系统等功能进行整合，使领导调度更加灵活。为洪涝灾害的及时监测、预警、预报，以及决策会商和指挥工作提供了顺畅、快捷、稳定可靠的通道，节省了大量传统预警方式的人力物力，有效提升防御洪涝灾害的能力。重大活动安全保障模块，通过视频矩阵能够对重点场所或驻地周边实时轮询，来保障重点区域的安全。通过对道路运行态势、天气、人口、保障资源等情况的实时掌握，辅助工作人员对整体保障工作的研判指挥。通过视频接力AI识别功能，能够智能化地对车辆行驶轨迹进行自动切换，对重点车辆的出行进行全程保障关注。

（3）平台应用

①公共安全领域

海淀城市大脑已完成全区物联感知网络平台的搭建。该平台实现了监测场景和管理系统的结合，为政府部门、公服企业等提供城市管理的全面感知、分析预警、人工智能辅助决策，最终形成从接警到多部门协同处置及事后评估的闭环。

城市大脑视觉中枢建设完成。海淀区实现了公安网、视频专网双网部署，利用视频结构化能力接入传统高清视频设备并实现实时分析。与此同时，通过整合微卡口设备，将公安技战法引入城市治理，实现智能巡控、视频侦查、轨迹研判、落脚点分析，为治安巡控、打击办案提供技术支撑。

应急预防处置取得有效成果。城市大脑融合了公安、应急、消防、卫生、食品药品监管等业务数据资源，开展相关场景建设，提高公共安全事件预防处置能力。实现应急指挥的智能化调度，在接报环节采用语音识别、自然语义分析等 AI 技术，大胆探索应急预案结构化、信息接报智能化、应急预案指令化、处置过程共享化、资源调配可视化、现场情况实时化。实现突发事件处置全过程可追溯、60 秒接报响应、3 分钟事件传报的效果，确保协同指挥、有效调度、精准决策。实现覆盖全区 949 家重点单位消防的实时监测。实现消防 119 指挥调度与消防物联网间的数据联动，使发现问题、解决问题一体化，确保全区实现火灾防控和隐患处置的最优化。

智慧社区层面试点与应用。例如，某小区开展了全场景全要素的智慧社区应用示范试点，共部署了 18 种 2000 余个不同感知设备，包括智能烟感、电梯、智能井盖、安全用电、智能门禁、视频摄像头、液位监测、人脸识别等。改变了传统的智慧社区只停留在“多装摄像头”的片面观点，探索了人身安全、设备安全、应急管理等一些更丰富的场景。

②城市管理领域

渣土车治理取得突出成效。采用创新的“三融五跨”方式，协同指挥中心、城市管理委员会、住房和城乡建设委员会、生态环境局、城管执法局、交通支队、市交通执法六队等业务部门推动业务融合；聚集 14 家产业联盟成员，如百度、旷视、以萨等，包括算法公司、设备公司、集成公司等高科技企业，围绕识别分析、数据融合和执法监管展开科研，对重难点技术问题进行攻克，实现了针对渣土车治理的高端技术融合。渣土车治理已经取得初步成效，针对渣土车、大货车限行的数据录入率高达 70%，为非现场执法提供了有效的手段，实现了渣土车无资质、闯红灯、未苫盖、污号牌、挡号牌等行为的自动识别。

大城管系统初步实现城管事件的智能发现和自动化处置。该系统可以对全区 452 处城市管理问题高发点位进行自动研判分析，具体而言，可实现对店外经营、无照游商、堆物堆料、沿街晾晒、暴露垃圾、积存渣土等违法行为的自动完整处理过程，包括自动识别、自动立案、自动派转、自动核实、自动考核。

③城市交通领域

提升交通指挥中心治理效能。依托城市大脑数据及技术能力支持，交通指挥中心能够实时掌握交通状况，精准感知各类交通事件并准确分析相应原因，从而及时调整当前的交通运行状态。

提升非现场执法效能。增加“一键式”抓拍模块，12 秒抓拍自动生成违法记录。2018 年全年共抓拍各类交通违法 74 万笔，占全市全年总量的 51%。同时，运用“车脸识别”技术和视频结构化手段，实现对货车、渣土车违法的自动识别抓拍，共抓拍货车违法 3.8 万余次。

有效处理了违法停车问题。海淀区连续两年非现场抓拍的比例占全市的 50% 以上。交管局非常重视在城市大脑建设过程中设施、资源等实现共享。

④生态环保领域

实现了空气质量精细化监测预警。系统可查看海淀区 300 个大气监测微站点的实时数据，帮助准确掌握当前各街镇的空气质量，实现污染物动态溯源分析及态势分析，并形成溯责清单每日下发，指导各街镇联防联动、精准执法；PM2.5 精细化监管系统从 2015 年建成以来在蓝天保卫战中发挥巨大作用，海淀区连续五年 PM2.5 总降幅居城六区首位，从 2013 年的年均值 98 微克每立方米下降到 2020 年的 36 微克每立方米。

实现了河湖水质精细化监测预警。城市大脑赋能河湖水质监测，在海淀全区建设了 129 个监测站点，运用全球领先的光谱传感芯片技术，实时监测和污染溯源，可对温度、浊度、化学需氧量（COD）、水质光谱综合指数（QDI）等多项指标进行实时监测。每 10 分钟回传一次数据，有的监测点位可对 7 项水质指标进行检测，有的监测点位可对 11 项水质指标进行检测。从空间和时间上追溯排污点位，判断排污程度和排污时段，实现远程在线监控，将污染事件对水体造成的危害降到最低。

⑤智慧能源领域

从能源入手为城市治理提供有效支撑。北京市电力公司、海淀供电公司作为水、电、气、热等区域能源的主导建设方，以电力大数据结合城市数据建立典型应用场景，在风险预估、政府决策等方面提供支撑作用，其中，电力看经济、电力看复工复产复学、电力看生态、住宅群租监测、施工工地用能监测、住宅空置监测 6 个应用场景为城市治理、便民服务和经济发展发挥了重要的辅助决策作用。

2. 北京市城管综合执法大数据平台

（1）建设背景与历程

在探索城市治理新技术的应用方面，北京市城市管理综合行政执法局一直走在探索和创新的前列。2012 年 9 月，北京城管初步建成了集感知、分析、服务、指挥、监察五大功能为一体的物联网平台，在党的十八大前投入运行，是北京市第一批物联网应用示范项目。城管物联网平台以城市环境秩序和执法资源感知平台、云到端的基础支撑平台、综合应用平台三大平台为支撑，积极探索基于创新 2.0 的公共服务模式、感知数据驱动的高峰勤务模式和巡查即录入、巡查即监察工作模式三大智慧城管新模式。平台运行以来，在党的十八大、亚太经合组织领导人非正式会议、党的十九大、“一带一路”国际合作高峰论坛、中华人民共和国成立 70 周年纪念日等重大活动环境秩序保障工作中发挥了重要作用，同时也成为北京城管日常服务广大市民的一个重要窗口，推动了城市管理法治化、精细化、智能化、社会化。

在已经取得突出成绩的情况下，北京市的城市治理顶层设计又为城市管理新技术应用提出了更高的要求。近年来，北京市在城市治理中更加关注基层治理，强调要结合治理全局推动基层治理创新。2018 年提出了党建引领“街乡吹哨、部门报到”的工作重点，2019 年推行了“闻风而动、接诉即办”的改革，这都是对于基层实践创新的强调。相关改革实践中的难点痛点呼唤技术创新，既有的治理技术无法适应治理中产生的新要求。至今，北京市城管综合执法大数据平台的建设仍在持续，已经取得了较为完善的成果。

（2）运行模式与结构

北京市城管综合执法大数据平台的建设植根于北京市城市治理格局设计，其根本目的是服务于橄榄型城市综合管理现代城市治理结构。橄榄型城市综合管理现代城市治理结构来自对城市管理三维结构及其复杂性认识，基于对从定性到定量综合集成法在城市管理中的应用的充分把握，在实践中体现为从构建综合规划决策到专业运行服务管理再到综合执法监察的“两头收敛、激活中间”，其逻辑结构呈现出橄榄型。北京市城管综合执法大数据平台的整体建设逻辑是从建构综合规划决策到专业运行服务管理再到综合执法检查。其基础逻辑是通过“综合规划决策”和“综合执法监察”两个综合的牵引，以及面向创新 2.0 的众创共治生态营造，有力推动城市治理科学化、法治化、社会化、专业化、精细化，形成城市决策、执行、监督协力，政府、市场、社会共治的市域治理新局面。

在综合规划决策方面，城市规划决策作为城市管理的龙头及城市综合管理橄榄型城市治理结构的最前端，历来在城市管理中受到高度重视，因此被重点纳入大数据环境下的数据驱动转型工作中。大数据平台全面覆盖北京市各地区的多类数据，并通过有效的数据处理为综合决策提供了重要工具，在问题确认、问题分析、问题预判等方面提供了不同于以往依托个人经验的智慧方案。在专业运行服务管理方面，城市建设及运行服务管理随着城市的发展越来越得到重视，城市运行管理的新网络、新数据环境也为社会各方参与城市专业运营和科学管理提供了重要的支持。大数据平台将行业发展的专业规划、建设、运行服务与管理作为城市管理的主体部分，不仅在系统中实现对政府各部门参与的整合，而且在大数据系统应用中探索激活市场、社会各方主体广泛参与的新方式。在综合执法监察方面，随着对大数据环境下城市管理认识的进一步深化，特别是对城市管理执法监察二重性的认识，城管执法监察作为巡查执法的第一线、问题发现的最前端和管理的最末端，在城市管理服务转型中实际上扮演着至关重要的角色。大数据支撑下的城管执法监察不仅通过数据收集分析反馈前端支撑规划决策科学化，也是推动市场、社会、政府各方依法履责，推进依法治市，推动市场、社会各方广泛参与城市专业运行服务管理的重要抓手。大数据平台重视结合三方力量，即城管综合执法及相关综合执法巡查监察力量、网格巡查员及协管员等辅助巡查监察力量和广大的社会监督力量。在实践中，大数据平台也在尝试如何实现三方力量在系统中的互补与弥合。

北京市城管综合执法大数据平台所依托的理论模型是GBCP模型。这一模型围绕公共产品（P）的提供，充分考虑政府（G）、公共服务企业（B）、公众

（C）3个角色，以P为内点，以G、B、C为外点构成和谐三角，反映了城市生命体复杂的动态和谐。在综合执法大数据平台的建设实践中，G、B、C围绕P推进协同治理，既是城市综合管理的主体，也是执法监管的对象。G要充分落实综合执法全链条相关政府部门的权责清单、数据共享与业务协同。B应充分考虑机关、企事业单位（企业法人、其他机构法人、非法人组织）及其社会群落（各类产业园区、城市综合体、写字楼等各类运营场所及运营实体等相关主体）。C应充分考虑市民（居民、常住人口、流动人口等）及其社区群落（社区、居住小区、社团及各相关服务管理主体）。P要对综合执法涉及的各类公共设施与生态环境公共空间、社会生产空间、社区生活空间等相关执法事项数据进行梳理，要厘清几类数据类别及其与整体数据库构建的关系，确保数据来源的一致性和准确性。综合执法监管对象不仅是传统城市管理的公共空间相关运行参与主体，也包括社会空间及其社会群落、社区空间及其社区群落，各类执法检查对象及场所涉及B、C、P三个方面，执法检查涉及的各类责任主体主要涉及G、B、C三个方面，执法检查事项则是P所对应的执法职权，在运行过程中不断完善G、B、C、P对应的执法监管相关主体数据模型，建立数据共享、对比、分析、协同机制。①

（3）平台应用

北京市城管综合执法大数据平台的具体应用基于执法监察一体化架构，源于集物联感知、大数据分析、公共服务、指挥调度、巡查监察五大功能于一体的物联网平台，助力推动“五位一体”智慧城管内涵的进一步拓展演进。

一是物联感知方面。综合执法大数据平台不只是对城市环境秩序问题和城管执法资源数据进行感知和监测，而是实现城市管理综合执法业务流程再造和

① 王连峰、宋刚、张楠等：《面向智慧城市治理的数据模型建构》，《城市发展研究》2021年第3期。

管理重塑，基于大数据平台的进一步完善，推动综合执法业务数字化转型的完成，产生实时、多样、海量的执法业务数据和多种业务场景下的全量及统计数据，同时充分借助市场和社会资源，有效整合了各类审批监管数据、遥感数据、社会感知数据、视频智能识别采集等物联感知数据，进一步提升了综合执法数据的广度、深度和敏感度，实现对各类基层治理与城市问题的更深入全面的感知。

二是大数据分析方面。城管物联网平台对高发时间、高发地点、高发违法形态的城管执法“三高数据”分析演变为对综合执法跨领域、跨部门的数据分析，当前正在进一步探索汇聚融合政府和社会数据资源，并已经实现面向城市问题进行综合对比分析。此外，大数据系统的应用正在不断完善依托综合执法大数据平台所建立的不同业务场景应用的数据分析模型，推进多业务维度、跨专业领域的智能数据分析功能，强调要实现分析评价更加科学精准，更能突出问题成因分析，更能实现发展趋势预测，更能做到警示信息提醒，更能协助精准施策。

三是公共服务方面。以 96310 城管热线为核心的城管公共服务平台拓展为以市 12345 市民服务热线为牵引的“我爱北京”公共服务平台。结合“吹哨报到”“接诉即办”等改革要求，进一步完善“我爱北京”公共服务平台，强化市民互动、服务社会与公众参与，推动综合执法基础数据、执法数据的共享和开放，强化联合惩戒和信用体系建设，基于政务维基、开放数据等多种方式畅通市民志愿参与和社会监督渠道，充分整合市场资源、激活社会力量。同时，更加注重与市政务服务局等相关政府部门的协同服务提供，以综合执法为牵引推进政府、市场、社会各方参与城市管理公共服务的协同提供，推进社会各方积极参与城市众创共治。

四是指挥调度方面。从城管综合执法系统的指挥调度到支撑基层治理改革后综合执法队伍以及跨层级、跨部门的联合执法指挥调度。综合执法大数据平台将按照“吹哨报到”、“接诉即办”、综合执法改革的要求，构建从常态运行调度到扁平化应急指挥的一体化指挥体系，通过基于大数据支撑的上下联动、横向协同的联勤指挥调度支撑市区街三级综合执法平台在跨层级、跨部门的协同处置，全面支撑城市治理从“自上而下、压力导向”的科层任务驱动向“自下而上、需求导向”的解决问题驱动转变，重点在赋能街乡、服务基层、联勤联动、执法增效上下功夫。

五是巡查监察方面。从围绕城管事项的综合监管拓展为围绕城市问题的综合监管。更加注重依法治理、系统治理、源头治理，坚持以人民为中心，以12345市民服务热线反映需求为重点，动态梳理综合执法各相关部门权责清单，按照权责清单和重塑的执法流程开展巡查检查，同时整合政府各专业执法部门巡查监察力量及网格城管监督员、社管员等各类兼职、辅助巡查检查力量，以及社会巡查检查力量和社会监督资源，推动构建专兼结合、政府与社会协同的综合巡查监察数字化体系，督促政府、市场、社会各方依法履责，不断提升城市环境质量和人民群众满意度[①]。

在实践中，综合执法大数据平台不仅关注大数据处理中央系统的发展，而且不断进行大数据末端系统发展的探索。综合执法大数据平台基于数据模型及数据体系构建的创新性探索，不断加强执法城管通移动巡查App建设，此App在新冠疫情期间的疫情防控、燃气安全、垃圾分类“三类场所”执法检查中起到了不可忽视的支撑作用。

相比而言，“我爱北京”市民城管通App的建设则进一步依托大数据平台，以燃气安全用户自检自查为突破，积极探索落实“四方责任”，构建企业

① 北京城管科技信息动态编辑部：《综合执法大数据平台建设背景下的五位一体智慧城管建设》，《北京城管科技信息动态》2020年第2期。

专业管理、政府行业监管、综合执法及社会各方参与的多方协同履责机制。其中，西城区的“共治码”试点是一个典型的例子，“共治码”的二维码脱胎于城市码，该试点通过对临街商铺等管理对象进行标准化编码并安装二维码标牌，对于商户自治、政企共治、社会参与、执法监管之间的良性互动进行了有效尝试。

建立和完善城市治理数据模型及其数据体系以及城市码体系一方面为综合执法工作提供数据支持服务，推动了专兼结合、政府与社会协同的巡查监察数字化体系建设，另一方面也为综合执法改革、城市治理变革提供支持，推动构建综合规划决策和综合管理监督“两个综合”的现代橄榄型城市治理结构，为城市法治、共治、精治提供关键的数据支撑。

3. 北京 12345 接诉即办朝阳分中心平台

（1）建设背景与历程

北京市 12345 市民热线接诉即办的历史可以追溯至 1987 年。1987 年，北京市设立“市长电话”，设有 1 条线路、3 名接线员。2000 年，成立北京市人民政府便民电话中心，拥有 10 个人工坐席、50 条声讯服务专线。2007 年，升级为北京市非紧急救助服务中心，加挂北京市人民政府便民电话中心的牌子。2012 年，市政府再次对 12345 进行升级，建设北京市非紧急救助服务综合受理调度平台，开通了互联网和微博坐席。2018 年，北京市将民政、卫生、环保等热线整合进 12345 热线。2019 年，北京市人民政府便民电话中心更名为北京市市民热线服务中心，10 月开通企业热线功能。2020 年，北京 12345 热线已整合 16 个区、36 个部门共计 52 条政务服务便民热线，其中包括 12315 市场监管热线等[①]。

① 蒲长廷：《市民服务热线 12345 的数字内涵——北京市社会诉求处理机制综述》，《北京青年报》2021 年第 4 期。

北京12345接诉即办朝阳分中心平台的发展则可以上溯至2006年。2006年1月，朝阳区数字化城市管理系统平台上线运行。2012年1月，朝阳区数字化城市管理系统平台更名为朝阳区全模式社区服务管理系统平台，平台性质从关注管理变为管理与服务并重。2018年5月，朝阳区舆情监测系统与政民互动系统实现对接，城市治理智慧化平台进一步完善。接诉即办的前身来自2018年的“街乡吹哨、部门报到”，2021年3月部门演变为朝阳区城市管理指挥中心后，接诉即办大数据平台进入了正式研发过程。2021年5月，大数据平台的核心系统上线。

（2）运行模式与结构

北京12345接诉即办朝阳分中心的大数据平台具有两重面向，即“接”和“办”，这意味着事务办理必须同时满足3方面的要求：派单下去要有结果，诉求人要能等到“回音”，12345要能通过系统了解办理情况。在实践中，这体现为“双反馈”机制。2019年3月以后，全市接诉即办开始实行“双反馈”，即承办单位要将诉求办理情况及时向来电人反馈，同时也要向12345反馈，形成“双反馈”。市民和12345热线共同担任“阅卷人”。这对传统治理技术提出了较高的挑战，而12345接诉即办朝阳分中心的大数据平台能够有效应对这一挑战。

北京12345接诉即办朝阳分中心的大数据平台分为两网融合、工单流水、签派、办理、审核、回访、考核7个主要部分，以12345热线为核心，关注12345的传统市民服务方式同大数据方式相结合。任何一个工单都会在大数据平台被分解为来电人信息、反映的问题、区级流转信息等几个部分，同时大数据平台中的诉求信息被精确归类，标注问题分类、响应等级、意见等。在12345接诉即办朝阳分中心，每一个12345工单都会在大数据的支持下被迅速同时导向3个方面，实现有效的“双反馈”。在派单结果方面，每一个工单都会通过大数据系统分析与接办者经验相结合的方式被精确厘清事项处理的权责关系，并随后发往相应的具体承办部门，在这一过程中，街道地区和委办局部门能够被精确赋予对应其职权范围的工作，并在大数据系统的追踪下监督其具体处理工作。在诉求人回应方面，大数据系统能够追踪每一项工单，快速响应、快速解决和提供满意的相关数据，监督执行部门对诉求人做具体回应。在12345系统整合方面，大数据平台不仅能整理工单响应率、解决率和满意率以供相应部门绩效评估，也能够有效分类各类不同工单问题，迅速统计出热点问题，对重点问题集中关注，能够在对不同工单的统一分析中确定可能的群体性事件和不稳定事件，并在特殊情况下提出预警。在应对特殊事件中，大数据系统也能有效分析并整合出事件发展脉络，找到问题解决关键，既能够在当下实现民众满意的高效诉求处理，也能够为此后相应的诉求处理留下宝贵经验。

在大数据平台之外，北京市12345朝阳分中心内部划分为8个组，即舆情组、协调组、分析组、质检组、签派组、反馈组、回访组和倒班组。8个组紧紧围绕大数据平台展开具体工作，通过大数据平台实现接诉即办的全过程对接。此外，大数据平台也与上级领导部门双向对接。在自下而上方面，12345朝阳分中心利用大数据平台整理信息形成的各类日报、周报、月报，为决策提供充分信息；在自上而下方面，上级部门能够利用大数据系统直接下达某些处理意见，保证了决策执行系统的高效运转。

（3）平台应用

北京12345朝阳分中心的大数据平台应用覆盖城市治理的各个方面，以市民诉求为导向，以民众满意为要求，在大数据的支持下强化了接诉即办快速响应体系的效率和准确性，理顺了城市治理中政府、居民、企业和其他社会力量的各方关系。在此基础上，居民满意度大大提升。2021年前10个月，朝阳区受理12345群众诉求63万余件，其中，街乡受理32万余件，委办局受理31万余件；2021年10月份，群众诉求办理解决率、满意率分别达

82.38%、89.31%[①]。

大数据平台的接诉即办数据已经实现了与绩效评估、企业监督相结合。大数据平台通过对居民诉求的追踪，具体统计出了工单办理的响应率、解决率和满意率，并对这些数据进行分类，既能追踪到具体部门的相应办理绩效，又能监督相应企业的问题发生率和处理率，有效实现了管理和监督精确化。这样既能够避免有关部门和企业的推诿，也能够保证处理有痕迹、有依据，提高了相应部门和企业对市民诉求的关注度。此外，大数据平台在数据处理中充分发挥优势，在数据集中的基础上将绩效考评细化。

大数据平台与居民对接日渐紧密。截至 2021 年 7 月，北京市网上 12345 累计开通包含微信、微博、网站、App 在内的 16 个平台，仅 2021 年上半年就受理网民诉求超 655124 件，热线服务从“耳畔”延伸到“指尖”。这些网络渠道精准触达，线上线下协同办理，12345 网上接诉即办工作体系网越织越密，为 12345 朝阳分中心的大数据平台提供了海量的数据来源。在实践中，正在探索如何将网络渠道的信息更好整合进北京 12345 接诉即办朝阳分中心的大数据平台，实现提出诉求便利化和诉求处理便利化的同步。在未来，更多新渠道和技术必然实现同北京 12345 接诉即办朝阳分中心的大数据平台的结合，让民众拥有更高的获得感。

大数据平台为朝阳区全国性诉求的处理提供抓手。朝阳区内部环境较为复杂，各类城市治理对象规模繁杂，这为城市治理带来了巨大困难，而大数据系统对精确治理提供了有效帮助。对 12345 朝阳分中心而言，其面临的 12345 市民诉求可分为两类：地方性诉求和全国性诉求。地方性诉求，即朝阳区居民对发生于朝阳区的相应问题产生诉求，此类问题通常发生在市政、产权、社会保障

① 《北京朝阳：“接诉即办”办出民生温度》，《民生周刊》2021 年 11 月 23 日。

等领域，这些诉求通常影响范围较小，在大数据系统中往往被直接发往相应部门进行处理。全国性诉求具有高度特殊性。朝阳区聚集了众多大中型企业的总部，一旦相应企业出现问题，影响范围可能波及全国多个地区。由于12345机制已经在实践中深入民心，因此全国范围内的相应利益受损者往往会选择直接向企业总部所在地的12345提出诉求，而朝阳区则承担了接收并处理这些诉求的责任。在实践中，大数据平台能够有效整合全国性诉求，通过诉求数、诉求主体分布等判断是否出现了全国性的群体性诉求，在此基础上调整响应等级，并根据具体情况上报领导部门。基于大数据系统对诉求严重性的判断，本部门或上级部门可能针对严重问题建立相应事件专案组，在大数据的帮助下确定需要协同处理问题的部门、企业和其他社会力量，确定提出诉求的主体的统一特征。在此基础上，大数据系统能够为正确处理全国性诉求提供决策支持，协助专案组集中有效且具有针对性的人力物力，协助多部门、多领域协同推进问题解决。这种大数据协同全国性诉求处理的方式，能够通过快速反应和主动公开回应迅速降低可能产生的大规模负面舆情，也能够通过问题的解决保障全国范围内诉求者的正当权益，提升人民满意度，推动正面舆情的产生。这既有利于实现为人民服务的基本要求，也能够有效促进社会稳定，增强人民对政府的信任。

（三）北京市大数据赋能公共治理的经验和启示

1. 领导高度重视，提供关键保障

北京市大数据赋能公共治理探索进程中取得的成果，与北京市各级党政领导的高度重视密不可分。作为一项全局性、总体性工程，公共治理的大数据应用需要协调部门关系，建立统一指挥，调动各方优势，集中必要资源，这都使主要领导的支持成为不可或缺的关键要素。在北京市的实践中，主要领导支持发挥的积极作用主要包括以下方面。第一，主要领导高度重视建设工作，为大数据平台建设提供了资源整合支持。大数据平台的建设需要大量

资金，需要联通各部门之间的信息网络，主要领导的支持在克服相关困难的过程中发挥着最关键的作用。例如，海淀区领导高度关注大数据平台建设的资金要求，在资金投入、决策支持方面为大数据平台提供了关键保障。第二，主要领导高度重视大数据赋能公共治理的应用与推广工作。只有大胆将技术应用于实践，大数据才能真正发挥其关键效能，主要领导的支持有助于大数据平台形成示范。例如，北京市委书记会对12345接诉即办平台反映出来的问题、主要工作、排名进行月度点评，点评细化到乡镇街道；北京市相关领导多次视察海淀城市大脑建设工作并肯定经验做法，这都为北京市公共治理大数据平台带来了更广阔的推广应用空间。第三，主要领导持续关注并支持大数据平台建设，为大数据平台持续发展、升级迭代提供重要动力。大数据平台投入大，技术迭代快，需要持续性投入大量资源，如果缺乏主要领导支持会导致大数据平台无法实现长效发展与更新换代，还会造成资源浪费。近几年，海淀区政府工作报告都将城市大脑建设置于关键位置，北京市各级领导近年来持续肯定北京市各类公共治理大数据平台的建设工作，不仅为大数据平台的维护与发展提供了持续支持，更为大数据赋能公共治理带来了关键保障。在北京，大数据平台建设不仅是公共工程、民生工程，还是政治工程，高位推动是重要前提和保障。

2. 发挥城市优势，提供有效支撑

大数据平台赋能公共治理的实践进程中，因地制宜是实现高效发展的关键。只有充分结合地方特点、发挥地方优势，大数据平台才能真正为城市治理提供有力支持。北京市充分发挥城市优势，有效利用北京既有的独特资源，不仅实现了大数据平台的高效发展，还有力推动了大数据平台与善治结合、与民众结合。北京作为首都，其城市优势与其首都性质密不可分，在公共治理大数据平台中体现为以下3个方面。第一，北京市集中了若干高校与头部技术企业，具有其他城市无可比拟的科技优势，为大数据平台的建设与发展提供了关键的智力支持。在实践中，以海淀城市大脑为代表的若干大数据平台积极利用北京市丰富的智力资源，大大提高了大数据平台的技术水平。科技企业、高校专家、智库等为北京各类大数据平台建设提供了长期智力支撑，有些平台与高校相关教授专家团队有长年的交流合作基础；各类平台也相对开放，欢迎专家学者调研交流、合作，通过多种形式的交流合作，一定程度上可以为大数据平台建设提供优化建议。第二，北京市经济发达，部分地区财政相对充裕，具有显著的资金优势。大数据平台的建设需要持续投入，不断迭代升级，大胆探索创新，只有敢于且能够投入、敢于且能够面对风险的地方政府才能在发展中抢占先机，获得优异成果。第三，北京市作为首都，政治氛围浓厚，各方利益要求突出，市民参与意愿高、参与能力强、参与渠道广，能够形成有效的制约机制，推动公共治理大数据平台在法治化、服务化方向实现可靠发展。以海淀区为例，海淀区拥有为数众多的相对强势、知识丰富、参与意愿高涨的人大代表、学校教师与学生，形成了有力的社会监督力量，不仅确保了政府在大数据赋能公共治理进程中坚持法治化、服务化道路，还能为大数据赋能公共治理的具体政策提供长效监督环境。

3. 各级管理人员发挥能动性，提供探索动力

大数据赋能公共治理既需要高质量的顶层设计，也需要各级管理人员发挥能动性。各职能部门业务不同，面对的场景和要处理的问题差异大，对数据平台功能要求不尽相同，其他部门、地区的系统和经验不一定通用，各职能部门需要善于思考，敢想、敢干，探索建立符合自己部门业务需求的大数据平台。在北京实践中，各级管理人员大多具有较高主动性，能动性强，善于把握问题细节，敢于尝试新生事物，有效地将技术发展同实践要求相结合，将智力资源同未来发展相结合。具体来看，各级管理人员的能动性主要体现在 4 个方面。

一是思考利用大数据提升内部治理效能，用新技术解决旧问题。例如，北京市城管执法局将传统人工操作流程改变为智慧化流程，有效杜绝了传统执法记录不规范，数据缺失，无法体现执法人员具体工作数量、工作质量、工作效果等问题；同时，还特别注重挖掘数据内涵，科学设计指标，让数据更科学、精确、合理地体现工作人员的工作成效；此外，大数据系统实现了现场执法自动填单，能够自动显示执法依据，大大减少了城管执法矛盾。

二是思考主动解决问题，用新技术解决新问题。例如，北京市 12345 不仅关注解决问题，还积极利用大数据平台举一反三、预判问题，主动帮助企业、居民解决问题，以点切入化解、防范面的问题，有效提升了治理效能。12345 平台“举一反三”机制于 2019 年 4 月区委书记月度工作点评会上正式提出，落实效果明显。例如，朝阳 12345 平台基于大数据平台反映内容，确定了诉求较为集中的领域，如物业管理领域，之后主动与物业母公司接触，要求其整体性整改，并基于数据信息提出解决建议。接到居民投诉物业问题后，海淀区学院路街道通过大排查，找到 9 个问题最为严重的物业失管或管理混乱的社区。街道牵头成立居民事务应急服务队，为居民提供物业方面的托底服务。居民原本投诉的是一个“点”，街道却顺藤摸瓜解决了一个“面”。

三是思考长远发展，用新技术思考新方向。在实践中，北京市各部门之间对数据共享已经具有普遍共识，且均已积极推进数据入云入网、共享。同时，各部门旧有系统并不完全废除造成浪费，而是尽可能迭代升级，纳入新系统，如朝阳 12345 两网融合，有效融合了网格化管理平台与接诉即办平台，在新技术的基础上寻找到了发展新方向。

四是治理思维活跃，善于借助各方优势提升治理效能。例如，北京市各公共治理大数据平台都比较支持各类研究机构的调研参观，在调研讨论中善于倾听专家学者的意见，表达了借助智力资源的积极意愿，并愿意把吸收意见作为下一步工作重点，或者联合开展研究。

4. 敢于用数据平台驱动体制机制创新

新技术的发展，要求相适应的新体制机制。在大数据赋能公共治理的实践中，北京市积极探索体制机制创新路径，力图理顺管理体制机制，在充分利用大数据技术的要求下实现权责合一、统一高效、沟通流畅、灵活易调的新管理体制，既推动大数据平台发展完善，又促进大数据技术应用落到实处。在北京市的相关探索中，海淀城市大脑的体制机制创新具有代表性。在实践中，海淀城市大脑一改以往传统体制下的条线部门工作模式，建立了“事业部”，即海淀城市大脑专班。海淀城市大脑专班开辟了专门办公区，办公区中既有十多名传统行政部门人员，即业务需求部门，也有数名来自各方的科研人员，即技术支持团队，保证了需求方与技术支持方的快速对接、快速反应。平台功能新增过程中，海淀城市大脑大数据平台逐渐推动了城市管理体制的变化。城市大脑平台建设由全区统一管理，各职能部门根据职能申报新模块，审核通过的准许开发、加入平台，传统条线部门 + 属地的条块管理模式，正变为条线部门 + 大数据平台 + 属地的新条块管理模式，为城市管理体制的未来发展进行了先行探索与实践。从总体上来看，海淀城市大脑的体制机制创新既有效提升了工作能力，实现了管理体制集中与高效的结合，又让城市大脑能够迅速适应新要求，产生新变化，有效实现了灵活性与协调性的充分结合。

5. 提高自由度，为创新提供宽松氛围

大数据赋能公共治理的实践是创新性、探索性工作，成功与失败都可能出现，实现创新不仅需要实践者个人敢于创新，更要建立良好的创新氛围，充分调动多方积极性，群策群力，让公共治理大数据平台紧贴实践要求、紧扣关键要求、紧跟发展要求，使大数据平台真正应用到实处，在实践中有效提升城市治理效能。当前，北京市高度关注大数据赋能公共治理的实践创新，力图打造积极、开放、包容、实干的创新氛围。

第一，北京市在实践中鼓励各区、各职能单位根据自身业务以及资源优势进行充分探索，主张百花齐放，不等到万事俱备再行动，而是边干边想、边想边干，尽量不做统一的刚性规定，等到创新初见效果时再做总结、对比、推广。一定程度上，对个别走弯路、失败的情况给予了包容。对已见效创新的推广也并非强制推广，而是更关注自主性、特殊性，尊重各职能部门的自发创新。例如，海淀区建立了海淀城市大脑，形成了城市大脑建设的海淀模式，取得了积极成效。

第二，北京市在实践中鼓励多种形式的创新，在不同平台的创新探索中充分赋权。虽然上级部门具有统一的规划要求，但在以 12345 为代表的具体平台建设中，地方实际上也具有充分自主权，例如，自主选择平台开发单位，自主设计功能模块，等。这种做法，使地方能够充分发挥独特优势，解决独特问题，探索独特机制，既提升了所在地区、所在单位的大数据治理效能，又为北京市大数据赋能公共治理提供了充分而丰富的经验资源，为日后进一步发展打下了良好基础。

（四）北京市推动大数据赋能公共治理未来重点方向

1. 进一步打破各职能部门数据共享存在的壁垒

当前，北京市大数据共享协同性仍有进一步发展的空间。在公共治理议题下，大数据平台应当实现高度多样化数据的高度集中，其基础是高度的数据共享。因各部门智能化升级迭代过程进度不一，北京市各政府部门大数据平台的数据还需要进一步对接、整合，在既有成就下，一些“数据壁垒”有待进一步打破。首先，可以进一步打破共享意愿壁垒，提升由于本部门资源投入而降低的共享积极性，在既有数据共享意愿的基础上建立有效的数据共享制度，对投入大的部门可以探索建立数据共享补偿机制。其次，通过尽可能的统一标准打破数据共享壁垒。北京市作为超大城市，其城市治理数据具有高度复杂性。各部门数据类型、标准、统计口径多样，时效性不一，未来可以在市级做整体规划，明确城市治理数据类型，对数据更新周期、数据标准等做统筹考虑，便于统一接入大数据云平台，让一家数据多家用，一次调查最大程度利用。概括而言，未来提升公共治理大数据技术应用效能既需要建立具有足够约束力的数据共享制度，提升各部门共享意愿，也需要确定统一且科学的数据收集与共享标准，提升共享能力。

2. 进一步提升数据质量，以适配新型大数据平台

现代化的城市治理需要数据支撑，作为公共治理技术前沿的大数据手段更需要高质量的数据支撑。我国长期以来积累了宝贵的公共治理数据资源，但传统数据质量尚待提升、数据适配性不足，是当前大数据治理进一步深化所面临的重要难题。数据质量尚待提升，其基本原因包括：第一，传统数据收集的路径依赖影响当前的数据收集工作，一定程度上不利于相应工作的开展。第二，当前大数据收集尚未建立完善的机制体系，也未积累足够的收集经验。第三，当前大数据收集工作往往集中在政府机关，而其他各方在大数据收集和维护工作中往往居于非主动的一侧。

未来要从 3 个方面做工作。第一，进一步提升数据精细化程度。大数据应当精确到人、精确到点、精确到事，改变传统数据仍停留于“片”“面”的粗枝大叶状况，避免大数据应用“看不到”“看不清”“看不全”。第二，进一步提升数据精确化水平。通过建立多类型的数据网络，如通过地理信息系统等技术实现不同类型数据在系统内的重叠，并将重叠后的数据投射于辖区地图上，形成数字孪生城市。同时考虑通过摄像头、社区数据采集等形成实时数据、动态数据，让数字孪生城市活起来。第三，进一步提升数据类型与大数据精细化治理的匹配度。政府部门要创新数据收集方法和理念，在大数据发展的基点上重新

积累数据收集经验，将重点放在新型城市治理所依托的大数据平台需要的数据类型之上，也就是收集新型平台需要的、能用的、有用的数据。创新数据收集方式，需要充分发挥政府、市场和社会作用，形成多元参与的数据收集、维护体系，例如，让用户参与数据库中既有数据的纠错工作，通过合理补偿方式获得平台企业相关数据，收集市民拍照、点评信息，星星之火，可以燎原，让每一台设备、每一位公民都能为公共治理贡献数据。

3. 进一步推动不同平台之间的集成、融合

城市治理现代化过程中，各部门进度不一。北京公共治理不同职能部门纷纷建立各自的大数据平台，并持续推进大数据平台的更新换代。这有利于不同区域和部门因地制宜、精准施策，但也在一些情况下降低了既有资源利用效率，不利于高效发展。例如，前文提到的 3 个大数据平台各具侧重点，但实际上无论是数据来源、数据类型还是数据应用都具有一定重复性，不利于进一步实现资源节约和效率提升。例如，3 个大数据平台都关注违章停车问题，海淀城市大脑与城管综合执法大数据平台同样都接入了地区内的各类摄像头，也同样搭建了违章停车的识别系统，12345 朝阳分中心虽然以居民诉求为导向，但也可以通过市民诉求处理违章停车问题，不同系统功能存在一定重合。海淀城市大脑和城管综合执法大数据平台不强调民众的有效参与，可能导致治理灵活性不足的问题。12345 接诉即办平台是以传统电话反映情况为基础的，在双向反馈功能上可以进一步提升，即一方面将接诉即办平台线索反映人反映的数据融合到其他类型的大数据平台中，另一方面将其他类型的大数据平台数据（如现场图片等）传给接诉即办平台，传给工单接收、处置单位，实现电话网络、物联网络、行政网络三网数据共享，公民、政府多方协同。未来各职能部门大数据平台建设使用积累足够经验之后，在市级层面要考虑大数据平台建设的统一性、融合性，避免重复建设、平台孤立等问题。

4. 进一步提升平台辅助决策效用

大数据平台不能独立行使城市治理职能，必须与城市治理的决策机制相结合。北京市各个大数据平台均强调了实践导向，并在功能设计中将辅助决策的若干功能置于关键地位。例如，北京市各个大数据平台都包括历史数据整理、高发问题统计、舆情和群体性事件监测等功能，这些功能已经足以满足当前北京市城市治理的许多需求，但是在辅助决策方面仍然具有提升空间。未来要进一步提升大数据平台辅助决策的能力，具体可以从 3 个方面入手：第一，形成统计分析专报制度。例如，北京 12345 接诉即办平台已经形成了较为完善的日报、周报、月报信息，成为市委、市政府工作的重要辅助。其他类型的平台也要考虑固定期形成综合分析专报，上报有关领导，成为其决策依据。第二，按数据模块形成专报。除综合数据专报外，不同功能模块的数据也可以形成专报，流转到相应的职能部门，如公安、城管、生态环境等部门，为职能部门预警、决策提供数据支持。第三，各级领导和各部门要转变观念，充分利用大数据平台的数据及分析结果，改变传统经验式治理理念，让数据成为重要决策依据。这就要求各级领导和部门相关人员加强新技术手段学习和数据分析学习，看得懂大数据，看得出真问题。

5. 进一步优化大数据平台算法

城市发展是动态演进的，这要求大数据平台必须与时俱进。对于大数据平台而言，实现与时俱进的关键在于算法。算法能否有效利用收集到的数据、算法能够在何种程度上反映现实、算法能够对决策和执行产生怎样的积极影响是设计城市治理大数据平台算法的基本依据。实践中，大数据平台算法仍存在一定优化提升空间，未来需要在优化算法上做文章。首先，借鉴创新，学习国内外先进企业理念和最新研究成果，优化机器学习模式，提升 AI 自主学习、深度学习能力。其次，优化社会情境分析算法。社会事件与自然事件不同，并不一定都可以量化，要进一步提升对表达情绪的文字、图片、符号等数据的分析能力，准确捕捉社会心态、情绪。再次，加大研究投入。政府与企业合作，既要使用企业已有的技术成果，也要助推新技术成果产生，可以通过引入高校、行业专家的方式，催化新思维新算法产生。最后，吸纳多元创新主体参与。完善的激励机制，可以与高校、技术企业合作，委托研发、订单合作，也可以使用市场招聘方式吸收专业技术人员。政府人员不仅要懂管理，还要了解掌握大数据技术知识。

6. 进一步推动地方立法和信息保护

为大数据立法，能够使整个数据产业在法律保障下健康有序发展，在保障公民、组织合法权益的同时也能极大地开发、激发数据的利用和交换价值，最大程度避免可能产生的冲突，提升公共治理的可持续性。因此，必须进一步加强大数据立法的相关工作。国家层面尚未出台统一、专门的国家大数据法律，在大数据立法方面，一些地方如贵州、广东、安徽等已经先行一步。北京市作为国家首都，可以探索大数据立法先行，尽快启动对数据和数据资产保护立法工作，尤其是必须尽快启动公共治理领域的大数据立法相关工作。立法工作可结合实践先行梳理，在厘清当前实践现状和问题的基础上，充分沟通各方，在立法程序中实现有效的协商，同时争取国家层面授权，并积极借鉴外省市经验做法，按照平衡好数据利用与数据保护总体原则，重点围绕明确数据权属主体资格；确立数据采集法律制度；明确数据存储主体的权利、义务和责任等，保障数据产权、数据流通、数据安全、数据应用等合法有序进行。要明确对公共数据的保护怎么做，应当确立数据利用、保护先行原则，按“保护—合理利用—交换—共享”的发展思路推动大数据行业和产业健康有序发展，在维护的基础上有序打破“数据壁垒”。要界定好数据和数据资产保护范围，实现全面保护，应当通过立法确立数据分类分级保护制度，结合数据、信息的类型和性质分别处理。要重视对社会数据的保护，应坚持由政府或者代表政府的国资国企拥有数据和数据资产所有权原则。与此同时，还应当注重促进数据开发利用及数据安全等问题。要注意做好与《中华人民共和国民法典》《中华人民共和国个人信息保护法》《中华人民共和国数据安全法》等法律的衔接工作。在此基础上，要建立长效的公共数据争议审核工作机制，坚持与法律同步、与实践同行的原则，实现争议审核中政府与社会协同发力，达到处理可问责、信息可复查、争议可追溯的工作要求。

在实践中，还应切实保护公共数据安全。这要求建立多方联动、科学可靠、互证高效、监督有序的公共数据安全保护机制。公共数据安全保护机制必须建立在法律基础之上，同时既确保数据安全得到有效维护，又确保数据应用体系流畅运行。在未来的探索中，可以吸取全国相关地区的先进经验，从以下几个方面入手尝试进一步探索。第一，在电子政务云、政务外网、公共数据、运维等领域要落实安全动态管理。一方面，应当构建北京市全市统筹的安全监测体系和协同联动机制，打造出口统一监控、分级管理、流程闭环、智能分析、可视决策的一体化运维能力；另一方面，在电子政务云和政务外网等业务系统中引入第三方评估机构，从服务绩效、安全监管、计量计费、服务响应等方面，加强对运营商的监管，并对云上业务单位资源利用情况进行评估，提高建设运营能力和服务管理水平。第二，应当落实公共数据安全分级管理机制。在未来发展中，必须坚持数据分类分级开放、特殊数据特殊对待的原则。涉及商业秘密、个人隐私或法律法规规定不得开放的公共数据，列为非开放数据；数据安全和处理能力要求较高、时效性较强或者需要持续获取的公共数据，实行有条件开放；其他公共数据无条件开放。与此结合，应当同时推进数据安全分级管理，根据公共数据遭篡改、破坏、泄露或非法利用后可能对自然人、法人以及社会秩序、公共利益和国家安全带来的潜在影响，将公共数据分为一级、二级、三级和四级（属于重要数据定义的公共数据应不低于三级），等级越高，安全管理越严格。第三，必须建立健全安全运营监管机制。在未来发展中，必须借助大数据技术优势，对安全运营实行自动化、科学化的监管。在实践中，可以通过统一账号授权、设置数据水印（将标记信息嵌入，实现数据溯源）、脱敏、加密、日志审计等多种手段，实现数据归集、传输、处理、存储、共享、开放的全生命周期数据安全管控。

7. 进一步推动大数据平台更好地与市民需求结合

北京市作为超大城市，其公共治理大数据种类繁杂、规模巨大，易于产生偏差，因此其维护工作至关重要。当前北京市公共治理大数据系统的维护整体呈现以政府为主导、企业为补充的态势。这使大数据维护成本较高，数据纠错难度较大，不利于实现大数据精确化，阻碍了大数据充分发挥其治理效能。民众在生活中更加接近大数据的具体对象，更能发现且纠正现有大数据平台内部的数据错误，且具有高度自发性，因而其既有灵活性的优势，又有低成本的优势。因此，在未来发展中，应当为民众参与大数据维护工作提供更广阔的制度空间，提供更易于操作和识别的程序接口，使民众有充分渠道参与维护大数据的工作当中。理想的大数据维护，应当可以让民众在生活中随时检查大数据系统与现实是否存在差距，并且随时能够将纠正后的信息上报给系统，实现高效率的大数据维护。此外，政府也应当提供足够的奖励，为纠错数多、纠错准确率高、纠错问题重大的个人提供物质和精神激励，这样能够动员广大人民群众参与大数据赋能公共治理的工作，推动政府成本的降低，同时也让民众与大数据的接触更加密切，提升民众对大数据的信任程度，有利于使相关治理工作更有序、更高效地展开。

当前，北京市的各类公共治理大数据平台普遍将其功能重点置于辅助决策层面，即强调大数据在收集信息、整理数据、分析全局等方面对政府决策的支持作用。但是，只有充分发挥大数据平台的公共服务功能，推动大数据平台公共服务化，才能够更好盘活既有技术资源和基础设施资源，增强民众获得感，实现大数据赋能公共治理为民所有、为民所用、为民所谋。推动北京市的大数据平台公共服务化，要坚持使大数据技术同既有的公共服务体系对接，即既要同服务执行体系相结合，又要同 12345 等传统技术平台融合对接，这样不仅能有效利用既有技术和民众基础，提升大数据平台的接受程度和应用广度，而且能降低政府和民众在公共服务层面的成本，做到各方便捷、各方满意、各方获益。此外，还可以进一步探索将大数据平台与民生问题相贴合的新领域和新方法。这要求政府应当充分挖掘大数据潜力，高度关注大数据为民所用的价值，积极寻找新思路，大胆设想，主动作为。

8. 进一步支持推动大数据平台的基础建设

智能化城市治理是未来发展的必然趋势，建设具有高质量的公共治理大数据平台是抢占发展先机的关键一招。因此，未来北京市应当提高对大数据平台建设的重视程度，加大对大数据平台的投入力度，认清发展现状，找到发展方向，将大数据赋能公共治理作为工作重点，这些要求意味着必须提升大数据人才质量。人才配备要将引进人才和人才自主培养相结合，通过设置具有吸引力的奖酬条件吸纳全球人才，通过多样化的培养模式人才自主培养，如通过定向在职培训、在职定向学历提升、定期开展讲座和技能评比等方式培育人才。

除此之外，各方广泛参与也是未来发展的必经之路。政府应当充分利用各方的智力和资源优势，坚持政府主导、各方共建的大数据平台建设路径，让大数据建设高质化、高效化，增强大数据赋能公共治理的科学性、合理性，降低政府成本，避免决策失误。在未来的实践中，北京市应当切实推进大数据“产学研用”一体化，打通大数据产业各领域壁垒，打造大数据人才链。与此同时，北京市应当将高新技术企业积极纳入大数据平台的建设工作，充分利用企业在大数据应用方面的经验和资源，建立并完善大数据平台共建机制，让企业能够不断为公共治理的大数据平台提供新产品、新技术、新资源；应当积极发挥北京市高校、研究机构集中的优势，充分调动丰富的智力资源，高效利用既有智库并推动新型公共治理大数据智库建立，在多学科协同的基础上实现大数据平台合理化、高效化、针对化与丰富化。

此外，北京市还可以考虑进一步提升信息化部门地位，科学调整政府机构设置，让信息化部门在各职能部门中成为关键一环，发挥更大作用。例如，在大数据管理局架构上成立全市统一的大数据中心（城市大脑），负责大数据平台建设，数据收集、分析与使用。大数据中心与各职能部门对接，各职能部门委派专职“数据官”定点到大数据中心办公，一方面及时传达部门需求和问题，另一方面充分获取部门所需要的数据，发挥上传下达的作用。

二、上海实践①

城市治理现代化是国家治理现代化的重要组成部分，抓好“一网通办”“一网统管”是推进城市治理现代化的关键工程。中央领导在第二届进博会期间考察上海时指出，要抓一些“牛鼻子”工作，抓好“政务服务一网通办”“城市运行一网统管”，坚持从群众需求和城市治理突出问题出发，把分散式信息系统整合起来，做到实战中管用、基层干部爱用、群众感到受用。大数据作为一种新兴技术，在多个领域应用中显示出独特优势，数字化转型已成为一种大趋势。以大数据赋能企业、群众，赋能公共治理并持续为城市高效运行提供决策方案，是“两张网”的实施诉求。

① 本部分作者为上海市人民政府发展研究中心严军、吴苏贵、钱洁、李敏乐、余艺贝，上海社会科学院挂职干部范佳佳。

作为全国信息化综合发展水平位居前列的城市，上海市政府部门带头示范，率先探索推进公共数据资源的共享和开放，以大数据赋能公共治理，既是“互联网+”时代发展的需要，更是转变政府职能、提升政府服务水平和能力的重要举措。当前，上海市以高效办成一件事和高效处置一件事的结果导向，以刀刃向内的改革魄力，倒逼政府机构的数字化转型和流程再造，不断提升公共治理的水平和成效，形成大数据公共治理的“上海样本”。

（一）上海超大型城市公共治理面临的问题与挑战

1. 管理对象复杂多元，对管理的全覆盖、精细化提出更高要求

首先，上海作为超大型城市，人口基数巨大，结构复杂。存在着高、中、低不同收入阶层，本地、外来、外籍不同居民人口，产生了数量庞大且多元化、多层次的公共服务和城市管理需求，这要求上海在回应市民需求、进行公共治理的过程中必须要实施精细化管理。

其次，上海高楼林立，截至2020年末，全市实有各类房屋建筑面积约14.5亿平方米；现有住宅小区1.3万个，涉及约800万户居民。地下管道纵横交错，累计埋设给水、排水、电力、燃气、信息通信、热力、航油管道七大类23种，2.68万公里地下管线；地面车辆川流不息，拥有公交运营线路1400多条，已开通运营的地铁线路19条。各系统盘根错节、交互影响，牵一发而动全身，任何一个环节停止运转对上海来说都会产生致命的影响，这就要求上海必须对这个复杂系统进行全面掌控，对管理的全覆盖、全过程、全天候提出了很高要求。

总体来看，上海拥有1495万个城市部件，管理对象复杂多元，以互联网、人工智能、大数据、物联网等为代表的现代化科技手段将成为城市精细化管理的新切入点，从而带动观念、制度、模式、管理等全面创新，积极探索社会治理等方面实现突破性创新。比如，水电煤的大数据可以作为识别群租房的初步

证据。再比如，人流的集聚反映出来的手机信号数据，是公安、消防等部门的预警信息，便于公安、消防等相关部门提前做出应对措施，这种城市运行的实时感知、智能管理系统，对于上海这座超大型城市的安全底线和红线而言，是非常重要的技术手段。

2. 管理对象变化迅速，对信息数据共享、实时风险管理提出更高要求

一方面，管理对象的行为变化迅速，人口流动程度高，人口不仅在各区之间流动，还会产生跨城、跨省的流动，轨迹变化幅度大，非常态化突发行为较为常见。面对长三角区域一体化发展大势，亟待打通政务服务平台与专窗系统数据信息通道，实现数据信息实时共享交换，赋能自助终端接入跨省通办事项，提升一体化移动端服务能力，这对完善一体化信息共享平台、数字治理机制提出较高要求。

另一方面，不可预知的危机频发，需要城市全天候进行实时管理。当前城市仍存在常态管理充足、危机管理不足的现象，白天力量足管得好、晚上易出现疏漏，人少时秩序井然、人一多管理就跟不上，天气好没有问题、一场暴雨大风就出问题等。新冠疫情防控的实例证明，传统粗放式、经验式、末端式的城市管理模式已经不适应风险社会、国家治理现代化及超大城市安全发展的内在要求，这需要上海对风险进行提前预警、及时处置，对公共治理的时效性提出较高要求。

3. 管理主体涉及面广，对部门协调、社会治理提出更高要求

一方面，管理主体覆盖面广泛，公共部门、市场力量、社会组织等多元化主体共同参与管理，这对治理主体间的协调、合作提出较高要求。城市治理是“协奏曲”，不是“独奏曲”，在政府管理职责到位的同时，也要求社会多元主体尽职尽责，通过政府主导，企业单位、非营利组织和社会公众共同参与管理。很多参与城市管理的部门，如公安、市容、城管等，其管理职责范围之间难免

存在真空区，需要各部门打开后台，互通数据，协同合作，并把相应的管理端口前移一步，争取做到城市管理的相关部门之间无缝对接，避免出现“铁路警察、各管一段”的状况。

另一方面，传统的管理方式和手段已不再适应，需要跨部门、跨领域、跨层级统筹推进治理，而实现信息、数据共享则是重要前提。这迫切需要依托物联网、云计算、大数据等先进信息技术，逐步替代以往的人海战术，对城市进行精细化、智能化管理的社会治理方式。进一步来看，统筹建立数据库、采取大数据手段进行公共治理，对数据归集、分享和使用方面有一些特殊性要求。需要提高数据分享和共享的速度，实现数据的动态调整和及时共享，增加互联互通方式，使数据实现小时级、分钟级的分享和共享；采用数字化、信息化手段进行管理时，还需要避免“数据壁垒”和“数据烟囱”，这对政府管理主体间的协调、合作提出较高要求。

4. 管理手段更为创新，对平台友好、系统完善提出更高要求

一方面，平台界面的友好性有待进一步提升，人民城市人民建、人民城市为人民，平台界面的友好性对市民使用来说极为重要。但是，当前平台系统线上办事相对较少，功能尚不完善，用户黏度不强，平台界面还不够友好，产品还不够丰富，使用还不够便利，影响了办事民众和企业的体验感；服务事项在覆盖面和广泛度上尚有差距，一些办事人员宁可多跑动也要到线下办理，有的认为到窗口面对面沟通讲得更清楚，有的担心寄快递不安全，也有的认为线上办事会导致自己工作不保，线上线下“两张皮”的现象仍然存在。

另一方面，在技术层面上，系统的稳定性有待加强、部分功能有待优化。比如，非结构化的视频数据不足，有些视频数据由于格式不对、存储空间不够等多种原因无法打开和运行，导致办理环节不够顺畅；当前的数据归集方式是由基层将数据上报区级大数据中心，再上报市大数据中心，由市大数据中心集

中归集和沉淀数据，当基层部门需要使用数据时，要先向区大数据中心和市大数据中心申请，然后再由市大数据中心将数据分发给使用部门，这种机制难以实现第一时间的数据分享，也不利于调动基层工作积极性。

（二）上海建立优化城市数据治理机制的主要做法

为解决超大型城市公共治理面临的问题与挑战，上海创新、优化城市数据治理机制，运用大数据手段为城市公共治理赋能。通过采集公共数据、设置集成平台、建立共享机制、保障数据安全等做法，以数字化转型驱动治理方式变革，加快数字社会建设步伐，提升数字政府建设水平，打造了大数据赋能公共治理的地方实践样本。

1. 理数据，形成动态、融合、跨部门权威专题库

（1）建立公共数据标准体系

成立上海市公共数据标准化技术委员会，联合全市几十家公共数据管理单位、科研院校和用户单位，围绕公共数据采集、归集、治理、应用、安全、运营各环节，研究制定了若干项标准规范。比如，在数据采集和归集标准化方面，研究制定了《城市运行“一网统管”物联数据采集技术规范》等，以规范各区开展视频数据、物联数据的统一采集和结构化处理；在数据治理标准化方面，发布《自然人婚姻专题库数据规范》等技术文件，推动自然人、法人、空间地理主体数据关联和数据治理。

（2）加快推进数据专题库建设

在原有较为简单的人口、法人、空间地理等基础库基础上，拓展丰富人口、法人相关属性，增加空间地理图层，升级成“一人一档、一企一档、一张图”综合库，推动多元、动态数据的融合治理，形成跨部门权威数据。同时，聚焦城市主要管理对象，各委办单位加强业务牵头，汇聚力量完成几十个专题库建设任务。其中，以自然人婚姻、自然人死亡和地名地址专题库建设为试点，支

撑了房地产交易涉税事项、养老金发放、网格化管理等应用场景。

（3）建立数据异议核实处理机制

通过线上、线下方式，由市大数据中心统一受理各单位的数据异议核实申请，原则上要求对已归集的数据 1 个工作日内完成核实；同时，未归集的数据由责任单位配套建立相应工作机制，1 个工作日内确认数据准确性，对于需要处置的数据，必须在 5 个工作日内回复数据更新方式和完成时间等。

2. 搭平台，确保数据资源“应编尽编”“应归尽归”

（1）打造高度集成的电子政务云

截至 2021 年，经过两年多的规划建设，政务云已形成电信、移动、联通 3 家云服务商共同参与，若干高品质数据中心联合支撑，两种技术架构“双核驱动”的合理布局，居于全国领先水平。实现全市非涉密应用系统“应迁尽迁”，累计完成上千个市级信息系统迁移上云。

（2）打造功能完全的大数据资源平台

依托电子政务云，建设市大数据资源平台，推动各委办单位数据编目和归集，使分散、孤立的数据成为汇聚、综合的数据，在平台统一实现数据抽取、数据治理、共享交换、质量检测、安全防护等功能，对公共数据进行全生命周期管理。同时，上海市大数据资源平台通过独立开设租户实现算力和存储资源的隔离，支撑主题库、专题库建设，向上对接国家，向下整合各区，形成国家、市、区三级互联互通的构架，发挥了数据供给需求核心枢纽作用。

3. 建机制，推进数据高效有序交换共享

上海市在持续攻坚公共数据归集整合的基础上，理数据、搭平台、建机制、保安全，切实提高数据治理水平，加快数据共享落地。

（1）推行“1515”数据共享机制

建机制，通过“1515”加快数据共享机制落地。各部门梳理形成公共数据需求清单、责任清单、负面清单以及公共数据资源目录，加快推进数据归集。在此基础上，对归集的数据试点推行“1515”数据共享机制。“1”是归集至市大数据中心的数据，建立以应用场景为基础的授权共享机制，围绕“一网通办”“一网统管”建设等全市重点工作，设立了30余个应用场景的清单，属于应用场景清单范畴的数据需求，无须责任单位审批，1个工作日内授权共享落实，实现申请快速授权、事后持续监管；“5”是符合有条件共享的数据，责任单位在编制数据资源目录的时候需明确共享条件，同时加强时限控制与运营管理，5个工作日内原则上予以共享；“15”是尚未归集至市大数据中心的数据，以共享为原则、以不共享为例外，建立三方协调机制，对于合理的数据需求，15个工作日原则上予以共享，特殊情况由数据责任部门予以书面说明。

（2）统筹推进“一网通办”与“一网统管”

“一网通办”与“一网统管”作为上海数字化治理的两大抓手，既有明显区别，又有广泛内在联系。“一网通办”着眼于高效办成一件事，持续提升政务服务能力，为企业群众办事创业提供便利服务；“一网统管”立足于高效处置一件事，着力提升城市治理能力，为政府管理城市运行提供支撑保障。“两张网”相互取长补短，着力探索“互联网＋监管”、事中事后监管等方面的深度融合，形成相互赋能场景应用体系，为市民、企业营造良好的生活、营商环境。同时，注重统筹“两张网”建设，在市电子政务云基础上，按照统一标准开展数据治理，保障数据实时共享，建立自然人、法人、地理空间、电子证照等四大综合数据库，公共安全、市场监管、卫生健康等八大主题综合数据库，以及土地房屋、小微企业、城市部件等一批专题数据库，形成数据共享、业务协同的双轮驱动格局。

4. 保安全，筑牢“制度、管理、技术”3道防火墙

（1）补足补全“云、网、数、用、维”安全管理制度

在电子政务云、政务外网、公共数据、“一网通办”应用、运维等领域落实安全动态管理。一方面，构建市区统筹的安全监测体系和协同联动机制，提升出口处统一监控、分级管理、流程闭环、智能分析、可视决策的一体化运维能力；另一方面，在电子政务云和政务外网等业务系统引入第三方评估机构，从服务绩效、安全监管、计量计费、服务响应等方面，加强对运营商的监管，并对云上业务单位资源利用情况进行评估，提高建设运营能力和服务管理水平。

（2）落实公共数据安全分级管理

实施数据分类分级开放，把涉及商业秘密、个人隐私或法律法规规定不得开放的公共数据列为非开放数据；对数据安全和处理能力要求较高、时效性较强或者需要持续获取的数据实行有条件开放；对其他公共数据无条件开放。实施数据安全分级管理，根据公共数据遭篡改、破坏、泄露或非法利用后可能对自然人、法人以及社会秩序、公共利益和国家安全带来的潜在影响，将公共数据分为一级、二级、三级和四级（属于重要数据定义的公共数据应不低于三级），等级越高，安全管理越严格。

（3）建立健全安全运营监管机制

通过统一账号授权、设置数据水印（将标记信息嵌入实现数据溯源）、脱敏、加密、日志审计等多重手段，实现从数据归集、传输、处理、存储、共享、开放等全生命周期数据安全管控。

（三）上海在公共治理领域推动大数据应用的场景与经验

随着上海“一网通办”“一网统管”建设的不断加码，大数据技术在公共治理方面的应用场景也愈加丰富，尤其在提升政务服务效率、城市安全管理、民

生服务、智慧社区建设、营商环境服务等重点领域，大数据赋能下的一套超大型城市治理精细化方案正逐步清晰。

1. 提升政务服务效率

2021 年以来，上海市进一步加强“随申码”与各类民生服务衔接融合，为市民线上、线下开展各类活动提供权威、个性、精准、便捷的信息服务，成为助力城市数字化转型的重要工具和基础应用组件。

（1）“一码”助力便捷出游服务

①拓展公共文化服务

在上海大剧院、上海图书馆等实现扫码入场（馆），同步完成身份、购票、预约等核验，提供本市红色场馆及爱国主义教育基地预约入场服务，在上海浦东展览馆、中共四大纪念馆、上海交通大学钱学森图书馆、宋庆龄陵园、上海淞沪抗战纪念馆 5 家场馆先行试验。上海图书馆还实现了“随申码”全场景使用，进口闸机直接扫“随申码”入场，利用“随申码”信用免押金办理读者证，出示“随申码”免证件借阅图书。

②推广景区旅游服务

在前期拓展顾村公园扫码入园场景基础上，在市级公园全面推广“随申码”扫码入场应用。打造“随申码 · 文旅”，整合各类资源，推进景区智慧化转型、拓展本市酒店扫码快捷入住应用场景。同时，发挥“随申码”在身份认证核验方面的优势，助力各类文化活动管理。

（2）“一码”助力人员信息认证

在社区治理、公共管理、司法仲裁调解等领域持续拓展公共服务。例如，将“随申码”应用于村居换届选举选民登记、居民登记、排查填表等场景中，为居民信息的精准化提供大数据支撑，助力社区工作者提高工作效率，提升基层治理效能；基于“随申码”推出身份核验新方式，参与司法仲裁和调解的当事人可直接出示“随申码”进行身份核验；在社会治理场景中，拓展基于“随申码”的信息采集及人员信息核验等应用。

2. 提升城市安全管理水平

（1）深度应用智慧公安系统

截至2020年，上海已有1万余个居民小区、近3000栋商务办公楼宇完成了智能安防建设，通过进出车辆号牌自动识别、防高空抛物探头、地磁感应等手段，时刻关注治安态势，公安工作重心正在由应急处置向风险管控转变。智慧公安系统的深度应用，实现了从“被动打击”向“主动防控”的转变，让公安机关得以高效打击防控每一起民生案件，让城市安全更有保障。

（2）建立危险品运输监察机制

危化品运输涉及人员、车辆、装载容器、货物及运输路线等方方面面，监管涉及应急、公安、环保、交通、卫生、市场监管等多个部门。传统的监管方式中，每个部门各管一段，应急部门管安全生产、事故处置，公安部门管交通违法，交通部门管运输车辆、人员资格，市场监管部门管装载容器、企业资质，彼此之间信息不通、协调不畅。当发生危化品爆炸等极端情况时，处置部门甚至很难知道危化品种类，无法及时采取针对性措施。为此，上海市通过“一网统管”平台建立了危化品全生命周期监管体系，将生产、储存、使用、经营、运输中所产生的所有信息接入系统，完善了联勤联动监管机制，对危化品运输从装载到卸货实行全流程监控，运输轨迹等数据信息实时推送到主管部门，各部门齐抓共管，一案多查，大幅提高了监管效能。

（3）形成重大活动“大客流管控”指导方案

外滩作为上海城市名片，功能定位的全球尺度必然要匹配精细化管理的全球水准，尤其是重大活动中大客流管控的能力。上海市公安局黄浦分局立足外滩城市功能，抓住智慧公安建设契机，利用智能化新技术建立了大客流全过程管控体系、警务力量的扁平高效指挥体系、以实战为导向的联勤联动体系，融合科技伟力、工匠精神与社会协同，逐步形成以“三大体系”为核心的大客流管控“黄浦方案”。

管理客流犹如治水，关键要在精确监测预警基础上，因势、因形疏导。为此，黄浦公安分局研发了大客流风险洞察系统，专门用于客流预测，能对未来1小时至7天，上海气候、轨道交通、民航、铁路、宾旅馆（尤其是外滩周边）数据及历史客流数据进行多维度深度分析，实现对客流规模、持续时间等关键信息的全息阅读与提前预判，并智能匹配各项预案。当前，对外滩风景区未来1小时客流预测精准度接近100%，科技创新赢得的“黄金1小时”从根本上杜绝了“警力不足、没有到位”而发生危险的可能。

与此同时，在关键路口和高危地段安装WIFI嗅探仪、“客流眼”等新设备，实时监测客流数量、流向、密度，为全过程管控奠定基础。通过WIFI嗅探仪、数字化高清探头、人脸识别技术、LBS大客流监测等智能科技手段，实时分析比对纳入监控的虚拟身份、手机MAC地址，同步抓拍高清图像。

3. 积极推动智慧社区建设

（1）建立居村信息系统管理体系

全市各街镇在“两张网”框架下加快建立完善居村数字化平台，打破城市治理逐级下达任务、部门分解任务的传统管理模式，深化“社区主题数据库”建设，以统一门户集成、统一用户管理、统一授权管理、统一接入管理、统一资源管理、统一安全防护为目标，构建全市统一的居村信息系统管理体系、数据共享服务体系和用户身份认证体系。具体来说，实行信息系统下沉居村准入，进一步明确居村信息系统范围，对居村信息系统实行清单化管理，加强数据归集、治理和共享应用，提高居村数据质量，杜绝“随意下沉”“重复采集”“低效应用”给基层造成的负担，让基层干部从繁重的基础表格填报中解脱出来，把更多人力和精力投入基层治理社会实践中，不断夯实城市治理的基层基础。

（2）实现基层“多格合一”

原来基层各种网格林立，层层嵌套、职能交叉重复，行政监管效率低下。现在依托“一网统管”平台，上海市探索基层治理模式创新，推动警务网格、综治网格、城管网格等多格合一，整合公安、城管、市场监管、绿化市容、物业等多支队伍，精准实施联勤联动，打造全天候响应处置的一线监管队伍，实现“天上有云、地上有格、格中有人、人能管事”。

（3）助力社区特殊事件应对

①寒潮水电抢修

在应对岁末年初的寒潮过程中，依托分布于全市的数百万个物联网感知设备，及时将实时监测信息传回管网运行监测中心，每当有管道爆裂、水流减缓、水压降低等情况发生时，工作人员第一时间分析数据异常警告，调度抢修队伍到场处置，努力让预警跑在报修前，最大限度地保障了水、电、气等民生供应安全。

②社区群租治理

上海市坚持需求导向、问题导向，以线下业务需求引领线上场景开发，以线上场景倒逼线下业务流程再造，不断创新城市治理模式和方式。例如，黄浦区南京东路街道运用“一网统管”治理群租应用场景，根据水、电、气、门禁、外卖等数据异常变动情况，及时发现问题并开展精准治理，改变了过去依靠投诉举报、上门检查的传统监管方式，线下业务流程相应由“投诉—联系举报人—核实信息—告知—处置—结案—巡查”的7步工作法升级为“发现—立案派遣—调查处置—结案”的4步工作法，原来45天的处置时间压缩为不超过15天。

4. 助力更高水平的民生服务

（1）积极推动“互联网 + 医疗健康”

①推出“随申码”就医

在医疗付费“一件事”的推进基础上，大数据中心、医保、卫生健康等部门积极推进“随申码”和“医保电子凭证”两码融合，市民直接出示“随申码”即可看病就医。截至 2021 年，已在全市 400 多家公立医院试点应用，累计服务超 1800 万人次。

②首创儿童医保电子凭证

针对国家医保局“医保电子凭证”尚未覆盖到儿童患者的情况，依托“随申码 · 亲属”功能，实现“儿童医保电子码”的申领和使用，在全国首创儿童医保电子凭证的“上海方案”，由家长为家中未成年人申请“随申码 · 亲属”，展码即可实现线下医保就医支付，实现全年龄段的本市医保患者全覆盖。

③推动上线“互联网医院”

“互联网医院”主动对接诊疗需求。针对新冠疫情期间慢性病患者无法及时复诊等实际情况，上海市加快审批速度，陆续推动徐汇区中心医院、华山医院等一批“互联网医院”上线运营，为患者在线提供部分常见病、慢性病复诊服务，让市民获得及时的健康评估和专业指导，精准指导患者有序就诊，降低交叉感染风险，改善就医体验。

（2）优化公共交通服务

①推进“随申码”应用集成

2020 年 7 月，“随申码”率先集成公交、地铁展码功能，“随申办”App 成为唯一的集成公交、地铁出行码的移动应用。截至 2021 年，公交场景累计使用 7 万余次，地铁场景累计使用 600 余万次。

②推进多码融合

积极研究“随申码”交通应用，推进公交码、地铁码和“随申码”“三码融合”，实现“随申码”在地铁、公交、轮渡、市域铁路等“一码通行”。上海道路运输部门全面联网接入全市近5000个经营性停车场（库）和收费道路停车场、100多万个公共泊位的信息数据，并与互联网战略合作伙伴共同打造“上海停车”App。

（3）积极推动智慧养老

上海积极开发智慧养老应用场景，涵盖安全防护类、照护服务类、健康服务类和情感关爱类4个类别。比如，认知症老人防走失、老年人卧床护理等场景；有些是新冠疫情期间激增的新需求，包括机构无接触智能消毒场景、机构出入管控场景等。此外，还通过监测老人的用水用电情况来对其进行安全防护。例如，长宁区江苏路街道为辖区内1200余名独居老人安装了智能水表，如果超过12小时用水不足0.01立方米，水表会自动报警，居委会干部会第一时间上门探视老人。还有“AI外呼”“门磁系统”“烟感报警”“红外检测”“智能手环”等，均安装在独居老人家中。如遇反常情况，均会通过“一网统管”平台及时反馈，并召唤人员前来看望。除此之外，一旦发现老人家里长时间无用电或者用电异于往常，系统立刻通过算法分析异常原因，并推送给提前设定的紧急联系人。平台对于老人用电安全有告警提示，一旦发现用电量过载过荷，系统会自动断电，从而减少独居老人由于用电不当引发火灾等事故的发生。

5. 进一步优化营商环境

（1）推动金融活水精准滴灌小微企业

上海市推出大数据普惠金融应用2.0，进一步拓展开放公共数据项目，丰富上线机构类型、数量，强化公共数据赋能，支持金融市场、金融机构将公共数据与内部金融数据有机结合，推动金融资源向长尾客户精准滴灌。

一是加大开放力度，实现“能开放尽开放”。在1.0版本中，上海以安全有序为原则，共享科技、人社、规划资源、生态环境、住房城乡建设、市场监管、税务、法院等8家单位数据，近400个数据项，涵盖纳税、社保缴纳、住房公积金、市场监管、发明专利、科创企业认定、环保处罚、商标、司法判决等信息。2.0版本中，进一步扩大开放范围，首次实现涉农管理、民政管理等公共数据向金融机构开放，包括农作物生产经营、农产品交易量、农业补助金发放、示范家庭农场等公共数据以及婚姻状态核验等；此外，税务部门在首批开放公共数据基础上，进一步增加开放了变更登记信息和申报信息等纳税信息数据。

二是扩大试点范围，完善金融服务体系。其一，增加银行试点范围。2.0版本进一步增加了参与银行的范围，新增了上海华瑞银行等数十家银行，参与银行机构拓展到近30家。其二，拓展金融服务类型。上海证券交易所、上海保险交易所、上海股交中心等3家金融市场，中国信保上海分公司、人保财险上海分公司和太平洋安信农保上海分公司等3家保险机构首次接入，将大数据普惠金融应用场景拓展至挂牌上市审核、科创企业甄别及保险保障领域。其三，丰富应用场景。银行开发了独立信贷产品。企业融资时，银行可通过开放平台获取统一治理后的数据，从而实现快速判断企业基本资信情况，测算贷款偿还能力，做深做实贷后管理。

三是确保数据安全，实现数据可用不可见、可见不可得。依托公共数据开放平台总门户，强化数据开放全流程管理。采用“数据沙箱”等先进技术手段，在不接触原始数据的前提下，完成数据治理、融合、拼接等数据预处理工作，提供数据脱敏、数据泛化、数据去标识等多种先进技术工具，适应不同的数据开放规则。通过事前审批、事中监管、事后可追溯的全过程管理机制，提供一键熔断，确保平台数据安全。

（2）便利企业办事

“数据赋能”身份核验。依托人口、法人、空间地理和电子证照四大基础数据库，利用人脸识别等技术，实现统一在线的身份认证核验。截至 2020 年，企业登记事项已全面实施远程身份核验“范围、事项、人员全覆盖”，切实解决了企业登记过程中股东、法人“拿着身份证，亲自跑一趟”的麻烦。

创新开展“线上勘验”。对需要现场踏勘的建设项目环评、辐射环评、辐射安全许可证等事项，开展视频现场踏勘、照片踏勘，利用函审、视频会议等方式进行技术评估，确保审批“不掉线”，重大项目建设不延期。截至 2020 年，上海已完成 47 个建设项目环评和 107 件辐射相关事项审批；此外，还对上海世博文化公园等项目采用视频会议、线上研讨等方式，实现内部审批环节的图纸文本在线审查、无纸化流转。

创新引入承诺制、双向邮递机制。一是采用承诺制，实现全程网办。例如，对外国人来华工作许可证延期、注销等部分业务，申请单位无须到现场提交纸质材料核验，办件累计 7000 余件。二是双向邮寄扩大网上办事范围。如，通过“一网通办”投资项目在线审批监管平台，网上办理投资项目立项 600 余件，备案、核准、审批结果全部通过在线自主打印或邮寄方式送达，无须企业现场领取。推动实施申请材料免费收寄、办理结果免费寄达的双向免费快递服务 2000 余件次。

（3）基层探索以精细化治理创建一流营商环境

静安寺街道位于静安区西南部，辖区内高楼林立、交通便捷、人文荟萃，“企业数量多”“白领人数多”特征明显，分布着 36 幢知名商务楼宇，汇聚了近 3000 家企业和 30000 名白领。静安寺街道以精细化治理推动营商环境优化，坚持“应用为要，管用为王”，在“一网统管”平台上，紧紧围绕服务企业、优化营商环境开发了“商圈大屏”。这块屏实现了“4 个集成”：数据集成，涵盖楼宇信息、企业情况、稳定状态、发展需求等动态数据；资讯集成，全面整合财经指数、经济形势、商圈配套等资讯；队伍集成，整合楼宇工作者、政府部门综合服务队、专业志愿者等服务队伍，并与“一网统管”联动，整合网格化管理相关力量；服务集成，为企业服务的平台、资源、事项、进度等通通上屏，一目了然。这块屏为街道推进营商环境优化提供了基本依托。

基于此，静安寺街道探索形成推进“一网统管”建设的3项创新：一是探索了企业信息动态更新机制，规定楼宇工作者在走访企业时，现场利用内置企业档案、服务记录、处置机制的小程序进行数据更新，同步录入企业名称、地址、类型、注册号、所属楼宇、从业人数、党员数量、企业需求等内容。同时，街道专门设立了“同心家园”微信公众号作为企业信息自主填报入口，方便企业自主登录、及时更新。动态更新这一机制在疫情防控、复工复产中发挥了关键作用。二是聚焦安商稳商工作，探索形成了监测经济运行风险的五色分析方法。静安寺街道密切监测企业“人、事、财、地”最新动态，依据人员流动率、劳资矛盾、负面事件、税收变化、租金缴纳、场地续租等情况，系统自动研判之后，将企业分为稳定、较稳定、一般、较不稳定、不稳定5类，分别用绿、蓝、黄、粉、红5色来表示，实时显示在“一网统管”大屏幕上。三是探索了研判经济发展趋势的产业分析法。为密切关注产业变化态势，静安寺街道发明了产业分析方法，从产值、纳税金额、就业人数等指标观察辖区内产业变迁苗头。比如，2021年新冠疫情期间，街道发现辖区内生物医药产业相关指标均出现较大幅度增长，俨然已经成为第五大产业，街道立即着手梳理相关企业情况，并及时提供针对性服务。

（四）上海推动大数据技术应用面临的困难与瓶颈

经过相关部门和社会各方的不懈努力，上海在数据开放和创新应用方面取得了一定成绩，大数据赋能公共治理成效日益显著。然而，现阶段进一步深化大数据技术应用还存在数据隐私与安全有待完善、数据互通与共享有待深化、数据收集与更新有待优化等若干问题，一定程度上制约了大数据在高水平公共治理、城市精细化治理中发挥更大作用。

1. 数据隐私与安全问题日益凸显

一是数据的所有权界定不明确。想要实现数据共享与隐私保护的平衡，一个很重要的前提是权属清晰。在大数据的可交易属性确定无疑的情况下，它的所有权归属以及各项权能，如对获取、交易等的确认就存在很大问题。当前国家层面尚未出台统一、专门的国家大数据法律，公共数据如何界定，如何与政务数据、企业数据区分并不明确。如企业资产数据、企业用电数据、医疗卫生数据等是不是公共数据、是否可以共享、如何管理等都没有定论。

二是数据的隐私安全难题有待破解。在运用大数据进行城市治理的同时，数据与信息的安全是重中之重。公共治理中涉及的大数据必须经过以隐身份化为主要作业的脱敏与分析，在这个过程中如何避免隐私遭受侵犯、如何防止隐私遭到泄露，以及如何处理商业秘密、知识产权等，如何平衡保密与必要公开、公示之间的关系，这些都是相当复杂而又无法回避的问题。尤其在数据共享过程中，在算法对数据进行选取与分析、储存与清洗、业务系统应用的开发、分析结果发布与展示时，在数据应用价值发掘的步骤中，依然存在算法选择不准确、数据选取不精确、数据清洗不充分、业务系统应用开发不全等问题，导致用户隐私被泄露或被盗用的可能性仍然存在。总之，数据信息使用的全过程动态监测尚未完全实现，隐私保护和数据知情依然模糊，数据共享带来了数据界限问题以及数据的非可控性问题，也是与数据隐私冲突的关键症结所在。

2. 数据有待进一步实现高质量互通与共享

一是未形成统一的数据应用和存储标准。在原先的政务信息系统建设中，由于缺乏标准体系的支撑，各部门采集的数据格式不统一、标准不一致，采取的处理技术、应用平台各异，数据库接口也不互通。因此，信息管理平台难以整合，导致数据导引、数据获取、交互交换中发生迟滞、偏差，信息资源的共享存在困难。现阶段，各职能部门和基层单位所采用的数据库和专网数量繁多，标准、端口、规范不一致，由此导致各级大数据中心在数据收集的结构化、标准化、共享精准度方面不够，仍然存在有效数据缺乏，尤其是对动态管理数据的共享利用不足的问题。与此同时，依托大数据技术的公共治理在结构化数据归集的基础上，往往需要归集非结构化的视频数据，同时需要归集和梳理治理对象的动态数据。通过对非结构化视频数据和动态数据的梳理和归集，可以为公共治理提供支撑，实现以“一网统管”为基础的观、管、防。这对数据归集的渠道和方式提出了更高要求，也对数据的存储以及围绕数据产生的算法和算力提出了更高要求。但现实中一些部门存在非结构化的视频数据不足，有些视频数据由于格式不对、存储空间不足等无法正常打开和运行。此外，区级城运平台在建立区级算法工厂、搭建智能化算法模型、提升数字化赋能能级、升级数据中台等数据深度利用方面尚处于起步阶段，具有较大的提升空间。

二是未形成数据与基层的联动共享机制。基层是产生数据的地方，也是数据的使用方和校验者，对数据有很强的实际需求。然而，当前基层在使用数据上还不通畅，条块之间仍然缺乏有效的信息共享与工作协同机制，也缺乏对数据的纠正机制，影响了大数据赋能基层公共治理目标的实现。

三是部门间数据库联动不够、合力不强，仍存在“信息壁垒”“数据烟囱”。一方面，一些部门由于管理边界不清晰、责任区分不明确，对数据资源的归属、采集、开发等相关管理规则还不明确，数据的归集、整合、清洗、比对在短时间内难以完成，而且数据共享、维护所需要的经费支持来源不明确，也增加了部门间数据共享的难度。总而言之，部门间出于各种原因缺乏数据共享的动力，数据的横向流动不通畅，数据共享有待进一步解决好“畅”的问题。另一方面，现有的部分法律、行政法规、部门规章对于公共数据共享的主体、条件、形式等内容规定的并不明确，数据共享缺乏法律约束和考核机制，导致政府间在数据共享的认识上并不清晰。如《中华人民共和国婚姻法》《婚姻登记条例》明确规定个人婚姻档案不得被第三方利用，但是对于谁是第三方、政府内部算不算第三方等问题并没有明确的界定。

3. 数据高效收集与更新机制有待完善

一是缺乏公共数据采集的统一标准和规范。公共数据质量监测、监管的前提是有相应的标准和规范。2019 年，市大数据中心就公共数据的质量管理做出积极的尝试和推进，但仍未能形成上海市公共数据质量管理的通用标准和规范。《上海市加快推进数据治理促进公共数据应用实施方案》中明确，市大数据中心、市经济和信息化委员会等部门要明确数据管理的总体工作要求和通用数据标准，基于电子政务云平台提供数据质量管理的基础软件和通用工具，指导市级数据责任部门开展数据质量管理相关项目立项和建设；《上海市公共数据和一网通办管理办法》第 24 条第二款规定市大数据中心负责公共数据质量监管，对公共数据的数量、质量及更新情况等进行实时监测和全面评价，实现数据状态可感知、数据使用可追溯、安全责任可落实。但总体上，公共数据采集没有统一的标准和规范，公共数据质量检查、监测依据不足，公共数据治理基础仍然薄弱。由于数据质量管理迟迟没有形成通用标准，已采集的公共数据质量参差不齐，主要表现为：公共数据采集时间较早，不同时期采集公共数据的标准不一、格式不一；所采集的公共数据经核对有误；各部门采集公共数据的方式不统一，按照部门自己的标准和方式采集公共数据。

二是未能实现数据的时效性。上海实现城市精细化治理的重要前提之一，就是要精准描述管理对象、精准采集管理服务信息、精准处理管理问题，对于城市管理的对象要做到底数清晰、信息数据可信度高。比如，对于城市人口信息、土地现状及规划信息、建筑物信息、环境资源信息等涉及城市管理的“底板”信息数据，应当做到数据覆盖全、数据采集准、数据精度高、数据更新快。进一步来讲，对于大数据赋能公共治理而言，要实现基于“一网统管”的“一屏观天下、一网管全城”的目标，响应速度非常重要，常常需要分钟级甚至秒级的及时响应，还需要数据能够实现跨部门的及时“通”和“联”，做到不断调整、及时响应和动态更新。但上海的数据归集在速度和时间方面要求还不太高，有时只要求在 1 天或者几天内完成数据归集，还不能做到如此高频率的数据收集，只能基本满足“一网通办”的静态数据需求。例如，《上海市公共数据和一网通办管理办法》指出，建立数据共享的网上审核授权工作机制，并于 10 个工作日内，提出是否同意共享的意见和理由。

（五）上海未来深入推动大数据应用的重点领域与举措

上海作为超大型城市，依托大数据赋能公共治理的形势更复杂、变量更多、难度更大。上海要立足实际，把深入推动大数据应用作为卓越全球城市建设的重要抓手，进一步探索完善数据隐私保护政策，利用大数据技术创新基层社会治理、提升应急管理能力，持续开发更多满足民生需求的应用场景及配套相关举措，让城市更有序、更安全、更干净，让企业与民众的获得感不断提升。

1. 进一步利用大数据技术创新基层社会治理

（1）推动社区治理平台与大数据技术深度融合

要以大数据技术为牵引，进一步整合优化社区治理体制机制，推进基层社区平台系统整合与基础设施完善。推进街镇社区治理“一张网”建设，统一标准规范，将各条线延伸至基层的相关平台系统适当归并整合，加快实现基层数据共享融合，减少基层重复采集，全面赋能居村干部、服务社区居民。推进相关业务融合协同，加快推动城管、房管、市场监管等力量下沉至基层网格，提高及时发现、及时处置问题的能力。

（2）加强大数据技术在社区应用场景中的应用开发

要加强大数据、互联网、物联网、人工智能等信息技术在社区应用场景的开发普及，充分发掘并回应居民个性化、多元化、差异化的真实需求，面向社区日常服务和管理，建成一批群众关注度高、获得感强的应用场景。例如，持续推动社区智能安防建设，实现各类住宅小区人脸抓拍、车辆抓拍等全域覆盖；推广社区智慧停车，通过共享车位、开放周边公共停车场所等，方便社区居民潮汐式停车；完善社区智能末端配送，增设智能快件箱和智能回收箱，让居民收取快递可以有更为灵活的选择；推动社区智慧能源设施建设，在社区推广智能充电桩、住宅小区非机动车车库智能改造；等等。

2. 进一步利用大数据技术提升应急管理能力

（1）加强信息化与智能化技术在城市管理中的深度运用

进一步增强城市运行风险预警与处置时效，提升对突发公共卫生事件、自然灾害、生产安全事故等事件的应对能力。加强大数据、物联网、互联网、区块链技术、人工智能等新型信息技术在城市管理中的深度融合与应用，促进数联、物联、智联等互联互通。扩大市大数据资源平台数据归集范围，借助大数据统计分析、大数据关联分析和大数据可视化管理，依托物联感应等智能终端，加快汇集、整合、共享超大城市重大突发事件的即时、动态、多维数据信息。面向应急管理，加强关键场景建设，如老旧小区电动自行车充电场所加装消防设施、加快住宅小区智慧电梯建设、安装智慧燃气表、全面推进消防生命通道工程、推进电力智慧抢修等。

（2）深入推进应急管理领域的全生命周期数据治理

事前预防准备阶段，运用大数据挖掘技术、大数据关联分析、可视化分析等，围绕气象、安全、交通、人口、环境、城市供应、社会稳定、舆情等，充分发挥技术手段优势，突破传统的人防、物防、技防局限。通过对城市管理中各类突发事件数据、信息、案例的实时动态分析、关联分析、智能感知和整合分析，实现对潜在突发事件的发现、预警和预判，提升对超大城市重大突发事件应急管理的预警性和前瞻性。

事中响应阶段，运用大数据、物联网、互联网、人工智能、区块链等技术，为实现条块、条线、部门之间机制的系统整合提供技术支撑，加快破解部门间“数据壁垒”“信息孤岛”等困境，提升超大城市应急管理的协同性、系统性与整体性。

事后应急处置阶段，根据各类技术手段对城市运行风险点的实时、泛在、智能响应，即时对城市运行的关键数据、核心指标、总体发展态势等进行研判，从而做到城市风险的精准识别和科学评估。同时，探索推进应急管理部门与其他相关职能部门、社会公众、社会组织、企业等多元主体之间的信息公开与共享，推动社会多元主体协同参与各类突发事件的应急处置。

3. 持续开发更多满足民生需求的应用场景及相关配套举措

（1）利用大数据技术持续优化医疗、教育、养老、交通、生态环保等服务领域

一是医疗领域。加快推进5G通信技术、物联网、互联网、人工智能等信息技术在医疗领域的运用与融合，促进医疗服务更加智能化、精细化、高水平与个性化，如影像AI在制定个性化治疗方案中运用。以数字化手段推动疾病规范化全程诊疗体系建设，加强院企合作，促进产、研、学、医深度融合，充分发掘医疗大数据，实现更高质量的医疗决策。依托数字化转型大力发展互联网医院、促进便捷就医服务，不断优化改造就诊流程，实现数据多跑路、群众少跑路，如智能预问诊、智能影像胶片服务、报告手机即时推送、挂号缴费扫码

支付、线上预约配药和疫苗接种、互联互通互认等服务，有效提高医疗服务效率和市民就医体验度。

二是教育领域。党的二十大报告提出，推进教育数字化，建设全民终身学习的学习型社会、学习型大国。上海在教育的数字化和智能化转变领域一直位于领先地位。未来要抓住数字化转型契机，持续推进数字化新兴技术与教育深度融合，继续夯实联通市、区、校云服务的智慧教育新底座，加大5G通信技术、大数据技术、人工智能、区块链技术、虚拟技术等在智慧校园、新型教材、在线课堂、模拟教学中的运用，加快提升信息技术对教育综合改革的支撑服务能力，并注重引导提升中小学师生的数字素养与技能。

三是养老领域。随着社会老龄化程度不断加深，特别是上海作为最早进入老龄化且程度最深的城市，应高度关注数字化手段在居家、社区养老中的作用，更好地满足老年人群吃饭、看病、购物等需求。以推进社区智慧养老为例，要继续推广智慧社区长者食堂，应用感知餐盘、刷脸支付、无感支付、电子标签展示等技术，提升老年人用餐便利。与此同时，要关注老年人群体“数字鸿沟”问题，如通过城市“一键叫车”智能终端服务、在公共服务场所设置加大号文字的支付终端等便民举措，让老年人也能感受到城市数字化转型带来的便捷。

四是交通领域。针对以上海为代表的超大城市交通拥堵“城市病”，可运用大数据进一步建立城市交通评价体系、优化公共交通、盘活停车场等便民服务设施资源。根据交通需求和道路通行能力情况，对城市公交专用车道进行系统规划和精准管理，运用大数据、人工智能等现代技术仔细分析和评估具体道路的客流效益，进行有针对性的调整，找到公交优先和社会车辆的平衡点，提高通行效率。基于大数据智能分析，盘活更多空置车位，拓展城市商业、交通枢纽、文体中心、医院等公共生活场所停车场资源，整合小区停车场，从而在全市更大范围内推行“潮汐式”停车，促进车位“流动”“共享”，缓解停车难问题。

五是生态环保领域。加强生态环境领域的大数据运用，能够更加充分地摸清全市各区环境质量和污染源底数，有效提高精准预测能力，全面助推精细监管能力，切实提升智慧决策水平。在解决民生环境问题时，可利用地理大数据、环境大数据、水利大数据等可视化生态环境数据进行环境分析，有效预测自然灾害的发生地，并做出相关防护措施。创新环境信息管理的体制机制，统筹管理环境信息的规划、搜集、分析、发布及公众反馈，实现环境大数据管理的系统化、科学化、专业化。

（2）加强大数据技术相关人才队伍建设

大数据赋能公共治理要求有高水平、高素质、专业化的基层管理队伍作为支撑。一是要抓人才引进。要坚持国际视野，内联外引，培养城市综合管理领域高层次人才，既要有基础的标准化人才，又要有专业的管理人才，更要有现代化技术的领军人才。二是要抓人才培训。可依托上海市高技能人才培养基地，创新人才培养模式，建立多层次、多类型的大数据人才培养体系，切实推进大数据“产学研用”的无缝结合，打通大数据产业各层次人才链，造就上海大数据产业人才，助力上海大数据产业发展。

三、浙江实践①

浙江是中国革命红船启航地、改革开放先行地、数字治理先行地，浙江历届省委、省政府在“八八战略”的指引下，牢固树立以人民为中心的发展思想，

① 本部分作者为复旦大学王翔、郑磊。

以深化政府自身改革为引擎，坚持一张蓝图绘到底、一任接着一任干，持之以恒推进数字化改革，涌现出了一批彰显浙江辨识度、具有全国影响力的应用成果、理论成果和制度成果，以“浙江之窗”展现“中国之治”。

（一）数字化改革的概念和目标

作为地方政府创新比较活跃的地区，2014 年，浙江全面推行“四张清单一张网”，以浙江政务服务网建设为载体，成为全国最早建立全省统一在线政务平台的省份之一。2016 年，在国务院提出“互联网 + 政务服务”后，浙江进一步加快了数字化转型步伐，时任浙江省代省长车俊同志在省委经济工作会议上首次公开提出了“最多跑一次”改革。2017 年在浙江省政府工作报告中正式提出实施“最多跑一次”改革。2018 年开始，以深化“最多跑一次”改革为抓手，全面推进政府数字化转型。让城市更聪明一些、更智慧一些，是推动城市治理体系和治理能力现代化的必由之路，前景广阔。2021 年，在“最多跑一次”改革和政府数字化转型的基础上，浙江全面进入数字化改革阶段。

数字化改革围绕建设数字浙江目标，聚焦“152”跑道，“1”即一体化智能化公共数据平台；“5”即党政机关整体智治、数字政府、数字经济、数字社会、数字法治五大综合应用；“2”即构建 1 套理论体系、1 套制度规范体系。它将数字化理念、数字化技术和数字化思维融入省域治理模式，从而革新工具与应用场景，改造公共服务流程，调整组织架构，重塑体制机制，进而利于激发经济社会发展活力，推动省域治理体系与治理能力现代化。

（二）政务服务提质增效

“最多跑一次”是指自然人、法人和非法人组织向行政机关申请办理一件事，申请材料齐全、符合法定形式的，从提出申请到收到办理结果全程只需一次上门或者零上门。“最多跑一次”改革是一次刀刃向内、面向政府自身的自我革命，是应群众需求而生、为解决问题而变，从群众需求出发倒逼改革，自提出伊始，就牢牢把握以人民为中心的改革价值取向，其根本理念和目标就是让人民群众有更多获得感。与以往改革相比，“最多跑一次”改革提出了明确的评价标准，即群众和企业到政府办事“最多跑一次”，同时把群众、企业的获得感作为改革的重要目标，建立了评判改革成效的明确标准。

2014 年，浙江构建政务服务“一张网”——浙江政务服务网（以下称为“浙里办”），开全国之先，公布了政府权力清单、企业投资负面清单、政府部门专项资金管理清单、政府责任清单，形成了著名的“四张清单一张网”。“浙里办”上线以来，服务体系越来越健全，应用场景越来越丰富，初步构建网上一站办、就近办、线上线下无缝衔接的“一网通办”浙江模式，按照“整体智治、唯实惟先”的现代政府理念，引领政务服务“好办、易办”。

1. 一站办

（1）线上线下融合办

依托“浙里办”在线服务平台，浙江省上线了“浙江政务服务网”门户网站、“浙里办”App、“浙里办”支付宝小程序，构建了线上线下融为一体的服务体系。

在线服务方面，浙江省大数据发展管理局发布的统计数据显示，截至 2021 年 6 月，浙江省“浙里办”实名注册用户数已超过 6900 万，日均活跃用户数突破 178 万；汇聚“社保公积金查询”“健康医保卡申领”“交通违法处理缴款”等 3600 余项申请政务服务事项与 800 余个便民惠企应用；截至 2020 年 12 月 20 日，全省接入统一公共支付平台执收单位 1.95 万家，接入代收机构 33 家，缴款人通过统一公共支付平台缴费 7003 万笔、缴纳资金 4844 亿元；全省政务服务事项网上可办比例达到 100%、掌上可办比例超过 80%，从公积金社保查询、缴学费、查违章等“民生小事”，到不动产登记证明、企业开立等“家企大事”，都可一站式办理。

线下服务方面，浙江省各市、县（市、区）按照应进必进、能进则进的原则推动各个部门向行政服务中心集中，在行政服务中心设立部门窗口，实现群众办事“只进一扇门”。2017 年开始，全省开展一窗受理、集成服务改革，打破部门间壁垒，设立无差别全科受理窗口，即行政服务中心任何一个窗口都能够代表政府受理全部办事事项，完善“前台综合受理、后台分类审批、综合窗口出件”政务服务模式，做到政务办事“只进一扇门”“最多跑一次”，实现“一窗通办”。除《“最多跑一次”改革例外事项目录》中确定暂不能实现“最多跑一次”的事项外，其他所有实施主体为政府（行政机关）的办事事项（除信息发布、政策解读、改革宣传等），群众和企业都可到任一窗口办理，且“最多跑一次”。根据需要，行政服务中心设置综合受理窗口、综合出件窗口和“最多跑一次”投诉代办窗口。各地还根据实际情况，建立导服咨询、自助办理、网上办理等专业区块。

无论是在线办还是线下办，都是依托“浙里办”政务服务平台向用户提供服务的方式和渠道，用户可自行选择使用哪一种方式。线上办和线下办互联互通，用户可在线上预约取号、查看窗口数量及人流量预测、查询办理进度，可在线下大厅寻求帮助、提交资料、领取证件。

（2）公共事项皆可办

在政务服务“最多跑一次”改革实践的带动下，以群众企业需求为导向，推动“最多跑一次”改革理念、方法由政务服务向城市生活、未来社区、数字乡村等领域延伸。

水、电、气、网、数字电视等公共服务事项被纳入“最多跑一次”改革范畴。永康市供电、供水、供气、数字电视等派驻乡镇的机构统一进驻便民服务中心开设窗口，市民可以一站式集成办理 80 项公共服务事项；衢州市行政服务中心在不动产板块设立了“水电气”综合窗口，水、电、燃气过户等业务的办理由原来的不动产登记办结后提前至不动产登记受理后一并办理。

2020年6月，中共浙江省委全面深化改革委员会办公室、浙江省最多跑一次改革办公室、浙江省文化和旅游厅联合印发《浙江省公共图书馆服务大提升行动方案（2020—2022年）》，大力推动“最多跑一次”改革向公共图书馆延伸覆盖，整合图书馆资源，实现全省图书馆一体化管理，努力解决图书馆布局不合理，基层群众借书难、找资料难等问题，让公共文化服务惠及所有人群。该行动方案以省、市、县联合服务的形式打破公共图书馆服务边界，推出通借通还服务。2020年12月底，杭州市区图书馆率先与省图书馆实现了通借通还，在浙江省图书馆借的书可以还到杭州市区的任何一家公共图书馆，在杭州市区任何一家公共图书馆借的书也可以直接还到浙江省图书馆。省内县级以上公共图书馆均已实现地区之间纸质图书通借通还服务。浙江省还推出了信阅服务平台，以信用为依托，全国读者可以在线开通借阅功能，免除读者证和借书押金，可以上门还书，也可以快递还书，来往快递费用由读者支付。

2. 就近办

（1）家门口办

依托“浙里办”省、市、县、乡、村五级联动的一体化政务服务体系，浙江对全省政务服务事项进行标准化梳理，统一省市县三级办事指南、办理流程、表单等材料，通过“浙里办”一口收件，由政务中台“智能路由”到相应的部门审批系统，实现全域无差别收件，实现线上线下多端体验一致、同标准办理，为全面推行异地办、就近办奠定基础。截至2021年9月，全省共有全域通办事项2819个、全域通办政务大厅126个。

浙江深入推进“最多跑一次”改革向基层延伸拓展，将政务服务资源延伸下沉，整合优化网点布局，形成乡镇前台综合受理，县乡（镇）后台分类办理，乡镇统一窗口出件的政务服务模式，在乡镇（街道）便民服务中心、村（社区）和人流密集场所投放综合自助终端设备，打造15分钟政务服务圈，让服务“多往下跑”，群众“少往上跑”，更多服务事项可以“家门口办”。在诸暨，依托一站式平台、一条龙服务、全过程公开、规范化办理的运行模式，建成1个市级中心、27个镇街行政服务中心、503个村级便民服务中心纵向到底的三级便民服务网络。社保、民政、建设、市场监管等事项全部被纳入综合窗口无差别受理范围，村民只需凭一张身份证，即可到基层办理人社、民政等129项涉民事项。

浙江还将银行、邮政等企事业单位服务网点纳入政务服务体系，利用银行、邮政等密集的服务网点，让群众能在家门口享受“最多跑一次”改革带来的新的红利。在银行、邮政网点，既设置了人工服务专柜，也放置了自助服务终端，市民可以办理企业开办、抵押权登记、公积金提取、发票领用等政务服务事项。

（2）“跨省通办”

“跨省通办”作为国务院“放管服”改革的重要举措之一，是连接各地企业群众简单办事、办事简单的重要桥梁。为贯彻落实《国务院办公厅关于加快推进政务服务“跨省通办”的指导意见》，浙江省积极探索适合本省的“跨省通办”的业务模式和实现路径。聚焦在浙人员及本省在外创业人员的政务服务办事需求，对接劳动力输出输入、东西部协作等事项和经济发达地区的意向合作单位，签订双方或多方“跨省通办”协议，通过分别发文、联合发文、相互委托、集中授权、统一配号等方式，推出一批具有浙江特色的“跨省通办”事项。2021年底前，实现74项事项“跨省通办”。

在具体实施举措上，浙江省主要从3个角度入手。一是数字赋能，全程网办。除法律法规规定必须到现场办理的事项外，政务服务事项全部依托国家政务服务平台、浙江政务服务网及“浙里办”移动客户端等一体化政务服务平台，实现全流程全环节网上办、掌上办。二是收办分离，代收代办。对法律法规明确要求必须到现场办理的政务服务事项，在不改变原有办理权限的基础上，通过收办分离的模式，打破事项办理的属地化管理限制。三是高效协同，多地联办。对无法实现全程网办且涉及异地多部门办理的事项，改革原有业务规则，整合多地办理流程，用数据跑、干部跑代替群众跑，实现多层次、多类型“一件事”联办，通过异地一地收件、各地跨区域协同、平台共享材料数据、属地分别高效办理，实现横向互联、纵向贯通，减少申请人办理手续和跑动次数。

浙江各地市在完成省级规定动作的基础上，根据本地人口、生产要素流动特点，积极对接“跨省通办”事项。浙江海宁被誉为中国皮革之都，是全国重要的皮革生产基地和集散中心，在此经营的企业逾万家，从业人员超十万人，群众异地工作生活、企业跨区域经营办事“多地跑”“来回跑”“不得不跑”等问题突出。为此，海宁以服务皮革产业为出发点，以“海宁+”政务服务联盟建设为基点，主动对接15省40多个市县区，签订“跨省通办”合作协议，为企业群众提供“异地受理、属地审批、免费邮寄、就近取证”的全链条政务服务，覆盖在海宁工作生活的外省人员20多万人以及2万余名在外创业的海宁人，全力打造政务服务“直通车”。

3. 暖心办

浙江省第七次人口普查数据显示，全省常住人口中60岁以上的有12072684人，占总人口的18.70%；居住在乡村的人口为17969123人，占总人口的27.83%。浙江省残联数据显示，截至2020年底，全省入库持证残疾人有135.3万人。当前，浙江正处于奋力打造“重要窗口”、高质量发展建设共同富裕示范区的关键期，在全面推进数字化改革的过程中，服务好特殊群体、消除“数字鸿沟”，确保数字化弱势群体“一个都不能少”成为必然要求。

“政务服务有温度，老人办事无难度。”“浙里办”推出了一系列举措，帮助老年人跨越“数字鸿沟”，更好地享受数字化发展成果。2021 年 2 月，“浙里办”推出适老化服务的“长者关怀专区”，改造大字体版服务页面，围绕老年人日常生活中的高频事项及服务场景，设置常用服务、主题生活、相关资讯三大板块，老年人可在线办理近 40 个事项。

针对残障人士，浙江政务服务网上线了无障碍浏览模式，进入无障碍浏览模式会自动开启智能导盲功能，鼠标移动到哪里就会有语音提示，同时把高频事项集成在首页，方便使用者能快速准确把事情办好。在江山市，通过残疾人全周期服务数字化应用，打通了9套跨层级、跨部门系统，对接34个数据接口，全面归集了年龄结构、失能概况、文化程度等涉残数据，实现对致残人员主动感知、分析研判和靠前服务。2021 年 1—4 月，该市新增残疾人中近五成由系统主动感知发现，全市残疾人补贴发放从原来需要 22 个工作人员 10 个工作日，压缩到 1 个工作人员 1 个工作日。

根据浙江省第七次人口普查数据，浙江省有 937.1 万省内流动人口，有偏远山区、海岛居民，为更好地为这些群体服务，浙江省推出了区域代办点、在线办、代办员等暖心服务。绍兴市柯桥区建立起一支横跨村社、政府、企业、市场的 32 人的红色代办员队伍，并试点跨区办事的“全国漫游”政务服务。在柯桥的外地人或在外地的柯桥人只要在相应平台上申报，通过审核后，代办员们就会代为办理。

（三）机关运行管理高效

2019 年浙江省提出打造机关效能最强省的工作目标，把“最多跑一次”的理念延伸到机关内部。机关内部“最多跑一次”改革是力戒形式主义、官僚主义，打造机关效能最强省的治本之策，是推进“最多跑一次”改革延伸扩面、提质增效，打造营商环境最优省的重要举措，是规范权力运行、打造清廉浙江的有力抓手。

1.“一件事”业务流程

和群众、企业办事“最多跑一次”改革一样，机关内部办事事项梳理、流程再造是整个改革中最基础也是最重要的工作。浙江全省各地各部门从部门间和办事事项两个角度出发，以法律法规、党内法规、“三定”规定为依据，按照应梳尽梳、不留死角、锁定基数、突出高频的要求，逐条逐项梳理办事事项，分类编制办事指南。按照整体政府的思维，实行“一件事”全流程“最多跑一次”，做到一套材料、一表申请、一次提交、一窗受理、一网通办。

2019 年浙江省委组织部按照省委开展机关内部“最多跑一次”改革部署要求，积极探索，牵头推进机关公务员职业生涯全周期管理“一件事”改革，改革涵盖机关公务员职业生涯录用、调任、转任、职务职级变动、调出、辞职、辞退、开除、退休 9 个事项，集成每个事项所涉及的出入编、工资、养老保险、医保、工伤保险、公积金、一卡通、社保卡、子女医保统筹、子女社保卡 10 项业务，形成“9+10”的“一件事”改革框架，对每个事项所需的申报材料、个人信息进行颗粒化细分，按照环节能少则少、材料能减则减、时限能短则短的要求，对整个经办体系进行重塑再造，形成统一规范的办事流程和标准。例如，公务员转任的申报材料从 18 份压缩到 5 份，填报信息从 183 项压缩到仅需手工填写 6 项，办理时限从一般 1 个月以上压缩到 1~2 个工作日。实现“一张表单申请、一个平台联办、一次不跑办成”，对内提升了机关工作效能，对外提升了服务管理质量，切实增强了机关干部的改革获得感。

2. 在线协同办公

2017 年 3 月，浙江省人民政府办公厅印发了《浙江省人民政府办公厅关于开展政务移动办公系统建设的通知》，2017 年 4 月，杭州、衢州等地开始试用钉钉系统，2018 年 5 月，浙江省、市、县政府领导分别在钉钉系统建立工作群，开展协同应用，标志着“浙政钉”正式上线运行。2019 年 4 月，中共浙江省委办公厅印发了《中共浙江省委办公厅关于推广“浙政钉”移动办公应用的通知》，要求全省建成统一的移动办公平台，“掌上办公之省”数字化协同管理平台——“浙政钉”正式在全省推广应用。截至2020年11月底，“浙政钉”集成接入经济调节、市场监管、社会管理、公共服务、环境保护和政务运行六大类主题的办公、决策辅助共计1248个应用，实现在线沟通、政务办公、业务协同“三位一体”，用户数已突破140万人，创建51万个内部工作群。新冠疫情防控期间，基于“浙政钉”的政务通信录功能，浙江在24小时内迅速建立近1.2万人的省、市、县三级的疫情防控组织专属通讯录，为科学决策、精密部署打下基础。

依托“浙政钉”，浙江省机关内部“最多跑一次”协同办事系统已正式上线，实现一号登录、一个界面、一网融合、一表通办、一键流转。各单位统一通过“浙政钉”平台发布部门间办事事项目录，公开办事指南，实现事项基本信息、办结时限、办理流程、材料清单一网告知。办事对象通过“浙政钉”一键登录，实现一站式在线办理。浙江省机关内部“最多跑一次”协同办事系统实时记录申请、办理各环节的人员和时限信息，监控办事进度，并对超时办件发出“钉消息”通知提醒。申请人可随时查看办事进度，对办理情况给予好评、差评。

（四）省域治理现代化

浙江在全国率先部署开展数字化改革，充分运用数字化思维、认知、技术，全面推进流程再造、管理重构、制度重塑，加快形成即时感知、科学决策、主动服务、高效运行、智能监管的新型治理形态，提高省域治理科学化、精准化和协同化水平。

1. 数字化监管

（1）浙江公平在线

浙江是平台经济大省，平台企业数量、经济规模、创新能力均走在国内前列。截至2021年3月，浙江全省共有各类网络交易平台300多个，平台上网店数量超过900万家，占全国总量近半数，服务全球消费者达9.6亿人。与此同时，也出现了一些风险和隐患。为推进平台经济领域的公平竞争，提升企业竞争力，浙江按照系统观念、系统方法，对过去4年市场监管领域数字化应用的综合集成、迭代升级之后推出了全国首个平台经济数字化监管系统。

浙江公平在线于2021年2月上线，由“1235”体系组成。“1”即一个驾驶舱，作为核心中枢和统一指挥调度平台，具备全景展示、决策研判、指令下发、运行监控等控制功能；“2”即两个雷达引擎，包括算法引擎和图谱引擎；“3”即3个基础数据库，包括主体库、标品库和情报库；“5”即5个核心功能模块，包括采集模块、识别模块、固证模块、审核模块和流转模块。该系统依托全国网络交易监测平台，监测范围涵盖淘宝、天猫、京东、拼多多、美团等700个主要网络交易平台，重点聚焦平台经济领域垄断和不正当竞争等违法行为。该系统重塑了平台经济监管流程，将平台经济监管从事后提升到事中和事前；创新运用大数据、云计算、人工智能等互联网技术，对重点平台开展广覆盖、多方位、全天候的监测、感知、分析和预警，监管者可以随时监测到平台日常经营过程中可能存在的风险。比如，首创对“二选一”“大数据杀熟”“低于成本价销售”“纵向垄断协议”“违法实施经营者集中”5种垄断及不正当竞争行为进行靶向监管，并采取不同的数据抓取规则和识别模型。

（2）浙江外卖在线

浙江外卖在线基于寓监管于服务的理念，通过“链团组合”式架构，构建跨部门、跨区域、跨层级的大协同机制，汇集准入、监管、执法、消费、评价等数据，打造平台、商家、厨房、配送、消费、骑手和办案管理等多跨场景应用，实现网络餐饮从后厨到餐桌、从加工到配送、从线上到线下、从商家到骑手全链条闭环管理，推进网络餐饮行业的全环节、全方位治理。

浙江外卖在线在美团和饿了么两大订餐平台开设阳光专区，接入“阳光厨房”6000多家。通过系统上的“明厨亮灶”直播，可以看到“阳光厨房”实景，食品清洗、加工、制作等过程一目了然，实现了后厨阳光化。通过该系统，还推动外卖商家承诺使用外卖封签、使用限塑包装、培育外卖餐饮放心消费单位，接入外卖骑手数据，通过数字化平台实现对骑手交通安全的动态联合监管和骑手权益保障的综合协同共治。

2. 杭州城市大脑

依托数字经济的先发优势和良好积淀，杭州全面推进城市数字治理，在全国率先提出建设城市大脑。城市大脑是指由中枢、系统与平台、数字驾驶舱和应用场景等要素组成，以数据、算力、算法等为基础和支撑，运用大数据、云计算、区块链等新技术，推动全面、全程、全域实现城市治理体系和治理能力现代化的数字系统和现代城市基础设施。

（1）为城市大脑立法

2020年10月27日，杭州市十三届人大常委会第三十次会议表决通过《杭州城市大脑赋能城市治理促进条例》（以下简称《条例》），经浙江省第十三届人民代表大会常务委员会第二十五次会议批准，于2021年3月1日起正式施行。这是我国城市数字治理领域的第一部地方性法规。《条例》首次明确了城市大脑的范畴、定位和功能，率先对城市大脑四要素予以明确，即中枢、系统与平台、数字驾驶舱、应用场景。《条例》将城市治理现代化的杭州方案形成可复制、可推广的制度化、法治化成果。

《条例》鼓励大数据、云计算、区块链等新技术在中枢的融合应用，鼓励公共管理和服务机构推进数字驾驶舱建设，依托数字驾驶舱，加强应用场景建设，创新政府决策方式和社会治理模式。与此同时，《条例》还明确了城市数字治理的底线和边界。比如，第十二条规定公共管理和服务机构在推进城市大脑赋能城市治理工作中，应当关注低收入人群、残疾人、老年人等群体利益，确保决策和公共服务资源配置透明可视、公平合理，并完善线下服务和救济渠道，保障公民选择服务方式的权利；第十三条规定公共管理和服务机构、企业等应当遵循合法、正当、必要、适度的原则，依法开展数据的采集、归集、存储、共享、开放、利用、销毁和安全管理等工作，保障数据采集对象的知情权、选择权，履行数据安全保护义务，承担社会责任，不得损害国家安全、公共利益或者公民、组织合法权益。

除《条例》外，杭州还对一些不合时宜的规章及时予以修订，不断完善城市大脑建设的法治保障。比如，为缓解城市交通拥堵，杭州曾颁布市长令，规定外埠车辆进城出城要错峰限行，给外地来杭人员带来诸多不便。2019 年，在杭州城市大脑的协同下对市长令做了优化，推出了“非浙 A 急事通”，给外埠车辆每年有 12 次不必错峰限行的机会。2021 年，再次对这一政策进行优化，给予本省“非浙 A 号牌”小客车每年 24 次不必错峰限行的机会。错峰限行政策的几次调整，彰显了杭州的城市风度，让更多的外来人感受到了杭州温度。

（2）为应用增加温度

①便捷泊车・先离场后付费

针对停车场及道路停车点离场难问题，城市大脑停车系统推出了便捷泊车・先离场后付费功能，可通过 34 个平台 126 个支付渠道付费，基于全市一个停车场的理念，一次扫码就能实现全城通停。该功能充分考虑了用户在使用过程中遇到的特殊情况，针对这些特殊情况，上线了临时关闭、例外停车场、优惠券后核销等功能。临时关闭功能是针对停车场临时抬杆放行无须缴费的情况；例外停车场是针对有会员卡等特殊情况；优惠券后核销功能是对没有及时使用优惠券的补救措施——在出场后24小时内可自助线上核销，停车场确认信息后可将优惠金额退回。

②舒心就医·先看病后付费

2019年，城市大脑舒心就医场景上线。患者可在城市大脑数字界面开通舒心就医功能，患者挂号、问诊、开药付款均可通过扫码完成。在问诊环节，医生扫码可以查看患者的就诊记录；在付费环节，通过扫码可以自动记录医保报销费用，而个人自费部分可以回家再支付。该功能设置了还款短信提示，第一次提示是就医后七八小时；临近48小时未付款的，还会在类似时间段再发一次短信提示。一方面，考虑到老年人等数字化弱势群体的使用问题，该功能还增加了亲情账户，老人、孩子可以把自己的账单和子女或父母的市民卡账户绑定，通过亲情账户实现先看病后付费。另一方面，自助机挂号、结算付费的功能依旧保留，还有医院增设了老年人服务窗口来帮助老年人就医。

（五）保障体系

1. 完善的体制机制保障

（1）组织管理体系

2018年，浙江省成立了中共浙江省委全面深化改革委员会办公室，并加挂浙江省最多跑一次改革办公室牌子，由省委常委、秘书长担任主任，省委常委、常务副省长担任第一副主任，是浙江省唯一由两位省委常委担纲的新机构，充分体现了浙江省委将“最多跑一次”改革进行到底、争当新时代全面深化改革排头兵的决心和意志。

2015年设立省数据管理中心，负责拟订并组织实施大数据发展规划、计划和政策措施，研究制定数据资源采集、应用、共享等标准规范，统筹推进大数据基础设施建设、管理，组织协调数据资源归集整合、共享开放，推进大数据应用，组织协调大数据信息安全保障体系建设；2018年成立浙江省大数据发展管理局，作为省政府办公厅管理的副厅级机构，负责深化“最多跑一次”改革，落实支撑改革相关的信息系统建设任务，推进“互联网 + 政务”深度融合、政府数字化转型，统筹协调力度较大。

《浙江省深化“最多跑一次”改革推进政府数字化转型工作总体方案》明确了政府数字化转型工作的职责分工：省政府办公厅负责政府数字化转型的组织协调和统筹推进工作。省发展改革委、省财政厅负责协同做好电子政务项目立项、预算等管理工作，杜绝重复建设。省委网信办、省公安厅、省通信管理局等负责协同抓好网络安全工作。省市场监管局负责牵头推进政府数字化转型标准体系建设工作。省司法厅负责加强法治保障工作，清理不适应政府数字化转型要求的行政规范性文件。省人力资源和社会保障厅负责研究制定政府数字化转型人才培养、队伍建设的行动计划。

（2）制度规则体系

浙江省建立了包括法规、规章、政策文件、地方标准、规范指南等在内的制度体系。陆续出台了《浙江省公共数据和电子政务管理办法》《浙江省保障“最多跑一次”改革规定》《浙江省公共数据开放与安全管理暂行办法》等地方性法规，杭州市出台了全国第一部城市大脑立法《杭州城市大脑赋能城市治理促进条例》；发布实施了《加快推进“最多跑一次”改革实施方案》《浙江省深化“最多跑一次”改革推进政府职能转变和“放管服”改革行动计划（2018—2022 年）》《深化数字浙江建设实施方案》《浙江省深化“最多跑一次”改革推进政府数字化转型工作总体方案》等政策文件，对“最多跑一次”改革进行总体规划和部署；发布了全国第一个以落实行政审批改革为内容的省级地方标准《政务办事“最多跑一次”工作规范》，包括总则，一窗受理、集成服务，政务服务网电子文件归档数据规范，服务大厅现场管理，专用标志图形管理和使用，监督评价与改进，群众和企业全生命周期“一件事”等部分。印发了《浙江省数字化转型标准化建设方案（2018—2020 年）》，明确提出要全面实施标准化战略，深化国家标准化综合改革试点，以标准化支撑数字化转型；研究制定了《浙江省公共数据治理工作细则》《浙江政务服务网电子文件管理暂行办法》《“无差别全科受理”工作指南》等规范指南。

此外，《浙江省数字经济促进条例》已正式实施，这是全国首部以促进数字经济发展为主题的地方性法规；《浙江省公共数据条例》也已正式施行。

2. 共享开放的一体化数据资源体系

“数据多跑路”是“最多跑一次”改革的重要支撑与保障。浙江省着力加强共享开放的一体化数据资源体系建设。扩大公共数据按需归集和管理范围，实现全领域数据高质量供给；加强共享建设，形成全省共建共治共享、数据循环利用的机制；加强数据开放，推动公共数据和社会数据融合应用，形成数据开放创新生态体系。

（1）数据归集与共享

随着“最多跑一次”改革、政府数字化转型的不断深入，对数据共享的实时性、数据质量提出了更高要求。为实现全领域数据高质量供给，2018 年开始，从部门信息系统入手，针对所有省级单位系统进行了普查，梳理出 1822 套系统，并基于此开展数据资源目录的梳理。在数据质量管理方面，建立省市县问题数据反馈整改工作机制，实现问题数据“发现—反馈—修正—共享”闭环管理。从完整性、准确性、规范性、一致性、唯一性、关联性 6 个维度，设置通用性和个性化清洗规则，数据清洗最快只需几分钟。

为打造更加畅通、高效的数据共享通道，浙江省创新性地通过建设“数据高铁”推进数据归集与共享。“数据高铁”采用统建分管、分域建仓的建设模式，全省统一标准、统一工具、统一监控，各设区市、各部门依托省、市公共数据平台，分级分域建设实时数据仓，将未纳入省、市公共数据平台的数据资源统一汇聚到设区市、部门数据仓，减少数据流转环节，实现数据实时采集、跨网传输、流式加工，让数据从“起点站”直达“终点站”。

与此同时，浙江省还建立了数据回流共享机制，在省、市、县三级打造数据回流共享“高速公路”，根据基层需求，梳理形成市、县所需高频数据目录清单，由省级公共数据平台统一按基层需求，使数据分类后批量化、分地域回流各市。实现“市、县‘点单’要数据”向“省里主动‘端菜’给数据”转变。2021 年底，省公共数据平台让包括公安户籍、市场主体、低保救助、环境违法等基层所需的约 500 个类别的数据，回流至各市级平台，助力各级政府整合数据资源，提升政府治理现代化水平。

（2）数据开放与应用

2015 年 10 月，浙江省上线了全国第一个省域政府数据开放平台。之后，浙江省公共数据开放工作一直走在全国前列。2020 年浙江省开放数据集 9520 个，开放数据 20.6 亿条，网站访问量同比增长 118%，下载调用量同比增长 116%。此外，宁波、杭州、温州、台州等地在城市排名中也位居前列。

在开放数据开发应用方面，浙江省制定了多元化的鼓励措施，积极营造良好的开放应用生态体系。《浙江省公共数据开放与安全管理暂行办法》明确提出推动公共数据在经济调节、市场监管、公共服务、社会管理和环境保护等领域的开发利用，提升省域治理现代化水平。要建立多元化的行业数据合作交流机制，鼓励和支持利用开放的公共数据开展科技研究、咨询服务、应用开发、创新创业等活动，鼓励将社会数据与公共数据深度融合利用。另外，2020 年、2021 年，浙江省连续举办了两届浙江数据开放创新应用大赛，依托浙江省一体化智能化公共数据平台，鼓励企业、社会组织和个人开展数据开放创新应用。

（六）案例小结

1. 整体统筹协调推进

浙江省的“最多跑一次”、政府数字化转型和数字化改革都是从省级层面整体统筹协调推进的。浙江省成立了由省委常委、秘书长担任主任，省委常委、常务副省长担任第一副主任的中共浙江省委全面深化改革委员会办公室，并加挂浙江省最多跑一次改革办公室牌子。此外，浙江省还对浙江省数据管理中心进行改制，成立了浙江省大数据发展管理局，作为省政府办公厅管理的副厅级机构，负责深化“最多跑一次”改革，落实支撑改革相关的信息系统建设任务，推进“互联网+政务”深度融合、政府数字化转型。此外，还通过《浙江省深化“最多跑一次”改革推进政府数字化转型工作总体方案》明确了相关部门政府数字化转型工作的职责分工，形成了机构完整、职责明确的统筹协调组织体系。

2. 注重制度规则建设

制度规则是数字化转型、数字化改革长远有序发展的保障。浙江省建立了包括法规、规章、政策文件、地方标准、规范指南等在内的制度体系。陆续出台了《浙江省公共数据和电子政务管理办法》《浙江省保障“最多跑一次”改革规定》《浙江省公共数据开放与安全管理暂行办法》等地方性法规，杭州市出台了全国第一部城市大脑立法《杭州城市大脑赋能城市治理促进条例》。此外，浙江还非常注重标准的研究制定，发布了全国第一个以落实行政审批改革为内容的省级地方标准《政务办事“最多跑一次”工作规范》《浙江省公共数据治理工作细则》《浙江政务服务网电子文件管理暂行办法》《“无差别全科受理”工作指南》等规范指南。

3. 向管理和服务赋能

数字治理既要解决政府管理中的问题，也要提升群众的服务体验，管理和服务的平衡与融合是数字化转型与数字化改革的重要目标。政务服务提质增效、机关运行管理高效和省域治理现代化是浙江省数字化改革的重要内容。通过一站办、就近办、暖心办等措施提升了群众的获得感、幸福感、安全感；将“最多跑一次”改革延伸至政府内部，提高了机关运营管理效率，减轻了内部工作人员负担，为“最多跑一次”改革的可持续性提供了保证；在全国首创健康码，并将“码上治理”的经验扩展至就医、交通、生产、消费等多个领域，并在积极探索数字化监管，既用数字化管理，也用数字化服务；杭州在全国率先建设城市大脑，提出建设数字治理第一城，并通过立法为数字治理保驾护航。

4. 打造有温度的治理体系

浙江省在推进城市数字化转型和数字化改革的过程中，不是单纯地依赖数据和技术，而是在数据和技术之外采取了很多人性化、有温度的措施。浙江省在服务方面推出了系列“暖心办”措施，比如在流动人口聚集区、偏远山区、海岛，推出了“区域代办点”、“在线办”、“代办员”、政务服务“全国漫游”等暖心服务，为老年人、残疾人提供了“长者专区”“无障碍专区”等。杭州的数字治理应用也重点开发了“便捷泊车·先离场后付费”“舒心就医·先看病后付费”等暖心应用。

四、广州实践①

城市是由国民经济、世界经济、国土开发、人口居住、生态平衡、能源保障等各种复杂问题组合而成的巨系统。提升城市治理效能，就要求城市决策面对和正视现代城市变化更新永无停滞的现实，并将决策体系建立在城市发展规

① 本部分作者为广州市社会科学院柳立子、刘佳，广州市城市规划勘测设计研究院邓兴栋、何华贵、周泊远、廖顺意。

划与城市总体布局、整体功能以及经济发展、社会因素之间互动反馈更为密切的关联体系基础之上。这就要求城市发展规划既要以前瞻性、战略性充分的远景目标为指引，又要能着眼于把控住眼前现实及变化，并针对远景目标不断修订、补充和调整，形成动态平衡的“滚动规划”，使城市发展规划真正成为城市建设和城市管理的龙头。由此，城市数字治理成为城市规划、建设和管理发展的新方向，高起点规划、高标准建设和精细化管理成为城市治理体系建设和治理能力现代化的重要基础和保障。

近年来，广州坚持规划先行与建管并重的治理理念，用数据规划，依数据建设，靠数据管理，将数字城市建设作为全面落实网络强国、数字中国战略的重要内容，作为深化“放管服”改革、推进政府治理体系和治理能力现代化的重要支撑。作为国家首批智慧城市试点，广州率先建立了全市智慧城市时空大数据平台，一方面不断完善基础时空数据，作为政务、民生、运营和感知等城市大数据时空化的基石；另一方面不断优化公共信息云平台的应用，通过对接52个市、区部门的372名平台用户，累计开发63个业务应用系统，融合汇聚应急管理、城市管理、营商环境、民生服务等全域城市治理数据，满足对城市运行体征和事件进行运行监测、预测预警、协同联动、决策支持、指挥调度的工作要求，从而赋能城市总体发展，探索构建以信息化为引领的绿色、智慧和韧性的城市数字治理新形态。

（一）广州大数据赋能公共治理的探索与成效

1. 数字城市，赋能发展

（1）以数定城，夯实底线

①开展国土“双评价”，构建美丽空间格局

为优化国土空间开发保护格局、完善区域主体功能定位，确定国土空间在生态保护、农业生产、城镇建设等功能指向下的承载能力等级，通过对灾害监测数据、气象台观测数据、区域地形数据、土壤环境监测数据等多源异构海量数据的无缝集成调用，分析广州市国土空间内自然资源、环境容量和生态服务功能对人类活动的综合支撑水平，并将其作为划定生态保护红线、永久基本农田、城镇开发边界和确定用地用海等规划指标的参考依据。

按照陆海统筹原则，从生态、农业、城镇等方面，对市域土地资源、水资源、环境、生态、灾害和海洋资源等进行数据综合评价，由此确定广州市域生态保护极重要区、生态保护重要区等重要保护区域。国土“双评价”要素和指标见图 3–1。

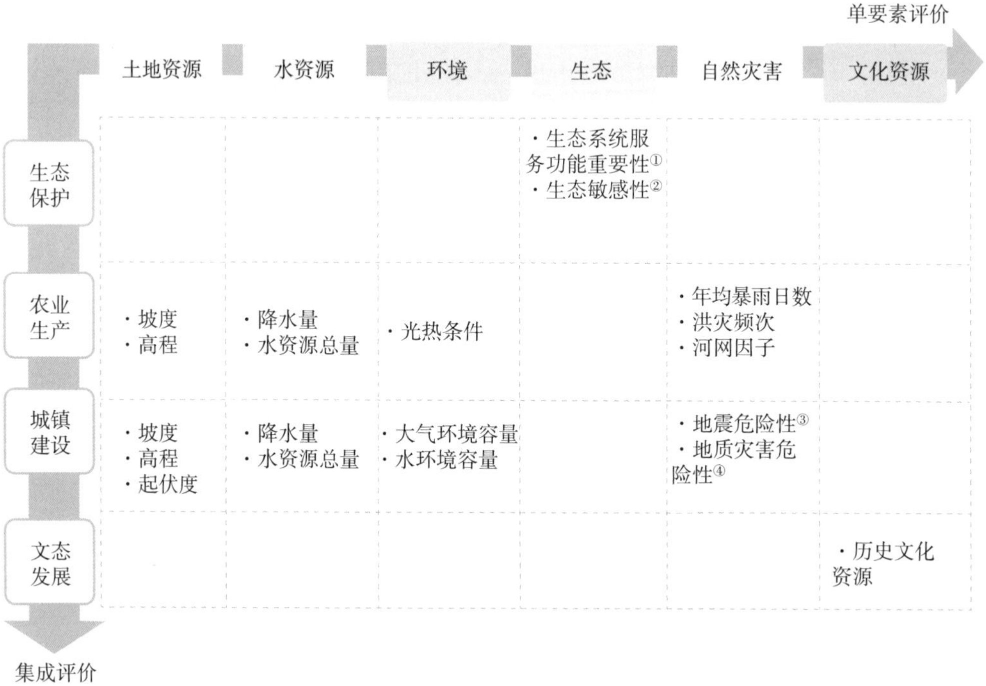

图 3–1　国土“双评价”要素和指标

资料来源：广州市城市规划勘测设计研究院项目资料。

注：①水源涵养、水土保持、防风固沙、生物多样性维护等相关指标集成；②水土流失、石漠化、土地沙化、盐渍化等指标集成；③活动断裂安全距离、地震动峰值加速度集成；④地理所处理结果，考虑相关变量。

②织密感知监测网络，动态预警底线风险

依托高分辨率遥感技术、无人机等新型遥感技术设备，融合 GIS、GNSS 等多源技术，集成和整合海量监测数据，构建多源空间数据库，网络空间再造一个与之匹配、对应的数字感知空间，形成物理世界与网络虚拟空间一一对应、相互映射、协同交互的复杂巨系统。融合灾变模型，为灾害机理分析、灾前预警预报、灾变过程模拟、灾中影响分析、灾后评估与规划等防灾减灾提供强大的数据支撑和决策，大大提升了广州城市地理监测应用的广度与深度。多源长时序遥感数据支撑城市治理的技术路线见图 3–2。

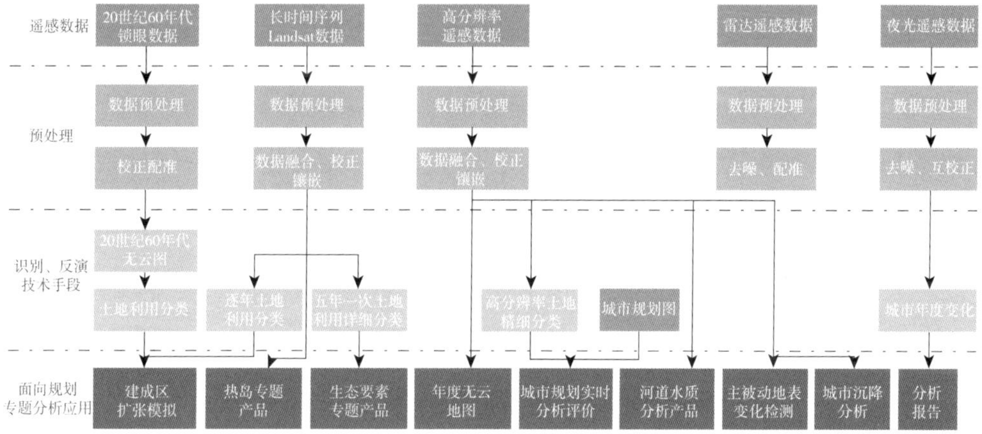

图 3–2 多源长时序遥感数据支撑城市治理技术路线

资料来源：广州市城市规划勘测设计研究院项目资料。

通过在数字岩土空间上模拟仿真，广州进一步开发城市工程地质勘察信息系统，基于物联网技术实现对城市地质灾害智能化数据采集分析与实时预警，基于 30 余万钻孔实现对城市地质灾害实时预警，形成 40 多幅地质相关专题图、地灾数据库、隐患点数据库。该系统能对岩土地质发生灾害时可能产生的不良影响、矛盾冲突、潜在危险进行智能预警，并提供合理可行的对策建议，以未来视角智能干预灾害影响，进而指引和优化城市防灾减灾体系。

③多维评估土地绩效，调整优化土地布局

为更好贯彻建设资源节约型、环境友好型社会的要求，广州着力转变经济增长方式，以建立土地利用绩效评价方法和土地利用绩效评价标准为抓手，以提高土地资源利用效率为核心，加快形成节约型的增长方式、产业结构和城市发展模式，促进广州经济社会全面协调可持续发展。广州市土地利用绩效评估要素见图 3-3。

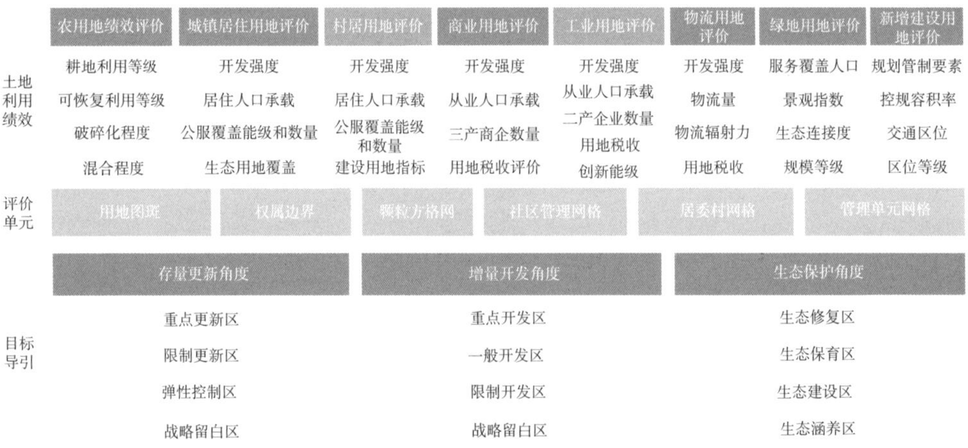

图 3-3　广州市土地利用绩效评估要素

资料来源：广州市城市规划勘测设计研究院项目资料。

在开展土地利用绩效理论研究和国内外相关比较研究的基础上，广州根据不同功能区和不同土地用途对土地利用绩效的不同要求，结合土地实际利用特点，确定广州土地利用绩效评价的评价对象和相应评价重点，使土地利用绩效评价工作具有综合系统性、政策导向性和技术可操作性。

广州强调在土地利用效率的基础上提高土地可持续利用水平和优化配置水平，从土地利用开发强度、土地利用社会效益、土地利用生态效益等维度，为各区开展国土空间规划和用地潜力评估提供精细化支撑，让土地政策具有更强的引导性和激励性。以开发强度评估为例，全市城镇住宅用地平均开发强度为1.53，农村宅基地平均开发强度为0.90，商业服务业平均开发强度为0.82，工业用地平均开发强度为0.66，物流仓储用地平均开发强度为0.45。

与此同时，进一步对相关土地政策进行梳理分析，开展存量低效用地筛选与再开发潜力评价，对全市存量土地资源进行分类整理、评价，明确存量资源的底盘底数和改造重点。存量低效用地评价技术路线见图3-4。

图3–4 存量低效用地评价技术路线图

资料来源：广州市城市规划勘测设计研究院项目资料。

④深度剖析空间流关系，谋划区域互联互通

以服务人民的美好生活、合理保护和有效利用空间资源、实现现代化治理能力提升为核心目标，广州以塑造以人为本的高品质国土空间为目标，挖掘多源大数据支撑对不同需求的精准化确定，充分利用移动互联网大数据新兴技术在国土空间规划和管控中的作用，通过对居民日常行为、城市产业流动、互联网信息流动等方面的规律摸查，深入真实的视角和更宽阔的视野来揭示国土空间复杂形态背后的动态演化和结构性规律。

通过移动手机信息数据获取常住人口居住分布情况，既解决了传统空间数据获取周期长、更新滞后的问题，又为分析空间流、信息流、物流提供了重要的方式和手段。

⑤科学测度发展水平，制定区域协同战略

为准确量化城市发展水平，厘清城市存在的短板，并制定区域协同战略，以对标国际一流先进城市。首先通过研究国际城市发展过程及全球城市排名影响因子，提升城市发展硬实力和软实力的目标导向，并从经济实力、创新能力、交通枢纽、国际交往和宜居水平等五大维度及36类指标（见表3–1），开展城市发展评价测度。

通过评估，广州有7个指标为五星级，即排名进入全球前20位或全国（含港澳台地区城市）前3位，7个指标分别为：按购买力折算地区生产总值、全球顶尖服务业企业、高校在校学生数量/受过高等教育人员比例、机场旅客吞吐量、港口货物吞吐量、友好城市数量、入境旅游人数。

表3–1　广州城市发展评价指标体系

两大导向	五大维度	评价要素	序号	指标名称	评分等级
硬实力	经济实力	经济规模	1	按购买力折算地区生产总值	☆☆☆☆☆
			2	世界500强企业数量、上市公司数量	☆☆☆
硬实力	经济实力	高端生产性服务业发展	3	全球顶尖服务业企业	☆☆☆☆☆
			4	全球金融中心指数	☆☆☆☆
	创新能力	新兴产业培育	5	互联网、人工智能等新兴产业产值	☆☆☆

续表

两大导向	五大维度	评价要素	序号	指标名称	评分等级
硬实力	创新能力	创新资源与平台	6	高校在校学生数量 / 受过高等教育人员比例	☆☆☆☆☆
			7	高新技术企业数量	☆☆☆
			8	世界一流大学数量	☆☆☆☆
		创新投入与产出	9	全社会研究与试验发展经费支出占 GDP 比例	☆☆
			10	比重 PCT 国际专利申请数量	☆☆☆
	交通枢纽	交通枢纽能级	11	机场旅客吞吐量	☆☆☆☆☆
			12	港口货物吞吐量	☆☆☆☆☆
			13	国际机场与中心城区通勤时间	☆☆☆
		交通枢纽国际化水平	14	国际航空旅客中转率	☆☆
			15	国际及地区直达航线数量	☆☆
			16	港口货物国际中转率	☆☆
软实力	国际交往	国际性组织与活动	17	大型国际会议数量	☆☆☆
			18	国际体育赛事数量	☆☆
			19	国际性文化及节事活动数量	☆☆☆
			20	友好城市数量	☆☆☆☆☆
		国际人员交流	21	入境旅游人数	☆☆☆☆☆
			22	累计留学回国人员数	☆☆☆
			23	常住外国人口数量	☆☆☆
	宜居水平	生活成本	24	生活成本指数	☆☆☆☆
			25	住房面积与价格	☆☆
		生态环境与安全	26	生态环境指数	☆☆☆☆
			27	水质达标率	☆☆☆
			28	空气优良天数比例	☆☆☆☆
			29	人均应急避护场所面积	☆☆☆
软实力	宜居水平	公共交通	30	工作通勤距离和时间	☆☆☆
			31	城市轨道交通里程与密度	☆☆☆☆
			32	公共交通占机动化出行比例	☆☆☆☆
		公共服务	33	每万人博物馆、美术馆、图书馆等文化设施数量	☆☆☆
			34	以公办学位解决来穗人员随迁子女入学比例	☆☆☆☆

续表

两大导向	五大维度	评价要素	序号	指标名称	评分等级
软实力	宜居水平	公共服务	35	三甲医院数量、每千人医疗卫生机构床位数	☆☆☆☆
			36	卫生、教育、文化、体育、养老等社区公共服务设施15分钟步行覆盖率	☆☆☆

资料来源：广州市城市规划勘测设计研究院项目资料。

注：通过与国内外城市进行横向比较，分别赋予各项指标评分等级，其中排名进入全球前20位或全国（含港澳台地区城市）前3位的为5星级，进入全球前40位或全国前5位的为4星级，进入全球前80位或全国前8位的为3星级，进入全球前100位或全国前10位的为2星级，其他为1星级。

结合现在面临的发展短板，如全社会研究与试验发展经费支出占GDP比例、国际航空旅客中转率、国际及地区直达航线数量、港口货物国际中转率、国际体育赛事数量、住房面积与价格等指标，从区域发展角度统筹谋划，更大范围实现资源优化配置，促进广州发展。

（2）以数延链，筑巢引凤

①全景刻画产业现状，把脉产业发展趋势

多视角进行现状产业摸底，在高质量发展阶段对产业效益、产业创新、产业集群集聚等开展多维度分析，为谋划广州重点布局产业方向和产业政策差异化措施精准发力。利用全国工商登记数据、知识产权数据等多源大数据，采用机器学习、复杂网络等分析方法，从规模优势、趋势热点、效益创新、集群与集聚、成本要素、空间支撑等维度对广州产业发展进行评估，挖掘广州产业发展规律、总结产业发展总体问题、识别广州产业发展优势。广州产业评估技术路线见图3–5。

汽车、船舶和石油炼化与精细化工是广州规模优势明显的产业，但产业集群度有待提升；商贸等传统优势产业，呈现结构性转型的趋势；皮革制品、食品制造、日化等在全国的比较优势突出，集群发育相对完善，但面临创新动力不足等问题；新一代信息技术虽然从产业规模和集群上看均有一定优势，但面

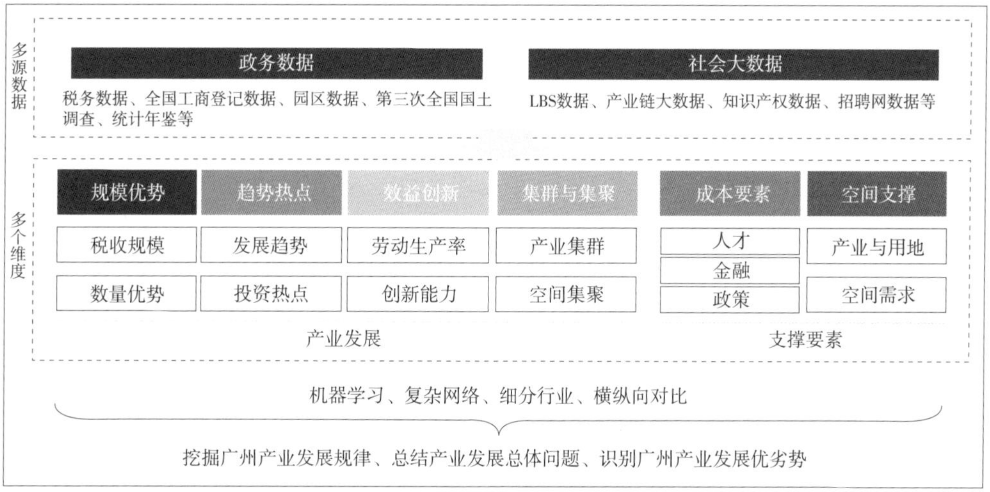

图 3–5　广州产业评估技术路线

资料来源：广州市城市规划勘测设计研究院项目资料。

临区域竞争优势弱等问题；生物医药与医疗技术产业是广州最具创新优势的产业，可以作为重点培育产业；现代服务业以及文化产业是广州优势明显且增长迅速的产业，是广州需要顺势而为、重点发展的产业。

②摸查产业链条情况，推动产业强链补链

为落实新形势下供给侧结构性改革不断推进，提升产业链现代化水平，助力产业强链补链延链。广州市基于全国工商登记大数据，在绘制产业链图谱的基础上，结合自然语言算法，关联产业图谱各个环节以及企业信息，对产业链各个环节的企业情况进行评估。

以广州市人工智能产业为例，通过产业大数据识别广州人工智能产业链各环节的企业集聚情况，发现广州人工智能的优势领域主要集中在应用层，包括智能制造、智慧医疗、智慧城市、智慧交通、智慧教育等领域，而在基础层的硬件设备及开发平台、技术层的算法理论及应用技术等领域存在明显短板。此外，广州在人工智能终端产品、智能家居等领域也存在一定的短板。

③揭示产业转移规律，促进产业转型升级

识别区域产业转移规律，导入新兴产业腾笼换鸟，解决传统产业和新兴产业发展空间不足的困境，支撑产业转移策略的制定。

通过分析粤港澳大湾区的企业流动规律发现，对外投资热门行业中，电子、电气、仪器仪表虽总量高，但仍以流向湾区内部为主；环保敏感型产业（电力、重化、金属冶炼等）、轻工日用品以及部分大型设备等则倾向于流向省内粤西北地区。从湾区企业流动的城市间联系来看，受空间邻近以及对口帮扶等多重因素影响，广州与粤西北地区的联系明显更为紧密。广州可与粤西北地区城市进行对接，打造研发设计及总部在广州、生产制造在周边城市的产业联动模式。

④挖掘企业投资偏好，支撑产业精准定位

预判城市未来重点发展产业，明确产业规划中的核心产业。从企业来广州投资的概率这一角度出发，关联企业的业务范围，为产业方向的精准选择提供支撑。采用深度神经网络算法，通过挖掘不同企业历史上对外投资的城市选择偏好等规律，来预测未来企业去某城市进行投资的概率，构建精准招商模型。该模型基于全国30余万家优质企业数据以及全国各城市的地理数据及经济数据，准确率可达到87%。

以广州市人工智能产业发展方向的精准研判为例，通过分析广州招商潜力评分排名前300位的企业，发现广州人工智能领域吸引投资的优势领域主要集中在应用层，占比高达75%，体现广州对应用层企业吸引力更强的特点。广州人工智能招商潜力评分排名前300位的企业中，有6.8%的企业分布在基础层，主要以大数据与云计算服务的企业为主，远高于全国人工智能企业中基础层企业的占比，体现了广州对基础层大数据与云计算企业的比较优势。

⑤识别产业关联规则，助力产业集群打造

为打造重点产业的产业集群和产业生态，关键在于挖掘产业间空间共生规律以及产业集群集聚的规律。

广州制造业中，网络核心区的产业是电子、电气制造、橡胶与塑料制品等投入产出关系较为紧密的产业，体现这一类产业在空间上临近布局的需求；此外，网络中的局部组团产业主要包括皮革及制品、纺织服饰、船舶制造、化工等，体现这一类产业在集群打造时更适合专业化的园区。

2. 数字建设，精细实施

（1）数字城市，全景三维

①构建 BIM 精细模型，提升工程报建审批效能

为提高建筑工程的信息化程度，行业开始利用建筑信息模型数字技术构建三维模型，实现贯穿建筑设计、施工、运行直至终结的建筑全生命周期管理。2018 年 3 月 2 日，住房和城乡建设部将广州市纳入运用 BIM 系统进行工程建设项目报建并与“多规合一”管理平台衔接试点。为推动审批提速，创造更好的营商环境，提升城市治理水平，广州市通过制定业务规范和技术标准、建立三维模型数据库来支撑工程建设项目 BIM 报建。

在数据资源应用方面，广州市利用现有全市 7434 平方公里三维白模、中心城区 300 平方公里三维精细模型和 9 万公里的地下管线数据，构建起三维数据库，并融合二维基础地理数据、多规合一成果数据、专项规划数据、重点项目数据等数据资源。选取琶洲西区构建了规划、建筑、市政等 BIM 模型，打造了审批 BIM 模型库，开发出基于 BIM 的报建通、验收通、设计方案通、市政通等多个软件工具，有效提升了建设工程审批的统一、协同、精细化水平，推进了审批机制改革。

②建立全空间 CIM 模型，实现建设空间全景化

为实现城市综合管理和精细治理，将静态的传统数字城市增强为可感知的、实时动态的、虚实交互的智慧城市，城市信息模型（CIM）将数据颗粒度精确到城市建筑物内部的单个模块，它由 BIM 和三维地理信息模型 GIS 技术进行融

合，将单一建筑物拓展到建筑群以及道路、隧道、铁路、港口、水电等工程领域，融合创建包含城市大量信息的虚拟城市模型。

广州于2019年开展了广州市CIM平台项目建设，是贯彻落实国家关于工程建设项目审批改革的政策要求，也是扎实推进住房和城乡建设部办公厅关于开展CIM平台建设试点工作。该项目利用智慧广州时空信息云平台形成广州市CIM平台二三维空间资源底座。接入的海量数据资源主要来自时空云平台二维数据服务，包括政务版卫星影像、政务版航空影像、政务版电子地图、数字高程模型数据服务、1∶500和1∶2000地形图等，接入的三维数据服务则包括全市域范围建筑白模，以及通过新一代测绘技术手段获取的全市建成区500平方公里的倾斜三维模型及单体三维模型。

平台集成的全空间CIM数据包含了时序化的基础地理信息数据、公共专题数据、智能感知实时数据和空间规划数据，构成了智慧城市建设所需的地上地下、室内室外、虚实一体化的全空间CIM数据。地上CIM数据涵盖地表地形、建筑物、道路等，地下CIM数据涵盖地下空间商业综合体、地铁、人防设施、综合管线等。平台建设推进全市数据资源成果的深度应用，为规划建设管理提供多尺度仿真模拟和分析功能，提高业务部门对城市建设的感知能力，进而提高数据资源辅助决策的科学性。

③开发地质三维系统，筑牢城市安全底线

为快速了解地下规划工程的地质条件情况，对重大工程前期论证和工程可行性进行综合评估，模拟隧道开挖和分析地质条件对地铁及其他隧道工程等建设的影响，搭建三维地质模型，全面、直观、多视角地分析地质结构对地下空间开发的影响，有效地减少城市地面塌陷，筑牢城市安全底线。

广州市作为多要素城市地质调查示范城市，积极响应城市地质调查总体工作部署，开展了地质三维系统开发建设工作。广州市城市地质三维管理系统面向城市地质工作集成的三维数字化工作环境，以空间数据库、二维 GIS、三维 GIS、WebGIS 等软件技术为依托，可满足不同层次用户的城市地质信息服务需求，集合了智慧广州时空信息云平台提供的三维地形地貌模型、倾斜摄影模型、三维精细模型、地质钻孔、地质地层等数据资源，提供了城市地质数据三维场景下的全方位查询、多视角浏览、多场景渲染、多工具量算、多维度显示、多模型分析等功能。

（2）数字审批，流程优化

①开发工程建设联审平台，优化审批改革

为贯彻落实党中央、国务院关于深化“放管服”改革和优化营商环境的部署要求，推动政府职能转向减审批、强监管、优服务，广州市作为工程建设项目审批制度改革试点城市，积极推动工程建设项目审批全过程改革优化，包括从立项到竣工验收和公共设施接入服务，覆盖行政许可等审批事项和技术审查、中介服务、市政公用服务以及备案等其他类型事项，推动流程优化和标准化。

广州市积极打造工程建设项目联合审批平台，在智慧广州时空信息云平台提供的工作流引擎基础上，针对政府和社会投资项目，分别面向立项用地规划许可、工程建设许可、施工许可、竣工验收等不同阶段对审批流程进行了精简优化，实现线上联合审批一体化，按照规定的流程，将审批时间压减一半以上，助力工程建设项目审批制度改革。同时基于云平台提供的二维和三维基础地理数据服务、工作流引擎，通过改造 BIM 系统进行工程建设项目电子化报建，进一步提高了项目报建审批数字化和信息化水平。

②建设管线开挖会签系统，保障安全生产

针对国内城市尤其是超大城市因无序盲目开挖城市道路，造成城市“拉链路”“破膛路”以及管线挖断事故时有发生的现象，广州开发建设了地下管线开挖会签管理系统，便于管线综合协调管理部门的统筹管理和安全监管，提高项目建设单位对管线开挖、施工安全的重视度，减少经常性的挖断管线事故发生。

系统基于智慧广州时空信息云平台的业务流引擎，接入广州市地下管线二维和三维数据库，面向涉及道路、轨道交通、民防、地下管线、地下空间开发等项目的施工建设。该系统为全市 190 多家管线建设单位、权属单位、行业主管部门以及个人等提供了建设工程项目施工开挖前的地下管线会签服务，成功破除了信息壁垒和管线协调管理工作中的体制机制障碍，建立了城市地下管线开挖会商机制来支持建设单位与管线权属单位的有效对接，防范了施工破坏管线事故的发生，并且为城市地下管线的精细化管理提供了新的思路和解决方案。

③建立安全生产应急智慧系统，提升事故应急能力

为应对城市安全生产应急保障工作的挑战，超大城市往往面临各类实际问题：资源禀赋多元复杂，自然灾害多发易发；生产发展高度集中，公共安全形势严峻；新兴增量风险叠加，防范治理亟待提升；信息化基础薄弱，科技支撑能力待增强；等。党中央将应急管理工作纳入总体国家安全观，将应急管理定位为国家治理体系和治理能力的重要组成部分。

广州积极推进安全生产应急智慧监管信息化平台建设工作。广州市安全生产应急救援指挥系统协助提升自身生产事故监管能力、应急处置能力、救援指挥能力。系统基于智慧广州时空信息云平台的政务版电子地图、影像图、地形图等数据服务，设置了事故接报、应急处置、处置管理、应急管理、安全生产、监控预警等多个功能模块，支撑全市各类安全生产管理及应急救援任务的决策指挥。

3. 数字管理，为民谋福

（1）数字留存，绣花更新

①三维化文化遗产，数字留存历史脉络

为应对名城保护面临的诸多管理困难与精细化管理需求，如多源异构数据

难以整合利用、缺少新型数字产品（如 BIM、OBJ 等）的使用平台、无法满足历史文化名城的大场景应用与细节高仿真结合等现状，广州开展名城保护的信息化探索工作，建设了广州市 CIM+ 名城管理系统。

广州有 2200 多年悠久历史，是岭南文化分支——广府文化的发源地和兴盛地之一。1982 年，国务院批准广州为我国首批历史文化名城，38 年名城建设硕果累累。为继续保持广州历史文化名城保护工作全国前列的地位，做好文化保护、传承与创新，广州自此积极开展名城保护的信息化探索工作。

CIM+ 名城管理系统利用智慧广州时空信息云平台的接口服务、三维模型、倾斜摄影数据服务，汇集了历史城区从清朝到 1955 年 4 个年份的线划地图、1955—2020 年 14 个重要时间节点的影像图，展现了城市历史文脉的变迁。系统同时提出“街区盒子”概念，对广州 26 片历史文化街区的核心保护范围、建控地带、环境协调区分别按照控高要求，自动分色生成三维半透明“盒子”，直观展示不同类型建筑的数量和分布。

广州市 CIM+ 名城管理系统以新一代三维 GIS 高渲染引擎为基础，汇聚历史文化名城近 40 年来的建设成果，建设了全空间、全要素、全过程、多尺度、可计算的数字孪生 CIM+ 名城系统，实现名城保护工作从二维到三维、从宏观到精细、从数字化到智能化的跨越。系统以 BIM、云渲染、虚拟现实（VR）、高仿真等新技术为支撑，创建 CIM+ 名城“7+5+4”创新模式。“7”指 7 项创新：融合数字孪生特征、首次实现“多端一体化”管理展示、创新实景三维成果应用之路、首次提出“街区盒子”概念、首次实现 VTPK 矢量电子地图发布与应用、首次打造文化遗产“3D 身份证”和“二维码”、提出“以三维构建三维”点云融合 BIM 创新生产模式。“5”指 5 项 BIM 应用：数字化三维档案管理、建筑修缮管理、建筑活化利用、三维报建与审批、城市变迁推演。“4”指 4 项关键技术：多源异构数据的处理融合技术、城市级数据空间存储及快速调度技术、高仿真可视化表达技术、空地影像联合定向与建模技术。

②绣花式城市更新，智慧延续城市记忆

保留利用既有建筑、保持老城格局尺度、延续城市特色风貌，满足历史文化传承所需，同时完善城市旧区功能，修缮历史建筑，使城市面貌与人居环境同改善，日益为城市更新所重视。对城市现状开展全域数字调查及城市信息模型构建，是城市更新前期必不可少的基础性工作。

广州市永庆坊地处老城西南，曾是最繁华的核心城区。永庆坊微改造项目总体定位为创新创意产业社区，遵循“修旧如旧，建新如故”“交通梳理，肌理抽疏”“完善基础，消除隐患”“文保专修，活化资源”的设计理念。永庆坊保护规划后成为广州26片历史文化保护街区之一，以绣花的功夫来推进片区微改造，通过城市修补保护原有的街巷肌理。更新过程采用无人机可量测全景影像及人工调查，并利用CIM模型，还原了旧城中的每栋建筑和特色风貌，存档了更新前后的历史记忆。

永庆坊项目取得了很好的实施成效，其社会效益在于完成了设施完善和民生改善。2018年，永庆坊微改造的“绣花功夫”、活化利用得到了高度的认可，已逐渐成为一张新的广州名片，取得了良好的文化效益。在经济效益层面，永庆坊改造实践实现了产业升级、激活老城的目标。

③虚拟化旅游观光，生动展现城市形象

为提供城市虚拟旅游观光体验，真实呈现景区风貌，广州市生态旅游全景导游系统有机融合了无人机可量测全景影像、地图图像识别、增强实景、体感互动、三维实景等前沿技术，可实现景区影像720度无死角浏览与场景切换。

基于智慧广州时空信息云平台的计算机图像识别、AR互动技术和体感互动技术，广州市园林部门还积极制作了具有“地图活化”效果的《广州市森林旅游地图》、广州森林之旅App、广州市森林旅游体感互动系统等受大众欢迎的互动体验产品，使用户足不出户便可领略广州市森林旅游的美景，广州市森林旅游体感互动系统通过对用户手势的识别，透过无人机拍摄的全景影像可以让人们感受广州森林旅游的魅力，使用户犹如置身鸟语花香的森林现场。在2018年中国森林旅游节会展现场，这套沉浸式森林旅游AR和体感互动地图体验产品用科技元素点亮了中国森林旅游节广州展馆，成为整个森林旅游节的亮点。

（2）数字政务，面向民生

①建立不动产统一登记管理平台，完善产权管理

为规范开展不动产登记业务，促进职责机构整合和工作流程再造，提升管理能力和治理水平，强化产权保护和便民利民，广州市积极推进不动产登记平台建设，该平台基于多源数据资源、地名地址匹配引擎、工作流引擎等服务，是覆盖广州全市统一的不动产登记信息化平台，实现了不动产权籍空间数据统一管理、系统统一登记、登记簿册统一管理、登记成果统一利用与协同共享，并利用“互联网+”技术、大数据挖掘分析技术为不动产登记注入活力，为社会公众提供便民利民的服务，为政府制定宏观分析决策等提供数据支撑分析。平台的建立实现了不动产审批、交易和登记信息在有关部门间依法依规互通共享，提供不动产登记信息依法公开查询服务，有利于方便群众办证，提高办证效率，消除“信息孤岛”，促进不动产登记信息更加完备、准确、可靠，建立健全社会征信体系，保证不动产交易安全，保护群众合法权益。

平台实现了约530万个各类“房”“地”有效的不动产产权单元管理，面向市、区13个登记中心的共328个窗口，分别提供国有土地登记业务、国有建设用地使用权和房屋所有权、集体土地所有权、集体土地使用权、宅基地使用权、集体土地房产权、林权、海域使用权、农村土地承包经营权等类型的登记业务，全面满足了不动产登记管理机构、不动产登记机构、不动产审批和交

易主管部门、不动产登记信息共享部门、权籍调查作业单位、社会公众等不同用户的需求。平台设置的不动产登记业务管理子系统、不动产权籍管理子系统、不动产登记成果利用子系统、不动产登记簿管理子系统、不动产登记网上申请系统等15个系统，共同支撑起全市不动产权籍调查管理、登记业务办理、登记成果利用等全业务链条、全生命周期的精细化管理和服务，提升不动产登记效率。

②开发民生设施分析系统，优化公共服务设施布局

为便于政府部门对配套公共服务设施管理，包括教育、医疗卫生、文化公共服务设施的产权归属、空间布局、地名地址等，广州市人民政府于2017年印发了公共服务设施摸查的相关文件，要求全面摸查、统计广州市范围内运营中的公共服务设施（包含中央、省属、市属、区属以及民营公共服务设施，不含涉密设施）现状，具体包括设施名称、地址、用地面积、建设规模、专项技术参数（如学校学位数、医院床位数）等，并进行分类统计与整理，其中，已登记确权的公共服务设施及实际正在使用但尚未完善登记确权手续的公共服务设施均纳入摸查。

由市发改委牵头，广州市在智慧广州时空信息云平台提供的基础设施、数据、功能、地名地址引擎以及移动端接口服务基础上，开发了广州市公共服务设施管理系统，通过对城市公共服务设施现状摸查，了解公共服务设施数量及空间分布情况，建立公共服务设施管理台账并滚动更新，形成表（按照分类形成公共服务设施信息表册）、图（按照分类形成专题图册、按区形成分区图册）、库（建设公共服务设施数据库），实现各相关部门数据共享，为加强公共服务设施规划、建设、管理提供重要决策依据，构建与超大城市功能定位和人口承载力相匹配的公共服务设施配套体系，促进全市公共服务设施合理建设和土地资源科学利用。

③推出多款移动办理产品，提升政务服务体验

为有效提升公众政务服务体验，让市民“少跑腿”，广州市积极推出多款面向公众的移动办理产品，主要基于智慧广州时空信息云平台提供的基础地理数据服务、功能服务、接口服务等功能方便市民办理各类事项。

办事指南 App。该产品将群众办事清单进行整合梳理并集成于移动办事指南 App 上，提供了地图导览、办事指南、政务大厅等功能服务，方便了群众快速查询各类事项办理要求和办理详情，提升了办事效率和公众体验。

羊城智游 App。羊城智游 App 实现了旅游地图、景点列表、资源推送、旅游分享等功能应用，方便了群众出行出游，提高了生活品质。

地质随身行 App。该产品向公众提供了可以即时查询钻探点的地质背景信息，掌握附近的岩石、土层、断裂等的分布情况，方便建设单位实时了解建设场地基础地质情况，避免重复勘察投资。

不动产微信办理系统。为了减少不动产登记线下办理的各类成本，提升公众办事体验，结合室内导航与定位、人脸识别与检测、360 度全景显示、二三维联动等前沿技术，开发了不动产登记微信公众服务平台，提供了不动产登记中心简介、业务公告、预约指引、预约查询、政策法规、办事指南、问题解答、登记厅导航、模拟登记等不动产预约与便民服务等功能。

（二）广州大数据赋能公共治理的挑战

1. 大数据赋能公共治理存在适用领域与限度

（1）“智慧”而“反人”：应用服务与产品门类繁多而真正刚需的服务匮乏

在信息社会快速发展的新时期背景下，广州市政府部门及行业设计单位对大数据平台建设已经广泛接受，从尝试谋划建设到纷纷实施应用，不断开展了较多的前沿探索。大数据应用平台建设的初衷在于将城市丰富的数据资源，如城市人口数据、手机信令数据、用地数据、遥感信息、POI 数据、车辆轨迹数

据、物联网数据及互联网搜索数据等，依托时空大数据引擎，快速开展大数据的获取、处理、分析，对城市空间运行态势全面掌握，实现智能洞察与支撑行业规划应用。

由于各平台建设单位受制于信息技术、数据资源、人力与资金、管理权限等因素，平台应用服务往往各自为政，产品门类繁多，形成“盲人摸象”的局部效应，难以形成数据资源深度挖掘的合力，使得专业技术人员往往只能看到数据，对公共治理方面存在片面的认知，也不能理解与解释背后的原始影响因素，不能高质量科学精准支撑公共治理过程中的问题预判与方案决策。

（2）“丰富”而“不精”：强调技术的完成度而忽略了用户体验

在公共治理平台建设过程中，开发与设计人员提供了丰富的可视化或统计分析工具，方便用户在数据集页面通过设置不同条件用饼状图、柱状图和曲线图等对数据进行基本的图表分析或者可视化呈现，提供地理空间工具，将位置类数据叠加在地图上进行展现，便于用户直观地分析和利用数据。

但城市公共治理过程涉及众多学科背景与专业知识，与实际使用的技术人员往往存在认知偏差，导致平台不能较好根据需求变化快速简捷地重新调整，对于关键性问题深层次分析缺乏支撑，导致用户体验度大打折扣。

（3）“有章”而“不确定”：平台与系统治理与服务已形成框架，但由数据要素带来的不确定性风险增加

万物互联的大数据时代，实现政府治理现代化必须充分利用好大数据资源。数据是建设数字政府的基底，跨层级、跨部门、跨领域的数据归集、交换、共享是政府治理现代化的新动能，大数据的智能化应用将推动政府治理“用数据说话、用数据管理、用数据决策、用数据创新”，真正实现基于大数据的政府治理能力的全面提升。

广州市经过多年的探索，在平台建设与系统治理服务方面取得一系列的成果，但同时也应看到数据要素带来的不确定性风险增加，如大数据的获取是否合法规范、大数据的管理是否保密安全等。

2. 大数据治理思维理念有待深化

政府治理思维理念的更新是治理模式创新发展的前提。“互联网 +”提出了一种新的管理思维模型，它将互联网的开放性、透明性、连接性、共享性和合作性等思想理念融入政府治理的全过程中，从而推动管理模型的创新和改革。随着互联网的发展，人类历史上从未有过的数据量给政府部门提出了新的挑战。因此，政府部门需要及时、全面、有效收集和处理数据，清除无效信息，发掘数据中潜藏的规则和内容，清除数字壁垒，推进数据流通，以最大限度地发挥数据的价值。

伴随新兴技术如大数据、云计算、人工智能的发展，政府部门应该利用这些技术来优化自身的运作流程，提高公共服务水平。此外，经过对大数据的研究和抓取，政府部门还能够评价政策执行效果，解析公众的行为，更好地满足群众对政府公共服务的需求。

3. 大数据治理人才队伍有待培育

随着大数据技术的发展，数据分析人才已成为我国政府部门管理能力的核心力量，可为建设现代智慧政府提供有力支撑。现阶段政府在数据挖掘、获取、整合和分析方面的能力仍存在不足，严重影响了政府在互联网时代的社会治理能力。负责政府机构内部处理消息的多为管理人员，缺少专业的大数据技术人员，他们不能有效解析出大量数据中的社会价值，从而阻碍了政府的决策和行动。

由于大数据信息的来源及面向对象多元化，数据挖掘与量化分析需求更加专业化，大数据治理需要多专业背景知识的沉淀，如城市规划、城市地理、经济管理、人文社科、数理工科等多行业知识，以指导数据分析和研判城市发展面临的问题、模拟分析方案的科学性等。

4. 大数据治理应用方法有待转变

大数据治理，即政府部门利用关联分析、倾向性分析、聚类分析、社会网络分析等技术，对其掌控的数据资源加以深度挖掘分析，从而改善政府部门的管理和决策。在大数据时代，政府部门能够利用其掌握的大量信息通过深入挖掘和数据分析，发掘小数据分析时期不易察觉的关联性和基本规律，为社会问题的高效解决提出新的方法，促进政府治理能力的提升，并为政府数据创造公众社会价值。

随着信息化服务平台的建立，传统的“自上而下”政府治理模式将发生改变。通过更加便利的诉求表达途径和监督机制，市民能够更积极地参与社区治理，并且获得更大程度的归属感，将城镇化冲击下的松散居民聚合为社区共同体，提高社区治理效能。将社区内各类志愿服务活动通过“启动—组织—宣传—回访”4个环节合力推进，不仅极大地增强了社区居民的归属感和社区共同体意识，而且还有利于提高社区自我管理能力，改善自治氛围，从而更好地鼓励社会组织参与社区治理各项工作，增强社区对社会组织的信心，促使形成多元共治的局面。

5. 大数据共享共治制度有待创新

现阶段，政府组织内部缺少横向和纵向架构间的数据信息资源共享机制。“信息孤岛”现象不仅仅是软件和系统设计上的缺陷，更重要的是要从制度设计上推进各单位之间的数据联动和资源共享，以实现数据共享的可持续性，从而提升政府部门的效率。我国政府大数据开放共享仍处在起步阶段，没有适用于数据共享的标准和规范，公开共享数据的过程极为混乱和随意，从而影响了政府部门大数据共享共治的科学化和合理化。

6. 大数据安全法律体系有待完善

城市大数据平台含有关键政务信息，关系到国家利益、公共安全、商业机密和个人隐私，因此需要提高平台安全保障，以确保信息安全。为此，应当尽可能明确保护主体、责任和措施，建立完善的分级保护、信息安全测试、应急预案等基本管理制度，并建立完善的信息安全评价体系，研制相应的权利准则，明确数据流通交易的规则，强化对知识产权、数字版权的保护。

为了提高网络安全水平，应增强对大数据安全技术的研发和推广应用。同时建立信息披露制度，制定相应的惩戒体系，引入第三方机构监管和审计数据使用的合法性与合规性，强化对流通环节的风险评估，加大对侵权行为的监管和惩处力度。

（三）未来深入改革大数据赋能公共治理的重点领域与建议

1. 强化大数据治理理念建设和人才培育

政府部门应当积极地推动技术创新和人才建设，以提高政府治理的现代化水平。具体而言，政府部门应当将促进大数据技术发展提升到战略高度，加快技术创新进程，着力激发头部企业的资源优势、激活中小企业的创新优势，带动单项技术的突破，以更好地服务政府管理。在培育专业人才领域，政府部门应当增加资金投入，实施大数据人才引进政策，加强政校企联动培育专业人才，以确保大数据技术人才的支撑。

2. 创新大数据治理模型搭建和应用领域

政府部门研究团队应通过数学建模构建科学的大数据治理模型，发挥大数据分析在政府治理中的核心价值。针对当前阶段所聚焦问题，如教育、医疗健康、就业、住房、社会保障、交通运输等方面，基于新型多源大数据的类型和特点，采用相对应的数据挖掘算法，量化反映大数据中蕴含的客观事实，对未来发展方向进行合理预测，推演在不同政府决策的条件下可能出现的情景，从而为政府治理提供决策支撑。

3. 改革大数据共享共治和协同治理制度

开放共享大数据有利于推动数据应用创新，催生数字红利，实现信息价值。数据流动方式决定了数字治理体系，利用技术优势和信息平台资源优势，可以有效抓取信息，实现信息在网络平台上的资源流转和共享，促进资源的有效配置，为协同治理提供重要支持。为更好地管理城市大数据，需对从数据采集到资产化的全生命周期进行规范化管理。开展数据来源分类分级管理工作，制定完备的数据管理规范，明确数据权属和利益分配。通过分类分级，政府可以准确地描述多源数据特征，并且可以根据对信息的敏感程度，制定出相应的开放共享策略。建立数据采集、整理、交换、评估的标准体系，将不同领域、不同格式的数据资源有机整合，并提供多种检索途径和应用分析工具，提高数据资源的利用效率。

4. 完善大数据隐私保护政策和法律体系

2021 年，国家颁布《中华人民共和国数据安全法》，在数据流通交易、数据安全保护等方面确立了宏观框架体系。深圳等城市也已率先发布数据确权、创新应用、安全监管等方面的地方条例。随着广州市智慧城市数字基础设施建设的推进，网络安全暴露的风险也不断增加，保障网络安全成为城市发展的重中之重。指定网络安全负责人和建立问责制度是保护城市及其公共服务免受网络威胁的重要一步。应在广州指定高级官员或关键技术人员对网络安全和安全漏洞承担最终责任，该人员应评估、指导和监督智能服务信息安全措施的设计和部署，并在网络安全事件发生时做出快速响应和修复。

五、四川实践[①]

当前，大数据技术不仅是推动我国经济社会发展的重要力量，也是解决民生问题、改善人民生活的重要支撑。四川在公共治理中积极应用大数据赋能，助力政务服务、公共安全、产业发展等工作，切实推动公共治理能力和水平的不断提升。

（一）大数据在四川公共治理中的应用情况

1. 大数据助力基层党建

持续深化基层党建领域改革，整合各类党建网络资源，打通各平台数据通道，推进基层党建工作数字化、智能化运行，切实提升基层党建工作水平。

以成都市高新区为例。以“开放”“体验”“互动”为支部组织生活改革目标，开发了“一码通”党员服务平台，党员扫码即可进行电子身份认证，就近参与支部活动。在册党员及流动党员均可“无差别”参与各类支部活动和公益活动，形成“关系在单位，活动在区域，奉献双岗位”的党员便捷化管理模式。将党建信息资源、党员扁平化管理、网络党支部建设等方面升级到党建工作全景地图平台，对主题党日、“三会一课”、党组织换届提醒、党员发展、党员关怀、民主评议党员等 9 个功能模块实现“云端”管理，嵌入投票调查、积分排名等功能，实现对党员、党组织、活动和阵地的智能管理和调度。

以达州市为例。创建智慧党建引领智慧社区治理服务信息化平台，获得 2020 年数字四川创新大赛“政务大数据应用赛十佳案例”奖，为城市基层数字化治理提供了达州样板。一方面，开设“党务办公”模块，组织生活困难党员帮扶申请、优秀党员（党组织）申报、党员发展等业务，均可在网上办理、线

① 本部分作者为四川省人民政府发展研究中心赵青、杨升霖、陈潜、陈政融、廖祯可、苏洁眉、龚建波、包馨佚。

上记录；利用“支部管理”功能，对“三会一课”、固定党日活动等进行实时查看和精准调度，有效督促基层党组织生活的规范开展。另一方面，开设“一键流出”模块，及时掌握流动党员在全国的流动信息，对组织生活、党组织换届、党员发展等进行动态监测，对没有按时开展组织生活、没按期换届、党员未按期转正的党组织及时预警、及时提醒、及时反馈。同时，运用大数据工具和模型，搭建大数据分析功能，实时对各级党组织、党员、村（社区）干部、村集体经济等应用基础数据，以及各级党组织活动开展、党员发展等业务大数据进行统计分析和深入挖掘；绘制“党建地图”，基层党组织和党员信息全部“连”上网，实现市、县、乡、村四级数据分析，基层党组织情况、村（社区）干部、党员流动等信息“一键点击”便可“一目了然”，实现党务工作科学化决策和精准化分析。

2. 大数据助力公共管理

随着信息化、数据化和智能化的深入发展，爆发式增长的数据与土地、劳动力、资本等生产要素一样，成为当今社会的核心资源。四川充分利用已有数据，建立新的数据管理平台，强化数据的分析运用，实现公共管理的智慧化、精准化，不断提升公共管理能力。

城市管理方面。于 2013 年全面启动四川省城乡环境综合治理数字化监管平台（以下简称省级平台），加快推进城市管理向科学化、精细化、智能化方向发展。该平台从时间、空间、类型等维度，建立了数据分析挖掘模型，充分利用市（州）数字城管、房地产市场平台建设成果，对城市管理问题的来源、分类、分布、变化趋势等方面进行研究，实现对全省城乡环境综合治理、城市管理和房地产市场的有效监管，以及对突发事件的远程视频指挥调度，形成全省城乡环境综合治理监督到位、协调到位、指挥到位的信息化监管体系。2020 年，在省级平台基础上，升级形成省级城市综合管理服务平台，实现对各地城市管理工作的指导监督、统筹协调、综合评价，重点围绕城市运行“安全高效健康”、城市管理“干净整洁有序”、为民服务“精准精细精致”3方面，构建适应高质量发展要求的国家、省、市三级城市运行管理服务工作体系，系统提升城市管理服务、运行效率、风险防控水平。

自然资源管理方面。一是着力赋能建设用地的审批和管理。依托土地利用现状、永久基本农田、土地利用总体规划、生态红线与自然保护地等20余类时空专题大数据，辅助建设用地审批。开发的建设用地智能审批和管理系统已有307个报件在市（州）智能审批系统完成组卷，提供图形分析辅助智能审查，其中190个报件通过县、市审查后进入省智能审批系统进行审查，大大缩短了报件时间，有效缩减了报件“跑路”的次数。二是着力赋能矿业权审批。实现全省矿业权所在行政区的县、市、省三级统一受理，县级自然资源主管部门初检，市级自然资源主管部门复检，叠加分析采矿权现状、探矿权现状、矿产资源规划，实现图形与属性的一体化管理和数据的互通共享，提升了审批质量和效率，矿业权按层级申报次数由以往的7次压缩到了2次，大大缩减了矿业权人“跑路”的次数，实现了让群众少跑路、信息多跑路的目标。

3. 大数据助力公共服务

四川充分运用大数据推动公共服务从“可办”向“好办”“易办”转变。

在政务服务上——以“一网通办”前提下“最多跑一次”改革为牵引，全新打造“天府通办”个人版、法人版服务端，为个人提供全生命周期“全方位”服务，为法人提供全生命周期“一条龙”服务。“天府通办”打造了21个市（州）5万余个分站点，由省提供统一的架构模式、统一的标准规范、统一的平台功能，各市（州）自行叠加特色便民服务应用，致力实现“全省统筹一体化、市州建设个性化、利企便民最大化”。截至2022年12月，平台汇聚身份证、营业执照、驾驶证、社保卡等439类电子证照，实现互信互认，线上“减材料”；

推出一批“零材料”“零等待”政务服务事项，让企业群众享受“零跑腿、零排队、不见面、全自动”政务服务新模式。同时，以国办“跨省通办”事项清单为基础，聚焦川渝两地企业群众异地可办的高频政务服务事项，会同重庆有关单位梳理形成涵盖居民身份证换领补领、电子监控违法处理、普通护照签发、川渝两地户口迁移等210个川渝两地“跨省通办”事项清单，实现同一事项在川渝两地无差别受理、同标准办理；打通川渝两地用户跨省身份认证体系，实现一次认证、两地互信；依托“天府通办”“渝快办”，建设“川渝通办”政务服务专区，解决“多地跑”“折返跑”等企业群众办事痛点难点，打造区域协作高水平样板，成为继京津冀、长三角、粤港澳之后全国第四个区域政务服务通办专区。

在民政服务上——建立民政“一卡通”综合审批平台，集跟踪审批、数据治理、资金发放、决策分析、运行监管功能于一身，整合救助、儿童、福利、事务等业务信息系统，创建儿童、残疾人系统数据结构图，固化部建系统回流数据标准。全面实现救助申请触手可及、救助对象主动发现、审核审批快速便捷、资金发放阳光透明。截至2022年12月，汇集低保、特困供养、临时救助等数据500余万条。完成分散养育孤儿和艾滋病病毒感染儿童、困难残疾人生活补贴、重度残疾人护理补贴3类对象全量数据300.3万条汇聚入库；通过整合归集自建系统数据，完成救助5类对象全量数据480余万条、凉山州特殊困难儿童对象全量数据1.2万余条、全省殡仪馆火化数据35.2万条、全省80周岁以上老年人高龄津贴发放数据155.7万条汇聚入库。

在教育服务上——不断深化“三通两平台”[①]建设，形成覆盖全省、互联互通的数字教育资源服务体系，初步形成了“省级平台托底、市县校多级参

① “三通两平台”是教育信息化的发展要求，“三通”是指宽带网络校校通、优质资源班班通、网络学习空间人人通，“两平台”是指教育资源公共服务平台、教育管理公共服务平台。

与、第三方个性化在线教育资源为补充”的在线教育基础框架。比如“四川云教”共享课堂平台，以四川省近50所优质中小学、幼儿园为依托，定期向全省1100多所教育资源薄弱学校输出优质教学资源，进一步促进省级资源共享平台建设。截至2022年12月，平台累计发布优质共享课堂1.9万节，惠及全省21个市（州）的183个县（区），学生21万余人；省教育管理公共服务平台部署9个国家核心管理信息系统和19个省级自建管理信息系统，涵盖1.5万余所中小学校、970万余名中小学在校生信息，2.5万余所学前教育机构、233万余名在园幼儿信息和109万名教师信息，所有数据基本实现了动态更新管理；采集学前教育学生、中小学学生、中职教育学生、教职工、学生资助、学生就业、教师资格考试、普通话考试、失辍学学生等各类信息63亿条，完成数据资源目录编制38条，并与省政务信息资源共享网站实现数据挂接，为相关部门提供数据查询服务3.7万余次。

在基本医疗上——聚焦“大处方、滥检查、泛耗材”等医疗乱象，遵循“标准统一，互联互通，分级监管，安全可控，先易后难”的原则，着力构建实时、动态、全程的“四川省医疗机构、医务人员、医疗行为信息监管平台”（简称医疗“三监管”平台），利用大数据应用技术进行综合分析，实现对医疗机构实时监控和医疗服务过程监控，构建监管成本降低、人为因素减少、监管时效提前的现代化监管体系。截至2022年12月，省市两级医疗“三监管”平台已接入医疗机构7300家，占应接入数的99.8%，基本实现各级医疗机构监管全覆盖。其中，医院接入2421家（接入率99.5%，其中省级接入医院39家，接入率100%），妇幼保健院接入199家（接入率98.5%），基层医疗机构接入4680家（接入率99.9%）。

4. 大数据助力公共安全

随着社会公共安全管理的不断建设，很多地区依托大数据，建立了较为完备的解决方案和应对方式，为公共安全管理水平的提升提供了新途径。

在地质灾害防治上——充分利用大数据、5G、物联网等新技术开展地质灾害防治信息化建设，建成了以省政务云平台为硬件支撑、以地质灾害数据资源为核心、以地质灾害全过程管理为重点的四川地质环境管理信息系统，实现了事前、事中、事后全过程监管。截至2022年12月，地质灾害防治信息化建设已投入2900余万元，累计建成专业监测点位1.4万余处，安装设备3.1万余台（套），利用监测预警平台发送监测预警短信616815条，实现地质灾害有效预警56起，有效避免了2700余人可能的因灾伤亡，避免潜在经济损失近12909万元。

在危化品监测上——率先瞄准危险化学品领域，基本建成了危险化学品重大危险源监测联网系统，全面接入并汇聚企业基础信息、人员信息、安全生产信息、监测监控信息、监管执法信息、应急处置信息、互联网公开信息等，建立了5950家危化品企业画像和负面清单，运用大数据分析技术多维度研判企业安全风险，探索建立企业安全指数。截至2022年12月底，全省已接入237家重大危险源企业储罐的温度、液位、压力、有毒可燃气体报警等实时数据和厂区内重点部位的监控视频，通过数学模型实时研判企业安全风险，自动推送预警信息，及时消除企业安全隐患。2021年上半年，系统推送风险提醒121条，企业预警率达99.9%，未出现重大风险预警，推动监测预警从“经验判断”向“智能感知”转变，有力支撑危化品安全风险防范工作。同时，在170余家企业部署视频智能分析终端，积极探索运用AI视频智能分析技术，实时分析企业监控视频，初步实现对企业人员离岗、未戴安全帽、巡检时间不达标等违规行为进行自动抓拍，通过科技手段进一步提升安全监管效能，督促企业规范日常管理。

在重点物品管理上——以大数据、人脸识别等技术为基础，依托社会化信息采集应用平台，以烟花爆竹末端管控为切入点，按照“外采内管、以码溯物、以物定点、以点采人”的原则，创新搭建以烟花爆竹实名制管理为主的重点物品动态管控平台，以重点物品商品条形码为唯一标识，从生产源头建立重点物品信息总库，在流通环节全程通过商品条形码扫码完成进、销、存操作，在零售末端“人证核验”完成实名登记，搭建起重点物品全时空、全环节安全监管业务闭环，严防重点人、物合流威胁公共安全，最大限度压缩不法分子利用重点物品从事违法犯罪活动的空间。截至 2022 年 12 月，共采集信息 31 万余条，大数据分析预警信息 1679 条，破获非法储存案件 6 起，收缴非法重点物品 7296 件，抓获在逃人员 1 人。

在反电信诈骗上——成立了西部首个反诈中心，以专对专、以快对快，整合资源，建立跨部门快速反应机制新格局，形成了以省反诈中心为龙头，市州反诈中心为支干，集协调联动、接警止付、情报研判、预警劝阻为一体的反诈工作体系，坚持打防结合、预防为先，扎实加强人防和技防相结合。同时，充分利用大数据资源，搭建各类数据模型，及时准确甄别线索，精准滴灌到派出所和社区，实现精准劝阻。此外，大数据应用模型能敏锐地洞察到犯罪手法的变化，及时调整和完善反制措施。

5. 大数据助力产业发展

高度重视大数据在行业中的运用，并积极通过信息化手段整合和汇聚四川大数据搭建相关平台，助力产业发展。

农业方面——加快大数据等信息技术在农业生产中的应用，着力构建农产品质量安全追溯管理信息平台、四川智慧动监信息平台、农机安全监督管理信息系统。农产品质量安全追溯管理信息平台依托农产品质量安全监管队伍，形成了由省统筹、市州协调、区县落实、主体参与的模式。示范企业通过应用国家（省级）追溯平台，对基地环境、生产管控、产品形象进行宣传展示，产品价值及销量稳步提升，市场竞争力进一步增强。截至 2022 年 12 月，全省已录入监管、检测、执法信息 24 万条，入驻主体 4.5 万家，录入产品生产、销售批次信息 278.7 万条，累计建成追溯示范企业 240 家。四川智慧动监信息平台实现了管理服务对象电子化信息登记及动态管理，动物及动物产品检疫合格证明的联网核发、全程网办，动物及动物产品调运管理等功能，能即时掌握四川从业主体基本情况。实现了四川乃至全国违法从业人员信息的交互，对可能发生的违法违规行为开展事前管理，不断提升动物卫生监督管理的水平。同时，通过各地动物检疫信息的汇总，实时掌握动物出栏及屠宰情况，通过与部级数据库的交互，可实时掌握跨省调入四川动物及动物产品的数据。农机安全监督管理信息系统于 2018 年 6 月启用，四川 21 个市（州）183 个县（市、区）均使用该系统处理拖拉机、联合收割机的相关农机监理业务，并可查询拖拉机、联合收割机车辆及驾驶人等相关信息数据，并于 2021 年初完成与省一体化共享平台对接。

文旅方面——于 2019 年 10 月启动了“智游天府”文化和旅游公共服务平台（简称“智游天府”）建设，按照统一标准、资源共享原则，规划建设了四川文化和旅游大数据中心，实现各地文旅数据统一采集、集中存储、快速处理和应用共享，完成与省级平台“智游天府”的数据对接，形成四川智慧文旅“超级大脑”。全面整合文化机构数据、文化活动数据、文化资源数据及运营商数据、OTA 数据、搜索引擎、旅游黄金周数据、公众出行数据、用户端应用数据和文化旅游资源基础数据，对本地民众、外地游客的文旅活动以及各地文旅资源开发利用等进行全方位、多维度精准分析，为公众文化精神需求、文旅运行监管、文旅资源配置、文化传播推广、文旅消费引导、宣传营销策略制定以及安全应急指挥调度提供精准数据支撑，实现跨层级、跨地域、跨系统、跨部门、跨业务数据有效整合。截至 2022 年 12 月，“智游天府”汇集四川各类文旅数据

4050.7 万条，提供文旅服务企事业单位 5999 家，公共厕所、停车场等公共服务类场所近 1.4 万个；累计发布文旅服务信息超 8 万条。集成四川 144 家 4A 级及以上旅游景区门票网络预约渠道和 304 家 4A 级及以上旅游景区视频监控系统，输出 5 期数据分析报告。

智慧城市建设方面——四川新型智慧城市建设新格局已初步形成。一是完善政策体系。2020 年四川省推进数字经济发展领导小组办公室印发《关于加快推进新型智慧城市建设的指导意见》，这是四川首次系统出台新型智慧城市建设相关政策文件。各市（州）围绕优政、惠民、兴业总体建设目标和十大重点建设方向，相继出台建设方案和行动计划。如天府新区编制数字城市建设总体规划，聚焦公园城市本底，探索构建数字孪生城市。泸州市出台《数字泸州建设规划（2020—2023）》，加大数字资源整合力度，加快提升城市治理智慧化水平。二是推进融合创新。成都市与腾讯公司合作投资 8.7 亿元建设“智慧绿道”，探索政企合作运营新模式；泸州市建设“0 证明城市应用系统”，融合政府内部各层级数据资源，减少群众往返奔波，极大提升政府服务效率和水平；攀枝花市启用智慧城市运营中心，实现数据资源一“脑”融合、一“网”运行，城市服务水平和群众幸福指数明显提升。三是强化试点示范。围绕基层治理能力的提升，提供科技支撑，以数字化赋能基层治理为主线，探索以区（县）一级政府作为实施主体推进建设。2020 年新型智慧城市试点示范，注重把基层治理能力细化分解成群众关心、政府关注的重难点问题。选定城市精细化治理、公共治安管理创新、公共卫生应急管理等十大重点方向，引导四川围绕十大方向加大建设力度。宜宾市珙县推动党建工作线上线下相互融合促进，建设网上党支部，实现全县广大流动党员离乡不离党组织。凉山州会东县打造全域化、网络化、智能化、闭环化的“治安防控识别圈”，构建公共治安一体化防控体系，有力保障了人民群众安全感和幸福感。四是夯实产业基础。在智慧城市建设方面，首次发布产品目录，智慧政务、医疗养老及综合治理领域近百家省内企业的解决方案、应用案例和技术产品成功入选；在智慧适老化应用方面，“居家养老智慧管理服务”等83项产品及服务首次发布；在国家级智慧健康养老示范基地建设方面，成都市成华区、郫都区、龙泉驿区成功入选第四批基地，入选数量连续4年居全国首位。

（二）四川大数据赋能公共治理存在的问题

1. 缺乏相关管理办法和统一的数据标准

一是数据管理的法律法规和规范体系急需完善。我国形成了以《中华人民共和国网络安全法》《中华人民共和国数据安全法》《中华人民共和国个人信息保护法》三法为核心的网络法律体系，为数字时代的网络安全、数据安全、个人信息权益保护提供了基础制度保障。2020年中共中央、国务院印发《关于构建更加完善的要素市场化配置体制机制的意见》，把数据列为生产要素，2021年出台了《关键信息基础设施安全保护条例》，但国家层面尚未出台直接对数据资源全生命周期进行管理的法律法规，发展数字经济更需要在法律层面对数据所有权、数据交易、数据资源共享开放等问题进行制度性规范。

二是数据管理体制机制有待理顺。数据管理服务机构从上到下设置不一致、性质不一致、职能不一致，成为制约数据资源共享开放的根本性问题。我国缺乏统一的数据资源管理机构，部分省市成立了大数据管理机构，但仅8个省份的大数据机构实现了对政务信息化建设、数据资源共享开放、数据安全的统筹管理。2019年四川成立大数据中心，负责全省大数据基础性研究、数据资源管理、政务服务平台建设和运维管理等工作，全省各市（州）均设立了大数据工作机构，其余市（州）数据管理工作则由其他部门承担，无专门的管理机构。总体来看，数据管理职责不清晰、数据共享审核机制不健全、数据有效应用机制不完善等问题还普遍存在。

三是缺乏全国统一的数据标准体系。当前，大数据相关的技术标准具有一定的工作基础，在数据处理、数据访问、数据质量、数据安全、产品和平台、应用和服务等方面都制定了相关标准，但标准的应用和推广还有待加强。同时，某些方面的数据标准还比较缺乏，导致数据要素流动缺乏基础，数据价值还不能有效释放。例如，数据访问方面，在研多项数据库、云数据存储和管理类标准，适用于大数据底层数据接口，但是尚缺乏数据导入、导出类标准；数据安全方面，缺乏针对大数据的安全框架、隐私、访问控制类标准；数据质量是大数据应用和发展的基础，有多项在研标准，但是均尚未发布，较为缺乏。

2. 数据收集汇聚不完整

一是数据资源整合难度大。全省数据没有形成共建共享机制，统一的数据服务模式还没有形成。部分部门（单位）互联网化运营意识薄弱，信息化建设各自为政、条块分割，尤其是一些关联性不强的业务，难以做到统一标准、统一建设、统一管理、统一运维，导致业务条块孤立。

二是数据流通性较差导致汇聚难。共享的范围边界和使用方式有待进一步厘清，部分部门还存在不愿共享、不敢共享、不能共享的固化思维，担心共享后会带来负面影响和不利后果，导致数据共享程度偏低，横向和纵向信息流通不畅，业务不能集成。以教育厅数据共享交换平台为例，已汇聚了全省幼儿园及中小学生、教师、机构等核心基础数据，但高校学生数据、毕业证数据、学位证数据、教师资格数据、学生就业数据、普通话测试数据等系统由教育部建设，数据难以回流；省内升学考试等相关数据、培训机构数据、学生体质健康数据、教学评价、办学条件等系统由相关处室（单位）自行建设，数据暂未汇聚共享，从而导致平台数据有限，难以发挥系统数据的完整性、准确性、统一性，数据应用效果不佳。

3. 数据质量不达标

一是数据收集存储规范不明确。各业务系统建设应用初期，缺乏统一的监管和规范，数据入库标准和规范不健全，各行业的数据类型、格式繁多，行业系统内部存量数据、系统外部增量数据质量参差不齐，主要表现在数据不全（空值、异常）、数据不准确、数据重复、字段值为空、字段格式错误、字段内容详细程度不一等方面，增加了筛选准确信息的难度。此外，数据管理不规范，常态基础属性数据、动态情况数据、管理决策支撑数据等归类划分依据尚需论证，不能行之有效地对多个系统中的数据进行关联，导致数据综合利用水平较低。

二是数据应用无法满足时代需求。现有社会治理能力、公共服务体系与公众日益个性化、多元化的需求之间存在明显差距，急需转变理念、创新方式。以广东省为例，“粤省事”移动政务服务平台以用户、流量、平台以及跨界等互联网思维为导向，推出覆盖公安、人社、教育、税务等近 800 项高频民生服务“一站式”“指尖”办理，平台注册用户数突破一亿人，极大地提高了公共服务的高效和便捷。而四川省的实际情况是，数据信息资源欠缺，大数据应用覆盖不完整，部分地区和行业部门办公手段落后，仍然以传统的纸质化办公为主。如绵阳市政公用服务运行仍以月报采集的传统方式为主，数据真实性较难甄别。数据信息更新较滞后，各类数据的存储、管理和更新分散在上级部门或不同业务处室，导致更新不及时。类似区划地名资料等涉及多个部门的基础数据，尤其是对于有新增、修改的信息掌握不及时、不全面，难以满足数据精细化管理需求。

三是数据深度挖掘应用不足。数据应用功能单一，无法完整覆盖所有监管行业，且难以实现海量数据分析，面向政府部门、社会公众和企事业单位的信息化服务还不够充分。例如，截至 2022 年底，全省民政系统保障各类困难群众

500余万名，管理社会组织4.6万个、养老服务设施1.8万个、各类民政服务机构1100余个。但现有业务系统只针对特定服务对象，虽然提出了完善大数据应用加快推进“互联网+民政服务”建设，但在自建无支持、统建无人统的情况下，尚未建成汇聚所有民政对象数据的综合政务平台。

4. 数据共享协同性不高

一是跨系统、跨部门数据共享机制和渠道未建立。数据共享和利用存在差距，业务应用系统关联度低，不同行业、不同部门之间的共享协同度不高，应用与共享缺乏相关标准。数据共享存在信息系统分散、接口需改造、网络不统一、本地无数据等问题。当前，地理信息、企业信息、人口分布信息、道路交通、地质灾害、水文资料、气象数据等基础数据信息分散在各个政府部门，数据来源多个系统，各个系统在业务上有一定的关联，但在数据层面互相割裂，数据之间缺少关联字段，给数据关联、数据组织带来较大困难。一些综合性的系统工作，例如应急管理、自然灾害、基础设施建设等是跨系统、跨部门的复杂综合治理体系，迫切需要建立完善数据共享交换机制和渠道、开展全域多维数据汇聚融合治理、建设开放兼容弹性的基础支撑平台、探索各领域创新应用。

二是欠缺整体规划，存在“数据孤岛”。近年来，应各部门、各业务处室要求，新建系统较多，但各应用系统之间缺乏有机联系，系统之间数据不互通，缺乏数据治理应用的整体规划，造成资源不共享、数据不一致。各部门、各处室各自为政，条块分割，缺乏统一的、完整的、全面的数据，导致相同的数据在多个系统中重复录入，存在同一个数据多头采集处理情况，形成“信息孤岛”。此外，一些应用系统只有国家、省、市（州）级应用权限，缺乏下延到区县的办公协同平台，只能依赖即时通信工具，整个行业体系架构不完整。如达州市2020年对全市数据共享工作开展信息化调研，市级部门284个信息系统中，国家和省级建立的有202个、占比71%，数据均在上级平台，需上级授权提供才能使用，数据难以回流，“数据烟囱”问题难以突破。

三是统一用户身份认证机制未全面推广。以四川省教育公共信息服务平台为例，虽已建成了涵盖全省各级用户的统一用户体系，但只应用于部署在管理公共服务平台省级数据中心的相关系统，其他处室（单位）自行建设的系统还未接入该体系，用户身份信息需重复录入，且用户需要记忆多个用户名与密码，分别登录多个系统，同一用户在每个系统中都存储独立的身份信息。

5. 数据安全性有待提高

一是技术平台和数据应用存在安全问题。在大数据收集和传输过程中，数据的传输方式多样化以及对数据的传输安全重视不够，可能导致出现数据泄露。在数据整合及处理过程中，涉及大量跨集群的机器和机器之间的交互，黑客可能利用伪装身份侵入大数据平台对数据进行篡改和窃取。在网络技术方面，大数据使用的全新分布式存储和计算方式导致安全边界模糊，传统的网络安全防护技术已经失效，对于云计算和云存储等存在的未知漏洞可能无法抵御。数据存储方面，新的存储技术还不够成熟，使用时间有限，存在技术漏洞。

二是个人隐私安全问题。大数据时代，对机构和个人数据的挖掘无处不在。个人信息不断泄露，用户很难保证自己的信息被收集使用完之后能够及时清除，对用户信息和涉密信息等敏感信息难以全部做到脱敏处理。在数据处理过程中，对数据使用者的身份认证不严、访问权限设置不恰当，工作人员安全意识欠缺、操作不规范等可能导致数据被泄露、被篡改，用户的个人隐私安全和数据安全问题日益突出。此外，大数据的应用发展要求资源共享，数据尽量开放流通，给个人的隐私保护带来一定挑战，如健康医疗大数据涉及个人隐私和国家安全，如何在利用好数据的同时保障数据安全，是亟待解决的问题。

三是信息安全保障能力不足。缺乏统一的监管标准和引导，对于数据使用的权利和义务尚未明确，各类大数据平台的建设者和使用者鱼龙混杂，数据安全常常难以保障。此外，网络安全等级保护制度建设工作仍未全面落实，需健全信息安全责任和工作机制，加强统筹规划信息安全保障工作。

（三）大数据适用领域及应用权限分析

1. 适合大数据广泛使用的公共治理领域

基层党建领域——大数据的应用和发展，为提高基层党建工作创造了良好的机遇，基层党建工作融入互联网，有利于加强党员队伍的建设，夯实基层党建根基，有效发挥出党组织和党员的服务、带动作用，激发基层党建工作的新活力。可借鉴达州市建设的智慧党建引领智慧社区治理服务信息化平台，通过党建与政务服务融合，数据与社区治理同步，将政务服务下沉到社区，有效整合社会治理资源，切实打通服务群众的“最后一公里”，大幅提升基层治理水平。

公共管理领域——大数据具有强大的数据收集、分析预测、数据挖掘和重组能力，能有效解决文化、教育、公共卫生、交通、能源等方面的诸多问题，也能大大减少时间、资金、人力成本。一是在城市管理方面，通过汇总各地城市管理基础数据，实现对各地市政设施养护、市容市貌管理、城乡环境治理、城镇供排水、垃圾处理、污水处理等数据的统计分析，准确把握其现状。通过调用各地视频资源，实现对各地主要道路、桥梁、建筑工地、广场、车站、学校、医院、商圈、集贸市场等重点区域，以及城市管理高发频发问题的可视化在线监管。二是在自然资源管理方面，整合多源、海量的自然资源数据及其相关联数据，形成开展建设用地审批和管理、矿业权审批、空间规划编制、不动产登记管理等各项管理业务的数据基础，提升政府部门、企业与公众数据资源相互间的开放度、关联度、共享度。如成都市国土空间基础信息平台，将不动产登记电子证照、登记簿、土地出让合同、划拨决定书、规划、土地核验意见书、地籍调查结果等信息通过“蓉 e 链”共享、存证。

公共服务领域—— 一是政务服务。相比过去的样本统计方法，使用全局的数据结果更精确，政务服务更便捷，给群众、企业提供减时间、减材料、减环节、减跑动、减证明等诸多便利。“天府通办”就是典型案例，成都市分站点“天府蓉易办”，围绕企业全生命周期服务，推出企业开办、投资建设、企业日常、发展助力、我有诉求等特色服务，实现申请类事项 98.9%“网上可办”、99.9%“最多跑一次”、62.7%“全程网办”、92.97% 政务服务事项“一窗办”，承诺时限较法定时限压减 68.9%。二是民政服务。通过建设低收入人口数据库，对农村低保对象、农村特困人员、农村易返贫致贫人口，以及因病因灾因意外事故等刚性支出较大或收入大幅缩减导致基本生活出现严重困难人口等农村低收入人口开展动态监测，实现对农村低收入人口风险点的早发现和早帮扶。汇聚老年人信息、养老机构信息、养老服务信息、养老终端产品监测信息，为建设一流养老机构的目标提供强有力支撑。建设未成年人保护工作综合信息平台，构建儿童福利信息资源库，为摸清儿童福利工作服务对象、关爱服务机构、工作力量底数，提升儿童福利信息动态管理精准化水平提供信息化支撑。三是健康管理。除提供便捷的应用服务、享受优质医疗资源服务外，也能有效监督医院、医生及医疗行为，有助于行业的精准管理。四是教育治理。有助于优质教育资源的互联互通，及向老少边穷地区覆盖，有利于处理好各教育主体的关系，激发教育行政部门和学校、社会、家庭、教师的互动交流，调动全社会参与教育管理的积极性。如新冠疫情期间，四川省有序组织省内 21 个市（州）900 余万名中小学生顺利开展应急教学。2020 年 2—4 月（四川省全面恢复中小学开学前），云平台播出课程 2358 节，仅 3—4 月收看量就达 7.8 亿人次，电视日均收视人数为 1900 余万人次，互联网日均访问量近 400 万人次，使用率在各类在线教育资源中位列榜首，“四川云教”也因此被国家云平台面向全国推广。

公共安全领域—— 一是社会治安方面，为打击犯罪、治安防控、交通管理、应急处置等重点公共治理工作提供精准支撑，提升公共安全排查整治能力，实现由被动处置到主动预测预判的转变，有利于创造安全有序、和谐稳定的社会环境。如达州市推进的社会治安防控体系建设和公安大数据智能化建设应用，统筹整合“天网”“雪亮”“慧眼”三大工程数据信息，围绕“人、地、物、网”等基本要素和“吃、穿、行、消”等活动轨迹，实现对各类治安要素的全息感知。二是食品安全监管方面，可有效解决食品安全问题，能迅速捕捉问题源头，确定问题食品，辅助惩罚机制启用，对保证食品安全起到良好的促进作用。例如，四川天府新区积极推进数字溯源应用，搭建食品流通溯源智慧监管平台，筑牢食品安全防线。天府新区140多所学校、2835家市场经营主体以及所有乡村群宴全部上链监管，初步实现了“从田间到餐桌”全链条、全生命周期的追踪溯源，提升了新区食品安全的可管可控、可溯可查的监管执法能力和水平。

智慧城市领域——随着信息社会的发展，建设智慧城市成为提升国家政府服务水平和管理效率的重要手段。大数据、物联网、云计算、空间地理信息集成等新一代信息技术能为智慧城市各类应用赋能。例如，成都智慧城市时空大数据与云平台，整合全空间、多尺度、多要素、多时相的时空大数据，初步构建了成都智慧空间时空底座，成为成都智慧城市建设的重要基础设施。以电子地图、三维模型、地名地址、道路、房屋等时空大数据服务为空间支撑，成都市政务服务管理和网络理政办公室构建城市运行六大专题板块，接入60余家行业部门专题数据，形成城市运行态势一张图，实现城市运营管理信息全面整合共享，初步打造支撑在线监测、分析预测、应急指挥的城市大脑。

2. 大数据限制使用的公共治理领域

在公共安全领域，数据采集、传输、存储、使用、共享、开放等诸多环节应设置权限；数据流量、人员行为、数据应用系统或平台应建立全方位的数据安全防护体系。在自然资源领域，大量数据未公开发布、入库标准和规范不够健全，无法准确有效地利用数据将监管落到实处。在卫生健康领域，由于健康医疗大数据的立法不够健全，数据权属问题有待解决，合法合规利用数据缺乏明确的依据。

3. 暂时不适用大数据使用的公共治理领域

在公共安全领域，对涉及国家利益、公共安全、商业秘密、个人隐私、军工科研生产等信息，应建立异常威胁分析模型监控和安全预警熔断机制。在医疗卫生领域，健康医疗大数据涉及个人隐私和国家安全，要在利用好数据的同时保障数据安全。

（四）四川大数据赋能公共治理的建议

1. 分领域分权限推进大数据在公共治理中的应用

一方面，清晰界定政务数据的共享范围和共享各方权责，通过政务数据公开共享，引导企业、行业协会、科研机构等组织与政府实现数据互联共享，尤其是要在城乡建设、人居环境、健康医疗、公共服务、交通旅游等领域开展大数据应用示范，形成大数据的大开放格局，让各类社会主体公平分享大数据带来的技术、制度和创新红利。另一方面，聚焦互联互通难、数据共享难、业务协同难等问题，搭建纵向横跨各部门、各领域的政务数据资源共享体系，不断完善政务数据资源共享与交换平台，加强跨部门间业务系统和业务数据的协同联动，打破各部门、各领域在大数据领域“九龙治水”的格局。同时，推动建立政务数据资源开放共享负面清单，用户根据应用需要采取申请取用的方式获取大数据，建立有序的政府大数据开发和应用的生态环境，在确保风险可控的原则下实现政府数据最大程度开放。

2. 推进大数据应用立法

四川大数据广泛运用在经济建设、社会治理、公共服务等方方面面，成为推动四川高质量发展的重要驱动力量之一。但是，从省级层面来看，数据交流壁垒亟待打破；从国家层面看，涉及大数据方面，国家尚未立法，各部门间“无法可依”的托词还未消除，需要从制度层面做好规范；从兄弟省市看，天津、安徽、山西、贵州等地已经出台促进大数据发展的条例，对推动当地大数据发展建立了制度遵循。因此，应根据四川省实际情况，制定大数据地方性法规，发挥创新引领作用，推动大数据更好地发展应用。法规中，应对数据的资源管理、开发应用、促进措施、安全管理、法律责任等方面进行明确，打破障碍，促进各部门、领域数据共享，为大数据更好服务于四川高质量发展提供坚强的制度保障，更好推动大数据的标准体系建设。

3. 加强数据安全及质量

一是深入推进数据类别化和合规化。数据安全和合规是数据市场有序运行的关键保障。在依据数据类型、规模、用途等进行分类的基础上，明确数据敏感度和安全级别，尤其是涉及公民个体和市场主体的（隐私）数据，更要保证非必要不收集、不使用原则，切实做好数据安全保护和合规收集使用等工作。

二是完善数据跨境传输安全管理机制。注重国际数据跨境传输规则一致性，及时关注欧美发达国家数字经济法相关规制及要求更新情况，做好数据跨境传输规则匹配工作。同时，在数据安全管理中，不断完善数据保护能力认证、流通备份审查、交易风险评估等各环节安全评估和管理制度。

三是提高数据开放质量。优化政府数据开放体系，提升数据开放标准，完善开放数据的市场反馈机制，保障数据高质量、高标准、高成效开放。

4. 建立数据共享机制

一是完善增值利用功能的产业发展机制创新。一方面，建立健全信息资源增值利用法治体系。借鉴英国、法国等发达国家在信息资源增值利用法治建设方面的经验，加快出台适合我国国情的信息增值利用法律法规及相关政策措施，注重加强程序、责任、监管等全环节的制度保障。另一方面，提高信息增值经济产出能力。加大与信息增值利用领域相关龙头企业或公共机构等的合作共建力度，拓宽信息赋能范围和信息增值渠道，加快提升信息资源产生经济效益的速度和能力，推动信息资源创造更高经济价值。此外，合理制定信息利用价格。开放的信息资源及相关数据对于不同的领域或市场主体可能产生差异化的价值，因此信息利用价格制定也应注重针对性、合理性和有效性。可借鉴英国许可证制度，即用户通过获取政府免费发放的信息利用许可证，付费利用政府相关信息资源，并在此基础上，制定针对企业、居民信息利用差异化价格，为市场主体等带来更便捷的服务，推动信息资源更充分地利用。

二是提升绩效管理的绩效考核机制创新。要加强立法保障和制度建设，制定政府绩效考核的法律和法规，对绩效考核的目标、内容和方式做出明确规定；要制定多元化的绩效考核主体机制，对政府数据开放共享的绩效考评除了专门的政府机构进行考评之外，还应该多吸引社会公众多方参与绩效考评当中，建立科学的绩效考评指标，统筹兼顾各方利益；要强化绩效考核评估，建立科学的绩效考评体系，不断完善绩效考评的相关流程和制度，对每次的评估结果做到及时反馈，针对查找出的问题提出有建设性的整改意见，及时进行整改，形成绩效考评闭环。

三是设计有效价值共创机制的信息整合手段创新。政府数据涉及社会方方面面的信息，蕴含的价值也是非常丰富的，因此，在价值共创的过程中，要提高企业和民众对政府数据价值共创的意识，采用各种激励手段来鼓励社会不同的主体参与其中，并为其提供一个良好的价值共创的环境，引导企业和民众广泛参与价值共创，让全民共创的氛围更浓厚。

案例 3-1
达州市建设“智慧党建引领智慧社区治理服务”信息化平台

达州市以智慧党建为引领，以智慧社区建设为载体，运用数字科技将政务服务下沉到城市最小细胞——社区，极大提升基层治理工作效率，增强了群众幸福感、满足感、获得感，成为全省“大数据 + 基层治理”创新的一道亮丽的风景线。

一、总体建设内容

智慧党建引领智慧社区试点项目建设按照一条主线（党建服务）+ 两大中心（便民服务中心、综合治理中心）+N 项支撑（社区一张图、四城同创、网格整合、管理机制等）的方案进行建设。

一条主线：以党建服务为主线，围绕基层党组织抓党建、抓治理、抓服务的主责主业，设置社区党委 + 小区党支部 + 楼院党小组，整合辖区社工、网格员、基层党员、志愿者等各支队伍，联动上级城管、民政等十多个业务部门，集成了 44 项面向群众的业务直接在社区办理。

两大中心：一是便民服务中心，主要建设包括协助服务、办事服务、诉求服务等 3 类服务，建设社区办事服务、居民论坛、民生服务、社区知识库、随手拍等；二是综合治理中心，对接雪亮工程、天眼等视频探头，引入视频分析算法，对违章停车、重点人群关注、入侵报警等社区重点综治工作进行智能化监测，实现重点区域监控、重点人群监控、流动人口监控、违章停车分析等。

N项支撑：主要建设社区一张图、社区通App、达人通小程序、四城同创、智能终端等内容。社区一张图，通过三维可视化GIS地图、视频监控、大数据分析、指挥调度等功能实时监控管理社区各项业务的进展和各类人群的动态；社区通App，承担联系群众、收集民情、化解矛盾等工作，实现音像资料和情况信息的同步传输；达人通小程序，实现各项业务在小程序上办理；便民服务一体机、智能门禁等智能终端，为社区治理和群众服务提供多样化的科技手段和便捷途径。

二、关键技术

（一）视频分析算法的应用

通过对接达州市已有的视频监控分析、智能门禁、设备传感器等科技设备，运用视频分析技术对社区内事件、设备、重点人群进行智能管理，如对小区流动人口的抓拍与记录、对社区公共设备的监控、对重点人群的视频跟踪与记录、对网格员定时巡检等。视频分析算法上包括重点人员的跟踪抓拍、重点区域的闯入报警、违章停车抓拍等。

（二）GIS三维仿真地图应用

GIS城市运行地图系统在时空信息管理系统基础上，提供达州市城市三维GIS数据浏览及管理功能；提供在仿真三维可视化条件下实现全社区统一的综合事务管理的能力，为各政府部门提供决策管理、日常业务管理等服务。基础功能包括人事物定位、轨迹分析、面积绘测、距离绘测、数据分析等。同时建设GIS指挥预警中心，统一对接服务资源、业务资源以及数据资源；延办、争议或重大事件由指挥中心统一协调处理，可通过

GIS城市地图完成线上事件交办和追踪。

（三）视频资源整合

构建雪亮工程、天网工程、慧眼工程（看家宝）“三网合一”立体防控体系，实现治安防控全覆盖、无死角。通过安装监控探头，帮助社区综治中心动态掌握各街面聚集、商铺活动、人口流动等情况，帮助居民通过手机端实现远程看家，实时关注家中状况。

（四）其他技术路线

其他技术路线包括微服务框架、J2EE技术等。核心业务系统要求采用基于浏览器的B/S多层架构体系，使用J2EE开发、分布式缓存技术、分布式文件系统、前后端分离技术、前端框架组件化、数据中台策略、非关系型大数据库、消息队列技术、流计算框架技术以及应用容器引擎等。

三、建设成效

一是有效整合数据资源。平台有效整合社会治理资源，汇聚民政、公安、社保等多部门的基础数据，支撑40多个便民服务事项“一站式”办理，覆盖了社会治理和公共服务的方方面面，成为智慧城市不可或缺的子系统。系统与达州市城市公共信息服务平台实现数据对接，促进了社区综合管理平台与政务服务系统数据互通，为后续数据开发应用提供大量基础数据，在全市推广后将大幅提升城市智慧化水平和品质。

二是提升基层治理水平。推行多网整合、全科网格、人图关联等，实现指挥调度全覆盖、事件处置全联动、基层服务全智能。大大提升了群众的居住安全指数，畅通信息发现报告渠道，健全社区网格化数字化管理体系，提升基层治理精细化程度，实现社区管理“零遗漏”。关爱独居老人、残疾人等群体，提供远程开门、一键报警等功能，为社区空巢、孤寡老人等群体提供最及时、最贴心的便捷服务，实现社区关怀“零距离”。通过人脸识别系统、一键报警功能等，大大减轻了居委会工作人员、民警的负担，让他们更多地投入到服务群众的工作中去，实现人员负担“零增加”。

三是便民利民成效显著。以社区党群服务中心为载体，打造“便民服务一体机 + 微信小程序”综合服务平台，形成集城市党建、政务服务、物业管理、信息咨询、智能居家、便民信息、社区周边商家于一体的智慧便民服务网络。以数据为基础，通过智慧社区大数据库，建立一个政府、社区、小区居民畅通的沟通渠道。充分利用科技化手段提升社区服务效率和居民生活品质，切实打通了服务群众“最后一公里”，增强了社区群众的幸福感、获得感。

四是城市环境显著改善。达州市老城区多数社区属于老旧社区，因建设时间长，基础设施普遍存在缺失、老化或失效等问题，加之流动人口多，人员结构复杂，管理难度大、矛盾多。该平台充分利用人脸识别、闯入报警等物联网技术，在老旧小区内重点关注区域配备智能视频监控，管理人员通过预警系统对辖区治安防控、市容市貌、车辆管理及重点关注人员等进行实时管控，极大地改善了城市环境。

五是基层服务提质增效。智慧党建引领智慧社区治理服务综合信息平台项目的建设，在结合达州市信息化现状的基础上，按照统一平台接入、统一集中管控、统一标准规范的原则，构建智慧党建引领智慧社区治理服务综合信息平台，弥补了现有党的建设和社区服务的诸多不足，提高了基层社区工作者在日常办公、基础信息采集、社区服务中的工作效率，降低日常工作的成本。

六是统一投资规范集约。该项目实行全市统一建设、统一使用和统一维护，避免基础设施重复建设，大大减少平台建设和运行成本。系统软件与应用软件全部采用产品化、装备化的全系列国产软件，在实现投入最小化的同时，符合政府采购扶持国产自主知识产权软件相关政策，避免后期国产化替代中重复投资；系统硬件全部采用自主品牌的国产设备，可支撑未来建设的业务系统。

资料来源：达州市人民政府办公室。

案例 3–2
健康医疗大数据应用于医疗“三监管”

一、平台建设

（一）建设平台、整合数据

四川医疗“三监管”平台充分整合统计直报（含 2015 年以来的 1 亿多条病案首页记录）、人力资源系统 70 余万医务人员信息、基层系统数据（140 多个县基层医疗机构诊疗数据）、全民健康信息平台（省市两级 123 家医疗机构近百亿条门诊、住院诊疗信息）等相关数据。按照“123468”设计思路构建医疗“三监管”平台：1 个目标（促进医疗机构落实功能定位、医务人员严格规范执业、医疗行为合理有效）、2 个平台（监管平台、闭环系统）、3 种方法（大数据、疾病诊断相关分组、疾病风险调整）、4种手段（标值监控、离群监控、趋势监控、风险监控）、6个层级（省级、市级、县级、机构、科室、医生）、8个维度（资源配置、服务项目、服务状况、依法执业、合理医疗、服务能力、执业资格、执业状况）。

（二）设置监管指标、深挖数据分析

设置6类36项56个监管指标，同时根据指标性质和监管要求，将监管指标分为3个等级：一级指标为核心指标（8项10个），通过数据分析，筛查疑似线索进行查处，促进医疗行为合法合规合理；二级指标为重点指标（23项39个），通过统计分析和结果展示，提醒医疗机构和行政部门关注，并采取措施进行干预；三级指标为一般指标（5项7个），通过统计分析和结果展示，供医疗机构和行政部门决策时参考。利用包括标值监控、离群监控、趋势监控、风险监控等分析方法，引入国内外先进的大数据挖掘，疾病诊断相关分组、疾病风险调整等分析模型和手段对医疗“三监管”平台数据进行分析，确保分析方法科学合理，分析结果客观公正。

（三）事前、事中、事后全流程监管

平台已经建立数据采集、数据分析、机构自查、核查裁定、申诉复核、责任追究6项工作机制，每月开展一轮事后的数据分析、问题线索核查和问题整改落实、责任追究，并通过综合闭环管理系统，将线下监管业务流程集成到线上，实现医疗“三监管”工作的标准化、自动化。截至2022年12月底，医疗“三监管”三期平台已接入8家省级监管医院，绵阳市、泸州市卫生健康委下属的6家市级监管医院已完成试点工作。着力构建事前、事中监管体系，以平台实现事前告知提醒、事中约束预警、事后分析处置的全过程医疗服务监管应用支持，形成全覆盖、全过程、闭环式的医疗服务监管格局。

二、应用成效

医疗“三监管”平台自正式运行以来，基本实现了精准、全程、动态监管，功能不断完善，效果日趋显现。

（一）监管震慑态势基本形成

截至2022年12月，省级监管平台累计采集分析数据64.66亿余条，筛查问题线索46.40万条，医疗机构自查整改不规范医疗行为4.28万余条，行政处理医疗机构83户次、医务人员427人次，责成医疗机构院内追责医务人员2398人次，有效实现管好医院、管住医生的目标。

（二）重点监管指标持续改善向好

经对重点监管指标量化分析发现，医疗“三监管”在规范诊疗行为方面作用明显。发现疑似问题线索数和查实问题数双下降，分别较开展医疗“三监管”前下降99.38%、52.38%；同时，医疗“三监管”对药品、耗材规范使用起到积极作用，药占比、门诊抗菌药物使用率分别较开展医疗“三监管”前下降4.18、5.23个百分点，CT检查阳性率、MRI检查阳性率分别较开展医疗“三监管”前增长4.47、3.01个百分点。“大处方、滥检查、泛耗材”等行为明显减少，两促进、两提高监管成效初步显现。

（三）依法规范执业的自律意识明显增强

从评估反馈看，医疗机构方面，39家医疗机构注重医疗“三监管”平台在部门管理中的日常应用，强化了医务人员对医疗行为的自我监管，合法合规、高质量执业理念落实成效明显，医疗风险得到有效防控；医务人员方面，超90%被调查者认为非常有必要实行医疗“三监管”，近85%被调查者认为医疗“三监管”有效强化了医者遵纪守法意识，规范了执医行为。

（四）革新了监管理念和方式

随着各级卫生健康机构不断接入医疗“三监管”平台，四川卫生健康领域信息化、数字化、现代化建设进程得以加快推进，尤其是疾病诊断相关分组新技术等在医院绩效评估和费用管控领域的应用，有效扭转了以往医疗机构平台化管理能力弱甚至缺失、监管理念和方式落后等一系列不利局面，监管理念步入新时代、监管方式更具有效性、监管机制更为健全，为四川卫生健康高质量发展注入了新的活力。

资料来源：四川省卫生健康委员会。

案例 3–3
成都市推进智慧城市建设

成都市充分运用大数据、云计算、人工智能等前沿技术推动城市治理模式创新，按照“1+4+2”总体布局，着力以智慧蓉城建设提升城市治理水平和能力，全面建设践行新发展理念的公园城市示范区，走出一条超大城市转型发展新路子。

深化城市运行“一网统管”。出台《成都市“十四五”新型智慧城市建设规划》，制定《智慧蓉城运行管理平台建设实施方案》《成都市智慧蓉城三级运行中心组建方案》等文件，推动市、区（市）县、街镇（街道）三级城运中心和市级部门城运分中心纳入市级平台实行“一网统管”，依托“微网实格”稳步向基层社区（村）、网格（小区）拓展延伸；梳理形成1393项智慧蓉城城市运行数字体征指标，接入2240.9万个物联感知设备，构建“8+N”应用场景体系，开发建设各类应用场景120个。

推动政务服务“一网通办”。截至2022年12月，“天府蓉易办”平台与省一体化平台、市级自建业务系统对接共享，接入网上政务服务应用467个，实现除涉密事项外所有申请类政务服务事项“应上尽上”；建设“天府蓉易享”模块，推动“企业找政策”向“政策找企业”转变，汇聚366万余家企业基本数据，形成企业标签222项，累计发布各类惠企政策1000余件，上线可申报政策事项359条，超过4500家企业通过平台进行事项申报；拓展“天府市民云”平台功能，持续推进公共、生活等服务集成，累计上线市级服务事项261项、区（市）县特色服务事项544项，用户总数达1304万人，用户满意度达93.5%；建立数据资源“一网通享”。搭建“蓉政通”移动应用平台，支撑市、区（市）县、镇街、村（社区）、网格五级近16万用户实时在线交流互通，开发市级“报表通”平台，推动基层终端融合，打通数据采集渠道，实现数据“一端采集、一次采集、动态更新、多方复用”，整合信息形成全市和区（市）县人口基础数据库；全市政务信息资源共享平台和公共数据开放平台累计共享数据945亿条，累计开放数据1.81亿条，授权运营数据3.35亿条，支撑打造数字证书认证、企业内控智审等40余个应用场景。

开展社会诉求“一键回应”。建立12345与110联动机制，推动12345与110实现警情与非警情“一键直转、数据共享、业务联动”；多元化推进政民沟通互动，开展《真情面对》《民生聚焦》《12345和你在一起》等节目266期，2022年，共受理社会诉求1032万余件，诉求解决率和群众满意率均在90%以上。建成12345企业和群众诉求多维度大数据分析引擎平台和多终端显示的智能化辅助决策平台，累计进行智能预警20万余次，实施紧急联系办理4万余次，消除潜在风险隐患2万余条。通过优化12345企业服务专席、建立“一对一”VIP绿色通道、召开企业座谈会等，以线上线下相结合的方式解决企业反映的各种重点、难点问题。

成都市在推进智慧蓉城建设过程中，同时注重加强数据安全保障，推动智慧蓉城平台系统与安全体系同步规划、同步建设、同步运行；做大做强数字经济，加快产业数字化和数字产业化，促进数字经济与实体经济深度融合。

资料来源：成都市人民政府研究室。

案例3-4
雪域盛开数字花——“数字石渠”建设带来的启示

大数据赋能行政管理、社会治理、产业发展、惠民富民，其重要作用已在全社会形成共识，但是推进大数据工作还有不小的误区。针对一些地方和部门存在的大数据需要大财力、大数据就要大新建、大数据要铺大摊子等问题，四川省人民政府研究室广泛收集相关资料，特别是奔赴地处雪域高原的石渠县实地调研，总结其大数据工作的成功探索，借鉴兄弟省份的有益经验，形成报告。

一、成效

石渠县地处川、青、藏三省交界地带，是全省距离省会成都市最远、地域面积最大、海拔最高的县，财力薄弱，2020年地方一般公共预算收入仅0.6亿元。为有效解决高寒条件下社会管理和经济发展的瓶颈问题，石渠县创新思路，提出建设“数字石渠”工程，通过对雪亮工程、智慧交警、“综治中心+电视电话”、人脸识别等4个项目的集成，建成了覆盖城乡、与财力相匹配的大数据系统。

（一）提升社会治理精细化水平

推动“数字石渠”建设，将传统的人防、物防、技防逐步向实现智防的“四防”转变，通过整合政府部门和社会视频监控资源，挖掘视频大数据，实现人像比对、车牌识别、智能预警、视频检索等功能，进一步提升了打击各类违法犯罪活动的针对性和精准度。截至2022年12月底，协助公安机关破获各类治安、大型刑事案件40余起，成功处罚交通违法行为3.9万余起。“数字石渠”助力公安机关案件侦破率提高近80%，民事、刑事案件发生率下降50%以上，城市管理、信访维稳、风险监测、应急处置等领域的精细化治理水平不断提升。

（二）推动行政管理效能提升

石渠县地广人稀，部分偏远乡镇距县城车程超过5小时，时空割据加大了政府的运行成本，在一定程度上影响了政令畅通。“数字石渠”远程监控系统的运用，加强了对城镇、交通、校园、牧区、寺庙等重点区域的动态了解，对重大风险隐患点全面掌握、未雨绸缪；“数字石渠”视频会议系统彻底解决了州、县、乡开会需提前多日通知、参会人员需长途跋涉的问题；建立“数字石渠”大数据中心，将分散在政府各部门的数据有效集中和整合，切实解决了数据信息“碎片化”问题，让政务事项的办理流程、手续进一步简化，所需时间和材料减少了近90%，有效推进“一网通办”在石渠县落地落实。

（三）助力产业发展提质增效

石渠历史文化悠久，旅游资源独特，被誉为“石刻艺术王国”，有照阿拉姆石刻、“双格”石刻和穆日玛尼石刻，打造了“太阳部落”“石刻王国”“双格文化”“真达锅庄”等文化旅游品牌。同时，石渠生物资源丰富，境内有白唇鹿、雪豹等国家一级保护动物9种，盛产虫草、贝母等野生动植物药材，是甘孜州药材主产区，藏系绵羊、石渠白菌、邓科枸杞、石渠人参果4个产品获得国家地理标志认证。围绕上述特有县域资源，大数据赋能促优，提供针对旅游业的行业监测、客流监测，通过大数据对热门景点资源应急情况的指挥调度，对游客进行合理分流，避免出现“打挤”现象。

二、主要做法

石渠县委、县政府在推进大数据工作中，坚持精打细算、量体裁衣、不铺摊子、不增加包袱。“数字石渠”上马前，规划的石渠县智慧城乡工程涉及多个部门，多套前端传感器系统、传输系统以及存储中心和显示系统，各自为政搞建设，总投资超过1.1亿元，每年需支付维护费用超过1000万元。为破解财政难负其重的问题，“数字石渠”工程建设方案把关键放在整合平台和打通数字堵点上，投资仅1500余万元，每年支付购买服务费500余万元。

（一）政企合作，创建主体

2018年6月，在甘孜州委、州政府大力推动下，在中国科学院物联网研究发展中心的积极参与下，石渠县国有平台公司和四川共享大数据服务有限公司（中国科学院物联网研究发展中心参股）共同出资成立石渠共享大数据服务有限公司，注册资本1000万元，其中石渠县政府占70%，四川共享大数据服务有限公司占30%。这种模式对于石渠县推进大数据发展起到了积极作用，一方面，石渠县统一数据的采集、传输、存储和使用，将全县所有大数据信息管在县上，确保了全县数字资产的可管可控；另一方面，数据不仅提供各类法人、证照等资质与信用登记，而且为各政府部门、企事业单位提供数据调用服务，摆脱了大数据信息利用效率低的现状，有效推动石渠县智慧城市建设步入新阶段、形成新格局。

（二）多方联动，整合平台

石渠县在全省率先出台县级层面《关于大数据中心建设实施方案》，设立“双1双23+5”的组织架构，即1个县级大数据中心、1套覆盖全县城乡的泛在物联网，23个县乡级大数据管理平台、23个县乡级指挥中心。同时，石渠县架构搭载了兼容雪亮工程、平安城市、智慧交警、电视电话、智慧广播5项功能的应用平台。基于该平台，将数据横向分发给全县各有关部门，纵向分发给乡镇政府，基本实现了上下互动、左右联通、实时可控的协同服务体系。

（三）创新技术，强化内核

一是运用云计算技术，强化对大数据信息的控制和管理，增强“数字石渠”的应用灵活性，从根本上解决“信息孤岛”的问题。二是运用新型传感技术，不断降低系统成本，每年间接为县财政节约超过400万元，扩大应用市场，有力夯实全县基础物联网底部基础。三是在基础物联网和传输层运用融合技术，打破设备供应商、移动和电信等通信运营商的独家技术垄断和价格垄断，有效降低了数据的传输成本。四是衍生人工智能技术，在公安案件侦破、智慧交通、电子警察、流动人口自动分析和管理等方面得到广泛应用。

三、启示

“数字石渠”建设，以事实给了我们答案：大数据不一定要大财力，大数据不一定要大新建，大数据不一定要铺大摊子。大数据建设是一项切实可行、落地生根的工作，大数据工作要的是量力而行、尽力而为的切实举措。

（一）大数据工作不是“能不能”，而是“做不做”

大数据工作不是高不可及、让人望而却步的工作，而是看得见、摸得着，需要脚踏实地去做的一项工作。从石渠的情况来看，全县面积达 2.5 万平方公里，大数据的建设面大量广，硬件投入量巨大，而且海拔又高，全年有效施工天数仅 150 余天，加上财力十分有限，可以说困难大于其他地方。在这样的情况下“数字石渠”能成功建成，靠的是县委、县政府带领一班人的真抓实干。而全省其他地方的条件都优于石渠，推进大数据工作，关键是在做。

（二）大数据工作不是“砸钱”，而是“管用”

一些地方和部门把大数据工作的调门吹得很高，做出的方案需要财政出巨资来干，让人“望而生畏”，甚至存在大数据工作是发达地区“专利”的盲目认识。但从石渠的情况来看，重在整合已有的数据资源，想方设法提升系统间的融合性、适配性，通过最经济的技术路径，实现政府的管控需求，特别是实现了对全县偏远地区、无人地区交通警情的实时监控和预警，真正体现了“管用”“能用”“够用”。推进大数据工作，应着力在系统最优匹配上下功夫，坚决防止弄成“绣花枕头”，中看不中用，成为面子工程、形象工程。

（三）大数据工作不是“新造”，而是“整合”

大数据工作的关键在打通堵点，把原来分散在各部门、各行业、各区域的数据集中起来，进行综合分析研判，而不是另起炉灶，一味搞新开发、换系统。在“放管服”改革走在全国前列的浙江省，始终坚持“整合”这个理念，把解决数字鸿沟、数字屏障、“数字孤岛”作为突破口，在多个领域实现了“最多跑一次”。石渠县也是坚持“整合”这条路径，把分散在多个部门的数据资源集成在大数据中心，达到了“费省效宏”的效果。我们应学习“数字浙江”的经验，推广石渠县的做法，把“整合”作为大事来抓，通过整合数据资源把政务服务质量、营商环境提升到新的高度。

资料来源：四川省人民政府发展研究中心。

六、贵州实践[①]

近年来，贵州省作为全国首个国家大数据综合试验区，认真贯彻落实党中央、国务院关于大数据发展的系列决策部署，把大数据作为弯道取直、后发赶超的战略引擎，深入实施大数据战略行动，扎实推进国家大数据（贵州）综合试验区建设，大力推进大数据赋能公共治理，大数据应用遍及基层党建、公共管理、公共服务、公共安全、智慧城市等领域，有效提升了公共治理现代化水平。

① 本部分作者为贵州省人民政府发展研究中心李冬莲、佟岩、肖路平，遵义市汇川区委巡察办刘永强。

（一）贵州大数据赋能公共治理成效显著

1. 大数据赋能基层党建，助力党建工作高效化

近年来，贵州积极探索大数据助推大党建的新途径，将大数据技术运用到党建领域，推动基层党建工作理念和方式方法创新、工作流程重塑和再造，使党建工作更加体现时代性、把握规律性、富于创造性，对巩固党的执政基础、落实全面从严治党要求向基层延伸、提升整体党建水平有着十分重要的意义。

（1）实现了党员干部的全覆盖

贵州党建云平台包括一云两库五平台，一云即云基础平台，两库即围绕党员和党组织两个主体建立的党员、党组织基础数据库和行为数据库，五平台即宣传平台、教育平台、管理平台、服务平台、资源平台。贵州党建云平台是贵州组织系统落实中央、省委关于加强和深化党建工作改革的重要举措，通过新媒体手段提升党建工作科学化水平，实现了党的建设为经济社会发展服务的重要抓手；是党建工作紧紧围绕大数据发展战略部署，创新载体加强党建宣传、舆论引导、党内监督和助推发展作用的具体体现，串起了全省党建工作大大小小的“信息孤岛”，建立了省、市、县、乡、村、党员六级互联互通，实现了党组织和党员的全覆盖。例如，福泉市抢抓大数据发展契机，以党建信息化建设作为提升党建工作科学化水平的切入点和突破口，积极探索“互联网 + 党建”的智慧党建新模式，依托全国党员信息系统、全省党建云平台，采集建立党员简历信息库，通过规范“三会一课”和党员信息录入等，有效掌握了全市基层党组织和党员基本情况，为加强基层党组织建设提供了科学依据。又如，贵阳市云岩区基层党建大数据考核系统的建立，覆盖了全区 58 个机关、28 个社区（镇）的党建工作考核，可以对全区基层党建工作目标进行全面掌握，不断推动全区基层党建工作考核科学化水平进一步提升。

（2）实现了党员教育的常态化

贵州网院通过打造多方共建共享资源平台，实现师资专家、课程课件、培训合作伙伴、培训经验等资源交流共享，解决资源不足、老旧和浪费问题，提高资源利用率，实现优质资源共享，提升干部培训水平，自运行以来，贵州网院累计注册学员116207人，培训学员94503人。贵阳党建云平台，将学习资源进行了全面整合，实现了对既有学习教育资源的再梳理，设置了丰富的栏目，收录了多种多样的内容，提高了党员干部的体验感，激发了党员学习的积极性和主动性，成为党员干部的“移动图书馆”和“掌上知识库”。2020年，贵阳市共有11.6万名党员下载使用贵州党建云平台，占全市党员总数的57%，全市县级以上党员干部平均答题率为92.62%，平台共收到党员自主上传的理论知识题目11602条，收到党员自发创作上传的党建短视频1680个，共发布各类学习资料37228篇，党员干部学习教育融入日常、严在经常，得到了加强。黔东南州建设“铸魂行动”管理平台，全州16个县市党委和4个州直党工委、9132个党支部全部纳入动态管理体系，管理平台充分发挥指导和监督各支部调度中心的作用。每月初，州党委组织将工作指令和学习计划逐条列出，将学什么、做什么、改什么发布在管理平台上，支部需要在时限内完成任务，并向平台传送印证资料和实景图片。州级层面每月还对完成任务的情况进行随机抽查和实地督查，从而使党员学习教育常态化和组织生活规范化。贵阳市白云区探索建立“党建红云”手机App，尝试利用大数据为党员提供“精准学习”平台，科学设置党章党规、系列讲话、时政要闻、三会一课、身边好党员等模块，定期推送学习内容。运用大数据对党员参学情况、测试情况进行全面采集、全程纪实，智能化、流程化跟踪分析党员学习进度。建立积分排行、志愿服务等倒逼机制，党员通过大数据记录分析整理，能清楚掌握自己的学习、排名等情况，进一步提高了党员运用“两学一做”

手机 App 学习的积极性。同时，对党员使用 App 学习情况进行智能排序，考评结果作为党建年度考核重要内容，每季度对积分排名前 10 名党员赠送书籍，调动党员学习积极性。

（3）实现了党建工作的高效化

铜仁智慧党建云平台把全市 7531 个党组织“建”在“云上”，设置“标准化建设”模块，分类制定业务标准、流程以及考核指标，同步建立纪实模板和参考样例，各基层党组织以图片、视频、电子表单等形式对应上传党支部场所建设、活动开展、软件规范、“三务公开”等情况，上级党组织可实时浏览、查阅监督，并在线提出意见建议，真正抓实支部建设，全面提升党组织组织力。截至 2020 年底，全市 1237 个党支部已完成支部标准化规范化建设。黔西南布依族苗族自治州惠水县好花红党建云平台通过大数据技术，改变了传统的党建管理模式，解决了信息时代党建工作面临的一些难题，使全面从严治党向基层延伸，通过网上签到打卡，后台管理人员及时将各类信息进行登记，可实时掌握全县驻村帮扶干部的工作开展情况，真正实现党建管理的精确化、智能化、人文化和科学化。

2. 大数据赋能公共管理，助力政府服务优质化

近年来，贵州围绕数据从哪里来、数据放在哪里、数据如何用的问题，持续推进数据治理探索创新，开展政府数据“聚通用”攻坚会战，实施“迁云”行动，创新政务信息化建设新机制，建成“一云一网一平台”，成为数字政府核心基础设施。

（1）建立了“一云统揽”的新体系，实现了政务数据大集中

云上贵州平台是全国首个政府数据一体化大数据平台，承载了省、市、县政府部门全部应用系统和数据，实现所有系统网络通、应用通、数据通。贵州成为全国唯一实现省市县所有政务信息系统互联互通省份。2020 年该平台完成

联通、电信、移动、广电4个节点扩容，实现政务系统云上云下互联互通和跨节点云资源灵活调度，上云数据量比2019年提升47%，云存储数据量从2015年的10TB增长到2020年的2860TB，省、市、县三级政府数据资源目录100%上架，累计共享数据22万余项，开放高质量数据集1525个。云上贵州一体化建设被国家发展和改革委员会、国家信息中心在全国推广。

（2）构建了“一网通办”的新支撑，实现了政务服务大联通

通过省电子政务外网三期工程项目建设，完成全省电子政务外网广域骨干网主链路扩容及备用链路建设，省到市带宽从300M提升至1G，市到县带宽从100M提升至200M，县到乡带宽从10M提升至50M，网络基础支撑能力大幅提升。同时，按照整合是原则、孤网是例外的理念，推进部门业务专网整合，提升政务服务网上办理深度。2020年新增12家省直单位27个业务专网系统与电子政务外网互通，累计完成23家省直单位业务专网整合、86个自建业务系统与电子政务外网互联互通，基本实现了网络可达、业务可访、数据可用。贵州政务服务网覆盖省级、9个市州和贵安新区、101个县（区、市、经开区、高新区）三级共4202个部门以及1546个乡镇17569个村居，共计80.2万个政务服务事项，实名注册用户2800万户，101个省直部门自建业务系统将与“贵州政务服务网”对接融合，307类电子证照约7400万条数据实现了数据汇集，省级政府网上服务能力连续4年位列全国前三。“全省通办”成为全国一体化平台建设的典型标杆，实现省、市、县三级政务服务事项100%网上可办。此外，通过推进政务服务移动端建设，不断提升政务服务能力。

（3）打造了“一平台服务”的新模式，实现了数据资源大调度

贵州充分利用现有服务资源，构建居民融合服务体系，建设全省数据治理智能工作平台、覆盖全省的政务服务平台和行政办公平台，实现并联审批和协同办公。采用基于语音的人机交互技术，统一用户界面，实现全网搜索、智能

分析和可视化呈现，推动政务服务标准化、平台化、智能化、安全及运营保障一体化，构建贵州省“四位一体”政务服务一体化体系。同时，以共享为基础、以需求为导向、以应用为抓手、以安全为支撑、以支付为保障，搭建了集数据采集、治理、分析、应用、发布为一体的统一政务数据共享开放平台，推动全省各级各部门政务数据信息向政务大数据共享开放平台迁移集聚，简化优化群众办事流程，打造公共服务和公共管理的新模式。此外，把多部门高频率、可重复使用的技术组件、系统等进行整合，建设一批中台提供公共管理服务。截至2020年底，数据共享交换平台与国家平台实现数据级联动；视频中台接入政法、公安、交通、水利、旅游、林业等19个部门视频资源22.68万路，占省管政务视频资源的64.8%；地图中台为省级15个政务信息化项目提供支撑，发布地图服务11个，场景服务22个，数据服务83个；移动政务中台整合接入各类政务应用20余个；身份认证中台接入贵州CA数字证书、银联用户库、运营商用户库、公安身份认证和人脸识别等认证源，实现登录用户身份识别；数据中台实现数据目录共享交换、清洗加工、质量核验等调度管理，提供数据共享1.4亿批次，交换数据超过5245亿条。

3. 大数据赋能公共服务，助力生产生活便捷化

近年来，贵州加速推进大数据与公共服务深度融合，利用大数据洞察民生需求，促进资源整合、服务流程再造，在政务民生服务、医疗、旅游、教育、劳动保障等领域取得显著成效，不断推动民生服务均等化、普惠化、便捷化，切实提高人民群众生活质量，为群众带来实实在在的幸福感、获得感。

（1）群众办事更加舒心

通过聚焦群众办事堵点，政务服务提速换挡。云上贵州多彩宝政务民生服务平台是贵州深化“放管服”改革、推进审批服务便民化的重要成果，为全省人民群众提供“一站式”的在线服务。服务内容中个人办事包括交通出行、社

会保障、工商税务、户籍服务等十大类，法人办事包括设计变更、年审年检、财务税务、准营准办、立项审批等二十五大类，涉及数十万服务事项，并设立审批服务、我的办件、预约办事、进度查询、咨询投诉专区，提供全方位政务服务。平台首批将集成数百项热频政务服务事项办理，包括社保查询、婚姻登记预约、生育登记证明、车辆摇号、不动产登记、房源核验、社保资格认证等服务，还将提供医院挂号、学历查询、交通罚款缴纳、车辆摇号等众多群众关心的民生服务。同时，云上贵州多彩宝依托 2018 年贵州省“十件民生实事”建设，在全国省级区域率先实现水、电、燃气、数字电视等基础生活缴费服务省、市、县城乡全覆盖，用户通过云上贵州多彩宝 App，可享受一站式服务体验。此外，云上贵州多彩宝还同步建立信息发布平台及公众号渠道，为用户提供个性化信息增值服务，实现通知提醒、办事咨询、政策解读、投诉建议等功能，搭建政府与公众沟通新桥梁。截至 2020 年底，已接入高频政务和民生服务 1467 项，较 2019 年增长 114%。实名注册活跃用户达到 1366 万，较 2019 年增长 388%。群众通过移动端查询办理服务事项 7400 万余件，累计服务超过 4 亿人次。贵阳市运用“网格化 + 大数据”模式，将全市划分为 7878 个网格，把人、事、地、物、组织等要素纳入网格化治理，配备网格长 1588 名、网格管理员 5623 名。2020 年以来，通过网格调度处置涉及疫情问题 8.1 万件、处置率达 100%，解决各类群众诉求 2.1 万件。黔东南推广人社金融一体化服务平台，覆盖全州 16 个县市，通过平台缴纳养老保险 13.16 万人次。智慧法院实现审判流程公开、裁判文书公开、执行信息公开等对外法律服务事项全覆盖，成为连接法院与公众的桥梁，为人民群众带来便利。贵阳综合保税区利用大数据手段不断提升为民办实事的能力和效率，融数据于治理中、化智慧于服务中，让群众实实在在享受到了大数据带来的便捷生活，截至 2021 年 6 月，“关银一 KEY 通”服务平台开通 3 个月，已为民解难题 756 件，为民办实事 900 余次，办成进出口贸易业务107件。

（2）群众就医更加放心

远程医疗服务平台围绕一网络、一平台、一枢纽的技术构架，在全国率先建成覆盖省、市、县、乡四级所有公办医疗机构，外联国家和省外优质医疗资源的远程医疗服务体系，推动远程医疗向村级和公立医院科室延伸，全力打通远程医疗服务“最后一公里”，形成“乡镇检查、县级诊断”的诊疗模式。截至2020年11月，全省远程医疗服务总量达162万例次，通过远程医疗累计节约医保与群众自付医疗费用及群众外出就医产生的交通、食宿等生活费用约6.1亿元。39互联网医院凭借先进的移动远程会诊平台，通过移动互联网技术，使全国各地的各级医疗专家与来自线上线下的医师、患者实时互动，开展疑难重症的远程会诊。截至2021年6月,39家互联网医院已签约了来自北京协和医院、北京大学第一医院、301医院等的2000多位名医专家，与300余家县市医院开展深度合作，累计完成了来自24个省份37个专业的20多万次医疗服务。

（3）智慧旅游更加省心

一码游贵州以大数据、5G直播、新零售、区块链等多项前沿科技为支撑，以轻量化载体小程序为入口，一个二维码“广纳”贵州文旅信息资源，为广大游客提供吃、住、行、游、购、娱等方面的智慧旅游服务，有力提升了游客在黔旅游体验，构建了一个“科技革命+文旅创新”的贵州全域智慧旅游新模式。平台数据采集内容包含景区、酒店、通行、购物、文娱、公共服务和新业态共七大类32小类。截至2021年5月，一码游贵州全域智慧旅游平台总访问量达到1.58亿次，累计用户超1620万人，交易订单超17.5万笔。“黄果树智慧旅游云平台”是国内首个旅游目的地平台，集旅游营销、经营、管理、服务全过程于一体，在全省首推实名制分时段预约售票入园，实现游客量“削峰填谷”，并开通人脸识别系统进行检票，使游客通行效率提高70%以上，同时基于对各时段检票人数、游客身份信息、车辆来源情况、景区各景点现场情况等进行实时监测，帮助景区实现了科学决策。

（4）智慧教育助推教育资源更加均衡

“大数据 + 教育工程”推动智慧教育发展，教育资源更加均衡，教学质量不断提高，教育扶贫成效明显。2019 年 2 月，贵州省教育管理公共服务监管平台、贵阳市大数据 + 教育精准扶贫平台分别入选教育部 2018 年教育管理信息化应用优秀案例省级和地市级名单。贵阳市《以“互联网 +”智慧监管为支撑 推进学校食堂食品安全管理体系建设》入选教育部 2018—2019 年度全国基础教育信息化应用典型案例。

一是促进教育资源均衡布局。利用大数据技术促进资源共享，同时通过智慧教育让优质资源辐射贫困地区。贵州师范大学依托 5G 网络，应用 VR、AR 等技术，构建新的教育组织形态和模式，为贵州乡村义务教育、乡村教师教育和乡村新型职业农民教育服务，探索“5G+ 乡村教师教育”的发展路径；贵阳市开发“1135”大数据应用体系、智慧教育——同频课堂和智慧助教 App 等项目，推动教育服务向基层和乡村等覆盖；黔东南州通过 5G 网络和智慧教育云平台搭建同步课堂，解决了偏远乡村学校师资力量不足问题，让偏远地区的贫困学生享受更好的教育教学资源。

二是助力精准扶贫。贵阳市探索开展“大数据 + 教育”精准扶贫，全面加强贫困地区义务教育薄弱学校信息公开系统等各类教育督导信息平台和数据库建设，丰富教育督导信息数据资源，提高和优化数据资源质量，建成教育精准扶贫云录播评课系统平台。由贵阳市优秀教师组成专家团队，为对口帮扶学校教师学生提供优质的教学模式，该平台已汇集 800 余名教师和 8000 余名学生。另外，贵阳市还通过学生精准资助监管 App，利用大数据手段对教育资助扶贫进行精准监管。

三是提升教育督导效果。贵州省教育管理公共服务监管平台建立数据库资源的共享和开放利用机制，形成各级各类教育部门、教育督导部门共享利用的教育督导大数据中心。贵阳市教育质量监测平台充分利用平台汇聚的丰富数据，运用大数据教育手段，从学生德、智、体等7个方面对全市教育教学质量进行全面评估监测，促进教育教学质量监测向过程化、常态化、智能化方向发展。截至2019年底，该平台已覆盖全市1000多所中小学，完成32万名中小学生的质量监测，采集监测数据数亿条。

（5）实现智能劳动保障维权

贵州省以工程建设领域为切入点，强力推动根治欠薪部门一体化进程，运用大数据技术，搭建了贵州省劳动用工大数据综合服务平台，逐步实现全行业用工实名制大数据监管，切实解决农民工面临的欠薪突出问题。2020年9月国务院第14督察组考察平台建设时评价：平台建设水平很先进。“贵州省劳务用工大数据综合服务平台”以打破行业信息壁垒、实现各部门业务和数据融合为抓手，实现了监管、维权、整改相结合的全生命周期管理模式。

一是统一了数据标准。省、市、县各级住建、交通运输、水利、电力、铁路、能源等工程建设行业主管部门统一使用该平台，开展本行业农民工实名制大数据监管，逐步共享市场监管、工伤社保、工资支付、项目审批、资金落实、金融信贷、企业诚信等数据资源，实现欠薪联防联治，拧成一股绳。

二是开通了智能维权通道。通过民工服务端App开设的劳动维权通道，农民工可随时随地进行劳动保障维权，实现一点投诉举报，全省联动处理，以网路代替言路，全省劳动保障监察机构线上“一个窗”。

三是实现监管全覆盖。行政管理与技术服务双管齐下，依托平台建立工程项目底数库动态更新机制，加大数据定期调度力度。督导企业规范实名制管理，把开展实名制管理作为减免存储工资保证金、排除重点监管范围、恢复或提升诚信等级的重要条件，引导农民工通过民工服务端了解相关政策、查看工资支付信息、留存维权资料、进行投诉举报。截至2020年10月底，贵州纳入平台监管项目11266个、农民工167万人，其中投资100万元以上、工期6个月以上在建工程项目2300余个，在职农民工79.6万人，农民工主题数据库初具规模，结合《保障农民工工资支付条例》贯彻执行，推动全省在建工程项目实名制管理全覆盖。

四是应用成效显著。实现了欠薪问题全程可追溯，通过串联工资专户余额查询、农民工实名登记、签订劳动合同、考勤、工资造册、工资审核、工资代发7个环节，打通技术堵点，实现工资支付全流程监控，解决谁干活、干几天、发多少、发到没等难题；创新解决了开户难问题，贵州首创“实体户+虚拟户+第三方支付”开户模式，实现异地易开、一地多开，实现“工资一卡通”，让农民工手持一卡甚至无须持卡（手机银行），即可领到工资并使用所有金融消费功能。截至2020年10月底，平台已与18家代发银行建立了数据连接通道，银行向平台实时回传全省工程建设项目代发农民工工资920亿元；实现了欠薪智能预警，变被动“清欠”为主动“防欠”，强化数据分析的实时性和智能化，分级区分欠薪风险，预警信息及时、主动、精准推送到政府监管端和企业管理端，企业整改情况和政府执法效果实时反馈，变事后被动查处为事前、事中监管。截至2020年10月底，平台累计发布欠薪预警信息2000余条，结合预警信息，共为2000余名农民工追讨被拖欠工资近5000万元。

4. 大数据赋能公共安全，助力社会安定长效化

公共安全是人民安居乐业的重要保障。近年来，贵州不断推进大数据公共安全治理体系建设，注重将社会治理从单纯的政府监管向社会协同治理转变，依靠大数据技术的支撑，优化整合各类科技资源，深入研究公共安全事件及防治基础理论、关键技术，经验教训等，探索运用大数据赋能优势推演公共安全

事件的仿真模拟，提升政府运用大数据处置公共安全事件的能力，进一步提升社会治理公共安全水平。

（1）织牢了消防安全网

云上贵州·智慧消防利用物联网、大数据、云计算、移动互联网、数据挖掘、数据可视化等新技术，全力构建社会化消防工作管控平台，基本形成支撑环境集约化、数据采集智能化、火灾防控社会化、调度指挥一体化、消防服务便捷化的消防信息化支撑体系，构建起立体化、全覆盖的社会火灾防控体系，全面提升社会火灾防控能力、灭火应急救援能力和队伍管理水平。平台汇聚自然资源、气象、交通、旅游、防汛抗旱等部门的地质灾害点、危化品运输车辆实时信息等数据上百亿条，建立了用数据分析研判、用数据预知预警、用数据辅助决策、用数据指导实战的消防工作新机制。截至2020年底，通过“黔小消”消防安全综合监管平台，共发现全省小型生产经营性场所风险隐患类型48个、风险隐患问题19.8万条，涉及重大风险的小型生产经营性场所6万余家、涉及19万余人，全省重大风险整改率达94.7%。“数字化消防站”是贵安新区消防救援支队紧扣“数字赋能，减负增效”的核心目标，探索将大数据、物联网和云计算融入队站建设管理，将训管、装备管理、指挥调度等系统融于一体，实现与现有系统功能互补、接口互通、数据互享，可准确感知、自动采集、智能获取训练、车辆、装备、工作等数据信息，形成“一人一档、一队一档”的训练档案，对实时监控的指战员血压、心跳等设定预警数值，同步建立“一对一”动态训练档案。在消防实战方面，建立战勤保障体系模块，将车辆、装备等动态数据全面应用于作战指挥全过程，充分发挥系统和数据效能，不断为正规化、职业化、专业化的消防救援队伍建设提供智能服务。

（2）筑牢了水利安全线

贵州东方祥云应用卫星遥感与地理信息系统技术，结合多元数据环境，以大数据分析平台、互联网应用平台、多元数据仓库为核心，运用云计算、地理信息、气象预报、水文预报等行业前沿技术进行大数据应用，以提高降水预测、洪水预测精度、范围和速度为目标，从基础理论研究出发，基于大数据的洪水预报和水资源优化调度平台关键技术，提供较长预见期的降水预报、洪水预报、山洪灾害预报服务，实现对防洪工程措施的有效补充和支持、水力资源的科学合理调度，对贵州的抗洪减灾发挥了关键作用。2018 年，贵州东方祥云助力贵州成功应对“6・19”大洪水等 11 次暴雨洪水侵袭，帮助提前转移群众 1.63 万人，2020 年，面对洪涝灾害多发态势，仅防汛抗旱态势分析系统平台就累计提供洪水预警 69 万余条，为保护人民生命和财产安全发挥了重要作用。截至 2021 年 7 月，贵州东方祥云为中小流域提前 1~4 小时进行预警，减少小流域山洪造成的 80%~90% 的经济损失。贵阳市智慧防汛决策系统通过在主流支流、水库水电站等安装先进的联网监测设备，数据上云上网上线，实时传输反馈，为贵阳市打造了防汛工作的“千里眼”和“顺风耳”。截至 2020 年 8 月，贵阳市智慧防汛决策系统把全市 195 座水库（水电站）、18 个中小河流水位站、15 个重点防洪城镇、156 个山洪小流域、中心城区 14 个重点易涝区及南明河等重点河流区域等纳入在内，可提供基础信息查询、实时水雨情分析、气象预报分析、洪水预报、预警决策、综合调度等服务。

（3）形成了社区治理新体系

针对社会综合治理工作的复杂性、碎片化，贵阳启动“社会和云”平台工程，通过整合市长热线、环保热线、公共服务热线以及网页端和 App 客户端市民反馈平台，搭建了一个社会综合治理的城市大脑，形成了协调联动的社会治理工作体系，有效促进了社会治理能力的快速提升和现代化。“社会和云”将网格作为微阵地，按照全覆盖、无缝隙、无重叠的原则，将全市划分为 5883 个网格，以网格地图为生态点，形成了一个包含人口、法人、房屋、事件、设施等多维度数据的关联集。以数读贵阳、网格管理、社会动员、社区服务为重点应用，构建了党政社企群协同共治的工作体系，通过网格中心数据分析，为辅助决策提供科学参考，推动涉及环境、治安、劳资、征地等问题得到落地解决，综合处置率达 99.91%。为充分发挥政府职能部门、社会单位和基层组织作用，督促各类社会主体履行社会责任，“社会和云”按照“发现问题在网格，解决问题在部门”的思路设立了三级闭环处置流程，对平安建设中遇到的问题信息数据进行处理和分析，实现了科学分类、分办、督办。

5. 大数据赋能脱贫攻坚，助力脱贫攻坚成果高质化

“十三五”时期，贵州坚持把脱贫攻坚作为头等大事和第一民生工程来抓，充分利用大数据发展先行优势，将高新科技领域的创新应用与实现贵州贫困地区跨越发展紧密结合，运用大数据支撑大扶贫，探索出了一套“大数据 + 大扶贫”的“贵州战法”，脱贫攻坚成效显著。

（1）促进产业发展“快”

打赢打好脱贫攻坚战，产业扶贫是一个重要抓手。建立贵州农产品大数据平台（黔菜网），通过多种方式采集贵州基地种植信息、冷库信息、冷链物流信息，贵州省内外农产品交易信息，全国农产品价格信息等，多维度构建贵州农产品基地信息网、冷链物流网、市场交易网，打通产销壁垒，构建农产品流通生态圈，形成完整的产业供应链。同时汇集市场数据、天气数据、全国产区数据，通过对数据的分析研判，对可能滞销的产品发出预警，为农业供给侧结构调整提供依据，并根据全国价格行情数据，发现贵州季节性集中上市、批量供给的大宗农产品机会，指导经营企业拓展价格高、空间大的主销区市场，为贵州农产品销售提供市场方向。截至 2020 年 12 月，该平台已实现对全国主要农产品批发市场销售数据、价格数据实时抓取、智能分析，已覆盖 88 个县、3623 个基地、378.45 万亩基地，线上店铺数量 883 家。成立贵州省重要农产品追溯

体系公共管理服务平台，重点聚焦贵州特色优势产业，推进质量追溯全程化，形成了生产有记录、信息可查询、质量有保障、责任可追究的农产品质量安全追溯体系。截至2019年4月，该平台已纳入茶叶、蔬菜、水果、禽蛋等特色产业和食用农产品等834个，消费者只需输入农产品条形码，即可查询农产品产地、生产单位、产品检测等相关信息，让老百姓买得放心、吃得安心，大大提高了贵州农特产品的市场认可度和消费者满意度。建成一码贵州智慧商务大数据平台，由信息采集平台、一站式购物平台、数据管理后台三大板块构成，旨在通过资源汇聚，打通产供销流通环节，实现信息流、商流、物流、资金流“四流合一”，实现“小农户”与“大市场”有效对接，助推黔货出山，助力全省扶贫产业发展和脱贫攻坚。

（2）实现农村出行“畅”

贵州通村村是交通运输部明确为全国推广的首个运用互联网、大数据技术，精准对接农村客货运需求和社会运输能力，着力解决农村出行物流痛点、农村交通安全监管难点、农村产业发展堵点问题的新农村综合服务开放生态平台。通过与县级运营中心、乡镇运营节点、村服务站点的建设，构建乡村出行物流服务基础设施骨干网络和末端服务网点，整合出行、物流、商贸、电商、供销、培训就业和金融等形成乡村惠民共同服务体系，打通了农村运输服务“最后一公里”，畅通了经济发展的毛细血管，在实现“通村行”“通村运”的基础上，完成对“通村买”“通村卖”“通村游”的服务，为电商下乡、黔货出山提供了坚实的基础保障，为巩固脱贫攻坚成果和乡村振兴提供了新的发展思路。截至2020年10月，已完成全省1.5万个村级综合服务站点建立，建制村覆盖率达100%，平台注册司机超过7万人，整合车辆超过6万辆，构建了“1+9+88+N”的出行物流服务基础设施网络格局，累计服务超千万人次，物流业务上线地区每个县日均进村物流单量超过2000单，百姓平均候车时间从原来的2小时降低为 30 分钟，客运车辆的实载率从上线前的 56% 提升到 80% 以上，道路安全交通事故减少了一半。

6. 大数据赋能智慧城市建设，助力城市管理精细化

大数据是智慧城市的引擎。以大数据为核心要素，大力发展智慧城市，已经成为政府提升治理能力、改善城市运行管理、培育壮大数字经济、重构公共服务体系的新动力、新途径。近年来，贵州深入贯彻落实新发展理念，主动拥抱大数据时代，以数字化、网络化、智能化技术赋能城市建设，政府治理体系和治理能力现代化进程加快推进，群众获得感、社会满意度大幅提升，智慧城市建设成效显著。

（1）智慧交通让出行更便捷

一应黔行是贵阳市推广实施的人脸识别认证业务统一入口，运用“互联网 + 交通 + 人工智能”技术，市民只需通过下载应用程序，经手机注册、绑卡，选择刷脸支付方式后，即可以 9 折优惠享受贵阳地铁、BRT、地面公交车“一脸通行”，全市地铁站、公交 BRT 站点闸机通道口秒刷秒过；在应用界面上能准确查询地铁、公交班车时刻表，定位地铁站内洗手间、自动扶梯等便民设施位置，掌握全网所有站点的出口方向、周边公交线路，大幅节省乘客出行的时间。贵州通 App 通过采集公交实时 GPS 数据，应用地理信息技术和大数据技术，建立预测分析模型，为市民提供准确、即时的公交信息，市民出行可提前进行路线规划，出行效率大幅提升，已覆盖贵阳、遵义、铜仁、毕节、六盘水、都匀、兴义以及贵安新区等地，基本实现全省覆盖。截至 2020 年底，注册用户 381.76 万人，为全省发布数字交通云卡 326.95 万张、日活跃用户数近 100 万人次、在线交易额累计逾 16 亿元。贵阳市智慧停车平台以大数据动态分析为基础，为广大市民及驾驶人员提供智能和便捷的车位查询、出行导航、无感支付缴费、电子驾照、违章查询、车辆年检查询等功能，让市民出行更加通畅、便捷。截至

2020 年底，已在 88 条路段安装了智慧停车系统，覆盖了云岩区、南明区、观山湖区。遵义市在余庆、凤冈、务川等地将公共停车位、停车场资源整合，通过智慧停车云平台共享，方便市民停车。截至 2020 年底，已完成 3400 余个停车位的升级改造并投入运营。

（2）智慧城管让治理更透明

贵阳市围绕环卫、市政、渣土、园林等领域，以互联网、物联网、大数据、云计算等信息技术运用为支撑，打造智慧城管一体化系统，实现对人员作业、垃圾清运及处置、公厕保洁等环卫数据的实时、多维度、可视化监测，实现全市城市数据资源“一图”可览。以公厕监测为例，通过与系统连接的公厕智能传感设备，不到一分钟就能实现所需数据的精准采集。铜仁市搭建“大数据 + 综合行政执法云”平台，打造智慧城市管理新模式，按照大集中、大整合、大共享的原则，整合城区综合执法、市场监管、交通等领域数据，建立权责明晰的执法监管体系，切实解决多头执法、重复执法等问题，建立起权责统一、权威高效的城市综合执法体系，实现感知、服务、指挥、分析、监察“五位一体”的综合执法超脑。安顺市建设“智慧城市管理信息系统”，融合了城管、住建、房产 3 个领域，通过智慧城管、智慧房产及智慧住建云三大板块，着力实施一张蓝图、一个平台、一套机制、一张表、一套技术标准“五个一工程”，逐步实现数据共享，提升城市规划建设管理和服务水平。同时，安顺市推进城镇建筑物档案数字化，加快档案数字化管理、声像档案信息管理系统组成的信息平台建设。安顺市是贵州省内第一个与国家级平台互联的城市，实现纵向对接省级平台、国家平台的相关应用系统，横向整合或共享城市管理相关部门数据资源，负责统筹协调、指挥调度、监督考核和综合评价全市城市综合管理服务工作，标志着安顺市正式迈向国家“横向到边、纵向到底”的城市综合管理服务工作体系之路。截至 2021 年 5 月，安顺市“智慧城市管理信息系统”共受理城市管理各类案件11309件，处置案件2438件，结案10986件。

（3）智慧社区让生活更美好

智慧社区通过信息化手段将社会资源与政府资源进行有效对接和整合，以社区服务与管理为核心，将各项公共服务、便民服务送到社区各家各户，从而实现社区的智慧化管理和服务，让社区居民享受到大数据时代的便利生活。贵安新区星湖社区是贵州省第一个以生态型、数字型、服务型为理念打造的互联网云社区，该社区建设了云服务平台，平台内容包括云社区、云健康、云就业、云教育、云生活、云物业、云电商等功能窗口。社区居民可以通过手机上的App，进入网上政务大厅、医疗中心、智能家居等系统，办理相关手续和获取所需信息。贵阳市南明区通过“爱南明”智慧社区综合服务平台，运用大数据手段，将社区数据与贵州省政务中心数据打通，最终实现“一网通办”，为社区居民提供人性化便捷服务。“爱南明”在沙南社区落地，可为居民提供48项常用的政务办理事项外卖点单式服务，并打通本地政务服务大厅叫号办理系统，形成一站式预约取号。仁怀市盐津街道打造智慧社区街道指挥平台，设计了智慧党建监督、GIS综合指挥、大数据分析、基层治理管理和政府服务等多项功能，详细展示出来区域内党建、网格、智慧治理等内容，帮助街道了解各个社区的基本信息和详细数据，为制订合理有效的指挥方案打下基础。街道平台除做好数据分析之外，还进行力量调配、任务督办，并将区级部门的工作安排通过智慧社区街道指挥平台及时发布通知，实时告知每个社区和每一位居民，关注到社区内每一个家庭。同时，社区工作人员将便民码贴到每家每户的门上，居民可直接扫码向社区反馈问题和信息，也可以通过线上的平台了解所需的服务及具体的办理流程，准备好相关材料后去社区对应窗口一次性办好，形成了居民反馈及时、信息收集高效、问题解决全程跟进的智慧社区运作模式。

（二）贵州大数据赋能公共治理存在的问题

1. 大数据赋能公共治理不深不广

贵州在大数据赋能公共治理中，总体仍处于初级阶段，描述性、预测性分析偏多，决策指导性等更深层次分析应用偏少，深度不够。如大数据助力公共医疗服务中，在医疗诊断阶段，运用大数据技术将患者的影像数据、病历数据、检验检查结果、诊疗费用等录入系统，通过机器学习和挖掘分析方法，医生可获得类似症状患者的疾病机理、病因等描述性、预测性的分析，而深层次的决策指导性应用，如医生的最终诊断还是需要依靠自身的知识储备做结果判断。同时，贵州在大数据赋能公共治理的广度还不够，大数据在乡村治理中的作用有待进一步加强。由于贵州农村地区大数据观念浸润较少、基础设施相对落后，乡村借助大数据技术实现治理现代化转型存在不少现实“堵点”。

2. 发展支撑能力不足

贵州大数据赋能公共治理中，基础支撑能力有待进一步加强。《大数据蓝皮书：中国大数据发展报告 No.4》显示，治理科技支撑能力主要是用来评估大数据在治理现代化中的发展支撑能力，而贵州治理科技支撑能力在全国排名第 28 位，仅高于青海、新疆、西藏等地。

一是信息基础设施建设相对滞后。信息基础设施对于大数据赋能公共治理的作用的发挥至关重要，但贵州信息基础设施水平难以满足发展需求。《2020 年中国大数据区域发展水平评估白皮书》显示，贵州信息基础设施就绪度指数在全国排第 21 位，而周边省份四川排第 10 位、重庆排第 13 位、湖南排第 14 位，贵州信息基础设施支撑能力有待进一步夯实。

二是大数据人才缺乏。随着大数据产业的快速发展，贵州对大数据人才的需求非常迫切，尤其是数据分析、数据安全、区块链等方面的高层次专业技术人才更是短缺。贵州大数据智力人才保障指数在全国排名第 25 位，与周边省份相比差距大，贵州大数据人才保障能力严重不足。

三是大数据创新能力不足。贵州大数据创新能力明显滞后于大数据发展，严重影响了大数据发展后劲。

3. 共享开放仍有短板

贵州在数据资源共享开放方面走在了全国前列，但共享开放水平仍需提高。不同行业、系统大多具有其专属的数据库及数据来源，数据共享政策规定不一致，数据的接入和输出、服务标准不一，纵向整合程度较高，但横向整合难度较大，领域、部门之间的“信息孤岛”问题仍然突出。例如，一些地方和部门仍未按照“统筹存储、统筹标准、统筹共享、统筹安全”的工作要求迁移系统到云上贵州系统平台，导致数据只能“各自为政”，无法互通融合。部分核心应用系统未通过系统平台实现数据共享交换，“数据壁垒”仍然存在。有的部门仅公开了一些陈旧、不实时的“死数据”，即使少量对外共享，也是采取较为传统复杂的点对点交换方式进行交换，甚至采取定期拷贝数据的方式进行，跨部门、跨行业、跨层级的数据共享仍不顺畅，有些部门内部系统之间数据也不通。实际用户访问量少，系统活跃度低。云计算资源浪费严重，据统计，部分单位迁入云上贵州系统平台应用系统，开通的云服务器使用率低。

4. 数据安全形势严峻

近年来，数据安全和隐私数据泄露事件频发，凸显出大数据发展面临的严峻挑战。在大数据环境下，数据在采集、存储、跨境跨系统流转、利用、交易和销毁等环节的全生命周期过程中，所有权与管理权分离，真假难辨，多系统、多环节的信息隐性留存，导致数据跨境跨系统流转追踪难、控制难，数据确权和可信销毁也更加困难。贵州数据安全保护还处于较低水平，数据泄露、数据滥用、数据黑色交易等问题凸显，数据安全评估、重要数据保护等重点标准进展缓慢，数据安全标准对 5G、移动互联网、车联网、物联网、工业互联网、云计算、大数据、人工智能、区块链等重点领域高质量发展的支撑作用有待加强。

（三）大数据赋能公共治理适用领域及应用限度分析

大数据在公共治理领域的主要应用包括两个方面：一是政府各部门之间、政府部门与社会之间共享数据资源完成业务协同，更好地实现服务型政府建设；二是对共享数据资源进行数据分析等工作，以实现对相关政策业务的决策支持。在数据资源共享、分析等操作过程中，如何保护公共安全、数据安全和个人隐私，是大数据赋能公共治理必须面对和解决的关键问题，也是确定大数据赋能公共治理适用领域及应用限度的界限。

大数据赋能公共治理是新生事物，贵州作为首个国家大数据综合试验区，先行进行了一些探索。2019 年 10 月 1 日，我国大数据安全保护层面第一部地方性法规《贵州省大数据安全保障条例》（以下简称《条例》）正式施行，对数据安全、隐私保护进行了顶层设计上的尝试与探索。

一是明确了数据安全责任。《条例》在数据安全上提出了谁所有谁负责、谁管理谁负责、谁持有谁负责、谁使用谁负责、谁采集谁负责的原则，从政府、企事业单位到具体的建设运行维护人员各司其职。提出了要对数据的全生命周期的各个环节进行监管和保护，对数据采集进一步规范，明确了使用数据的合法性。

二是明确了公共安全责任。《条例》明确，通过大数据分析、挖掘、整合等取得的数据或者得出的结论，可能危害国家安全，损害国家利益、社会公共利益的，不得使用、传播，并应当立即停止相关活动，报公安机关依法予以处理。

三是明确了个人信息保护原则。《条例》重点突出对公民个人信息的保护，明确了禁止过度采集，应当经被采集人同意，在公共场所设置数据采集设施、设备采集信息的，应当设置明显标识并报备。明知是通过攻击、窃取、恶意访问等非法方式获取的数据，不得使用。对人脸、指纹、基因、疾病等生物特征数据也纳入规范范畴。

按照《中华人民共和国个人信息保护法》《贵州省大数据安全保障条例》等相关法律的规定，基于贵州省近年来的实践，当前适合大数据广泛使用的公共治理领域主要有公共卫生、食品安全、民政、信用、就业、社保、环保、文化、工业、农业、林业、水利、扶贫、环境、交通、质量监督、统计、气象、地理、安监、企业登记监管、党建等，这些领域的共同特点是数据敏感度低，对公共安全和个人隐私的影响较小；大数据限制使用的公共治理领域有公安、司法、金融、电信、教育、医疗、科技、国土资源等，这些领域的共同特点是数据敏感度较高，对公共安全和个人隐私的影响较大；暂时不适用大数据使用的公共治理领域有国家安全、军事、国防等，这些领域数据敏感度极高，对公共安全影响很大。

（四）贵州大数据赋能公共治理的建议

1. 深入推进大数据在公共治理中的应用，提升政府公共治理能力

一是加快数字政府建设，推动公共治理数字化转型。以“一云一网一平台”建设为抓手，以智能办公系统、政府知识管理系统、政务智能系统、智能执法系统、智能应急系统、场景式服务网站等为切入点，全面提升全省政务数据共享开放水平，打造高效便捷的政务服务新体系。加强数字化治理，运用数字化技术不断提高综合治理能力，形成多主体参与、多种手段相结合的综合治理格局。构建全新的数字化管理模式，变革传统治理方式和方法，推动组织结构、行政方式、业务流程和行为关系的优化再造。创新数字化监管，建立“用数据说话，让数据做主”的思维模式，建立多元共治的大数据协同监管机制，推进经济监管、社会监管、环境监管等领域改革创新。

二是运用大数据辅助统计监测和决策分析。建立大数据统计监测系统，完

善大数据“可信”保障机制，正确选择高质量数据源和采取严谨完备的大数据工程分析方法，构建传统统计监测方法和大数据技术双域融合的统计分析机制，提高统计监测的准确性、时效性。深化对大数据发展规律的认识，利用大数据分析总结经验、发现规律、预测趋势、精准识别，分析优化决策全过程，提供精准、客观的风险控制、科学管理和政策调控依据，实现政府决策科学化、社会治理精准化。深入挖掘隐藏于大数据背后的民情反馈和民意动向信息，精准识别关联群体，增强公共决策的预见性和科学性，最大化提升大数据的社会服务功效。

三是加强和规范数据空间治理。以数据为纽带，建立健全“政府主导，多元参与”的协同治理数据空间的合作机制，加强政府、社会组织、企业、个人等协同治理主体间的有效沟通与信息传递，强化协同治理主体的行为与数据监督，科学合理规范协同治理行为。科学有序搭建和运用大数据平台，开放指定数据资源对接社会需求，推进跨领域、跨行业创新应用，加强大数据平台的规范发展和合理竞争，形成“后台资源集约共用、前台应用百花齐放”的新格局。加大大数据平台的监管力度，完善长效监管机制，落实平台主体责任，强化行业自律，建立与发展规模相匹配的监管队伍，及时调整监管重点。

2. 深化数据开放共享，提升公共数据资源开发利用水平

一是提升云上贵州数据集聚能力。推动全省政府部门、事业单位非涉密的应用系统和数据资源加快向云上贵州系统平台集聚，推动各市州在云上贵州系统平台上搭建分平台，统筹本级部门及所辖区县政府应用系统上云。鼓励其他企业和社会数据资源向云上贵州系统平台汇集。加快人口、法人、空间地理、宏观经济等基础数据库的共建共享，加快电子证照库等数据库的建设和开放，建成全省统一的人口库和法人库，空间地理实现一张图共建共享。

二是加快推进政府数据采集。编制数据采集标准，促进政府数据采集规范

化、常态化。建立政府部门带头，并与社会互动的大数据采集形成机制，鼓励政府部门运用互联网手段和外包、众包等模式采集数据，提高数据更新频率。鼓励专业化数据采集服务商基于云上贵州系统平台以及互联网、移动互联网、社交网络、物联网等商业化平台采集各类数据资源。

三是加快推动政府数据共享。制定政府部门数据资源共享计划，进行政府数据资源梳理，完善政府数据资源目录体系，发布政府数据资源共享清单，加快推动部门间数据共享。基于云上贵州建设政府数据共享交换平台，统一政府数据接口和数据交换共享标准，推动政府部门间的数据互联互通、共享交换和业务协同。建设贵州省数据开放门户网，推动公共数据对外开放。推动数据共享交换平台与国家平台的互通，积极争取成为国家试点。

四是有序推进政府数据开放。制定出台政府数据开放计划，梳理政府数据开放目录，促进高价值数据开放。通过举办应用大赛等活动，吸引各方智力资源，合力用好政府开放数据，为政府决策和市民生活提供辅助。制定公共机构数据开放计划，加快云上贵州公共机构数据资源统一汇聚和开放共享。逐步推动信用、交通、医疗、卫生、就业、社保、地理、文化、教育、科技、资源、农业、环境、安监、金融、质量、统计、气象、企业登记监管等政府数据集向社会开放。推动水务、电力、燃气、通信、广播电视等公用企事业单位和其他公共服务机构逐步开放公共管理、公共服务数据资源。

3. 强化大数据赋能公共治理支撑能力，建设长效机制

一是强化政策法规保障和制度保障。坚持以立法引领制度创新，明晰数据权属，严格界定所有权、占有权、使用权、受益权，规范数据的产生、开放、流通、交易保护等环节的法律责任，支持数据共享交换的全流程可监可控可追溯，促进数据的确权、流通、交易、保护。加快实现数据资产化。在法律法规层面明确数据资产地位，推进数据资源向数据资产的转化，探索数据资产定价

机制，将数据的归属、估值、交易、管理等纳入一般资产的管理体系，创新数据资产运营方式，完善数据产权保护制度。加快制定大数据赋能公共治理创新应用的政策法规，进一步延伸细化相关技术应用的具体政策文本，强化政策法规的前瞻性、适配性和操作性。

二是强化数字基础设施保障。继续强化网络能力，持续提升出省带宽，延长光缆总里程。加快5G基站建设，扩大覆盖面，提升互联网骨干性能，开展电子政务外网新一轮升级改造，提升政务“跨省通办”基础能力。启动建设全国一体化大数据中心国家枢纽节点，实施一批国家先导项目，开展算力统筹、云网协同、“东数西算”试点，推动超大规模数据中心集群建设，构建智能发展、集约高效、适度超前、绿色可靠的新型数字基础设施。

三是强化人才保障。针对贵州大数据人才匮乏的实际，实施大数据人才聚集工程。创新人才引进方式，用好“智力收割机”模式，运用大数据、“互联网+”打造没有围墙的科研院所，让全球智力为贵州所用；依托中国贵州人才博览会，举办贵州国际大数据人才创新创业洽谈会，大力引进大数据领域高层次创新创业人才，搭建一个集人才、智力、技术、项目于一体的国际性交流合作平台；发挥高端猎头、产业、行业协会和用人主体的引才作用，有的放矢开展引才引智工作；整合各类省级高层次人才引进计划，建立相互衔接、结构合理的人才引进体系。依托重大研发任务和人才基地平台，重点培育一批大数据人才。探索人才培养新模式，鼓励贵州高校与行业企业、科研院所、专业培训机构深度合作，培育跨界复合型、实用型和创新型人才。

4.建立大数据及应用安全体系和审查制度，保障数据安全

一是完善大数据安全生态体系。依托贵阳大数据安全产业园，形成信息技术产品自主发展的产业生态链，提升信息技术和安全标准能力；争取将云上贵州系统平台列为国家级关键基础设施，加强关键信息基础设施和核心关键数据

的安全防护；在电子政务中探索推广应用量子保密通信，在贵阳、贵安新区开展试点示范应用；综合运用民事、行政和刑事多种手段，构建国家法治和行业自治协同配合的个人信息保护体系，在保护个人权益的前提下规范、安全、有序地利用个人信息。

二是建立贯穿大数据“云网端”产业链的安全综合防御体系。建立覆盖数据收集、传输、存储、处理、共享、销毁全生命周期的安全防护体系，利用数据源验证、大规模传输加密、非关系型数据库加密存储、隐私保护、数据交易安全、数据防泄露、追踪溯源、数据销毁等技术建立纵深防御体系；提升大数据平台的安全防御能力，引入用户和组件的身份认证、细粒度的访问控制、数据操作安全审计、数据脱敏等隐私保护机制，防止数据的未授权访问和泄露；推动被动防御转变为主动监测，借助大数据分析、人工智能等技术，实现自动化威胁识别、风险阻断和攻击溯源，从源头上提升大数据安全防御水平。

三是建立大数据技术、产品及服务的安全检测和审查制度。加强供应链安全管理，对党政机关、重点行业采购使用的重要大数据技术、产品和服务开展安全审查，提高产品和服务的安全性和可控性，防止产品服务提供者和其他组织利用信息技术优势实施不正当竞争或损害用户利益。

案例 3–5
云上贵州多彩宝——打通政务民生服务“最后一公里”

云上贵州多彩宝是在云上贵州平台基础上结合全省一体化政务平台打造的全省政务服务移动端服务平台，是贵州省推进审批服务便民化，深化

"放管服"改革建设的重要成果之一，集政务办事、生活缴费、到家服务及其他本地生活服务为一体，可实现通办全省政务民生服务事项。

一、平台建设

该平台采用云上贵州的云资源服务，电子政务外网和专线等网络设备，运用专线传输，在对敏感数据进行脱敏处理后，放入民生平台数据库，整个过程设有监控预警系统，可自动识别用户身份。该平台能够解决当前系统复杂，功能重复，数据库分离，各自的操作系统、独自开发的应用软件和用户界面彼此完全独立等问题，减少服务器资源、运维资源的重复浪费，扫清"信息孤岛"对数字政府治理发展造成的阻碍，实现移动端集约化建设，做到上接国家、下连市县、横向省直单位全覆盖。

二、涵盖内容

1. 个人办事。包括交通出行、社会保障、房产住建、医疗卫生、工商税务、户籍服务、婚姻生育等十大类。

2. 法人办事。包括设计变更、年审年检、财务税务、准营准办、立项审批等二十五大类。

3. 政务服务事项办理。包括电子身份证、电子驾驶证（行驶证）、电子社保卡、社保公积金、婚姻登记预约、生育登记证明、不动产登记、房源核验、社保资格认证、案件查询等服务。

4. 民生服务。包括全省的水电燃缴费、医院挂号、学历查询、交通罚款缴纳、客运票购买、文明随手拍等服务。

三、应用成效

截至2020年底，该平台累计下载量突破5800万次，累计注册实名用户量突破1400万人次，累计服务人次超过4.78亿人次。为应对新冠疫情，全省通过该平台发放消费券，2020年累计核销多彩消费券2.1亿张，带动交易总额3000余万元。当前，全省367家汽车销售企业免费入驻多彩宝平台，电子医保凭证也于2020年底完成开发并在多彩宝平台上线。

资料来源：作者根据相关资料整理。

案例3-6
贵州省远程医疗服务平台——云服务破解百姓看病难

贵州省远程医疗服务平台以国家健康医疗大数据西部中心建设为重点，覆盖省、市、县、乡4级的远程医疗服务体系，较大程度解决了贵州医疗卫生事业发展不均衡、不协调，偏远地区看病难、看病贵的问题。

一、平台建设

围绕“一网络，一平台，一枢纽”技术构架，以三甲综合医院为医疗支援核心，以市县级医院为受援单位，形成统一标准、互联互通、资源共享、安全实用的远程医疗服务体系。

二、平台内容

贵州省远程医疗平台中远程诊断和远程会诊的技术较为成熟。远程诊断是指通过互联网技术和大数据，使患者在乡镇基层医院做影像和心电检查，基层医院的医生通过互联网传送到上级医院的区域诊断中心，诊断中心的专家及时给予诊断，出具诊断报告，便于基层医院的医生给予患者准确的诊断和针对性治疗。针对疑难病例的病人，医院采用远程会诊的方式，通过互联网技术，基层医疗机构跟上级医院通过远程会诊平台对患者的病情进行面对面的分析，进一步明确诊断和确立治疗方案。

三、应用成效

2020年7月，《新闻联播》对贵州省远程医疗做了长达3分钟的专题报道，人民网以《远程会诊为患者及家属排忧解难》为题进行专题报道。在全国率先出台远程医疗管理办法及实施细则，制定远程医疗责任认定办法、绩效分配比例和对口帮扶驻点时间计算办法；率先将远程医疗按常规医疗服务纳入医保报销范围；在全国率先建成覆盖省、市、县、乡4级所有公办医疗机构，外连国家和省外优质医疗资源的远程医疗服务体系，同时推动远程医疗向村级和公立医院科室延伸，形成了“乡镇检查、县级诊断”的诊疗模式。截至2020年11月，全省远程医疗服务总量达162万例次。通过远程医疗累计节约医保与群众自付医疗费用及群众外出就医产生的交通、食宿、误工等生活费用约6.1亿元。

资料来源：作者根据相关资料整理。

案例3–7
一码游贵州——建设全域智慧旅游

一码游贵州是贵州省文化和旅游厅联合贵州省大数据发展管理局、中国联通、云上贵州大数据产业发展有限公司、云景文旅科技有限公司等单位全力打造的全域智慧旅游平台，涵盖游客的吃、住、行、游、购、娱等项目。

一、平台建设

平台主要由红色文化、星级酒店、特惠商品、研学旅行、乡村旅游五大产品专区组成，包括景区、酒店、通行、购物、文娱、公共服务和新业态共七大类32小类项目，已基本完成全省景区及商户、交通、导游、美食餐饮、酒店、购物场所、一路黔行（含乡村旅游、汽车露营基地、文化场馆、旅游学校、游客集散中心、研学、特色街区等）、旅行社、文化等涉及游客游玩项目数据内容的全覆盖，构建了一个“科技革命+文旅创新”的贵州全域智慧旅游新模式。

二、平台特点

1.“轻”，即载体轻型。以轻量化微信小程序为入口，为游客省去下载App占用内存、流量和时间的烦恼，只需扫描微信二维码即可快捷登录平台主页面，实现“慧游贵州、扫码即达”。

2.“全”，即功能全面。依托“互联网+旅游”，建立全要素全方位全流程贵州文化旅游信息资源库，覆盖游客在贵州的游前、游中、游后各项需求，基本实现现有涉旅数据全覆盖，可为游客提供智慧型、多样化、一站式服务。

3.“便”，即操作便捷。可以自动识别游客扫码时所处的位置，提供个性化推荐和订阅内容，精准推送目的地旅游的相关信息和服务，让游客感受“一码千景、千景千面”。

三、应用成效

截至2021年8月，一码游贵州总访问量超2.09亿次，累计用户2076.83万人，交易订单24万笔，交易金额超3722.53万元，平台覆盖景区515家、商户48110家。其中，入驻特产商户共计2928家，接入商户

45182 家（包括酒店 34855 家、文娱商户 5975 家、餐饮商户 3015 家、购物商户 1337 家），累计上架商品 41478 种。

资料来源：作者根据相关资料整理。

案例 3-8
贵州省劳动用工大数据综合服务平台——根治云上治理欠薪顽疾

近年来，为打破欠薪工作各部门单打独斗状态、联通“信息孤岛”、打破技术藩篱、量化部门职责，贵州以工程建设领域为切入点，强力推动根治欠薪部门一体化进程，运用大数据技术搭建了贵州省劳动用工大数据综合服务平台，逐步实现全行业用工实名制大数据监督，为政府部门提供了精准有效的数据决策和监管支撑，助力解决农民工面临的欠薪突出问题。截至 2020 年底，全省纳入平台监管项目 11266 个、农民工 162 万人。

一是部门全覆盖。贵州省劳动用工大数据综合服务平台按照政府主导、部门联动、国企承建、银企合作、企业减负、民工受益的建设模式，由贵州省人社厅牵头，省大数据发展管理局、省住房和城乡建设厅、省交通运输厅、省水利厅等部门联动，充分融合各部门工程项目审批、投资资金、项目监管等职能优势，由国企出资承建及运维，与省内各金融机构合作，为政府监管、企业用工、农民工工资保障提供智能化的服务，实现共建、共享、共防、共治的建设目标，形成建设工程项目横向到边、纵向到底的大数据"一网监管"。

二是项目全监管。为确保农民工实名制大数据监管全覆盖，贵州省劳动用工大数据综合服务平台按照"劳动用工大数据综合服务平台"+行业监察端、企业管理端、民工服务端的架构进行数据归集、分析、监管。由各行业部门利用平台上传建设项目清单，动态建立工程项目底数库。通过定期数据质量通报，充分运用平台对各行业、各市县进行动态考核，督促市、县两级将所辖区域内工程项目全部纳入平台监管。同时，通过行业监察端按照项目底数清单，对标对表，逐个督导企业规范实名制管理，推进项目实名制管理全覆盖；通过企业管理端，减少企业管理层级、降低用工成本，提升企业主动参与意识。

三是支付全监控。贵州省劳动用工大数据综合服务平台积极推广运用现代化的用工实名管理系统，通过农民工身份证实名登记、劳动合同签订、生物识别考勤、项目上传工资清册、平台自动比对审核、在线推送工资数据、企业网银复核后专户银行代发 7 个核心环节，实现了工资支付全流程闭环监管模式。

四是数据全监测。为推进农民工实名制规范化数据管理，贵州针对工程建设项目制定了实名制考勤、劳动合同签订、工资保障金缴存、工伤保险缴纳、工资专户开设、银行代发工资、按时足额发放工资、设立劳动维权告示牌等 8 个农民工实名制管理标准，并在贵州省劳动用工大数据综合服务平台对应设立了 8 个数据预警指标，接入就业、社保、银行等数据，采用大数据技术对企业施工状况、劳动用工、工资支付、社保缴纳等情况进行综合监测分析，及时将监测预警信息精准发送到行业监管端及移动执法端，为行业监管精准"防欠"和属地监管及时"治欠"提供信息支撑，变事后被动查处为事前、事中监管。

五是服务全方面。贵州省劳动用工大数据综合服务平台以农民工权益保障、企业智能管理、政府智慧监察为出发点，推动全方面服务。通过建立农民工个人电子档案，汇集农民工个人信息、务工履历、就业培训、技能特长、薪酬待遇、信用信息等数据，依托平台为农民工精准就业、技能提升、收入增加、维权保障等方面提供服务，成为农民工向产业工人转化的“推手”。同时通过提升企业智能管理能力，助力企业精准招工、精细用工、节约成本。此外，通过平台数据的归集与运用，可以为政府相关部门在农民工就业服务、技能培训、户籍管理、医疗保障、住房保障、扶贫帮困、子女就学等方面提供信息服务，逐步推进政府社会治理体系和治理能力现代化建设，成为服务政府管理的“助手”。

资料来源：作者根据相关资料整理。

案例 3–9
贵州东方祥云——迅速准确预警洪涝灾害

贵州东方祥云通过利用大数据技术，结合中国气象局自动站及雷达观测成果的降水实况数据，采用分布式水文模型，对全国山洪小流域和水库进行未来 2 小时的精准洪水预报和 72 小时趋势洪水预报。平台能够对山洪小流域提前做出预警，对水库提前做出超限预警和防洪调度，为群众提供洪水安全预警服务。

一、平台建设

贵州东方祥云结合大数据分析技术，通过收集和处理公开的全球卫星遥感、地形地貌、气象预报等数据信息，采集用户的特性数据，建立多元数据库，依靠自主研发的全球唯一通用洪水预报模型进行数据分析，实现全球范围内任意区域径流过程的预报。通过该平台可获得未来1小时、3小时、6小时、24小时、72小时的洪水总量、洪水过程、最大洪峰等数据，结合实际情况对水库、水电站进行科学调度。在气象预报方面，对全球采集的气象数据进行加工清洗，形成数值化、网格化精细预报成果，能够预报全球范围5公里 ×5公里网格的小时降雨量；在水情预报方面，采用EC水文分析模型，根据当地地形地貌、植被、土壤类型等自动分析参数；信息技术方面采用高速计算机集群以及海量的存储系统和高带宽的网络结构，来保证平台的高速稳定运行。

二、平台功能

一是实时洪水预报。可对全国气象、水利等部门的实时降水进行5公里 ×5公里的网格化处理，可以提供中国境内（除平原地区外）的任意河流、任意断面预见期内的洪水预报。

二是洪水趋势预报。采用中国气象局72小时精细化数值预报成果，提供未来72小时的洪水趋势预报。

三是水库调度服务。在导入水库特征和调度原则后，可以依据洪水预报进行调洪演算。

四是其他数据查询。可提供历史24小时和未来72小时的任意点、任意面降水量、土壤含水量查询。

三、应用成效

2015年，贵州东方祥云在云上贵州大数据商业模式大赛中从8615支参赛队伍中脱颖而出，获得最高荣誉“云端大奖”；2017年，贵州东方祥云入选工业和信息化部《大数据优秀产品、服务和应用解决方案案例集（2016）》，是水利行业唯一入选项目。2018年，贵州东方祥云平台向主流媒体发出预警信息21次，向贵州全省发出预警短信700余万条，助力成功应对11次暴雨洪水过程，提前转移群众1.63万人，避免人员伤亡，全年全省因灾死亡人数较常年同期大幅减少近90%。2020年，面对洪涝灾害多发态势，仅防汛抗旱态势分析系统平台就累计提供洪水预警69万余条，为保护人民生命和财产安全发挥了重要作用。贵州东方祥云防汛抗旱监测预警平台自上线运行以来，已有应急管理部等1104个单位使用了该系统，通过大数据＋人工智能，贵州东方祥云实现了大区域分钟级72小时洪水趋势预报，与国际主流分析软件相比，运算速度高180倍。当前，贵州东方祥云洪水预报系统已在31个省（区、市）的207个地市中的886个县推广。

资料来源：作者根据相关资料整理。

案例3–10
贵州通——便民利民　智慧出行

贵州通是国家发展和改革委员会、中国人民银行关于移动电子商务金融科技服务的创新试点产品，利用大数据、云计算、人工智能、物联网等技术，为市民提供交通、旅游、教育、医疗、社会保障、城市建设等公共服务领域的应用和安全优质的普惠金融服务。

一、平台建设

1. 集成收付。用户可从银行账户绑定贵州通 App，将资金直接转出到用户贵州通 App，在向商户购买商品或服务时，直接支付款项。截至 2020 年底，支持微信支付、支付宝钱包，并逐步支持银联支付、百度钱包、京东钱包、翼支付、QQ 钱包等主流支付平台。具有全面便捷和安全可靠的特性。

2. 网络征信。主要提供跨行业、跨区域、跨机构的系统互联、资源共享、数据交换、交易实名等公共基础服务。网络节点是各行业、各地区建设运营的移动金融安全可信服务管理系统（TSM），主要提供密钥管理、身份认证、应用软件鉴别、数据安全分发等公共可信服务。网络末端是具有安全模块（SE）、支持采用数字证书和国密算法的安全移动终端，由加载其中的安全客户端（如贵州通 App）面向终端用户提供个性化的各类移动应用服务。三层次网络结构聚合云计算、大数据和可信计算网络安全技术，因而可以在互联网开放体系下重塑信用环境。

3. 数字证卡。是指电子身份证件的代理发行与运维、电子身份验证以及基于实名身份的 O2O 服务等；移动金融可信服务设施还是一套强实名、高精度的身份数据和交易数据大规模采集处理系统。安全客户端（贵州通 App）及其载体 SE 的发行过程，实际是一个强实名身份数据采集的过程；此后用户通过安全客户端访问 TSM 及 MTPS、下载接受各类移动应用服务的过程，则是一个高精度交易数据持续积累的过程。

二、平台运行

贵州通智慧出行公交云卡将公交乘车实体卡功能向数字化转型，通过提供线上公交云卡的开卡、充值、消费以及公交车实时到站查询的系统功能，研发公交乘车消费信息流数字化，输出自动化财务报表功能，为市民提供无现金支付乘车功能及为公交运营者实现公交乘车报表的功能。市民通过安装应用贵州通 App，能够为出行做出合理规划，减少不必要等车时间，提高时间利用率。该软件系统利用大数据技术存储、分析、应用，对公交实时 GPS 数据进行解读，提供公交运行位置和时间，利用大数据分享估算法针对偏僻地区信号弱的地方进行估算，弥补硬件无法应对的客观情况，为市民提供准确、即时信息，提高市民出行时间利用率。同时，贵州通 App 还开通了手机政务、健康社保、旅游娱乐、教育培训、电子商务、普惠金融等民生服务功能。

三、应用成效

贵州通已完成对贵阳市、遵义市、都匀市、铜仁市、兴义市、六盘水市、毕节市、贵安新区和清镇等 9 个地区全覆盖。截至 2020 年底，贵州通 App 注册用户 381.76 万人，全省 9 个地州市公交公司发行数字交通云卡 326.95 万张，日活跃数近 100 万人次，在线交易额累计逾 16 亿元。

资料来源：作者根据相关资料整理。

参考文献

[1] 贵州省信息中心 . 国家大数据（贵州）综合试验区发展报告 2019. 贵州：贵州人民出版社，2020.

[2] 贵州省信息中心 . 国家大数据（贵州）综合试验区发展报告 2020. 贵州：贵州人民出版社，2021.

[3] 连玉明，张涛，宋希贤 . 大数据蓝皮书：中国大数据发展报告 No.4. 北京：社会科学文献出版社，2020.

[4] 中国电子信息产业发展研究院 . 中国大数据区域发展水平评估白皮书（2020 年）. 2020.

[5] 魏琴，欧阳智，袁华 . 数融未来：图解大数据 + 产业融合 . 贵州：贵州人民出版社，2018.

[6] 曾帅 . 贵州数字经济发展大事记 . 当代贵州，2021（22）.

[7] 江婷婷，李兰松 . 大数据与大健康产业深度融合的贵州实践 . 当代贵州，2021（41）.

[8] 高欣东，马冬妍，师丽娟 . 大数据与实体经济深度融合指数构建及评估实证研究——以贵州省的实践为例 . 经营与管理，2019（12）.

专题四

企业参与大数据赋能公共治理的实践案例*

大数据赋能公共治理是一项具有全局性、复杂性的重要工程。推动这一重要工程，不仅需要政府的高度关注和资源支持，还需要多方协同，充分发挥各方积极性，实现大数据赋能公共治理的共建、共治、共享。其中，企业的参与具有突出意义。企业参与大数据赋能公共治理，能够有效发挥企业技术优势、智力资源优势和经验优势，充分调动各市场主体的积极性，集中提升资源利用率，在协同治理的基础上实现智力因素与经济因素的有效结合，最大程度规避信息不到位、能力不对位、政策不正位的问题。在治理实践中，企业已经广泛参与了我国的大数据赋能公共治理进程，涌现出许多具有重要意义的典型案例，以下简要总结介绍几例。

---

* 本专题作者为中国发展研究基金会“大数据赋能公共治理研究”课题组。

一、企业参与大数据赋能公共治理案例选介

（一）京东参与大数据赋能公共治理的实践案例[①]

1. 南通市市域社会治理现代化指挥中心

南通市委、市政府一方面通过创新的体制机制改革，另一方面结合京东科技的人工智能和大数据的相关能力，打造了全国首个市域治理现代化指挥中心——南通市市域社会治理现代化指挥中心。指挥中心不仅融合了12345、数字城管、网格化的职责，还和市大数据局“一体化运行”。这是南通在体制机制改革方面的创新举措，充分体现了南通市委、市政府对数据资源这一新时代的生产资料的高度重视和超前认识。

指挥中心的第一个亮点是全域感知、精准把控，指的是对城市运行情况、运行脉搏进行整体性的感知和把控，包括以传感器为中心的感知和以人为中心的感知两个部分。“两客一危”车辆、公交车、出租车、网约车以及南通所有船舶的实时位置，包括船舶的检测状况都可以在大屏上呈现。指挥中心当前的传感器可以对空气、降尘、噪声、水质等环境因素进行检测，同时，指挥中心通过接入网络舆情信息以及12345民众反映情况，最终实现了以人为中心的对城市的感知。

第二个亮点是城市数据的全量汇聚、实时共享。京东特色的智能城市操作系统中有一种数据直通车技术，在获取了上述传感感知的信息之后，中心通过使用该技术可以做到对城市政务数据、感知数据、互联网数据以及物联网视频类数据进行全量接入。与一般的共享交换平台和大数据平台相比，城市操作系统的数据接入种类更加丰富，方式更加便捷，质量更高的同时也更加稳定。指

① 该案例由京东集团相关业务部门提供。

挥中心已经接入了全南通市 64 个部门 10 个县市区一共 74 家单位的数据，数据的体量接近百亿条。

第三个亮点是数据融合、专题整合。指挥中心对全市域数据进行了汇聚、治理、共享，并基于此开发了 1 张总体态势图和 16 张专题图，让指挥中心可以对南通城市运行的方方面面“一屏统揽”。每一张专题图都是站在部门管理者的角度，基于跨部门的数据，对相关专题的业务进行支撑和提升。例如，应急管理一张图融汇了应急管理局、公安局、城管局、自然资源和规划局等多个委办局的数据；交通运行一张图也融汇了交通局、公安局、应急管理局等多个委办局的数据；数据资产一张图还能够以提供考核数据的方式，对各委办局的数据接入、数据及时更新、数据质量等情况进行闭环问效，促使各部门按照要求主动汇聚和更新数据资产，做到数据落得下、管得住、用得好。这种体制机制和先进技术的有力配合，夯实了整个智能城市建设的底座，这也是指挥中心的一大亮点和特色。比如，社会治理专题图对社会治理过程中所遇到的方方面面问题与进展进行了全面的展示，按照组织领导、宗旨基础、政法办案、试点运行、网格运行和社会稳定 6 个板块和 32 个拓展应用，对全南通市的治理情况进行了全景呈现。再如，城管一张图通过对跨部门数据整合处理，有效解决了城管方面的问题。他山之石，可以攻玉，指挥中心通过接入政法委和公安部门的视频数据，并对其进行视频图像分析，可以实时识别发现无照经营的游商及出街经营、出店经营的情况。获取这些有效信息之后，中心可以与数字城管的系统对接，要求他们定时上门核查。

第四个亮点是深挖数据、知识赋能。对于数据的使用，除了基本的查询搜索功能以外，数据深化处理后得到的知识可以帮助我们更好地解决各类城市场景中遇到的问题。现如今，多样化的人工智能算法模型可以做到对数据进行深挖、加工和分析，汇总生成一系列有效信息。通过应用这些算法模型，南通指挥中心成功开发了包括危化品全流程监管、群租房治理、产业链健康度分析、渣土车健康管控在内的十多个城市应用场景，通过深挖数据的价值，以知识赋能的方式来解决城市管理过程中遇到的一些实际应用问题。

指挥中心具有三大核心价值：一是分析研判、辅助决策；二是监测预警、防范风险；三是联动指挥、行政问效。具体而言，分析研判系统对来自政务、物联网、互联网的数据进行整合，并通过平台把数据分析的工具开放分享给行业专家，之后通过结合数据和专家判断，该系统最终可以为政府决策者提供分析研判报告。由此，该系统为政府提供问题成因及政策建议，可大大提高决策的科学性和精准性。对于另外两个价值，市域治理现代化平台利用数据背后的知识发现潜在问题，并将监测预警与联动指挥和行政问效联动形成闭环，根据数据对政府的各项办事效率问效并进一步优化流程，从而提高政府的治理效率。

指挥中心所基于的大数据技术，有效解决了治理实践中的难点、痛点。在城市治理的过程中，经常会遇到需要多个部门、各县市区协同处理的疑难或重大事件，需要各部门之间紧密协同合作。为了达到部门合作协同的目的，指挥中心汇聚了全市域事件，打造市、县、乡三级联动指挥体系。联动指挥体系的运转，包括平时协调联动和战时应急指挥两个方面。平时协调联动横向打通部门、纵向贯穿区县，已建设了1个市级指挥中心、10个县市区指挥中心和96个乡镇街道指挥中心。通过全市事件态势大屏，可直观了解全市事件分布情况、高发事件类型和区域、各区各部门事件处理效率以及关键点位的实时视频画面等情况，方便指挥中心工作人员直观了解全市事件情况。同时，大屏上也重点展示了当日疑难事件、重点督办事件等情况。通过在大屏上点击疑难事件情况，可将疑难事件在地图上快速定位，联动指挥系统将优先搜索2000米范围内的固定摄像头、移动图传设备等。点击图标可调用现场视频资源，了解现场周边情况。对于一些不确定应当由哪些部门处置的事件，指挥中心建立了会商机制，对这类事件的处置方案进行确认。同时，在指挥体系中构建了知识库和案例库，将一些疑难事件的历史处置情况进行积累和沉淀，并利用人工智能进行学习。经过一段时间的案例积累后，就可以为疑难事件的分派进行辅助决策推荐，让指挥中心越用越聪明、常用常新。

在治理实践中，信息传递往往出现重复、混乱的问题。同一个事件可能会通过群众电话反馈、网络反馈等多渠道发现，也可以由各部门的基层工作人员、网格员等上报发现，这就容易出现重复交办的情况，造成人力浪费。大数据系统能够通过 AI 技术和文本分析，对通过不同渠道上报的事件进行相似度计算，对相似事件进行合并，提升系统的运转效率。三级联动指挥体系包含了标准操作流程的预案库、疑难推诿事件处置样板的案例库、事件处置时限等细节的知识库。通过技术对相似事件进行智能合并，能够避免多个渠道上报的事件重复交办、资源浪费等情况的发生。对于疑难交叉事件，可以和预案库、案例库、知识库进行智能匹配，找到过去出现过的类似事件及当时的解决方案，实现智能匹配和事件分拨。据了解，三级联动指挥体系实现了全市域事件的一门受理、一体派单、联合处置、实时追溯和闭环问效。市级指挥中心统揽全局，县级指挥中心实战指挥，镇级指挥中心一线处置，实现纵向三级联通，构成了横向到边、纵向到底的立体化、全覆盖指挥体系①。

大数据技术还大大提升了城市应急管理能力。遇到突发公共事件时，中心可迅速进入战时应急指挥模式。例如，如果南通收到汛情预警并且达到一定级别，市级指挥中心可以立刻成为“战时指挥部”，并依托全量数据汇聚和城市操作系统的模块化组件，快速搭建创新应用。系统支持对区域进行框

① 《江苏南通建设市域治理现代化指挥中心 一屏统揽全域 精准处理难题》，《人民日报》，2021 年 2 月 4 日。

选，会直观列出框内的各类资源情况。另外，系统还汇聚长江沿线、市内河道、闸站视频资源，实时掌握水情。基于以上前提，系统会结合防汛处置预案中的指导意见，帮助领导制定调度任务，下达救援指令，掌控处置与恢复进度；通过将水利局防汛抗旱指挥系统引入市域指挥中心，也可直接对各关键点位的船闸进行控制。相比于原有各条线的指挥中心，市域治理指挥中心站在更加宏观的角度汇聚更多类型的应急资源、视频资源，并基于三级联动体系进行横向到边、纵向到底的全市资源调度和部门协同。同时，在应急事件指挥调度方面，指挥中心坚持事权不变的原则，由原职能部门完成具体的指挥调度。

2. 大数据赋能民生服务的相关实践

（1）智慧机场

京东科技与合作伙伴普天信息技术有限公司共同服务首都机场集团“旅客优享+”项目，是首都机场集团“智慧机场3.0”落地工程的重点部分。通过这个项目，首都机场集团可以构建旅客服务大数据平台，通过数据驱动机场关键节点的服务体验和运营效率提升，提升自助值机、行李托运、诚信安检、商业服务等关键节点的服务体验和运营效率，从而达到降低管理成本、提高管理效率、提升服务水平、提高旅客满意度、创造商业消费机会的目的。

为了帮旅客们解决停车难的问题，京东科技与大兴机场停车楼运营方——首钢基金S-PARK紧密合作，为大兴机场停车楼打造一套智能化的停车系统。在智能停车系统中，京东科技通过物联网技术实现停车场内数百个摄像头和数千个车位的“时空互联”，利用时空大数据处理能力，分析场内车位调度、动态计价、天气信息、历史车流量、航班信息等时空数据，精准预测交通流量、车位闲置等情况，有效疏导机场内的交通拥堵。在这样一套系统的运行下，未来的大兴机场智能停车楼将彻底实现无人化管理，司机进场出场全程可得到智能引导和自动缴费，彻底告别停车难和排队缴费。

（2）智能社区解决方案

智能社区解决方案是京东集团宣布战略投资特斯联后的重磅落地成果。智能社区的概念源于智能城市，事实上智能社区正是城市精细化治理的“最后一公里”。智能社区解决方案将物联网、人工智能等技术和社区应用场景深度结合，在社区场景建造24小时数字化服务的京东智能社区操作系统，解决社区面临的安防、医养健康、亲子教育、商圈商超、生活缴费等问题，提升社区的运营效率，增强社区居民的获得感和幸福感。该解决方案已在上海徐汇区正式落地实施，针对城市管理者、市民和社区商家分别提供了优政、惠民、兴业3个方面的服务。

在优政层面，京东城市聚焦社区居民最为关注的公共安全问题，通过使用智能社区操作系统独有的数字网关技术以及特斯联的基于视频人流监控的结构化分析模型，让海量多源数据在安全、合法合规的前提下实现高效对话、深度融合。以此为依托，京东智能社区操作系统可以为城市管理者提供反恐维稳、案件线索研判、AI+火灾预测等功能服务。以AI+火灾预测为例，京东城市将历史灾情数据与季节、天气、建筑人口分布、消防设施布局等多维度数据进行综合对比分析，通过挖掘内在规律，定位到消防盲点区域，并预测火灾发生的趋势。通过京东城市与特斯联的人工智能物联网智慧消防感知平台联动，一旦发生意外火情，智能社区操作系统可以第一时间把消息推送给社区各级负责人，开展紧急预案处理。在惠民层面，京东城市联合特斯联，携手有资质的服务方，通过技术融合的手段来解决大量老旧小区改造中面临的各种问题，如社区医养健康、亲子教育、商圈商超、家装维修、生活缴费等。举例而言，一个小程序可以同步实现多种便民功能，比如，垃圾分类、手机开锁、水电费缴纳等，居民日常所需服务均包括在内。这样的技术手段提升了社区的运营效率，进一步增强社区居民的获得感和幸福感。在兴业层面，为了帮助社区内商家智能化运营，智能社区提供了两个层面的解决方案：一方面通过利用消费数据实现社区商圈的定制消费，另一方面京东城市同步借助京东钼媒的线下广告投放资源，帮助商家实现精准营销的目的。

（3）天津智慧养老

天津市河西区携手京东科技集团开展“一库一网一平台”的管理体系建设，逐步搭建老年人口数据库、养老服务网和智慧养老服务平台，让科技走进居家养老。“一库”即老年人口数据库。智慧养老，数据先行。建设智慧养老服务平台，河西区首先开展了全区老年人普查。围绕老年人家庭状况、身体状况、生活需求等 4 类 21 项指标，组织开展全区 20 余万老年人大普查，较为精准地掌握了全区老年人的生活状况和实际需求。这一摸排为全区老年人基础数据库的搭建奠定了基础。此举初步实现了老年人数据信息的活化更新，既可科学分析家庭状况以及生活、家政、医疗服务需求，还为制定居家养老服务试点政策提供了数据支撑。“一网”即河西区养老服务网。为了方便群众及时掌握各项为老服务政策、信息，京东科技集团协助搭建了河西养老服务网，将能够移植到网上的各类养老信息，全部进行公开，方便查询。打开河西养老网，养老政策、新闻动态、政务公开、服务项目、服务机构等重点栏目一目了然。在后期发展中将结合实际情况，适时开通为老服务事项网上申办等功能。“一平台”即智慧养老服务平台。开展居家养老服务试点以来，京东科技集团与河西区围绕智慧养老，积极搭建全区的养老服务管理平台，努力实现对全区养老服务的智慧化管理与服务。平台投入使用，在为老年人提供帮扶、咨询，为企业精准推送服务需求等方面发挥了积极作用。一是建立应急救援机制，为 600 多名困难独居老年人免费安装“一键通”呼叫设备，开展 24 小时的应急帮扶。二是开展“三维防护”，为 5000 多名有需求的独居老年人开展智能外呼服务，对联系不上的老年人，通过联系亲属、社区网格员、志愿者等方式，确保老人安全。三是开展服务推送，对接平台分析数据，组织网格员和服务企业入户开展问需和服务对接，满足老年人的需求。

（二）腾讯参与大数据赋能公共治理的实践案例[①]

1. 粤省事指尖一站式移动民生服务平台

2018 年 5 月正式上线的粤省事是指尖一站式移动民生服务平台，是广东数字政府建设的首个成果和全国首个集成民生服务微信小程序。它以用户为中心，充分发挥腾讯公司大数据、云计算、人工智能等数字技术优势，将互联网的设计理念与传统政务服务项目相结合，梳理与群众生活相关的政务服务事项，通过业务协同和流程再造、数据共享等，实现政务服务整体协同和公共服务随身化，总体做到政策通、业务通、数据通、一网通。

粤省事平台主要针对城市治理的两大痛点。其一，政府各部门政务系统分散设立，政务信息化重复建设，电子政务系统运营成本高、服务质量差、办事效率低。其二，“信息孤岛”和“数据烟囱”林立，各部门系统不通、业务不通、数据不通、线上线下不通，群众办事难、办事烦、办事慢，政务体验差。

因此，粤省事平台从以下几个方面发力，关注于解决既有痛点。第一，粤省事统一了业务办理平台。粤省事小程序被确立为唯一业务办理入口，首批上线核心政务功能有实名认证、实人认证、非税支付、消息推送、自动填写等，大幅降低公众填报事项，同时首批上线囊括公安、人社、民政、教育、卫健、地税、公共服务等在内的 142 项服务事项，通过统一身份认证登录后，即可办理业务。第二，粤省事构建了统一政务系统。粤省事通过统一服务出口，部门系统接管、统一数据中心，统一政务云平台建设全省统一的政务系统，对接公

① 该案例由腾讯公司相关业务部门提供。

安部互联网可信身份认证服务平台，通过微信实名和刷脸识别进行身份认证核验，实现单点登录；通过数据共享和电子证照应用，一键关联后便可办理所有业务，简化了政务服务的信息流、物流、资金流和信用体系。第三，粤省事运用新技术、新模式简化了政务服务流程。粤省事运用人脸核验、实名认证、电子支付等让公众少跑腿或不跑腿；利用电子证照，人口数据、行政数据等大数据资源让公众少提交资料或不提交资料等。第四，粤省事保障了底线民生。粤省事为残疾人、外来务工人员、老年人三类特殊群体提供生活补贴、减免所得税、申请残疾人证、申报居住登记、居住证签注等专项服务。第五，粤省事与体制机制创新相伴。如何使粤省事有效赋能公共治理是粤省事系统发展的关键问题，这要求相应体制机制的创新。为贯彻落实省政府数字政府改革建设要求，进一步提升便民利民服务水平，政府部门出台相关政策，精准解决群众民生热点、难点、堵点问题。如省政府办公厅围绕特殊群体服务出台政策，一是明确要求人社、民政、公安、教育、税务、残联等相关部门提供及时更新的共享数据。二是明确残联、民政、税务等部门可以依靠共享数据和电子证照作为办事审批依据。省公安厅围绕驾驶证和行驶证出台专门政策，明确驾驶证和行驶证的电子凭证在便民利民领域应用场景。

值得注意的是，粤省事是数字广东公司的重要产品，是企业参与的典型样板。数字广东公司是为了响应广东省数字政府改革建设工作，由腾讯、联通、电信、移动 4 家企业投资设立，支撑广东省数字政府运营中心的实体单位。依托腾讯及三大运营商输出的先进技术和管理理念，联合华为等优秀企业以及产业链各方资源。数字广东公司以企业机制进行运营管理，并以创新技术及全方位服务能力协助广东省打造全国领先的数字政府，不断提升广东省政务服务能力，推进全省政务和社会公共服务信息资源开发利用。粤省事移动民生服务平台的亮相，是腾讯公司支持成立的数字广东公司在民生服务领域的首次突破。

据企业相关负责人介绍，数字广东公司将继续在省委、省政府的领导下，坚持以人民为中心的价值追求，在数字政府政务云平台、协同办公平台以及政务民生服务应用建设等方面持续加大研发投入，切实推进数字政府改革的各项重点工作，以构建一流的“互联网＋政务服务”平台，助力推动“放管服”改革向纵深发展，不断优化广东营商环境。

2. 长沙城市超级大脑项目

长沙城市超级大脑项目是长沙智慧城市建设的内核，它依托腾讯在云计算、大数据、人工智能、物联网等领域的技术积累与资源优势，以及腾讯“WeCity未来城市”解决方案，为长沙数据大脑平台提供安全稳定的基础建设支持，最终形成具备多维敏捷感知、海量数据共享、全局实时洞察、持续迭代进化的城市智能中枢，为长沙新型智慧城市发展提供智慧支持。

长沙城市超级大脑项目主要针对长沙城市治理的三大痛点。其一，长沙智慧城市建设缺乏高度智能化的核心，急需先进的“神经中枢”。其二，民生服务入口不一，多端应用烦冗不便，群众业务办理体验不佳。其三，社会治理能力和治理水平有待提升，各级政府部门办公和业务协同效率低，跨地区、跨层级、跨部门协同办公体验较差，较难移动化地处理文件流转、行政审批等事务，政府行政效能受限。

因此，长沙城市超级大脑项目从以下几个方面发力，关注于解决既有痛点。第一，长沙城市超级大脑项目构建了全域数字底座。长沙城市超级大脑项目通过统一业务框架、信息共享体系、大数据融合体系、AI工具等前沿技术能力促使长沙新型智慧城市内核全面升级，采用“1+N”模式建设长沙市政务云的laaS、PaaS、DaaS。“1”指统一基础设施资源云平台，“N”指多个专业中台，包括统一平台服务云的应用中台、AI中台等，以及统一数据服务层的数据中台，力求通过中台服务及智慧应用场景，全面提升便民惠民、服务触达、数据服务、联合监管、决策指挥、政务治理、共治共管以及产业服务等城市能力。第二，长沙城市超级大脑项目打造了一体化综合引擎。通过建设数据大脑平台、“互联网 + 政务服务”一体化服务平台、“我的长沙”城市移动综合服务平台，智慧党建、智慧医疗、智慧医保、智慧文旅，打造长沙本地化智慧应用。第三，长沙城市超级大脑项目通过一体化子项目整合了政务服务资源。长沙城市超级大脑项目将政务服务事项 100% 纳入一体化平台查询办理；优化各部门网上办理深度三级以上（含三级）事项比例达 70% 以上；上线 500 余项政务服务事项“指尖办”，打造长沙移动之城，为智慧城市建设探明了方向。

宽领域推进深度应用是长沙城市超级大脑的主要亮点。作为长沙智慧城市的核心基础设施，超级大脑以数据大脑平台为核心，向政务、旅游、医疗、党建等领域拓展应用。依托超级大脑，长沙市“互联网 + 政务服务”一体化平台实现 300 余件高频政务服务“一件事”在全市范围内跨域跨层通办；“我的长沙”城市移动综合服务平台高效便捷服务全市半数以上常住人口；智慧党建覆盖全市所有基层党组织和党员，打造了“指尖党建服务大厅”；智慧医疗接入全市 251 家医疗机构，通过码上挂号、码上缴费、码上看报告，有效提升市民就医体验；智慧应急管理五级联动、敏捷反应，实现规范化、常态化；智慧文旅加快实现一部手机游长沙、品长沙、享长沙。建好、用好长沙城市超级大脑，对于长沙全面落实强省会战略、打造超大城市治理样本、引领助推数字湖南建设等具有重大意义。下一步，长沙将全力推动超级大脑与经济社会各领域的深度融合，坚持打造支撑城市治理的智慧大脑、服务市民生活的惠民大脑、赋能数字经济的活力大脑，实现“一脑览全城、一脑治全城”，为广大市民和市场主体创造无处不在、优质普惠的数字生活全新体验，推动长沙数字经济挺进全国第一梯队。

（三）清华同方参与大数据赋能公共治理的实践案例[①]

1. 四川省高速路网运行监测与应急指挥调度系统

四川高速灾备中心通过新建核心业务系统——高速路网运行监测与应急指挥调度系统，在打通高速公路多种数据采集通道并完成多源数据高质量整合的基础之上，充分利用四川省交通运输厅原有建设成果，打造连接厅级综合交通运行监测及应急指挥调度平台与高速公路营运公司监控分中心的省级高速公路路网级平台。

该平台采用大数据技术，通过构建高速公路交通知识体系，从路网、路线、路段、区域等多维度对交通量、环境、基础设施技术状况、机电设备运转状态等进行监测分析，综合展示路网运行态势，实时展现重特大突发事件处置进度，确保调度指令有效地上传下达，实现重特大突发事件多方联合调度，为实现跨地区、跨部门的业务协同提供基础。总体来看，该平台具有统一性与全维度性两大特征。

在统一性方面，该平台展现出如下亮点。第一，统一数据标准，推进四川高速机电设备监控数据联网。该平台项目完成高速全路网60多家路公司监控数据调研排查，并通过编制联网技术标准，对车检器、情报板等10余种监控设备制定标准统一的数据及格式，并向各路公司监控数据上传工作提供技术指导及数据质量检查工作，推进高速全路网机电设备监控数据联网，为实现四川高速路网运行整体监测奠定良好的基础。第二，进行多源数据梳理融合，保障运行监测数据质量。由于该平台项目需实现四川高速全路网全维度全业务的监测，需要在打通高速公路多种数据采集通道的基础上，完成多源数据高质量整合，但是由于各系统建设时间不同且缺少顶层设计，路线、路段、公司、收费站等

① 该案例由清华同方相关业务部门提供。

交通对象无唯一 ID，项目实施过程中通过对比养护系统、收费系统、12122 系统、高速公众服务发布平台（四川交通在线、四川 ETC 公众号）以及人工调研等方式梳理路线、路段等基础信息，完成交通对象多源数据融合工作，为实现万物互联的全维度全业务路网运行监测提供数据质量保障。第三，构建交通知识体系，形成业务对象万物互联核心架构。交通知识体系是交通业务对象及关系的标准数据抽象，可以根据用户需要从各个维度描述不同交通业务的运行状况。通过整合跨部门的系统数据及业务服务，平台系统不但可以帮用户理清自己的资产及使用情况，更可以跳出原有部门的独立视角，从顶层统一对各部门的数据及业务进行一体化管理。结合贴近用户使用习惯的一体化操作环境，让用户通过一点管理全局，做到一事一物、一举一动尽在掌握。系统通过为每类交通对象建立对象档案，实现数据和服务的整合，并使这些对象联系在一起，构建一物一档、单档多层、多档串联的万物互联的核心架构，将原来分散在各个专业和各个局部的碎片化的监控信息，比如将视频监控、门架收费、重点车辆、交通管制等不同形态的数据整合到一起，这样一来，上到省中心用户、中间的路公司用户，下到只关注一个收费站的用户，都可以直接使用该系统完成关注对象的几十种服务调用，全面、立体、实时反映全路网运行状况。

在全维度方面，该平台展现出如下亮点。第一，打造四川高速路网监测一张图基础底座，提升数据资源及服务价值。系统通过地理信息一张图的建设，推动高速公路路线、收费站、气象站、服务区、桥梁、隧道等基础设施的全要素、全周期泛在互联的数字化监测，实现高速公路通行状况、交通流量、基础设施及机电设备运行状况“一图式”全景呈现，形成天地一体的“交通监控网络”，大幅度提升系统的实用性、易用性，并使多类数据资源和服务更好地协同配合工作。第二，构建全维度全业务监测体系，打造智慧高速一体化监测分析平台。该平台项目通过构建高速公路交通知识体系，建立高速路网全维度监测体系，实现对21个行政区、8家集团公司、60家路公司、73家监控分中心、50条路线、103条高速管辖路段、1942条细分路段及重点桥隧、枢纽、收费站等的运行情况的监测。包括交通流、气象环境、交通报警、阻断事件、机电设备运行情况（情报板、ETC门架、摄像头等）、两客一危车辆等，辅助用户实现对路网宏观、中观、微观运行态势的把控。打造智慧高速一体化监测分析平台，不仅围绕运行数据进行实时监测报警，还需对历史数据进行深入分析，挖掘数据内在价值，帮助监控人员掌握路网通行规律，识别重点监控对象，实现有针对性的运行动态监测。第三，“平战结合”，构建上传下达的有效沟通平台。该平台项目采用“平战结合”的思想进行整体设计，“平时”是整个高速信息及数据汇聚、整合、分析和展示中心，“战时”是高速公路路网指挥调度中心。通过与应急二期工程互联互通，打造高速领域应急业务体系支撑平台。支持管理者针对突发应急事件迅速调取周边摄像头查看实时画面，或通过综合通信系统快速连线现场巡检人员进一步了解现场情况，真正实现四川省高速公路领域上下级部门之间、政府与企业之间的有效沟通。第四，建设灾备中心三维导航大屏，实现高速公路运营管理“一屏全览”。通过打造科技大屏，以高速路网为载体，建设覆盖灾备中心通信、收费、监控三大业务主题，帮助用户实现高速公路运营管理态势“一屏全览”、各级领导接待演示等工作目标。

2. 吉林省政府统计数据共享平台

吉林省统计局在以往的统计业务工作和信息化建设过程中形成的一系列建设成果，在统一元数据标准等方面具有较好的支撑作用，但仍然存在“漏统漏报”、部门统计信息时效性不强，报送方式较为落后、信息资源整合力度不够，数据无法深度利用等问题，在运用大数据资源进行政务决策支撑，运用数据对经济运行提供更为准确的监测、分析、预测、预警方面应用还有待加强，在决策的针对性、科学性和时效性方面支持力度还有待提升。

针对数据应报尽报及数据资源整合利用的实际业务需求，吉林省建设政府统计数据共享平台项目的目标是充分运用大数据、云计算、移动互联网等现代信息技术，建设面向吉林全省各级政府统计机构、相关政府部门和社会公众的统计数据共享平台。该平台整合各级政府相关部门的统计数据，统计内部的宏观、中观、微观数据等，实现统计大数据资源互联共享，适应现代化统计要求，对全业务系统及业务流程进行优化和整合，形成调查对象的全覆盖，解决“漏统漏报”问题，扩大数据来源，提高统计工作效率，提升全省经济运行和社会发展统计分析、监测、预警预测水平，为吉林省各级党委政府全面及时准确把握经济社会发展态势，进行科学决策提供统计分析服务，为部门行业管理提供数据共享和应用服务，为社会公众提供统计信息服务，推动政府治理体系和治理能力现代化。

该平台项目建立了各级企业统计报表交换制度及名录对比系统，联合外部门实现数据信息共享；建立了部门统计数据联网直报系统，实现部门统计数据各环节制度化、规范化、电子化；建立了综合性统计基础数据库，包括历史基础数据、部门综合数据、企业基础信息、重点专业数据等，形成政府统计数据资源池；建立了经济预警监测系统，政策执行效果进行事前模拟、事中监测、事后评估，为领导决策提供有力的支撑；建立了空间地理信息系统，包含企业分布、人口分布、产业分布信息图层，可以更为直观地查看各地经济发展情况。

在实践中，该平台产生了两大效果。第一，全面提升统计数据共享服务能力，助力吉林省加速推进“数字吉林”建设。该平台项目的建设是吉林省统计局响应和贯彻落实国家信息化发展战略等一系列要求的必然行动，能够提升统计部门在“数字吉林”建设全局中的贡献能力，提升基于统计数据资源在“数字吉林”建设中的共享和应用的深度和广度，为各级党委政府、社会各方提供数据的共享服务。充分发挥数据的潜在价值，促进统计能力、统计数据质量和政府统计公信力的提高，同时也是提升统计共享和服务能力、信息化水平、助力全市经济运行发展的关键实现路径。第二，全面构建统计生产、管理、服务全链条，全面提升统计信息化支撑能力。该平台项目覆盖了统计生产、管理、服务全生命周期环节，充分发挥全省统计数据资源的效能，提高政府对公共信息资源的管理与共享能力，使党和政府更加及时地了解宏观经济运行态势，增强形势研判能力，更好地支持党和政府的科学决策与宏观调控，满足统计部门、政府及社会各方的统计数据需求。有针对性地为领导、政府企业、社会公众等提供更加全面、准确、高效的信息服务。

二、企业参与大数据赋能公共治理存在的问题

（一）系统建设格局离散化，难以实现有机集成，资源难以互通，缺乏系统协同工作能力

当前，新技术应用成为地方政府高度关注的治理新动能。随着政府信息化建设的不断深入，政府利用大数据进行公共治理的各类应用不断增多，投入也不断加大。在这一情况下，大数据系统建设中的一些问题随着应用深入而表现出来。“应用山头林立”现象时有出现，系统建设布局较为离散化。政府内部各应用系统以及各政府部门缺乏具有充分全局性的顶层规划设计，各应用系统、各部门缺乏统一、规范的数据标准，各应用系统的有机集成不到位，导致了各部门之间相同信息内容不一致、系统无法进行有效的协同联动，数据资产利用率低下等问题。在这一状况下，企业助力大数据赋能公共

治理的效果也会大打折扣。

（二）数据分布碎片化、分散化，造成“信息孤岛”，欠缺统一、标准、实时的数据共享交互机制

在各政府部门广泛展开大数据赋能公共治理的实践中，相应的数据信息收集是工作的重中之重。在当前，不同管理职能的政府部门都拥有一定的社会数据，而在政府利用大数据推动社会治理的过程中，仅仅利用其自身个别数据资源开展分析、监测、预警等工作已经不能满足社会治理任务日益复杂的需要。虽然当前在地方层面已经出现若干试图解决这一问题的实践，如逐步构建大数据局、政务数据管理局等政务数据管理机构，但仍没有完善地建立统一、标准、可操作的数据共享交换机制，也没有利用大数据、区块链等新技术构建各类政务数据实时性采集获取的数据通道、数据平台。这种状况一方面造成政务数据间仍然存在壁垒，无法实现数据高效共享共用，另一方面也会造成由数据获取时效性欠佳导致的社会治理分析、判断、决策的滞后性，使基于政务大数据开展社会治理工作无法发挥充分的治理效能。

（三）数据资源化程度不充分，缺乏对数据资源“关系化”的深度挖掘

近几十年来，政府高度推进信息化、数字化工程，相关各方对数据的重要性认识在这一过程中不断提升，很多政府文件中都可以看到“数据共享”“数据中心”“数据创新”“数字化”等表述。不过，在政府机构通过大数据了解和掌握社会发展形态、大数据辅助治理决策科学性等方面，大数据还没有发挥出其全部价值。究其原因，从抽象视角看，是因为政府治理的对象是不同主体、客体间的“关系”，而“关系”这种形式在实践中尚未被有效数据化。各政府部门缺乏对数据“关系”的资源化挖掘，一定程度上限制了大数据在社会治理诸多领域的应用。

（四）在政府社会治理服务中，数据安全在更好保护隐私和更好提供服务间处于“左右两难”的尴尬地位，尚缺乏创新型数据安全管理手段

在大数据赋能公共治理进程的实践中，政府利用大数据开展社会公共治理的主导交互手段通常需要依赖网站、App 等多个渠道，在此基础上实现面向政府部门、企业、社会公众和科研机构的数据与服务等方面的交互。当前，政府部门均会按照《中华人民共和国网络安全法》《中华人民共和国密码法》《网络安全技术 网络安全等级保护基本要求》等法律法规文件要求，增强入侵防护能力、恶意代码防护能力、数据安全防护能力、全面安全检测能力、主机安全防护能力，完善行为审计机制等，关注打造一个全方位的安全运行的信息安全保障体系。但是，出于涉密、隐私考虑所设置的一些机制缺乏足够的区分度，大数据出于各类机制难以被有效应用，这导致基于政务大数据的政府治理效能的下降。要在同时保障国家秘密和个人隐私的基础上，进一步充分发挥大数据对公共治理的赋能效果，就需要建立一套创新型的数据安全管理机制，从而更好地发挥政务大数据资源的应用价值。

三、企业参与大数据赋能公共治理效能提升的建议

第一，政府部门要树立社会治理社会化的观念。社会治理非政府一方主体能够胜任，需要社会化服务。面向全球化背景和新竞争环境，政府要更新理念、提升技术，特别是大数据和人工智能技术应用，都需要借助社会化模式实现。政府部门应当明确基本权责，分清政府与社会的边界，分清哪些可以由市场做，哪些市场做得更好，通过政府采购吸纳技术能力强、信用度高的高新技术企业开发建设平台。同时，自身做好统筹考虑，提出应用需求、安全要求、监管要求等。为市场企业参与大数据赋能公共治理提供空间和机会。同时，政府部门

要大力打通各部门间的信息封闭，逐步实现数据共融共通。

第二，企业部门要树立对社会治理的参与意识和责任意识。党的十九届四中全会提出，要完善党委领导、政府负责、民主协商、社会协同、公众参与、法治保障、科技支撑的社会治理体系，建设人人有责、人人尽责、人人享有的社会治理共同体。企业可以从与政府的合作中获利，但企业也是社会治理的义务主体，应当树立参与意识和责任意识。首先要不断钻研业务，提高技术水平，学习借鉴、创新转化，不断优化社会事务算法，为政府部门决策、监管、服务提供精准、科学依据。其次要树立安全保密意识，明确与政府合作的项目具有重要的政治、社会价值，做好数据采集、分析、保存、应用的安全和伦理工作。最后要有公民意识、奉献精神、长远考虑，平台开发过程中要为未来平台融合、数据融合做打算，避免将平台打造成只有自己能进出的“城堡”；同时要注重提升便利性，方便政府部门，不同年龄、文化、身体状况的社会公众使用平台，让技术接地气、有温度。

第三篇　成效与问题

专题五

大数据赋能公共治理的现状*

一、大数据赋能公共治理的成效

（一）大数据助力公共决策更加科学有效

信息是决策的基础。早在 20 世纪 70 年代，管理学家赫伯特·西蒙（Herbert Simon）就预见到，数字技术将极大提升组织做决定的能力。特别是在社会转型期，政府面对的新问题、新挑战层出不穷，过去碰到新问题只能先用老办法，或者拍脑袋想出一个新办法，试错之后再改进。大数据的发展让政府的管理和决策迎来了新的机遇，即在经验维度的基础上增加了数据维度。数据分析和应用能够揭示传统方式难以展现的关联关系，将极大提升政府公共决策的科学性和有效性，为有效处理复杂社会问题提供新的手段。

专题三中提到的上海“一网统管”案例，围绕城市全周期管理的人、物、动、态 4 个方面，将城市运行体征细分为 55 类 1000 多项指标，依托“城市之

* 本专题作者为复旦大学郑磊、王翔。

感”“城市之眼”“城市之声”全面反映城市运行的微观和宏观态势，为科学决策提供实时动态的数据支撑。再如，杭州交管部门通过城市大脑随时获取在途汽车数量、平均车速、交通延误指数等数据，为制定限行措施提供重要参考。依托城市大脑的数字预警、视频巡查、一键上报等多重手段，杭州交警在主城区 5 分钟到警率从原来的 1.8% 提升至 70.72%；5 分钟快撤率也从原来的 2.8% 提升至 47.19%，警情处理效率获得大幅度提升。

展望未来，通过系统采集客观数据，充分利用数字化关联分析、数学建模、虚拟仿真及人工智能等技术，基于海量数据进行模块化分析和政策模拟，将为政策规划和决策提供更加系统精确的依据，为政策实施提供更为全面、可靠的实时跟踪，为政策评估提供更加科学全面的方法。无论是对人口、交通、资源环境等领域开展动态监测、安全预警，还是为宏观经济领域转变发展方式决策规划提供数据支持，大数据的应用潜力还有很大的增长空间。

（二）大数据助力公共服务更加便民利民

节省民众在与政府的接触和业务申办上所耗费的时间与精力，实现民众心中所追求的“小事无忧、大事不愁”的安居乐业愿景，是电子政务能够带给民众的最大与终极价值[①]。2021 年政府工作报告提出，加强数字政府建设，建立健全政务数据共享协调机制，推动电子证照扩大应用领域和全国互通互认，实现更多政务服务事项网上办、掌上办、一次办。企业和群众经常办理的事项，2021 年要基本实现“跨省通办”。

奇葩证明、循环证明、重复证明的现象是老百姓办事经常碰到的问题：我的各种数据都掌握在政府手里，为什么我到政府办事，却还要到另一个政府部门开证明呢？各种奇葩证明背后的原因，是我国一些政府部门掌握的数据没有

① 项靖、杨观耀：《电子政务的未来：以民生为中心的服务》，《电子政务》2014 年第 1 期。

实现跨地区、跨部门共享。数据不跑路，就只能让群众和企业跑断腿了，也给证明材料造假留下了空间。大数据时代的到来为解决这一问题提供了契机。

2019 年，浙江省金华市在全国地级市中率先开展“无证明城市”创建工作，宣布在全市范围内，政府机关和公共事业单位不得要求群众和企业提供由第三方权威部门出具的任何形式的证明材料。近年来，越来越多的城市开始试点并推广类似的做法。上海市“一网通办”提出了“两个免于提交”的目标，即本市政府部门核发的材料原则上一律免于提交，能够提供电子证照的原则上一律免于提交实体证照。《上海市人民代表大会常务委员会关于进一步促进和保障“一网通办”改革的决定》也以地方立法的形式明确要求，个人以及企业等市场主体能够提供本市电子证照的，免于提交实体证照。

为社会提供优质、高效、便捷的公共服务是政府的重要职责。大数据赋能下的公共服务，不是简单地把原来在线下提供的服务转移到线上，把供给侧与需求侧在“物理”上连接起来，而是通过连接、互动、反馈、融合与创新形成“化学反应”，达到公共服务便捷化、精准化、个性化供给的目的。需要强调的是，这些变化固然离不开大数据的支持，但就像上海市“一网通办”提出的，要从以部门为中心向以用户为中心转变、从以管理者为本位向以服务对象为本位转变，这是大数据为政府公共服务赋能的重要前提。

（三）大数据助力政府行政效能稳步提升

大数据的传递、整合和分析潜力提升了政府跨越传统界限进行整合的可能。大数据理念下的政府组织架构变革与行政流程再造，是服务导向、需求导向的价值追求和提高效率、降低成本的效用追求的融合。传统的金字塔式的单一数据传输渠道正在逐步转变为扁平化、网络化、多层次的传输渠道，不仅可使处在金字塔顶峰的管理者及时掌握全局数据，也可使不同层级的工作人员及时了解全局数据，使上下级间获取数据的数量、时间等影响因素不断缩小，降低行政成本，提升行政效率。同时，部门间职能分工向着无缝化、一体化、交互化的方向发展，化解政府部门间条块分割、上下对应的格局，为部门间工作交流沟通提供平台和渠道，加强部门间协同合作，提升政府效能。

以浙江的“最多跑一次”改革为例，改革不仅打造了为人民服务的友好局面，更重要的是带动政府组织架构变革与行政流程再造。“最多跑一次”改革的本质，不是简单地把多个政府部门的窗口从物理上集中到一起，而是一次政府部门的自我革命，组织架构变革与行政流程再造是基本保障。以不动产交易登记为例，杭州市将原来的 15 个办事环节整合为 3 个环节，基于后台的数据共享使房屋交易、税收、不动产登记实行联合窗口并联办理，实现一次取号、一窗受理。对于外贸企业，行政服务中心实行一窗受理、全程代办，在原“五证合一”基础上，再将海关、商务、公安、出入境等六部门的证（表）合到一本营业执照上，实现“十一证合一”，审批时间从 30 多个工作日缩短到 6 个工作日，跑腿次数从 14 次减少到只需跑 1 次[①]。

需要注意的是，信息技术运用的成败高度依赖于组织环境，在某种环境中取得成功的技术在另一个环境中就有可能遭到失败。信息时代的政府治理更多需要的是政府组织体制、组织文化等非数字技术因素的介入。大数据赋能公共治理不是在政府工作中运用大数据这么简单，更重要的是在信息技术的助力之下优化政府工作的架构、方法、规则和程序，提升行政效率和效能，是通过对政府自身管理机制的根本性重新设计，来获得更好地为人民服务能力的一种方式。如果只是把大数据嫁接在现有架构和流程之上，不仅可能造成公共资源的巨大浪费，还有可能固化现有体制缺陷、妨碍变革和创新。

① 叶慧：《浙江加快推进“最多跑一次”改革综述》，《今日浙江》2017 年第 8 期。

（四）大数据助力市场监管更加精准有力

当前，我国市场主体数量稳步增长，市场活跃度不断提升，社会信息量爆炸式增长，大数据对政府提升市场服务和监管能力带来了新的机遇。大数据赋能下的市场服务和监管，将向效果更精准、成本更低廉、方式更强调多元共治的方向迈进。

首先，在政府部门数据共享的基础上，将市场监管、税收监管、检验检测、违法失信、消费维权等各类市场监管数据进行汇聚整合和关联分析，可以及时掌握市场主体经营活动的规律与特征，通过综合对比、科学筛查，预测市场监管风险，及时发现和处置违法违规线索，提高事中、事后监管的精准性。

其次，大数据让市场监管告别大海捞针式的人工巡查，可以用更少的投入完成对更多市场主体的监管。同时，还可以根据需要适时采用政府购买服务或政企合作方式高效利用社会数据资源和社会化的信息服务，进一步降低服务和监管成本。

最后，市场主体的经营行为日益广泛、信息日益分散、监管风险日益多样化，使市场服务和监管的多元共治日益具备必要性和可能性。例如，通过对政府各部门掌握的信用数据进行共享和开放，以及充分运用第三方机构形成的信用数据，可以充分发挥社会监督的作用，让守信者走遍天下、失信者寸步难行，有利于建设更加诚实守信、公平竞争的市场环境，也有利于顺利推进简政放权，实现放管结合，切实转变政府职能。

前文提到的浙江公平在线和浙江外卖在线都是大数据赋能市场监管的典型案例。随着社会信用体系的建设和完善，多元共治也成为可能。例如，采用政企合作模式建立的“信用中国”网站是面向社会公众的征信查询平台，实现了信用数据的一站式查询，已汇集各类信用数据上亿条。《上海证券报》记者在“信用中国”网站上搜索发现 6 家公司存在“受惩黑名单”的记录，而企业并没有依法公开披露相关信息。这些失信主体的“地雷”在“信用中国”网站上得到披露，帮助有关部门提前“排雷”，避免了投资者的重大损失[①]。

当然，管好市场的前提是简政放权，要厘清政府、市场、社会的边界和相互关系，充分激发市场和社会的活力，否则大数据只能固化现有问题，甚至可能让简政放权更加艰难。只有行政权力多做“减法”，大数据才能让市场和社会活力多做“加法”和“乘法”。

（五）大数据助力行政监督更加严格高效

大数据不仅给政府决策和服务带来了新的机遇，也为完善政府自身管理提供了新的手段。在大数据、云计算和移动互联网等技术的辅助之下，可以实现权力运行全程规范化、数字化、处处留痕迹，从而对行政过程中产生的数据进行全程记录、挖掘分析。特别是对于行政执法、行政审批等违法违纪多发环节，可以及时发现和处理各类不作为、乱作为及腐败行为，使权力在阳光下运行，真正实现“有权不能任性”。

我国很多城市在政府网站上提供了证件办理和市民投诉渠道，市民办事时会形成一个工单号，根据工单号可以实时查询跟踪办事全流程，例如，哪个部门在处理、需要多长时间、负责人和联系方式是什么等等。流程规范化、数字化、透明化对于加强政府自身管理、依法行政起到了促进作用。一些地方还探索打造“数据铁笼”，变人为监督为数据监督、变事后监督为过程监督、变个体监督为整体监督，大大压缩了权力寻租空间。同时，将监督前置有利于在公职人员违法违纪“疾在腠理”之时及时提醒和纠正，防止小错积累成大错，也是对公职人员的一种保护。

---

① 何玲：《200 万日点击量的背后——“信用中国”网站开展信用信息共建共享建设工作纪实》，《中国信用》2017 年第 3 期。

例如，贵州省依托大数据产业优势和云平台系统打造“数据铁笼”，强化权力运行监督，实现权力运行全程电子化、处处留痕迹，做到“人在干、云在算、天在看”。“数据铁笼”通过对权力运行中产生的数据进行全程记录、融合分析、寻找异常，挖掘分析出各类不作为、乱作为及腐败行为的概率和蛛丝马迹，实现行政审批风险预警。贵阳市原城乡规划局[①]“数据铁笼”对行政审批进行全流程监管，形成了联合监督和多方预警的风险防控机制。截至 2019 年 4 月底，通过规划“数据铁笼”平台审结件数量 62523 件，风险预警 7487 次，审批效率由 2014 年的 57% 提升到 2019 年初的 91.55%，总风险率为 19.92%，风险系数为 1.99，风险处置率为 90% 以上。通过“数据铁笼”综合平台和各个子系统形成的监督合力，进一步提高异常业务监管的覆盖面，增强对异常行为的发现、预警和处置能力，各项制度不再是“稻草人”。贵阳市公安交通管理局“数据铁笼”针对非法查询公民信息入刑的情况，开展了对公安民警数字证书使用查询大调查，短期内有效解决了口令管理混乱、数字证书适用不规范等问题。

当然，与大数据赋能公共治理的各个方面一样，大数据在政府自身管理中的运用也不是孤立的，只有把数字技术与制度、管理、文化等方面的变革结合起来，技术的潜力才能真正发挥。例如，只有在落实好权力清单、责任清单、负面清单的基础上，才能将权力运行流程和环节细化、固化和数据化。只有针对权力运行流程建立起完善的指标体系、研判体系和风险评估机制，才能在技术的辅助下及时预警和发现行政不作为、乱作为等问题。技术再先进，最终还是要靠人来执行。切实增强制度执行力，才能让“数据铁笼”和“制度铁笼”紧密结合，产生“1+1 ＞ 2”的威力。

---

① 2018 年 12 月，因机构改革不再保留贵阳市城乡规划局。

二、大数据赋能公共治理的问题与挑战

（一）大数据赋能公共治理亟待改进的方面

《中华人民共和国国民经济和社会发展第十四个五年规划和2035年远景目标纲要》提出了到2035年基本实现国家治理体系和治理能力现代化的目标，要求将数字技术广泛应用于政府管理服务，推动政府治理流程再造和模式优化，不断提高决策科学性和服务效率。与上述要求相比，大数据赋能公共治理的空间十分广阔，需要改进和完善的方面也值得引起重视。

1. 数据共享开放不足，数据要素的价值未充分发挥

开展大数据关联分析和应用的前提是跨部门数据共享与整合。政府数据是国家资产而非部门资产，如果数据分割在一个个“孤岛”之中，既不能开展大数据分析、形成整体合力，也不利于集约化管理和降低成本，还存在重大的安全隐患。以海上应急救援为例，由于海事部门和属地政府部门的通信技术和系统不同，加上各自信号覆盖范围有限，导致海上应急救援过程中救援层与其他层级沟通不畅，上下联动效率低，出现了救援现场与指挥后台隔离、信息反馈滞后等问题，影响了应急救援协作的整体协作效率[①]。

同时，大数据建立在开放数据的基础上，政府部门在履行职责过程中制作、获取和保存的海量数据资源是整个社会的公共资源，应取之于民，还之于民，释放数据能量，创造社会价值。在保障国家秘密、商业秘密和个人隐私的前提下，将政府数据最大限度地开放给社会进行开发利用，有利于提高政府透明度，激发创新活力，提升服务水平，转变经济发展方式，提升政府治理能力。根据

① 李瑞昌、侯晓菁：《一网联通：技术赋能海上应急救援协作的策略》，《南京社会科学》2021年第8期。

复旦大学和国家信息中心数字中国研究院联合发布的中国开放数林指数报告，我国已有174个省级和城市的地方政府上线了数据开放平台，平台数量和数据量增长显著，“开放数据，蔚然成林”的愿景已初步实现。但是，在制度供给与组织保障、平台优化与持续运营、数量提升与质量保证、数据利用与生态培育等方面，我国的政府数据开放工作仍有很大的提升空间，例如地方性法规政策的数量少、层级低，领导重视程度不足，平台运营能力有待提升，数据覆盖面和质量难以保证，等等。

2. 形式数字化、表面数字化现象比较突出

随着数字化改革热潮的推动，大数据项目如雨后春笋般涌现，然而部分地方“指尖上的形式主义”问题也在频频发生。部分数字化应用不仅未能给基层工作人员减负，还增加了他们的工作负担，浮于表面，流于形式，甚至浪费了大量财政资金。例如，一些地方投入巨资建设指挥大厅、智慧大屏，领导却几乎不到指挥大厅现场办公，智慧大屏成为展示大屏。一些地方线上线下“两张皮”，材料还是依靠书面打印和签批，甚至出现了电脑上签一遍、纸质文件上再签一遍的现象。

3. 从政府本位到用户本位的意识转变有待加快

在大数据赋能公共治理的过程中供需脱节的问题比较突出。一些地方“一刀切”的数字化手段给群众增加了麻烦而不是便利，一些地方凭管理者的热情和想象推动工作，对群众的“急难愁盼”需求关注不足，一些地方内部“数据壁垒”重重，导致群众办事层层加码。

4. 大数据侧重于为政府赋能而向社会赋权不足

从宏观上看，公共治理的本质并非纯粹的技术事务，而是一个政治过程，必须体现出公共性、开放性、多元性、回应性、程序正义性等一系列规范价值，必须建立实现这些价值的制度安排，如参与机制、问责机制、协商机制、自决

机制等。这才是治理的合法性基础所在①。从微观上看，治理的微观基础是以最低协调成本为约束实现人类合作与集体行动的行为②，治理的本质是合作，合作的基础是自愿、公平。近年来，那些能够增强政府控制力的大数据项目得到了迅速推进，如税收、海关、网格化管理、视频监控、舆情监控等，而那些改进政府自身管理、强化外部监督、加强政民互动的项目则稍显滞后。这一现象可能导致政府能力的单方面增强和过度的政府本位思想，政府与社会的关系可能越来越失衡③。自上而下的控制力越强，自下而上的参与就越式微④，有可能导致治理的悬浮。

5. 过度注重技术效率，忽视人的感受

大数据能够助力公共服务的便捷化、精准化和个性化已成为共识，但是在这一过程中过于注重技术效率，有可能导致相反的结果。更高的效率不一定代表更好的体验。“桃花潭水深千尺，不及汪伦送我情”，人与人之间面对面的感知互动，有时胜过高科技和大数据。公共服务的对象是人，在后台的技术和数据的支持下，还需要依靠热心肠的前台政府工作人员提供的热心、周到、细致的服务，才能让群众真正感受到春天般的温暖。例如，一些地方片面追求网上办事的百分比，有的甚至提出了政务服务“一次都不跑”的口号。应当承认，线上办事为部分市民提供了便利，在新冠疫情防控期间减少了人员聚集，发挥了积极作用。但是，哪些场景和人群对“一次都不跑”的需求比较迫切，哪些场景和人群则相反，需要在认真的需求调研基础上稳步推进，而不是政府部门

---

① 肖滨、费久浩：《政策过程中的技治主义：整体性危机及其发生机制》，《中国行政管理》2017年第3期。

② 于君博：《治理的微观基础—— 一个基于“合作”的概念框架》，《复旦公共行政评论》2015年第2期。

③ 杨凤春：《论中国电子政务建设中的政府能力平衡问题》，《江苏行政学院学报》2008年第6期。

④ 韩江风：《技术治理逻辑下社会工作评估的失灵与优化——以T市W街道社会工作评估项目为例》，《理论月刊》2019年第12期。

单方面“拍脑袋”决定。数字化转型的目标不是找不到人或者不需要人，不能为了数字化而数字化。完全数字化、全靠大数据、全程不见面、无人智能服务不一定等于美好生活。

6. 过于强调技术刚性，忽视了人的自主性

大数据赋能公共治理不能只考虑技术上能不能的问题，而不考虑管理上可不可行、公众感受上好不好、法治上可不可以的问题。过度依赖大数据可能导致技术的刚性越来越具有统治地位，而人的自主性被忽视。例如，美国一些警察局使用的犯罪预测系统，根据某一地区犯罪活动的统计数据，预测可能发生犯罪的区域、概率、类型和时间段。许多贫困社区被标记为可能发生犯罪的“红框区”。警察对系统的过度依赖导致执法人员应展现的判断力和责任感日益消退和淡漠，他们将贫困社区的很多轻微违法行为（如未成年人饮酒行为）也录入系统，导致大数据算法的恶性循环[①]。从本质上说，公民与政府之间存在一种委托—代理关系，而政府对大数据的过度依赖相当于一种“二次委托”，政府委托数据和算法代其行使部分治理决策，算法则被赋予了某种行政权力，其合法性是值得商榷的。

（二）大数据赋能公共治理值得关注的问题

在大数据为公共治理赋能的过程中，有 3 个方面的问题亟待引起我们的关注。

1. 大数据赋能公共治理的效度如何

大数据赋能公共治理的过程中要权衡成本和收益，如果成本巨大却没有明显的收益，或者收益与成本不成正比，就会成为“炫技”。这里的“成本”，不仅包括大数据项目的直接金钱成本，还包括政府和社会为此投入的人力成本，

① 任蓉：《算法嵌入政府治理的风险及其防控》，《电子政务》2021 年第 7 期。

以及由大数据项目的“挤出效应”所带来的机会成本。这里的“收益”，不仅包括效率，也包括效果。如果一个大数据应用解决的不是真问题、真需求，那么无论效率多高都没有效果，甚至可能会“添乱”。虽然国内外实践者和学术界对大数据赋能公共治理的前景充满了各种期待，但现有研究表明，只靠技术的单兵突击和刚性嵌入，而缺少理念的更新、制度的变革、组织的转型、法治的规范和伦理的关切，大数据治理不仅未能充分借助技术的能量实现对治理的有效优化，还可能带来预期之外的副作用，影响人的体验和感受，抑制人的自主性和参与度，损害人的权益和尊严[①]。

2. 大数据赋能公共治理的温度如何

大数据赋能下的公共服务，只有当其能够被所有公民接受时，才能使所有公民受益，从而降低由数字鸿沟和数字不平等造成的社会不平等风险[②]。大数据赋能下的公共服务应促进数字包容，尽力消除数字排斥的过程，扩大数字技术应用的受惠范围。大数据应为这些弱势群体长期保留线下服务渠道和传统服务方式，不让任何一个人在数字时代掉队。上海“一网通办”建立的帮办制度、“浙里办”的“长者关怀专区”等都是“温度”的体现。本质上而言，大数据赋能公共治理的过程要力避过于依赖技术而忽视人的主体价值的倾向。技术治理的视角下，社会和人的向度可能被过度简化，信息量被逐步压缩至一个数字，成为定量标尺上的一点[③]。数据的利维坦可能会导致技术权威和技术独裁，助长形式主义，陷入数据搜集、统计的烦琐怪圈，造成行政责任模糊和问责困难[④]。

① 郑磊:《数字治理的效度、温度和尺度》,《治理研究》2021 年第 2 期。

② 徐雅倩、王刚:《数据治理研究：进程与争鸣》,《电子政务》2018 年第 8 期。

③ 罗琳:《信息技术的负效应及其消解对策研究》,《科学技术哲学研究》2020 年第 4 期。

④ 薛金刚、庞明礼:《“互联网 +”时代的大数据治理与官僚制治理：取代、竞争还是融合？——基于嵌入性的分析框架》,《电子政务》2020 年第 4 期。

3. 大数据赋能公共治理的尺度如何

大数据赋能公共治理的过程中，可能产生数据过度搜集与挖掘、过度解读与主观偏差、过度信仰与依赖以及过度弥散与渗透等问题[①]。大数据治理并非完美的治理模式，其不当使用也可能衍生治理低效甚至社会风险[②]。例如，作为一种技术性侦查和创新性管理工具，公共视频监控在给民众安全感的同时，也可能使公民隐私在监控社会中无所遁形，公民正在被分成等级，失去个性和自由，公民的私人领域被进一步压缩[③]。大数据赋能下的公共治理，不仅要一切为了群众，还要一切依靠群众。当前，政府往往以购买服务的方式与大数据领域的大型企业进行合作，由于缺乏公众参与机制，企业提供公共产品和服务只对政府负责，而不是对公众负责[④]。作为终端用户的公民并没有作为重要的主体纳入系统，未建立起用户深度参与、开放、互动的生态系统[⑤]。因此，厘清大数据赋能公共治理公私部门之间的分工和边界也成为亟须研究和解决的问题。

（三）大数据赋能公共治理需要破除的障碍

要让大数据更好地赋能公共治理，有 3 个方面的障碍需要破除。这一问题可以从“瞄不准”“做不到”“改不了”3 个方面来解释，即信息失真、执行偏差和修正困难。如果把大数据赋能公共治理比作张弓射箭的话，“瞄不准”就是瞄准环节出了问题，“做不到”就是射箭环节出了问题，“改不了”就是事后的

---

① 金华：《国家治理中的过度数据化：风险与因应之道》，《中共天津市委党校学报》2021 年第 1 期。

② 薛金刚、庞明礼：《“互联网 +”时代的大数据治理与官僚制治理：取代、竞争还是融合？——基于嵌入性的分析框架》，《电子政务》2020 年第 4 期。

③ 李延舜：《公共视频监控中的公民隐私权保护研究》，《法律科学》2019 年第 3 期。

④ 王亚玲：《公众参与：智慧城市向智慧社会的跃迁路径》，《领导科学》2019 年第 2 期。

⑤ 钟伟军：《公民即用户：政府数字化转型的逻辑、路径与反思》，《中国行政管理》2019 年第 10 期。

反思和调整环节出了问题。

1. 大数据为何“瞄不准”？——信息失真问题

首先是治理复杂性导致的信息失真。中国的物理空间和人口规模之大，近代以来由“简约治理”转变为“全能国家”的治理思路，以及单一制的治理形式，共同导致了极高的治理复杂性[①]。大数据的作用就是利用技术对社会的复杂性加以简化，以避免行政体系陷入信息爆炸中无法自拔。而这种简化带来了清晰化与模糊性的矛盾、普遍化与情境性的矛盾、静态化与动态性的矛盾、非人格化与人的自主性的矛盾、去政治化与政治博弈的矛盾等多重困境[②]。大数据试图把地方化的社会生活简化为一系列可供运算的事物的排列组合，所要求的精确性与基层治理的综合性、复杂性和模糊性不相匹配[③]，数据并不能简化中国复杂的基层社会[④]。例如，在精准扶贫中需要对农民的收入进行认定并通过信息系统层层上报，但是农民没有工资条，没有精确客观的收入计量方式，谁穷谁富完全是一种地方性知识，并没有一个客观的、公认的社会标准[⑤]。俗话说“家家有本难念的经”，除极少数的赤贫户之外，贫困户大多是各有各的困难，很难量化排名[⑥]。

其次是行政体制导致的信息失真。电子政务和数字治理强调整体主义，强

① 周雪光：《中国国家治理的制度逻辑》，生活·读书·新知三联书店，2017。

② 李宜钊、徐艳晴：《精准扶贫中信息失准的发生机理——基于问题的复杂性与技术治理效用边界的解读》，《中国行政管理》2019年第11期。

③ 袁明宝：《扶贫吸纳治理：精准扶贫政策执行中的悬浮与基层治理困境》，《南京农业大学学报（社会科学版）》2018年第3期。

④ 张现洪：《技术治理与治理技术的悖论与迷思》，《浙江学刊》2019年第1期。

⑤ 王雨磊：《精准扶贫何以“瞄不准”？——扶贫政策落地的三重对焦》，《国家行政学院学报》2017年第1期。

⑥ 左停、杨雨鑫、钟玲：《精准扶贫：技术靶向、理论解析和现实挑战》，《贵州社会科学》2015年第8期。

调对碎片化和分散化的政府部门的重新整合[①]。条块分割的行政体制导致相关部门往往基于自身部门利益和政绩各自为政，而非站在整体性政府的视角来规划和推进电子政务项目或工程[②]。中国电子政务经过20多年的发展，建设分散化、应用条块化、信息割裂化、服务碎片化的现象仍然较为突出，互联互通难、信息共享难、业务协同难的问题仍然存在[③]。

2. 大数据为何“做不到”？——执行偏差问题

首先是控制的强化和参与的缺失导致治理的悬浮。信息技术的运用使上级政府进一步加强了对基层政府（包括居委会、村委会等基层自治组织）开展全方位控制的能力。而基层忙于应对上级的控制，失去了服务基层群众的主体性、主动权和能力，使治理悬浮于基层之上。在目标责任制的考核压力下，地方政府或基层组织不得不将注意力转移到量化指标本身的完成，而忘记了量化指标的完成只是手段，把政策的实质性目标抛在脑后[④]；或者仅仅选择性地执行那些容易量化的指标，而忽视那些不容易量化的指标[⑤]。

其次是系统性与灵活性的矛盾导致敏捷治理的能力缺失。既要维持中央政府的政策一统性，又要兼容庞大的治理规模带来的客观环境差异，执行灵活性是非常重要的[⑥]。大数据加持下的政府可能会成为一部越来越庞大、越来越精密的机器，也越来越僵硬、越来越迟钝，越来越失去敏捷治理的能力。伴随大数

① 竺乾威:《从新公共管理到整体性治理》,《中国行政管理》2008年第10期。

② 应小丽、钱凌燕:《“项目进村”中的技术治理逻辑及困境分析》,《行政论坛》2015年第3期。

③ 杨道玲:《我国电子政务发展现状与“十三五”展望》,《电子政务》2017年第3期。

④ 邓万春、王鹤:《表达与实践：技术治理下的一致与背离——农家书屋工程建设的逻辑》,《江汉学术》2017年第4期。

⑤ Li, O’Brien: Selective Policy Implementation in Rural China, Comparative Politics, 1999.

⑥ 周雪光:《从“黄宗羲定律”到帝国的逻辑：中国国家治理逻辑的历史线索》,《开放时代》2014年第4期。

据系统而来的各种机械呆板的技术程序，对嵌入性的乡土化治理规则的压迫和排斥，导致非正式的、灵活的、乡土化的村庄社会规则难以发挥作用。基层干部的主观能动性被忽视，自由裁量权和行动自由受到限制，难以因地制宜地开展工作，因此大数据系统受到一些基层干部的抵触和质疑[①]。

3. 大数据为何"改不了"？——修正困难问题

对于大数据为何"改不了"的问题，本质上是由于技术迭代容易而制度变革难，一些政府部门便舍难求易，将技术带来的变革局限在行政体制内。近年来，注重单一工具理性的项目制已成为体制内外日益盛行的一种问题解决机制。而这一做法"只触及了行政体制中的工具方面，并未从根本上改变行政权力运行的布局和机制"[②]。尽管与大数据相适应的组织架构变革和行政流程再造有所推进，但这些并没有改变权力的结构、边界及其运行机制，相反还巩固和强化了既有的权力体系，体制的总体优化变得更为困难[③]。例如，为了解决数据互联互通难、共享整合难的问题，从中央到地方的各级政府上马了大量政务信息系统整合共享工程，然而这一工作仍然以层层下派任务和按部门职责分工的模式推动，这种将新技术嵌套在老体制内的做法，可能会让原有体制的不合理性更加凸显。各地争相成立的"大数据局""大数据委"，不过是对现有机构的重新排列组合，可能让原本就叠床架屋的政府体系又平添一级机构并产生梗阻效应[④]。

---

① 王雨磊：《农村精准扶贫中的技术动员》，《中国行政管理》2017年第2期。

② 渠敬东、周飞舟、应星：《从总体支配到技术治理——基于中国30年改革经验的社会学分析》，《中国社会科学》2009年第6期。

③ 黄晓春、嵇欣：《技术治理的极限及其超越》，《社会科学》2016年第11期。

④ 马亮：《大数据治理：地方政府准备好了吗？》，《电子政务》2017年第1期。

三、大数据赋能公共治理的限度

大数据赋能公共治理的前景值得期待，但大数据只是“赋能”而并非“万能”。人类社会的一切事物是否都能被数据测量，都能被算法预测？数据是否等同于事实本身？数据是否能做到完全准确、全面和及时？算得更快更多，就等同于算得更准确吗？拥有了数据，是否就等同于无所不知、无可辩驳、无所不能？如果以上问题的答案是否定的，那就意味着大数据虽然发展迅猛，具有推动转型和变革的巨大能量，但它并不是无所不能的，仍存在很多有待解决的问题①。自然科学本身还存在不可计算的局限性，更为复杂的人类社会、人类意识和精神就更加难以被计算，公共事务的复杂性也难以被数据完全、精准地量化。个体数字化轨迹难以全面覆盖个体线下行为的随意性和多变性，数字世界的网络结构也难以完整反映线下社会关系的分散性和多重性②。数据可以记录和监测，却并未真正成功地表达它们所描述的真实的社会活动③。

信息技术只是赋能者，而不是决定者。赋能即“使之成为可能”，而不是“必然能”“一定能”。信息技术的运用方式和效果受到制度与组织因素的制约，技术逻辑不必然带来制度和组织的变化。也就是使之成为可能，而不是“一定能”④。大数据赋能公共治理的未来路径，不应片面追求数字化、自动化、智能化的建设目标，不应停留于功能层面的精准治理、整体治理、智能治理，而应进一步探索信息技术推动下的治理变革与既有制度融合创新的多重可能

---

① 郑磊：《数字治理的效度、温度和尺度》，《治理研究》2021年第2期。

② 贾开：《数字治理的反思与改革研究：三重分离、计算性争论与治理融合创新》，《电子政务》2020年第5期。

③ 王翔：《我国电子政务的内卷化：内涵、成因及其超越》，《电子政务》2020年第6期。

④ 郑磊：《数字治理的效度、温度和尺度》，《治理研究》2021年第2期。

性[①]。公共治理的本质并非纯粹的技术事务，而是一个政治过程，必须体现出公共性、开放性、多元性、回应性、程序正义性等一系列规范价值，要回归“治理”的本源，强化多元主体的协商与合作，从“事本”逻辑转向“人本”逻辑，更重要的是从“投入引领”转向“改革引领”，只有刀刃向内、自我革命，主动开展制度变革，才是让大数据更好地赋能公共治理的必由之路。大数据赋能下的公共治理，应始终以人的感受为出发点和落脚点，做到有所为而有所不为，把握好效度、温度和尺度，让人民群众真正得到获得感、幸福感和安全感。

① 贾开:《数字治理的反思与改革研究：三重分离、计算性争论与治理融合创新》,《电子政务》2020年第5期。

专题六

大数据赋能公共治理的关键问题与障碍*

一、数据共享方面的问题与障碍

（一）数据共享的定义与内涵

数据共享，指为实现数据内外部价值而进行数据共享和交换的一系列活动，包括数据内部共享（企业内部跨组织、部门的数据交换）、外部流通（企业之间的数据交换）、对外开放。政府数据共享是数据利用的一种重要方式，也是将数据价值充分转换为经济价值和社会价值的一个重要途径。《中华人民共和国国民经济和社会发展第十四个五年规划和2035年远景目标纲要》明确指出，加强公共数据开放共享，建立健全国家公共数据资源体系，确保公共数据安全，推进数据跨部门、跨层级、跨地区汇聚融合和深度利用；同时强调健全数据资源目录和责任清单制度，提升国家数据共享交换平台功能，深化国家人口、法人、

* 本专题作者为清华大学张楠、吴海铭、唐思思、魏莹。

空间地理等基础信息资源共享利用。

《贵阳市政府数据共享开放条例》将政府数据共享定义为行政机关因履行职责需要使用其他行政机关的政府数据或者为其他行政机关提供政府数据的行为。尽管学界并未对政府数据共享的概念、范围和边界达成一致，但就政府数据共享实践来看，主要包括政府部门内部数据共享和政府部门之间数据共享两个维度。政府部门内部数据共享是指同一部门内不同组成部分之间的数据流通和使用；政府部门之间数据共享则是指两个或多个政府部门之间的数据互联共享①。

数据共享的政策目标在执行中困难重重，政府部门间的信息隔离与信息壁垒等限制，影响了非发起单位及非政府组织对数据的获取与利用，限制了政府效能的发挥，再加上协调信息保护机制的缺失、跨部门沟通不畅等原因，各职能部门虽然建立了自己的业务数据，但数据建立方式各不相同，信息间难以互联互通，因此难以通过数据关联释放数据活力、呈现有价值的信息，导致我们拥有大量的数据，却拥有较少的信息②。缺乏数据共享与信息交流的电子政务项目，尤其是跨部门合作的项目，其效果往往不尽如人意。只有部门间相互连通，在网络层面形成横向一体化，才能实现电子政务的规模效应③。

（二）数据共享面临的主要问题

实现数据共享是为了提供更高效的公共服务，而跨部门协作则是推动数据共享的有力路径。孟庆国④教授指出，当前整合数据共享主要面临以下问题：共享资源无基础，利益责任难划分，政策约束难执行，共享内容不明确，共享

---

① 李重照、黄璜：《中国地方政府数据共享的影响因素研究》，《中国行政管理》2019 年第 8 期。

② 徐晓林、明承瀚、陈涛：《数字政府环境下政务服务数据共享研究》，《行政论坛》2018 年第 1 期。

③ Leenes R.: Local E-Government in the Netherlands: from Ambitious Policy Goals to Harsh Reality, Social Science Electronic Publishing, 2005.

④ 孟庆国：《基于三权分置的政务数据交换共享与实现机制》，《软件和集成电路》2018 年第 8 期。

标准不统一，安全保障不完善。

具体而言，国内学者主要从数据共享的技术水平、协作机制、主体协作意识、协作制度规范等层面进行分析。何振[①]从信息、权利、利益3个要素的变化和作用的角度分析了政府信息资源建设、政府信息网络建设、政府信息资源共享体制建设等方面的技术障碍。毕强和董海欣[②]指出地区经济水平、政府管理水平和信息资源复杂现状都在影响着信息共享的实施，加之某些政府部门信息资源共享意识不强，制约了政务信息资源共享。李宇[③]提出，缺乏整体规划和长远计划、缺乏统一的技术标准和业务标准、体制标准和部门利益分割是电子政务系统建设过程中的主要制约因素。黄萃[④]认为跨部门协作是影响数据共享的重要因素，应该从管理层面研究，如部门利益、交换成本、数据管理，传统政治激励制度等。“各自为政”的部门或者地区存在明显的“数据私有”现象，尚未形成“大数据”管理思维，仍然持有“权本位”观念[⑤]。

20世纪90年代，国外关于政府信息共享的研究开始形成共识，认为影响政府部门间信息资源共享的因素主要是在技术和组织变革层面。Davenport T.H. 指出，由于信息技术的硬件水平无法达到协作的要求，同时传统的行政边界无法适应由单一部门到跨部门协作导致的组织结构的变化，协作的部门成员存在“路径依赖”，没有及时应对组织变革的能力和意愿[⑥]。Chua等在分析跨部门协作的影响因素时引入了社会学的理论，指出社会过程是影响跨部门协作信息共享

① 何振：《网络环境下政府信息资源共享机制研究》，《档案学通讯》2007年第3期。

② 毕强、董海欣：《政府信息资源共享模式研究》，《情报科学》2008年第11期。

③ 李宇：《电子政务信息整合与共享的制约因素及对策研究》，《中国行政管理》2009年第4期。

④ 黄萃：《电子政务信息资源共享障碍的管理协调模式研究》，《档案与建设》2006年第6期。

⑤ 陈兰杰、王丽英、付鸿彦等：《论电子政务信息共享的障碍及对策》，《经济论坛》2006年第20期。

⑥ Davenport T. H.: Process Innovation: Reengineering Work Through Information Technology, Harvard Business School Press, 1993.

的重要因素，具体包含社会过程中的决策、协作以及冲突解决[①]。Fedorowicz J.等的研究指出，数据控制者、数据主体、数据提供者和次级利益相关者都是政府数据共享的利益相关者群体，并认为通过解决每类群体的关注点可以减少政府数据共享的障碍[②]。Dawes S.S.通过与政府合作研究，将影响跨部门协作的因素归为4类：抵制变革的因素、组织多样和目标多元、环境与体制复杂、信息技术支持[③]。

（三）数据共享实践的主要障碍

1.数据需求不明确

政府数据信息整合和共享受阻，在多数情况下是因为政府部门对于支撑起履行职能与进行业务办理的其他部门的数据资源的需求梳理不明确。

例如，北方某市社保部门为验证辖区内参保对象的参保条件，需要核实参保对象的部分居民家庭生活信息，遂向该市民政部门发起相关信息的共享申请，然而申请中并没有明确提及自己所需要的具体、明确的数据范围与内容。社保部门得到民政部门初步共享许可后，便要求民政部门提供与考察参保对象的业务需求本身相关性不大的大量其他居民家庭信息，并要求实时接入或直接访问民政部门的数据库。结果，民政部门以其他部门接入民政数据库会导致泄露居民个人隐私、威胁数据库运营安全等理由，拒绝进行数据共享。

这类问题产生的根源是，在政府部门运行和履职过程中，对自身的部门职能定位不清晰，具体业务需求不明确。在政府数据整合共享的问题上，这种笼

---

① Chua，Alton：The Influence of Social Interaction on Knowledge Creation，Journal of Intellectual Capital，2002.

② Fedorowicz J.，Gogan J.L.，Culnan M.J.：Barriers to Interorganizational Information Sharing in E-Government：A Stakeholder Analysis，Information Society，2010.

③ Dawes S.S.：Government and Technology：User，not Regulator，Journal of Public Administration Research & Theory，2002.

统粗糙的数据需求大大超过业务需求和履职需求的范围，这种数据共享的请求既不现实，也不可行。

2. 数据内容标准不一致

我国政府各部门的数据在内容读取方式、存储方式上差异明显，各部门在多数情况下存储目录和编码体系无法兼容，彼此之间的数据很难打通。即使能够实现数据的转换与共享交换，其使用效率与便捷程度也会大打折扣。

例如，某地农业部门需要统计农业用地使用等方面的数据以完成农业发展方面的评估，遂向当地国土规划部门发起有关数据的共享申请，当地国土规划部门也随即提供了自建数据库中的相关农业、农地数据。然而，因为国土规划部门与农业部门的部门职能、具体业务以及所使用的信息系统有较大差异，导致农业部门需要花费大量的人力、物力与时间对数据进行重新整理；有些数据又过于专业化，一些具体标注和符号都是国土规划部门特有的“密码”，农业部门无法直接“翻译”和使用。

长期以来，由于我国各区域、各部门信息化发展的时间先后不同，我国信息化与电子政务发展也缺乏相对具体的顶层设计规划，各部门、各地方的信息化建设会采取不同的方式、方法与技术标准，因此各部门的数据与信息资源管理系统的数据结构、标准也不甚一致。

3. 数据共享渠道不通畅

现阶段，电子政务的业务系统都是从中央到地方的“纵向通道”，数据采集录入之后，都直接接入部委系统统一建立的数据库，基层部门是无法留存数据的，因此缺乏在基层的横向之间可信的共享机制，条块分割的现象大量存在。

例如，南方某基层社区在为居民办理某些业务时，需要公安、民政、工商、税务、人社等多部门提供相关数据进行协同。但是，由于社区基层办事机构人员分属不同业务部门，业务数据都是“纵向通道”，在基层没有留存，又不允许与其他基层部门进行信息共享，导致社区居民需要到具体主管部门单独获取证明材料，跑腿多次才能办齐相关证明材料。

产生这种现象的根源与我国信息化发展不平衡密切相关。对中央部门而言，缺乏规范统一的顶层设计、部际数据共享框架，以及对信息共享过程中提供方、使用方的权、责、利的具体规定；对基层部门而言，过于机械地依赖和执行从中央到地方的垂直化信息系统和管理体系，没有积极主动探索与地方实际情况相结合的解决办法。

4. 信息数据化程度不充分

在供给领域，各级政府部门文件资源数据化的程度存在很大差异，文件资源数据化的转换速度、合标程度、数据质量和价值参差不齐，根本无法共享。

例如，某经信部门和某教育部门都有参阅对方信息的需求，遂双方共同发起数据信息共享申请。在经信部门调取教育部门数据时，发现共享数据中图片扫描、手写、涂改等现象普遍，令经信部门怀疑数据的真实性。与此同时，教育部门很难适应经信部门整体电子化的数据图表（没有签批笔迹）。造成双方数据共享出现问题的原因竟然是经信部门领导喜欢用标准化、电子化的要求来标示政府文件，教育部门领导喜欢在手写材料基础上阅读和批示。这一习惯差异导致政府文件资源数据化程度差异，进而引发两地基于数据精确性问题的信任危机。

此外，各地领导对于数据形态的理解、对数据模式的偏好都会形成该地区数据表现的路径依赖，最终导致政府文件资源数据化程度的不充分。

5. 整合共享长效机制不健全

当前，政府信息资源数据跨部门整合共享的数据现状呈现零散性、短时性等特点。

例如，为推进智慧城市建设，某市主要领导只邀请了相关核心业务部门的领导来商讨成立政务数据共享一体化平台，推行系统化实时共享审批一体化工程。在建设初期，由于当地主要领导的亲力督促，平台项目迅速“上马”。随着信息化建设逐渐从核心推向全面，再加上主要领导的调离，加入平台的新部门逐渐在数据准入条件上建设了新的门槛和栅栏，一体化平台名存实亡。

造成这一事件的主要原因是以人的关系为建设政务数据共享一体化平台的核心导向。在顶层设计上，一些地区盲目大力推进建设、运动建设、重复建设，违背了政务共享建设应循序渐进的客观规律。在具体操作上，主要领导的意志是推动建设的重要动力，缺乏核心部门的牵头统筹。

（四）克服数据共享障碍的主要对策

基于对以上影响因素的探讨，国内不少学者从完善机制体制、优化数据技术两个方面为推进数据资源共享提出了可行路径。

在完善政府内部协同机制体制方面，孙迎春[①]提出建立政府智库和外部专家相结合的创新性决策生成机制，保证跨部门合作研究成果能够尽快转化为政策并予以有效推行。同时设定永久性的协调机制、协商性或协调性委员会、专门工作组，畅通部委与机构之间信息流通的渠道。黄萃[②]建议综合应用行政协调模式，建立标准转换体系，信息资源利益补偿模式和新型政府官员绩效考核制度的协调管理方式保障共享顺利进行。邓念国[③]指出在绩效考核中，应尽快将“数据共享”纳入考核指标，并制定问责措施，充分调动地方或部门推进大数据共享的积极性。范静和张朋柱[④]发现法律、政策环境因素，组织间信任因

① 孙迎春：《国外政府跨部门合作机制的探索与研究》，《中国行政管理》2010年第7期。

② 黄萃：《政府数字信息共享的管理障碍与协调模式》，《浙江档案》2007年第7期。

③ 邓念国：《体制障碍抑或激励缺失：公共服务大数据共享的阻滞因素及其消解》，《理论与改革》2017年第4期。

④ 范静、张朋柱：《基于电子政务环境下的组织间信息共享成功因素模型研究》，《情报科学》2007第10期。

素，组织领导支持因素以及流程的可追踪性4个因素对政府部门间信息共享成功有显著作用。

在提高数据质量、优化平台服务方面，胡玉桃[①]提出要推进关键共性标准的制定和推行，建立开放数据技术规范、管理规范、开放评价指标、数据脱敏等方面的标准体系，以助力数据有序互联互通。侯艳筠[②]认为可以通过新建整合数据、应用和内容资源，促进协同办公与政务流程再造，使政府的信息资源公共化。山红梅[③]建议建立一体化、整合式大数据交换共享平台，对分散零乱的信息平台进行整合，形成一个统一的可以互联互通的电子政务平台和信息网络，数据交叉采集，指标口径一致，所有数据通过平台实现共享。

二、数据开放方面的问题与障碍

（一）数据开放的定义与内涵

数据开放是指按照统一的管理策略对组织内部的数据进行有选择的对外开放，同时按照相关的管理策略引入外部数据供组织内部应用，落脚于实现公共资源的增值利用，为社会提供更加优质的公共服务，最终推进国家治理体系和治理能力现代化。我国信息数据资源80%以上掌握在各级政府部门手里。除涉及国家安全、商业秘密、个人隐私以外的数据都应向社会开放。《中华人民共和国国民经济和社会发展第十四个五年规划和2035年远景目标纲要》明确要求，扩大基础公共信息数据安全有序开放，探索将公共数据服务纳入公共服务体系，

① 胡玉桃：《政务数据开放共享的推进路径》，《理论与当代》2021年第3期。

② 侯艳筠：《电子政务信息资源整合的概念与内容》，《档案记忆》2006年第6期。

③ 山红梅：《突破电子政务信息资源共享瓶颈的对策研究》，《西安邮电学院学报》2007年第6期。

构建统一的国家公共数据开放平台和开发利用端口，优先推动企业登记、监管、卫生、交通、气象等高价值数据集向社会开放。开展政府数据授权运营试点，鼓励第三方深化对公共数据的挖掘利用。但受制于数据质量不高、数量有限、标准不一、时效性差等因素，我国数据开放存在数据利用价值低、利用群体感知不强、数据应用社会参与度低等问题[①]，严重制约了数据资源的挖掘、数据价值的释放和治理能力的提升。

（二）数据开放面临的主要问题

海量、多样、多变的大数据给政府数据处理能力带来了巨大的考验，充分发挥市场、政府、企业、个人等多元主体的协同作用，将助推释放政府数据开放效能[②]，国内外学者对此开展了深入的研究。

具体来说，国内学者从数据质量、制度机制、利益主体等方面进行了探讨。孟显印和杨超[③]从平台数据的开发利用视角，对全国43个开放政府数据平台进行了评估分析，其中上海、广东、武汉、山东、北京名列前茅，同时他们发现存在应用数量少且质量有待提高、应用更新维护不及时、应用开发主体积极性不高、应用浏览和下载情况较差等问题。周林兴和崔云萍[④]聚焦智慧城市建设，发现政府数据开放共享存在国家立法缺位、责任意识略显模糊等问题。王翔和郑磊[⑤]也发现法律法规不健全是阻碍数据开放利用的主要原因之一，而且各部门、各条线的法律法规和政策还存在相互矛盾的内容，制约着数据治理的开展。

---

① 门理想、王丛虎、门钰璐：《公共价值视角下的政府数据开放——文献述评与研究展望》，《情报杂志》2021年第8期。

② 管志利：《政府数据开放重在协同治理》，《学习时报》2021年第3期。

③ 孟显印、杨超：《我国开放政府数据应用开发的现状与问题——基于开放政府数据平台的分析》，《情报杂志》2020年第3期。

④ 周林兴、崔云萍：《智慧城市视域下政府数据开放共享机制研究》，《现代情报》2021年第8期。

⑤ 王翔、郑磊：《面向数据开放的地方政府数据治理：问题与路径》，《电子政务》2019年第2期。

韩啸和陈亮[①]则基于价值共同破坏视角和利益相关者理论研究发现，数据治理权小、企业投入资源少会在价值创造中引发资源短缺现象，政府避责行为、企业机会主义行为和公众无法反馈有效信息则是引发政府数据开放价值创造失败的主要行为，它们共同导致政府数据开放价值创造的失败。胡业飞和刘梦露[②]认为对政府数据开放平台的治理应在回应权责关系结构不完整、缔约双方的风险配置不恰当、公共数据资源产品质量标准缺位的基础上实现对平台与用户契约关系的重新设计。

在政府数据开放的影响因素研究中，越来越多的国外学者从主体切入，探究相关参与主体为释放数据价值而搭建的合作生产网络或生态系统。McBride K. 等学者通过对芝加哥食品安全检查案例的研究发现，利益相关者、创新领导者、开放平台及外部资助等因素影响着开放政府数据驱动的公共服务质量[③]。Albano C.S. 等通过对巴西开放政府数据的用户和政府机构的调查，识别出政府开放数据中不同主体的利益、动机和障碍，发现技术因素（信息质量）、法律政策和社会参与意愿是政府数据开放的抑制因素[④]。Harrison T.M. 等认为该系统置身于政策法规、经济水平等相关环境中，主要行动者为政府、创新者及使用者 3 类主体，政府应该在与其他主体的互动中实现公共价值[⑤]。Dawes S.S. 等基于社会技

① 韩啸、陈亮：《政府数据开放价值创造缘何失败？——基于价值共同破坏视角的新解释》，《公共管理评论》2021 年第 3 期。

② 胡业飞、刘梦露：《创新激励目标下的契约设计：基于用户协议的政府数据开放平台治理研究》，《电子政务》2021 年第 10 期。

③ McBride K., Aavik G., Toots M., et al.: How Does Open Government Data Driven Co-Creation Occur? Six Factors and a "Perfect Storm"; Insights from Chicago's Food Inspection Forecasting Model, Government Information Quarterly, 2018.

④ Albano C.S., Reinhard N.: Open Government Data: Facilitating and Motivating Factors for Coping with Potential Barriers in the Brazilian Context, 2014.

⑤ Harrison T.M., Pardo T.A., Meghan C.: Creating Open Government Ecosystems: A Research and Development Agenda, Future Internet, 2012.

术系统理论发展出一套用于规划及设计开放数据项目的生态系统框架，该框架涉及政策和策略、数据发布和使用、反馈和交流、利益产生以及利益相关者之间的倡导和互动[①]。Yang T.M. 等则探讨了在中国台湾地区实施开放政府数据举措的复杂性，研究发现，法律政策是政府开放数据的最大影响因素，其次是组织与环境因素，技术问题也存在但相对容易解决[②]。

这些围绕数据开放的学术研究和探讨，在实践领域也有相应的体现。

（三）数据开放实践面临的主要障碍

近年来，我国各级政府机构越来越重视政府信息资源的开发和再利用，并制定和出台了一系列相关法律、法规和政策。然而，与美国、欧盟等发达国家和地区相比，我国政府在信息资源再利用方面还存在认识不够、基础薄弱、利用效益低、法律规范缺失、市场化运作经验不足等一系列问题，具体体现在以下几个方面。

1. 数据资源开放程度不高

受数据安全、数据标准、数据应用范围等因素的影响，我国政府数据开放尚处于审慎探索阶段，跨行业、跨部门、跨组织的数据开放程度还不够高，政府、企业等数据持有主体不愿、不敢也不易进行数据开放共享，这也在一定程度上影响了数据资源挖掘潜力与社会化利用水平的提升，不利于社会公共服务的效率提升和成本降低。

2. 数据开放的法律政策体系尚不完善

某市在考虑是否以地方立法的形式推动政府数据开放时，政府办领导表示：

① Dawes S.S., Vidiasova L., Parkhimovich O.: Planning and Designing Open Government Data Programs: An Ecosystem Approach, Government Information Quarterly, 2016.

② Yang T.M., Wu Y.J.: Examining the Socio-Technical Determinants Influencing Government Agencies' Open Data Publication: A Study in Taiwan, Government Information Quarterly, 2016.

"工作还没怎么做先要立法，领导会比较反感。涉及跟人大协调，要列入立法计划，还是往后放一放比较好。"不仅如此，各部门、各条线的法律法规和政策还有不少阻碍数据共享和开放的内容。例如，某市地税局领导表示："《中华人民共和国税收征收管理法》是我们地税部门工作的主要依据，有一条说税务部门有义务对纳税人的情况保密，后面又有一条说，税务部门应积极加强信息共享，这本身就是矛盾的。要对外开放更是很难。"[①]

虽然近年来我国在数据开放的政策法规体系建设上取得了一定成就，但是在数据开放深度、数据利用程度、法律体系建设上，还与发达国家和地区存在一定差距，尤其是一些与民生紧密相关、社会迫切需要、行业增值潜力显著的高价值公共数据，由于没有明确上位法规指导，开放和应用处于瓶颈期。

3. 数据应用开发支撑体系尚未完善

D 市的政府数据开放价值创造项目"省时宝"是一款利用城市公共交通数据开发的出行线路规划软件。为缓解城市拥堵问题、方便市民出行、提高交通线路效率，由 D 市大数据管理局牵头，市交通局、公交公司、地铁公司等部门参与，开放拥有的公共数据供企业开发应用产品。负责技术开发的 A 企业表示："以前政府招商引资都会有一些优惠政策，会跟企业谈一谈合作条件，譬如减免税收、土地租金等。现在通过政府数据开放价值创造的方式合作，我们在没有获得任何资金补贴、税收优惠的前提下需要自己先投入资源进行应用开发，成本与风险完全由我们承担。而且我们提出的开发数据需求，政府都无法满足，这让开发周期拖得很长，项目质量受到很大影响，这也是用户使用率一直不高的原因，所以我们也不敢投入资源进行市场推广。"最终由于使用率低，2020

① 王翔、郑磊：《面向数据开放的地方政府数据治理：问题与路径》，《电子政务》2019 年第 2 期。

年 1 月该应用程序正式下线[①]。

地方政府数据不应为了开放而开放，而要以构建和培育健康活跃的数据生态体系和推动数据增值开发为目标。在此过程中，数据提供方要加强同数据利用者的合作，共同推动数据的融合利用。但是由于缺乏相应的支撑体系，数据利用方往往面临着前期投入风险大、项目质量无法保证等问题，影响了其参与的积极性和社会的数据开发创新氛围。

（四）消除数据开放障碍的主要对策

如何消除上述政府信息资源增值利用障碍、寻求新的增值利用方式、平衡各方利益、拓宽增值利用渠道，是我国公共部门及学术界需要探讨和进一步思考的问题[②]。已有不少学者从政策层面、管理保障层面和数据层面提出了不同的开放建议。

政策层面，上官莉娜和潘晨[③]发现顶层设计与基本准备、数据利用和便民互动是影响政府数据开放绩效的关键因素，建议为数据开放提供强大的组织和政策法规等保障，高位推动数据开放相关政策的执行，赋予数据开放政策一定的政治势能。

管理保障层面，沈亚平和许博雅[④]发现中国前期信息化建设和政府信息公开制度存有问题与不足，提倡从制度框架入手改革政府数据管理体制，建立以政府首席信息官制度为核心的具有综合协调能力的管理机构。郝文强[⑤]将 11 名

---

① 韩啸、陈亮：《政府数据开放价值创造缘何失败？——基于价值共同破坏视角的新解释》，《公共管理评论》2021 年第 3 期。

② 洪伟达：《我国公共部门信息资源增值利用的利益分配机制研究》，《情报资料工作》2013 年第 4 期。

③ 上官莉娜、潘晨：《制度逻辑视角下省级政府数据开放绩效的影响因素及生成机制——基于 20 省的模糊集定性比较分析》，《情报杂志》2021 年第 12 期。

④ 沈亚平、许博雅：《“大数据”时代政府数据开放制度建设路径研究》，《四川大学学报（哲学社会科学版）》2014 年第 5 期。

⑤ 郝文强：《政府数据开放中的利益相关者：界定、分类及管理策略》，《现代情报》2021 年第 7 期。

政府数据开放的利益相关者分为领导型、受益型、支持型、边缘型4类，进而提出了政府数据开放利益相关者的管理策略：进行分类管理，树立服务理念，预测利益需求，建立交流机制，进行自愿协商，融入“边缘型利益相关者”，以符合利益相关者利益的方式开放数据。

数据层面，翟军等[①]通过对比英国数据开放制度后提出，对我国而言，应在将元数据标准看作重要的数据基础设施、重视引进和鼓励使用开放标准、持续提升元数据管理的成熟度水平上借鉴先进经验。Kukimoto N.[②]聚焦视觉媒体，开发了政府开放数据的交互式显示系统，可实现不同类型数据的视觉呈现，且允许多个用户同时操作，具有可扩展功能。

综上所述，我国相关部门只有以构建良性合作生态网络为主导，从法律政策、管理监督、数据供给等方面，创新商业模式和体制机制，保障多元主体利益，才能充分释放“数据红利”，激发市场空间和社会活力，推动国家治理体系和治理能力现代化。

三、数字鸿沟与数字排斥方面的问题与障碍

（一）数字鸿沟的定义内涵与数字排斥的演化

数字化正深刻地改变着人类的生产生活方式。伴随着数字应用技术的普及，使用障碍、隐私安全、社会排斥、正义缺失、技术过度使用等问题不断出现，社会公众对技术治理的政治性和正义性产生了新的反思。

---

① 翟军、翟玮、裴心童等：《英国政府数据共享与开放的元数据标准建设及启示》，《情报杂志》2021年第4期。

② Kukimoto N.: Open Government Data Visualization System to Facilitate Evidence-Based Debate Using a Large-Scale Interactive Display. IEEE International Conference on Advanced Information Networking & Applications, IEEE, 2014.

美国国家远程通信和信息管理局（NTIA）于1999年在名为《在网络中落伍：定义数字鸿沟》的报告中指出，数字鸿沟是在那些拥有信息时代的工具的人以及那些未曾拥有者之间存在的鸿沟。2001年经济合作与发展组织发布的《理解数字鸿沟》将数字鸿沟定义为，具有不同社会经济水平的个人、家庭、企业和地区在接入互联网的机会以及利用信息数字技术进行各种活动上的差距。2002年国际电信联盟（ITU）将数字鸿沟解释为，由于贫穷、教育设施中缺乏现代化技术以及由于文盲而形成的贫穷国家与富裕发达国家之间、城乡之间以及代际在获取信息和通信新技术方面的不平等。

综上所述，数字鸿沟的内涵包括3个层面。第一道数字鸿沟是接入机会差异导致的数字鸿沟，通常以个人电脑和互联网普及率作为重要测算指标，聚焦“物理接入”层面，也被称为“接入沟”。第二道数字鸿沟是因为互联网、信息技术使用的差异而产生的数字鸿沟，关注因使用网络带宽、时长及使用方式差异而导致的“使用鸿沟”以及因计算机或上网技能差异导致的“技能鸿沟”。在第一道数字鸿沟概念产生后不久，学者们开始意识到仅仅关注人们能否接入互联网并不足以描述数字化不平等的现状，数字鸿沟的研究有必要“超越可得性”[①]。第一道数字鸿沟讨论的是一个国家的公共政策和基础设施供给，第二道数字鸿沟则讨论的是用户因互联网技术使用模式和技能不同而产生的不平等[②③]。随着信息通信技术应用，互联网使用对个人带来的影响包括学习提升、

① Urmimala S., Karter A. J., Liu J. Y., et al.: Social Disparities in Internet Patient Portal Use in Diabetes: Evidence That the Digital Divide Extends Beyond Access, Journal of the American Medical Informatics Association Jamia, 2011.

② 王美、随晓筱：《新数字鸿沟：信息技术促进教育公平的新挑战》，《现代远程教育研究》2014年第4期。

③ 邱泽奇、张樹沁、刘世定等：《从数字鸿沟到红利差异——互联网资本的视角》，《中国社会科学》2016年第10期。

社会连接、政治参与和信息接触等方面，学者们进一步将因为互联网使用带来的数字红利的差异定义为第三道数字鸿沟，也称其为“知识沟”[①]。

数字鸿沟使不同性别、年龄、语言、收入水平、地区的人群受益存在差异。一部分群体在经济、社会参与等方面更为受益，而另一部分群体则在经济和社会活动中遇到了阻碍，无法享受相应的公共服务亦无法借助信息技术的发展获得相应的红利，甚至连最基本的日常生活亦面临阻碍。

数字排斥是从数字鸿沟演化而来的新问题。数字鸿沟更多地强调客观意义上的技术不可得性及其应用而造成的负面影响，而数字排斥既包括了客观因素造成的排斥，也包括了人们主观因素产生的排斥，是数字信息技术应用覆盖度提升后产生的新问题。例如，人们因为担心隐私问题而主动排斥使用信息技术或因为侵占过多时间而主动排斥使用信息技术等。当前数字治理中常以互联网使用者为样本进行分析并改进治理方式，未来的数字治理不仅要着力解决由客观条件引发的数字鸿沟问题，还必须重视那些因个人选择而排斥技术应用所导致的数字排斥现象。政府在制定政策时不能忽视那些无论是主动还是被动地被边缘化于信息技术发展之外的人群的需求，以免在制定相关政策时做出不全面的推论。

（二）关于数字鸿沟与数字排斥的主要问题

1. 造成数字鸿沟与数字排斥的因素

在现实生活中，种族、性别、年龄、语言等因素都决定着人们对互联网、个人电脑、电话等数字技术的使用水平。那些因为残疾、体弱多病或者其他“排斥性”因素而不能适应信息技术迅速变迁的人，或者那些根本没法获取信息通信技术的人，往往被边缘化，从而形成数字鸿沟。

如果存在数字鸿沟，被边缘化的群体往往无法参与经济和社会活动，陷入

---

① 韦路、张明新:《第三道数字鸿沟：互联网上的知识沟》,《新闻与传播研究》2006 年第 4 期。

孤立，缺乏机会，从而受到社会排斥。同时，因为获取、参与以及分享信息的空间环境受到阻碍，公民参与经济的能力以及获得教育成功的能力均会受到影响，从而陷入被社会排斥的境况[①]。

2. 数字鸿沟、数字排斥对数字治理可能带来的负面影响

促进公众政治参与是数字治理带来的益处之一，然而数字鸿沟使这一论断具有一定争议。当个人在时间、金钱或技能等方面存在不足时，政治参与就会受到抑制，互联网技术的发展降低了公民参与政治活动的障碍，它似乎提供了多种途径来增强政治参与。令人遗憾的是，Norris P. 发现，数字鸿沟的存在使信息技术的使用并没有削弱政治不平等，互联网技术的发展可能成为强者的武器，反而可能加剧这种政治不平等[②]。大数据技术未能如预期的那样推动公共政策制定的变革，反而可能仅仅成为“强者的武器”[③]。中国学者陈福平做了有益的尝试，研究表明以娱乐互动为中介的互联网使用能够促进受教育程度低人群的政治表达并增强互联网使用者进一步获取政治信息的行为，但是社会经济地位较高的人群在网络政治参与中具有优势，使这些群体具有引导公共议题的权力[④]。

（三）数字鸿沟与数字排斥对数字赋能的主要障碍

当前，公共服务和商业服务正向线上模式转型，缺乏数字技能的人群逐渐被边缘化为“数字弱势”群体，老年人和残疾人是我国当前数字治理浪潮中最为突出的两类弱势群体。

---

① 丁开杰：《消除数字鸿沟：社会融合视角》，《当代世界与社会主义》2009 年第 3 期。

② Norris P. Digital Divide: Civic Engagement, Information Poverty, and the Internet Worldwide, Cambridge University Press, 2001.

③ Schlozman K.L., Verba S., Brady H.E.: Weapon of the Strong? Participatory Inequality and the Internet, Perspectives on Politics, 2010.

④ 陈福平：《跨越参与鸿沟：数字不平等下的在线政治参与》，《公共行政评论》2013 年第 4 期。

知识信息的滞后和匮乏会带给老年人诸多不适应和潜在风险[①]。在新冠疫情防控期间，部分老年人遭遇“健康码困境”。2020 年 11 月底，国务院办公厅印发《关于切实解决老年人运用智能技术困难的实施方案》，明确不得将健康码作为人员通行的唯一凭证，对老年人等群体可采取凭有效身份证件登记、持纸质证明通行、出示通信行程卡作为辅助行程证明等替代措施。

此外，老年人更容易成为网络谣言、网络诈骗的受害者。《中国互联网络发展状况统计报告》显示，中国中老年网民突破 8000 万人，中老年人上网状况及风险网络调查报告显示，网络谣言成为中老年网民群体遭遇比例最高的网络风险，其精准利用了中老年人焦虑心理、知识缺陷以及缺乏对新媒介的分析辨别能力，部分中老年网民甚至成为信谣与传谣的主力军。研究发现，中老年人呈现谣言鉴别力低、受教育程度低、主观幸福感低的“三低现象”；相比于城镇中老年人，农村中老年群体更有可能传播谣言。

国内数字治理对残疾人的关注也较少。残疾人由于身体机能缺陷或退化、信息技能水平不高、互联网应用适配不足等原因，在信息化浪潮中，逐渐处于弱势地位，无法像其他人一样享受数字红利。在技术方面，面向残障人士的政府网站信息无障碍建设仍然不足。据全国公共服务网站无障碍建设情况调查，截至 2019 年 3 月，仍有超过一半以上的县（市、区）政府门户网站尚未开展无障碍建设，只有少数省级政务服务门户网站做到了信息无障碍。在各省份的县级以上人民政府门户网站无障碍建设普及率方面，上海、安徽、湖南、北京、江西、四川、广东、浙江、山东和江苏等省份，分别以 100%、83.60%、73.72%、72.31%、61.06%、55.12%、53.55%、43.56%、43.51% 和 30.70% 占据全国前十位。但是，在排名前十位的省级单位中，安徽、湖南、江西、四川、

① 王娟、张劲松:《数字鸿沟：人工智能嵌入社会生活对老年人的影响及其治理》,《湖南社会科学》2021 年第 5 期。

浙江、山东、江苏的全部城市和广东的大部分城市政府门户网站无障碍建设方案都是采用语音阅读方式，网站无障碍服务效能不高，对真正有障碍的人士帮助不大，同时，更无法满足信息无障碍重点服务人群盲人用户的无障碍需求。

综上所述，我国数字治理建设中未充分考虑老年人、残疾人等弱势群体的需求，为弱势群体提供简单、易用的数字政务服务迫在眉睫。

（四）解决数字鸿沟与数字排斥问题的主要对策

学者们从宏观和微观两个层面提出了解决数字鸿沟和数字排斥问题的相关对策。

在宏观层面，一是要加强媒介素养教育。在新加坡，政府发起了银色信息通信倡议，开发了包括学习资料和实际应用在内的综合课程，以将老年人融入数字社区，弥合数字鸿沟。美国纽约市推出了一款视频呼叫系统，可以让听力有困难的人通过使用网络摄像头与市长残疾人办公室精通手语的专家进行交流，帮助他们拥有直接获取城市服务和信息的机会。在人工智能时代，国家要加强媒介素养教育的普及。这个过程不仅要重视公众对新媒介的使用能力，还应给公众介绍人工智能技术背后的运作机制和技术逻辑，以此提高公众对人工智能技术的认知和掌握水平。二是政府应统筹推进落后地区的信息化通信基础设施建设，为公民提供公平的网络基础设施建设，使落后地区的人们有机会接触和使用新媒介。政府应发挥宏观引导功能，加强顶层设计，健全相关配套机制[①]。

在微观层面，要动员家庭和社会的力量，增加家庭和社会层面对弱势群体的尊重和帮助，推动他们积极拥抱互联网社会，唤起他们参与数字生活的主体性和积极性[②]。对于企业来说，应转变视角，将信息化过程中的弱势群体视为客

---

① 荼洪旺、胡江华：《中国数字鸿沟与贫困问题研究》，《北京邮电大学学报（社会科学版）》2012年第1期。

② 黄晨熹：《老年数字鸿沟的现状、挑战及对策》，《人民论坛》2020年第29期。

户主体之一，积极响应国家和国际组织在减小和消除数据鸿沟方面的工作，支持缩小数字鸿沟的活动[①]。

四、数据隐私保护障碍与数据权属问题

（一）数据隐私保护的定义和内涵

1. 数据隐私保护的基本定义

个人的隐私利益上升到个人权利起源于1890年美国学者发表的《论隐私权》，其认为隐私权是人类尊严、自由、能动性和尊重的基础。自此之后的百余年，隐私权在欧美得到快速发展，并成为宪法承认的基本权利。《中华人民共和国民法典》明确规定自然人享有隐私权，是其人格权的一部分。在某种意义上，隐私保护常被描述为多维的、灵活的以及动态的。19世纪西方对隐私保护的重视更是来自技术的革新，第二次科技革命带来电话、电报的广泛应用，使信息能够远距离快速传输，同时也带来了私人空间中的隐私信息泄露的风险。伴随着大数据时代的到来，信息交换和分享的维度、速度和量级都前所未见，相应也大大增加了隐私被侵犯、信息被泄露的风险，数据隐私保护也成为全球性挑战。

数据隐私保护是指数据挖掘、整合和分析技术应用于个人行为所留下的"数据痕迹"经聚合所带来的"隐形"数据和隐私暴露问题[②]，更由于巨大价值的驱动，各种组织无限制地收集、处理、使用、共享数据，使数据隐私保护问题成为数字经济时代的顶层问题之一。

---

① 邵培仁、张健康：《关于跨越中国数字鸿沟的思考与对策》，《浙江大学学报（人文社会科学版）》2003年第1期。

② 张新宝：《从隐私到个人信息：利益再衡量的理论与制度安排》，《中国法学》2015年第3期。

《中华人民共和国国民经济和社会发展第十四个五年规划和2035年远景目标纲要》中明确提到，要重点统筹数据开发利用、隐私保护和公共安全，加强涉及国家利益、商业秘密、个人隐私的数据保护，加快推进数据安全、个人信息保护等领域基础性立法。

2. 数据隐私保护的发展

20世纪70年代，美国颁布了《公平信息实践》，为现代隐私保护的治理法规和监管奠定了基础。《公平信息实践》基于五大原则，具体包括：通知、知情；选择、许可；接入、参与；完整、安全；执行、纠正。这五大原则指导美国联邦委员会“鼓励和推动有效的自我监管，作为保护消费者线上隐私的主要方式”，进而成为后来隐私和数据治理条文和法规的原型，包括欧盟的《数据保护指令》《通用数据保护条例》以及美国的《加利福尼亚消费者隐私法案》。《公平信息实践》中提出的这些原则反映了一个关于数据隐私保护的基本共识，即数据隐私保护的关键，不是通过对所有权的定义把数据锁起来，而是注重在数据使用过程中的保护。

（二）数据隐私保护障碍的相关方面

在当前中国数据隐私保护的实践阶段，数据隐私保护的障碍主要体现在以下几个方面。

1. 数据收集组织和用户的信息极度不对称，透明度低

用户不知道自己的隐私在何时通过何种方式被收集，甚至被强制收集、被滥用、被随意处理。例如，《纽约时报》曾报道，美国折扣零售商塔吉特在不和某位女性面对面对话的前提下，成功地预测出了该女性怀孕的隐私并给她定期寄送相关优惠券。

在数据疫情防控的前沿阵地，杭州曾提出一个后被叫停的项目——渐变色健康码，改变健康码仅有“绿、黄、红”三色的简单区分，将用户的健康状况

评分设置在 0~100 之间，对应出一种全新的“渐变色健康码”。可集成电子病历、健康体检、生活方式管理等相关数据，还可通过大数据对楼道、社区、企业等健康群体进行评价。可以看到，在疫情严峻时期，健康码的推行让公众让渡一部分的个人隐私有助于疫情防控的公共利益的实现。但是，即便是出于维护公共利益的要求，对个人隐私的收集也不能是无限制的，收集和处理个人隐私数据需满足在必要的紧急情况下且在合理的范围内，“渐变色健康码”使公共管理的触角更多侵入私人领域因而受到公民的质疑。

2. 数据隐私被泄露后几乎无法追回

由于数字信息极易被复制、存储和传播，用户的隐私一旦泄露则无法追回。美国曾有一家专做市场和数据汇总公司 Exactis 出现过一次严重的数据泄露事件，其服务器暴露了 2.3 亿人的信息，而这是美国绝大部分的上网人口。不过，此次的信息泄露并不是黑客袭击，而是他们自己的服务器没有防火墙加密，因而直接暴露在公共的数据库查找范围内。数据隐私一旦泄露，几乎是无法追回的，只能使个人的数据安全处于危险之中。

3. 数据隐私泄露事件实际上难以判定损失

由于缺乏对用户个人信息价值的统一判断，不同国家不同数据隐私泄露事件的处罚力度差异甚大，且已有个案的处罚金额缺乏可靠的损失评估方法，个案间也缺乏比较的价值。

4. 旧有的“通知和同意”制度已经不适合作为现代隐私保护政策的基础

数据量的爆炸性增长导致企业很难真正贯彻法规，用户也不得不忍受长篇的、难以理解的通知和往往有限的选择。面临海量数据，决策的复杂程度和决策数量都在上升，获得和给予同意已变得越来越困难，所以消费者往往无法控制自己的个人数据。如果获得数据使用的许可成本过高，那么消费者实际上无法许可任何数据使用。

（三）数字隐私背后的数据权属问题

1. 数据权属的基本定义

学界对于数据权属的讨论主要从法学角度进行，不同论者对数据权属的划分方法也持不同意见。但大多数学者认同把数据权属分为数据主权和数据权利两大类进行讨论。也有学者认为，简单的二分法无法阐明数据权力与数据权利的关系，这种划分方法中对国家数据权力的强调会导致私法层面的数据权利意义（如数据社会权等）被忽视，提出需要一个由“国家数据主权、政府数据权、社会组织数据权和公民数据权”等构成的复合型数据权体系①。

从实施主体来看，数据主权是以国家为中心、指向公权力的一种权力，数据权利则是以公民为主体、指向私权利的有关权益。随着数据权的提出，政府的职能会逐渐收缩到维护国家数据主权的范围，并将数据的知悉和利用权利返还企业和个人②。此处主要探讨与个人隐私权利相关的数据权利问题。

2. 数据权利的两种基本属性

数据权利在属性上与知识产权相似，兼具人格权和财产权的双重属性③。个人信息的人格权属性在学界得到了普遍认可，在实践中亦体现于不同法律文本中。作为全球范围内个人信息保护水平较高的法律之一，欧盟的《通用数据保护条例》赋予了个体数据告知权、访问权、纠正权、被遗忘权、删除权等。《中华人民共和国个人信息保护法》明确了个体在个人信息处理活动中的知情同意权、数据修改权、数据被遗忘权等。从全球个人数据立法实践来看，个人信息普遍受到法律的保护，个人能够享有个人信息的人格权。但从另一角度看，现今个人的数据权更多是一种防御性权利，个体不享有对个人信息的绝对权和支

① 吕廷君:《数据权体系及其法治意义》,《中共中央党校学报》2017 年第 5 期。
② 曹磊:《网络空间的数据权研究》,《国际观察》2013 年第 1 期。
③ 肖冬梅、文禹衡:《数据权谱系论纲》,《湘潭大学学报（哲学社会科学版）》2015 年第 6 期。

配权等。前者是个人信息人格权赋予个体的权益，后者则涉及个人信息的财产权问题。

数据作为一种资产，具有重要的价值。明晰的数据财产权能够使数据安全有秩序地流动，是促进数据交易、推动数字经济发展的重要前提。数据产权是产权概念的延伸，是指数据资源所有者对数据资源享有的权利。数据产权主要包含了归属权、所有权、占有权、支配权等①。在讨论数据的财产权时，首先要对数据的内涵进行界定，一般按照客体区分个人信息财产权和数据财产权。目前，个人信息是否具有财产权属性仍备受争议。肯定赋权的学者认为赋权能够有效保护个人信息。倡导隐私保护的学者认为，企业可能会通过数据财产权来控制个人数据，产生个人隐私的安全风险问题。而且随着数据处理能力的成熟，绝对的匿名化将不再存在，可识别数据和不可识别数据之间的区分也会变得无意义，把个人数据排除在财产权的客体外并不符合数据要素市场的发展需求②。反对赋权的学者认为，个人信息赋权会妨碍信息共享，使信息获取的成本变高，不利于数字经济的发展。

从我国现有的立法情况来看，我国已对个人信息和数据的权利属性进行了区分。《中华人民共和国民法典》将个人信息作为人格权益的客体进行了保护，明确他人不得非法使用、买卖、公开个人信息；《中华人民共和国个人信息保护法》对个人信息也做出了更完善的保护，明确了个人信息的人格权属。在数据的权利属性划分上，《中华人民共和国民法典》把数据与虚拟财产并列为一种财产权，但未对数据财产权及其具体形式做出规定。《中华人民共和国数据安全法》则规范了数据的处理活动，保护个人和组织的数据权益，提出建立数据交易管理制度和培育数据交易市场，明确了数据的资产属性。从我国现有立法可

① 姚志刚：《数据要素产权界定》，《合作经济与科技》2021 年第 13 期。

② 申卫星：《论数据用益权》，《中国社会科学》2020 年第 11 期。

见，信息是人格权的客体，数据是财产权的客体。

数据财产权包含数据采集权、数据可携权、数据使用权、数据收益权[①]。在数据确权的过程中，最大的争议在于数据应属于数据创造者还是收集者。有学者认为应按照不同主体对数据形成的贡献来源和程度，建立数据所有权和数据用益权的二元权利结构，前者属于数据原发者，后者则属于数据处理者，以此均衡分配数据的财产权益[②]。数据用益权包含控制、开发、许可、转让4项权能，可以通过共享、交易等方式取得。

欧盟出台的《通用数据保护条例》创造性地提出了个人数据的可携权。数据可携权包括副本获取权和数据转移权。其意义在于赋予了数据主体一种类似于物权的方式管理和控制数据的权利，使个人数据具有财产权的属性。《中华人民共和国个人信息保护法》也对个人信息可携带权做出了规定，当个人提出转移个人信息至其他个人信息处理者，符合国家规定时个人信息处理者需提供转移途径。欧盟引入的数据可携权具有个人信息保护领域的开创意义，其进一步加强了个人对信息的控制权，体现了把个人信息权归还个人的立法思路。

3. 明晰数据财产权属性的重要性

数据权利方面，赋予数据财产权属性、明确数据权属的划分是促进数字经济发展和数据治理的重要条件。虽然个人信息的人格权保护体系已基本建立，但随着个人信息数据价值的提升，在没有明晰的数据财产权的支撑下，个人数据的交易都会因法律的缺失而暴露于巨大的风险之中。明确数据产权，除了能够达到保护个人信息的目的，还可以促进信息的利用，防止无序的数据利用可能导致的丛林法则[③]。在没有财产权的制度下，数据财产的分配只会遵循弱肉强食的丛林法则，使掌握数据控制权的主体成为数据的所有者，形

① 肖冬梅、文禹衡：《数据权谱系论纲》，《湘潭大学学报（哲学社会科学版）》2015年第6期。
②③ 申卫星：《论数据用益权》，《中国社会科学》2020年第11期。

成数据垄断。而且，数据的控制者往往与技术创新主体不一致，导致数据无法被更有效地利用。在没有明确的法律保障下，数据控制者往往不敢开展数据共享与交易，这显然不利于数字经济的发展。所以，确立数据的财产权不单是为了保护主体的权利，更是为了建立一个让数据可以安全有序流动的制度环境，进而激励数据权利人积极共享数据权利和进行数据交易，创造有利的商业环境。

（四）以厘清数据权属为主导的数据隐私保护对策

美国官方认为在国际范围内保护个人隐私时，不应阻碍信息跨境流动，影响电子商务和跨境贸易发展，希望通过对隐私保护采取平衡的规制方式，创造有利于创新的最佳增长环境[①]。由此可见，美国官方的立场重点强调了数据信息的人格权属性。

外国学者 Swanson 认为法律和法规不能解决所有问题，甚至无法解决大多数问题。不断演化的社会规范、更强大的机构和新的隐私促进技术实际上将承担保护隐私和促进数据流动的大部分重任。国内学者陆雪梅等[②]同样认为在大数据环境下进行数据隐私保护需要立法、行业引导以及关键的加密、追踪和删除等技术的发展。张峰[③]认为解决大数据时代数据隐私问题的关键在于建立一套适应大数据技术发展的伦理准则，并在各主体自觉履行道德行为的前提下辅之以完善的监督约束机制，从而使自由与监管适度，创新与责任一致。张铤等[④]的观点是要通过加强大数据安全技术研发运用、构建大数据时代隐私保护伦理准则和完善个人

---

① 周汉华：《中华人民共和国个人信息保护法（专家建议稿）及立法研究报告》，法律出版社，2006。

② 陆雪梅、古春生：《大数据环境下用户信息隐私泄露成因分析和保护对策》，《现代情报》2016年第11期。

③ 张峰：《大数据时代隐私保护的伦理困境及对策》，《人民论坛·学术前沿》2019年第15期。

④ 张铤、程乐：《大数据背景下公民隐私保护的困境及其对策》，《中州学刊》2021年第2期。

隐私保护相关法律法规等系列对策，有效化解大数据时代公民隐私保护的困境。除此之外，刘泽刚①则着重提及了解决数据隐私过程中需界定的个人信息主体身份，打破当前我国信息隐私的身份规定呈现的“用户”“消费者”“个人”的多元性身份，对现有机制进行梳理，做好顶层设计，从而在个人信息数据的使用和保护之间积极寻找平衡点，在隐私得到有效保护的前提下充分发挥大数据的应用优势。

五、数据跨境流动障碍与数据安全问题

（一）数据跨境流动的定义和内涵

1. 数据跨境流动全球治理的界定

伴随数字时代的来临，数据跨境流动正在成为各国共同面临的普遍现象。日益增长的跨境流动数据不仅将世界各国更为紧密地联系在一起，同时也深刻影响了各国国内的政治、经济、社会、生态。一方面，全球经济越来越依赖数据的跨境流动；另一方面，数据跨境流动对个人隐私、公共安全、自主产业发展等多个数据保护政策议题带来了新的挑战，推进数据跨境流动全球治理便成为摆在各国决策者面前的重要议题。

数据跨境流动是指数据通过通信系统跨越主权国家边界的运动，在当今时代主要指数据基于互联网而在不同国家之间进行传输、存储、处理等的现象。从技术层面讲，互联网基础协议能够不以地域为限制，支持全球互联网络中任意两点之间的数据传输。换言之，在不考虑技术监管或制度约束的情况下，数据在全球的自由流动是默认状态。数据的这一特殊性质，使其区别于货物、服

① 刘泽刚：《大数据隐私的身份悖谬及其法律对策》，《浙江社会科学》2019 年第 12 期。

务等其他事物，后者在移动过程中的高额成本决定了其不能任意流动。但是，数据本身可能附加政治、经济、社会等属性，这使其相对于货物、服务而言更易受到更大的技术监管或制度约束。被视为大数据时代“战略资源”的数据，与个人隐私、核心资源、公共安全等政治、经济、社会价值密不可分。因此，各国从不同理念出发，均形成了自己的数据规制制度，对从技术上完全可以实现的“数据自由流动”现象在政策层面做出了不同程度的限制。

数据跨境流动全球治理的根本目的在于，通过国际合作的机制与制度创新，平衡数据跨境流动的客观需求与各国数据规制制度差异性的内在张力。考虑到各国数据规制制度是建立在不同数据的不同价值属性的基础上，数据跨境流动全球治理首先要解决的问题便是对数据进行分类，并基于不同数据类型讨论国际合作的可能空间。

2. 数据跨境流动的现有研究

数字时代下，数据已成为国家的战略资源，对数据主权的保护也成为许多国家制定数据跨境流动规制的主要目的和依据。因此，数据主权是数据跨境流动话题中的重要部分。一些学者[①②③]从数据主权的角度出发，阐述全球范围内不同国家或地区间数据主权的博弈与合作模式。欧盟与美国的数据保护体系建立在两种截然不同的理念之上，前者更注重数据跨境流动中的个人信息保护，后者更关注数据的经济价值。建立在不同的价值理念下，两套体系存在着明显的关系冲突，并在历史上多次寻找合作的空间。因此，欧盟与美国之间在数据管辖上的博弈与合作也是学界的主要关注点。还有一些学者对于数据主权与跨

① 孙南翔、张晓君:《论数据主权——基于虚拟空间博弈与合作的考察》,《太平洋学报》2015 年第 2 期。

② 吴沈括:《数据跨境流动与数据主权研究》,《新疆师范大学学报(哲学社会科学版)》2016 年第 5 期。

③ 邓崧、黄岚、马步涛:《基于数据主权的数据跨境管理比较研究》,《情报杂志》2021 年第 6 期。

境数据流动的关系提出了自己的看法，认为当前数据主权的博弈越发激烈，越发频繁的数据跨境流动也在一定程度上冲击着数据主权，部分国家的数据霸权行为加剧了对其他国家数据主权的侵犯[①]。目前的研究中，学者较多地从设计理念、核心价值观与国家数据战略等层面对比两套体系，在此基础上讨论两地在冲突下的合作，以此总结出数据跨境流动的可行经验，也有一些学者从发展历程的角度梳理了全球数据跨境流动模式的演变。

（二）数据跨境流动的国际典型案例与政策规制

1. 美国：强调数据自由流动并以专属协议推进数据治理

就政策重点而言，美国一方面呼吁放宽数据跨境流动的限制，开展多边的对话及区域性论坛，宣传数据自由跨境流动为其贸易伙伴带来的好处；另一方面通过双边和多边机制达成数据流动的制度安排，包括欧美先后达成的《安全港协议》[②]《数据隐私盾协议》[③]等。

在国内制度安排方面，美国并没有出台有关数据跨境流动的统一规则，主要根据其贸易体系和规则的需要进行人员、机构和政策的安排。相关的组织机构主要包括美国商务部、美国联邦贸易委员会、美国贸易代表办公室及美国司法部等。其中，美国商务部负责《安全港协议》《数据隐私盾协议》等重要协议的实施；美国联邦贸易委员会主要参与贸易领域相关的隐私和数据保护法案的实施；美国贸易代表办公室重点关注电子商务和跨境贸易中的数据跨境流动问题，核心任务是推动全球数据自由流动；美国司法部的主要职责是保障法律法规的施行，对美国公司持有的数据跨境流动行使司法管辖权。另外，美国的一些独立机构和委员会也承担了相应的监管职能。

---

① 杜雁芸：《大数据时代国家数据主权问题研究》，《国际观察》2016年第3期。

② 该协议于2000年签署生效，2015年被欧盟法院裁定为无效。

③ 2016年6月达成协议，2020年7月被欧盟法院裁定为无效。

2. 欧盟：强调数据权利保护并采取一体化管理的方式推进并“出口”数据治理政策

与美国不同，欧盟更侧重以建构数据权利体系的方式，对数据跨境流动做出限制，进而影响其他国家的制度改革。欧盟早在1995年就出台了《关于个人数据处理保护与自由流动指令》，后于2016年通过了《一般数据保护条例》，都要求欧盟公民的个人数据流出欧盟境外必须获得“充分性”保护。换言之，只有国内数据保护制度得到欧盟认可，欧盟公民的个人数据才被允许流入该国。“充分”保护的认定标准包括统一的数据规制机构、透明且有约束力的执行机制等。

与美国针对数据隐私保护的法规监督和执行权力被分散在不同的政府机构手中的模式相比，欧盟的数据监管政策由3个层级组成的垂直管理监督机构来监督并执行，其承担着对数据使用过程中的投诉及争执进行监督和调解的职能。

3. 日本、韩国、澳大利亚、墨西哥：逐渐加大数据治理强度但仍然积极推进数据跨境流动

与欧美相比，日本、韩国、澳大利亚、墨西哥等国近几年来也逐渐加大数据治理强度，纷纷通过数据保护法并设置独立的数据保护机构，以此提升数据保护的标准和水平。但是，其在全球数字贸易中的深度涉入，又使这些国家拥有充分激励以推动数据跨境流动。以日本为例，2019年大阪G20峰会提出的可信赖数据跨境流动即日本寻求在美国、欧盟之外第三条道路的努力。换言之，既不同于美国对于自由数据跨境流动的要求，也不同于欧盟对于数据跨境流动的高标准限制，日本试图推动各国重塑信任，并在有约束力的制度基础上推动数据跨境流动。

4. 中国：强调数据权利保护与数据本地化策略

近年来，我国陆续出台了针对数据传输与个人信息保护的法律规制，已初

步建立起数据安全的法律保障体系。2017 年 6 月 1 日，我国正式施行《中华人民共和国网络安全法》，首次明确了针对个人信息和重要数据跨境流动的制度框架。针对关键信息基础设施运营中收集和产生的个人信息和重要数据，《中华人民共和国网络安全法》规定应以本地存储（禁止跨境流动）为基本原则，若“确因需要”且符合“安全评估”才允许向境外提供，此为例外原则。

2021 年 9 月 1 日，《中华人民共和国数据安全法》正式落实，各地区与部门需按照数据分类分级保护制度对列入重要数据目录的数据进行重点保护，对数据出境的安全管理则在《中华人民共和国网络安全法》的基础上进一步提出对其他数据处理者的要求。在个人信息保护领域，《中华人民共和国个人信息保护法》的第三章专门针对个人信息的跨境提供做出了规定，同样提出个人信息本地化储存的要求，并规定个人信息处理者若向境外提供个人信息，需通过国家相关部门和专业机构的安全评估或认证、与境外接收方订立标准合同等方式适应信息输出方与接收方的信息保护要求。随着我国对个人信息保护与数据安全重视的加深，我国已围绕《中华人民共和国网络安全法》《中华人民共和国数据安全法》《中华人民共和国个人信息保护法》等，建立起以数据本地化为主导原则的数据保护体系。

（三）数据跨境流动背后的数据安全问题

数据本身承载的多重属性决定了数据跨境流动全球治理所涉议题的复杂性。在不同视角下，不同数据可能引发不同的治理风险，从而导致不同的政策关注。就当前而言，围绕数据跨境流动全球治理的主要议题集中在个人隐私、数据主权、产业发展 3 个方面。从我国出台的有关数据跨境流动规制来看，我国制定相关规定的主要出发点是保护国家数据安全。从这个角度出发，有关数据安全问题可以从数据安全风险和数据主权维护两方面进行讨论。

1. 数据安全风险问题

当前数据跨境流动现象的重要特征之一是个人数据被大量卷入。在复杂的跨境传输中，数据保护措施的不完善可能会使一国的数据被其他国家所存储、利用，进而影响国家的利益，甚至造成国家安全问题。

2013 年的“棱镜门”事件引发了世界各国对数据跨境流动安全问题的全面重视。受该事件影响，美国与欧盟签订的《安全港协议》在运营了 15 年后被欧盟最高法院裁定为无效，欧盟认为协议已不能充分保证公民的数据隐私。

“棱镜门”事件直接揭示了全球数据跨境流动下个人隐私与国家安全面临的巨大风险。在没有国际统一规制的情况下，公民的个人信息与国家数据将在技术的发展下暴露在极大的风险当中。如何保证国内数据在境外能够得到与其在境内同等程度的保护，以及涉及公共安全风险的域外补救机制均是各国政府在进行数据治理时需要关注的关键内容。

2. 数据主权维护问题

数据跨境流动除触及数据安全风险以外，另一更为重要的问题是背后所涉及的国家数据安全的核心问题——数据主权。数据主权是指国家享有对其管辖地域内的数据生成、传播、管理、控制、利用和保护的权力，是国家主权在网络空间的核心表现。数据主权可分为内部和外部两种类型。内部数据主权，主要是基于保护国家安全和公共秩序的目的，如国家机关依据法律规定要求第三方公开其掌握的域内隐私和保密信息[①]。外部数据主权的内容主要体现在对数据跨境流动的管理和控制。一个国家对其自身数据主权的掌握，关乎国家安全与相关产业、经济发展等重要方面。

维护国家的数据主权是当前各国在制定数据跨境流动规制时的重要目标。

---

① Omer Tene，Jules Polonetsky：Privacy in the Age of Big Data：A Time for Big Decisions，Stanford Law Review Online，2012.

欧盟的《通用数据保护条例》、我国的《中华人民共和国网络安全法》等均提出对数据跨境流动的规制，是对数据主权采取较强保护模式的典型例子。欧盟的《通用数据保护条例》中的“长臂管辖”规定，即使数据控制者或处理者不在欧盟境内设置实体机构，只要涉及欧盟公民的个人数据处理行为便适用该法。这意味着为欧盟居民提供服务的企业，无论是否处于欧盟境内或是否使用境内设备都要遵守条例。有别于传统的属地管辖原则，《通用数据保护条例》按照公民数据的流向进行域外管辖，充分体现了数据主权不受地域空间限制的特点。

近年来，随着各国对数字领域的日益重视，数据主权的争夺亦越演越烈。2018 年，美国进一步扩展对全球数据的管辖。时任美国总统特朗普签署了《澄清域外合法使用数据法》。该法案明确了两个问题，一是美国政府对非美国本土但由美国企业控制的数据拥有绝对的管辖权，二是外国政府可以调取外国本土境内由美国控制的数据，但前提是外国政府需允许美国调取该国控制的其他数据作为同等待遇。该法案本质上是一种私人管辖权在全球的拓展延伸，目的是实现美国对全球数据市场的主导。该法案出台后引起了巨大的争议，反对的声音认为美国侵犯了其他国家的数据主权，滥用大国权力谋求数据霸权。在面对数据领域激烈的霸权争夺时，数据强国所进行的数据扩张与数据垄断会侵犯其他国家的数据主权，进而危害国家安全。

当前各国在承认数据自由流动重要性的同时，也逐渐意识到全球范围内数据权力的不均衡，以及他国可能以行政权力干涉甚至监控本国数据流动的可能性。目前世界主要国家都将数据安全提升到了战略高度，以抵制他国的数据监控或其他数据安全风险，这也不可避免地造成了数据跨境流动的障碍与争端。如何在促进数据跨境流动的同时维护国家数据主权，是当今各国面临的主要挑战。

（四）以保障数据主权安全为主导的数据跨境流动监管对策

在如今数据霸权争夺激烈的局面下，保障我国数据主权的安全应为制定数据跨境流动规制时的首要目标。面对促进数据跨境流动和保障数据主权安全的双重任务，我国需建立起以技术信任为主导、以主体信任为基础的数据跨境流动监管体系。

数据跨境流动规制的手段主要可分为技术监管和制度约束。前者是指用技术的方式直接限制数据的跨境流动，后者则是指通过相关制度法规进行约束。由于不涉及国家制度的变革或国际协议的谈判，技术监管往往能够更加直接地影响数据的跨境流动。在数据跨境流动中，个人隐私的保护主要通过一系列的数据脱敏技术、数据去识别化技术实现，当中的技术工具包含了标记化技术、区块链技术、联邦学习技术、同态加密、安全多方计算和可信执行环境等，这些技术的特点在于数据使用方可以不用获取原始数据便能完成数据的使用[①②]。以区块链为例，其去中心化的分布式账本能够在不依赖第三方的情况下实现数据的传输和验证，当中的防篡改特性能够保证信息的可信性，有效建立双方在技术上的互信关系。因此，政府可通过相关技术与数据跨境流动中的合作方建立技术信任。

如果说技术是保障数据安全的主要手段，那么掌握技术的主体便是保证数据安全的关键。数据作为一种新的生产要素，具有无限性、虚拟性等特点，它能够被无限地复制、共享且看不见、摸不着。因此，即使使用了相关的安全技术也无法保证数据在流动中完全安全。技术的使用在于把安全风险降低，技术越趋成熟，数据的安全风险也就越低。在此前提下，掌握技术的主体与数据安

① 吴振豪、高健博、李青山等：《数据安全治理中的安全技术研究》，《信息安全研究》2021 年第 10 期。

② 姚前：《数据跨境流动的制度建设与技术支撑》，《中国金融》2020 年第 22 期。

全有着根本的关系。主体信任是技术信任的重要基础。只有当技术使用者、掌握者是可信的且有能力保障数据安全时，数据安全技术才有意义。尤其在当今技术条件未能完全支撑数据安全流动的情况下，数据的处理者、技术主体更是发挥着重要的作用。因此，在行使我国数据跨境流动监管工作权时，政府应优先以境内单位为技术主体，谨慎选择合作单位，并建立起针对技术主体的安全评估体系。通过对技术主体的可信度与数据保护水平的评估，建立起政企间的主体信任关系，从而开展数据跨境流动安全保障工作的合作。

第四篇　国际经验

专题七

公共治理中大数据应用的国际案例、经验与启示*

一、引言

大数据在公共治理中的应用方兴未艾，前景令人充满期待。早在2013年左右，美国、英国、澳大利亚、日本、韩国、新加坡等国家就发布了大数据战略或政策，推动政府部门使用大数据。大数据的技术潜能和价值潜力，使公共治理有望实现更好更快发展，使政府效率提升并降低治理成本。但是，大数据应用是一种颠覆性科技，也会带来政府数字技术财政支出节节攀高、科技公司垄断和个人隐私保护难题等方面的挑战。因此，大数据应用作为一把“双刃剑”，如何更好地推动其在公共治理中发挥作用，就成为至关重要的战略课题。

在公共治理的大数据应用方面，发达国家的基础较好、起步较早、进展较

* 本专题作者为北京大学马亮。

快，探索了许多案例并积累了大量经验，为中国推动大数据在公共治理中的应用提供了借鉴和启示。特别是西方代表国家非常强调个人隐私保护，而大数据应用必然会在一定程度上涉及个人隐私保护问题，因此如何在公开透明和隐私保护之间求得平衡，使大数据能够真正用于公共治理，就成为至关重要的课题。在这种背景下，西方代表国家应用大数据进行公共治理的实践和经验值得关注。

本专题聚焦西方代表国家在公共治理领域应用大数据的实践案例，并探讨这些国家公共治理领域中大数据应用的有益经验。包括美国、英国、德国、法国、澳大利亚、丹麦等国家。这些国家通过大数据赋能公共治理，在各个层级和许多领域都有所推进。列举任何一个国家，我们都要花费大量篇幅来详述其在公共治理领域应用大数据的情况。因此，我们无法深入每个国家的具体情况，而必须有所取舍，重点关注这些国家在公共治理领域应用大数据的共性特征和总体情况。

在大数据赋能公共治理方面，各个政府层级都在采取行动，包括联邦或中央政府、州或省政府、城市或地方政府。公共治理应用大数据的主要领域包括公共服务、市场监管、社会治理、城市治理、应急管理等，具体来说可能涉及公共交通、治安管理、食品安全监管、应急管理、医疗服务、公共教育以及其他领域，如生态环境、住房租售、社会救助等。公共治理领域应用大数据的类型既有政府数据，也包括企业数据，并涉及数据采集、处理、共享、开放、利用、交易等大数据分析流程。

由此可见，公共治理领域应用大数据的任何一个方面都需要专门研究，我们聚焦其中的典型案例，提炼西方代表国家公共治理领域中大数据应用的有益经验，包括政府数据共享与开放、数字生态健康规范、公众参与和众筹众创、大数据应用的制度规则建设等方面。

我们主要依据二手资料来对西方代表国家公共治理领域中的大数据应用进行总结和提炼，比如公共管理、公共政策和城市治理等领域的顶尖英文期刊发表的论文，IBM公司政府事务研究中心发布的研究报告，以及各国政府部门网站等。与此同时，我们也和关注这些领域的专家学者进行交流，从中获取最新进展和政策启示。我们首先对发达国家在公共治理领域应用大数据的总体情况进行概括和总结，然后结合各个领域的典型案例予以阐述，最后讨论这些实践的经验及对中国公共治理大数据应用的启示。

二、公共治理中大数据应用的总体情况

（一）公共治理中的大数据

公共部门和公共事务领域的大数据包括3类海量数据：公共部门在运营过程中主动收集的高度结构化的行政数据；互联网数据，如官方网站、搜索引擎和社交媒体等；物联网数据，建筑物、机动车、街道、移动终端等各种传感器。换句话说，公共治理中应用的大数据主要来自业务数据、痕迹数据和感知数据，由政府管理和服务、互联网和物联网等多种来源的大数据汇聚而成的。比如，城市是一个有机生命体，城市的全生命周期都涉及数据生产、生成、沉淀和积累，并为智慧城市和新型城市的科学发展奠定了数据基础。因此，在公共治理领域应用的大数据不限于政府部门所掌握的数据，还包括互联网上流通的各类数据，以及企业等机构分享或交换的数据。尽管越来越多的数据使公共部门有希望实现数字化转型，但是公共部门在大数据收集、处理、分析、解释和决策等方面都面临治理挑战。

我们很难说某个数据是大数据或小数据，因为大数据“岂止是大”。“数据”和“信息”不同，数据本身就是没有意义的字符或其他表征，数据只有经过处

理和加工以后才能形成有意义的信息。对于数据达到什么程度才是“小”或“大”，也存在值得探讨的空间（见图 7–1）。比如，股价和卫星遥感图像看似都是大数据，但是股价是高度结构化的，而卫星遥感图像则是非结构化的。与此同时，我们还需要区分专门收集的数据和与生产生活相伴而生的副产品数据，通常来说大数据包括两者，但是作为副产品的大数据更加值得关注。这是因为通过部署物联网等设施专门收集的数据固然有价值，但是如果大数据来自生产生活的副产品，那么就有进一步赋能和增值的空间。

结构化	低	文本数据	法律文书 图片 短视频
	高	抽样调查数据	行政数据 人口普查数据
		小	大
		数量、规模	

图 7–1　数据的特征与类型

资料来源：作者自制。

换言之，大数据是全体的、关联的、细颗粒度的、高频度的、反映真实状态的、感知或行为的数据，大数据的采集、存储、清洗与运算都需要强大的基础设施（存储与算力），大数据的挖掘与分析需要强大的分析学支持（如算法）。但是，大数据本身也是一个谱系中不同维度（规模、速度、多样性、复杂性）之间的各种组合。因此，仅仅拥有大数据是不够的，还需要能够存储大数据的服务器或云计算平台，能够对人数据进行高速计算的算力支撑，以及将大数据转化为信息和指数的算法。

通常来说，大数据包括值得关注的 5 个特征，可以用 5 个“V”来代表。

首先，大数据是大规模（Volume）的海量数据或巨量资料，特别是移动设备、传感器、存储器、社交网络等采集的数据规模庞大。其次，大数据是高速度（Velocity）的高频数据，数据衡量的时间单位被快速缩短。再次，大数据是多样性（Variety）的非结构化数据，特别是地理位置数据、视频数据等。此外，大数据的交互性（Vinculation）强，特别是社会交往数据所反映的互动、相互依赖、网络等特征。最后，大数据的效度（Validity）高，在测度社会现象方面有很高的理论效度、测量效度，数据的真实性强。

当然，大数据也并非完美，其本身也有很大的风险。特别是在将大数据分析用于衡量和评估一些社会现象方面，它就会暴露其存在的突出问题，其中很多是意料之外的（见表 7-1）。比如，虽然大数据是全量总体数据，但是一些人会刻意规避“留痕”所带来的潜在风险，所以最终可能会遗漏这些群体的数据，因此据此得出的结论往往是难以有代表性的。再如，丰富的数据环境可能使公共部门受到更多的外部关注和社会监督，但是它们可能对数据误读和误用，从而导致对公共政策运转的不必要干扰。

表 7-1　大数据的潜在机会与潜在风险

特征	潜在机会	潜在风险
规模	普遍推断的机会 优化效应识别和模型颗粒度 发现新问题的机会	偏抽样的风险 伪相关的风险 分析困境的风险
多样性	三角核验 抓住真实信号 元数据（Metadata）	数据质量误导风险 侵犯隐私的风险 能力欠缺的风险
速度	时间序列与因果分析 让研究更实用	计算受限的风险

资料来源：Wenzel，Van Quaquebeke，2017。

Ang 认为，数据可以分为大数据和深数据两种，政府部门要把大数据和深数据结合起来，二者同等重要（见表 7–2）。大数据可能是大而“薄”的，这些数据可能对于用户而言毫无意义，或者没有抓住最关键的问题。相对而言，深数据是“深描”，是通过对其日常生活的观察或互动而获得的，是有关用户价值观、目标和消费行为等方面的丰富质性信息。如果大数据都是毫无价值的“噪声”，而非充满价值的信息，那么大数据分析的意义就大打折扣。因此，Ang 提出要采用混合分析法，即不可偏废小数据或大数据，而要将大数据与深数据结合使用的混合方法。

表 7–2　大数据与深数据的异同

特征	大数据	深数据
数据格式	数字格式	非数字的质性格式
规模	通常是大量观测点，甚至是超大量观测点	通常是很少的观测点
数据收集方法	电子记录、数字存档、流数据、互联网和社交媒体抓取的数据	参与者观察、直接访谈、焦点小组、开放式调查、视频录像、互联网和社交媒体的质性数据
分析人员	社会和计算社会科学家	人类学家和民族志学者
浸濡要求	分析人员不需要亲临现场去分析数据	通常要到现场或直接在线观察，并在情境中观察、参与、交谈
解决问题时的角色	为多数已知的问题提供解决方案，例如刻画行为模式、进行预测、产生自动决策	发现对利益相关者最重要的问题，特别是未知的问题，和此前没有表露的需求，并在问题升级前检验解决方案
优势	获得可以推广到整个总体或其较大群体的认识	发现利益相关者最关心的问题，并对特定经历进行整体刻画

资料来源：Ang，2019。

（二）大数据在公共治理领域的应用

公共治理是一个非常宽泛的概念，涉及许多层级、领域和方面，而大数据在其中的应用也必然是复杂而多元的。在探讨公共治理领域如何应用大数据时，我们需要考虑谁在什么领域怎样使用什么数据的问题。政府部门是公共治理领域的主要行动者，但是它可能处于不同层级和职能部门。公共治理涉及很多领域，既有政府监管、公共服务问题，也涉及政府内部管理和控制问题。此外，公共治理领域使用的大数据有不同来源（政府、企业、学术机构等）和形式（不同平台、载体、格式等），并可以通过不同模型和算法加以分析和使用。

大数据应用包括两个主要环节，分别是数据环节和决策环节。数据环节主要是一系列用于将各种来源的数据加以收集、核验和整合利用的工具和流程，这需要多个政府部门通力合作，将各个专业领域的知识和技能加以综合，并利用新兴信息技术进行大规模复杂数据管理。决策环节则是将数据转换为可以用于政府部门领导决策的绩效指标或数据看板，从而为政策目标和议程设置、项目管理和资源配置等提供依据。地方政府可以通过社交媒体来感知公民的舆情，通过智能手机和 App 来促进公众参与，通过传感器、摄像头等物联网来收集各类数据。与此同时，地方政府还可以通过平台开放政府数据，并鼓励公众自发利用政府开放数据。

从世界主要国家所发布的大数据战略和相关政策来看，政府部门对大数据的认识越来越清晰，即从过去结构化的数据走向非结构化的数据，从单一组织的“数据孤岛”走向多个组织的数据整合，从数据的简单统计分析走向基于复杂算法的大数据分析，从为数据而数据走向基于数据的决策。这意味着数据在市场经济中被视为新生产要素，并正在成为公共治理的基础要素，对于公共政策制定和执行、公共服务设计和提供、政府监管等都发挥着不可替代的作用。

研究显示，世界主要国家的中央或联邦政府都非常强调顶层设计，制定和出台了国家层面的大数据应用战略，指导全国公共部门应用大数据进行公共治理创新。与此同时，这些国家都建立健全法律法规和规章制度，出台伦理守则和制度框架，使政府部门和利益相关者都能够遵守取得共识的制度规则，避免数据泄露、滥用、误用等问题发生。总体来说，这些国家的政府都对大数据在公共治理领域的应用持积极、肯定、乐观的态度，期望拥抱大数据并挖掘其潜在价值，而不是因为其威胁和风险而拒之门外。

特别是近些年，世界主要国家和地区都出台了有关大数据应用的战略、政策、法规，设置专门负责大数据应用的机构，并强化政府部门对大数据应用的管理职能。比如，美国政府发布《联邦数据战略 2021 年行动计划》，欧盟正式施行《开放数据和公共部门信息再利用指令》，德国发布《联邦政府数据战略》，澳大利亚发布《政府间数据共享协议》，俄罗斯发布《关于联邦国家信息系统“国家数据管理统一信息平台”的规定》，都将充分利用公共数据来创造价值作为重要战略。如表 7–3 所示，世界主要国家和地区都将公共治理中的大数据应用列为重要战略议题，纷纷出台战略、法律法规和行动计划，并涌现出许多值得关注的典型案例。

表 7–3 主要国家和地区公共治理中的大数据应用的基本状况

国家 / 地区	主要部门	战略或法律	典型案例
美国	美国数字服务（USDS）	发布《联邦数据战略 2021 年行动计划》、《联邦计算机科学工作机会法案》、“数字军团”等	偷漏税研判系统、甄别违规交易、能源节约、“美国代码”、“街震”、“领养一个消防栓”等
欧盟	欧盟委员会	发布《2030 年数字化指南：欧洲数字十年》《开放数据和公共部门信息再利用指令》	—
英国	英国政府数字服务办公室（GDS）	“国家数据战略”《数字经济法》《数据伦理框架》“数据科学加速器计划”“数字学院”和“数据科学园区”等	英国税务局的英国关联系统
德国	德国数字化内阁委员会、数据伦理委员会	发布《德国执行 G8 开放数据宪章的国家行动计划》《联邦政府数据战略》《针对数据和算法的建议》	GovData 数据开放平台

续表

国家 / 地区	主要部门	战略或法律	典型案例
澳大利亚	澳大利亚政府数字转型机构（DTA）	《政府间数据共享协议》	—
俄罗斯	俄罗斯联邦数字发展、通信和大众传媒部	发布《关于联邦国家信息系统“国家数据管理统一信息平台”的规定》	—
日本	日本数字厅（DA）	《数字社会形成基本法案》《数字改革关联法》等法案	提出“社会 5.0”的概念
韩国	韩国国家科学技术委员会、韩国未来规划部	《智能信息社会中长期综合对策》	“智慧首尔地图”
新加坡	新加坡资讯通信发展管理局（IDA）	“智慧国 2025 计划”	新加坡财务数据交换平台、新加坡贸易数据交换平台、智慧国规划等

资料来源：作者自制。

2020 年底，英国政府提出国家数据战略，提出有效利用数据的四大支柱：数据基础（确保数据是合乎目标和标准的）、数据技能（掌握数据驱动的经济和社会所需要的数据技能）、数据可及性（确保数据是可以合理获取的）和负责任的数据（使数据得到安全和可信的应用）。为此，英国政府采取五大战略，包括：释放数据在经济中的价值，打造促进增长和可信的数据体制，推动政府利用数据来提高公共服务效率，确保数据基础设施的安全和韧性，在国际数据流通方面率先垂范。2021 年，英国政府发布政府数字服务办公室未来 4 年的战略，提出了总价值 20 亿英镑的 4 年采购计划，旨在搭建大数据和分析系统，使政府通过利用数据来提高效率。英国政府期望设计、建设和运营一系列大数据和分析服务，使政府能够利用先进的数据分析功能（如认知计算）。

澳大利亚发布的《政府间数据共享协议》承诺，各地要将公共部门数据共享设为默认选项，以共享为原则，以不共享为例外，使社会各界都可以以安全、合法和符合伦理要求的方式得到共享数据。该协议提出，数据是共享的国家资产，而不是某些政府部门掌握的独家财富，要最大限度地发挥数据的价值，使其为澳大利亚提供更好的政策和服务。该协议明确了一系列富有普遍意义的指导原则，包括价值、质量、安全、可信、道德、合法、务实、可发现、赋能、现代方法和负责任等。

日本提出“社会 5.0”的概念，认为我们将从信息社会走向数据驱动型社会。数据泛在的社会意味着广阔的社会治理创新空间，智慧城市也将走向“社会 5.0”，真正实现以人为中心的社会。这会通过城市的数据化和服务合作，借由网络空间与物理空间的融合，通过物联网技术实现数字化，特别是互联网、物联网和人联网的三重叠加，让智能技术与治理为人服务。2021 年，日本通过了《数字社会形成基本法案》《数字改革关联法》等法案，为大数据在数字社会中的应用提供了制度框架。2021 年 9 月，日本政府设立数字厅，作为负责行政数字化的最高部门。

当然，不同国家和地区对如何利用大数据还存在一定的立场和价值取向差异。比如，欧盟国家多数对大数据应用的风险持谨慎态度，并对互联网巨头所带来的数字安全风险感到担忧。这些国家特别强调“数字主权”，认为数据不能滥用或为个别部门或企业所有，而是要将其视为国家数字资产加以管理，并“取之于民，用之于民”。

为此，欧盟出台了《通用数据保护条例》等一系列约束政府部门和企业使用大数据的法律法规和规章制度。值得注意的是，这些“紧箍咒”固然保护了公民的个人信息，但也使通过利用大数据来推进商业创新和公共治理创新面临较大障碍。比如，欧洲国家很少有发展壮大并影响全球的互联网企业，这同其严格保护个人隐私而对大数据应用支持不够有一定关系。相对来说，美国、英国、北欧国家等则对大数据应用持积极态度，认为大数据应用的利大于弊，所以应该以利用为先，一切围绕如何更好地利用大数据来进行组织。但是，这种做法也并非毫无问题，毕竟大数据应用是一种颠覆性科技，未来发展前景和风险还有很大的不确定性。

由此可见，在公共治理领域应用大数据的谱系中，除了极端的两极（完全开放和完全封闭）以外，还有很多国家处于不同的位置，不能一概而论，而是需要分别针对不同国家进行分析，并对这些国家之间的异同进行比较。需要说明的是，尽管各地区对大数据应用的态度不同，但是都不约而同地认识到大数据应用的潜力及其对国家竞争的重要性，并纷纷采取各种措施来加以推进。比如，澳大利亚政府数字转型机构（Digital Transformation Agency，DTA）日益成为政府首席数字顾问，为政府信息技术投资和数字服务提供咨询和指引。再如，欧盟委员会发布《2030 数字化指南针：欧洲数字十年》，作为政府大数据应用的战略方针，期望能够实质性推动欧洲的数字化进程。

（三）主要国家的大数据应用状况

研究显示，世界主要国家的各级政府部门都结合本地和本部门的特征，采取了各具特色的大数据应用策略，使大数据能够为公共治理创新赋能。从大数据对公共治理带来的影响来看，主要反映在政府决策的精准性大大提升、政府内部信息处理绩效显著改善、决策过程的相关成本大幅降低。具体来看，大数据可以在监督、监管和公共服务提供等方面发挥作用，这包括发现违规行为并采取行动、监督社会行为并采取惩戒措施，以及创新性地提供公共服务或产品。

对荷兰和法国的研究显示，政府部门面对政府开放数据制度的要求可能做出不同的反应，而这同其如何理解大数据在公共治理领域的价值和风险有很大关系。对美国城市政府部门的调查显示，城市制度环境的影响不大，反倒是部门特征和行政能力同其开放的数据有关。这是因为每个政府部门都在具体开放政府数据并参与大数据的应用，而这需要耗费大量的人力、物力、时间、精力，因此要考虑如何调动政府部门的积极性来参与政府开放数据工作。中央或联邦政府的顶层设计为地方政府部门应用大数据提供了框架和准绳，使它们能够安全可靠地利用大数据。地方探索和实践的经验，为进一步完善顶层设计提供了依据，如此形成了各级政府相互促进的良性循环。

值得注意的是，这些国家在公共治理领域应用大数据时都会鼓励采取透明、开放、参与和合作的姿态，尽最大可能调动各方利益相关者的积极性，使他们都能够为大数据应用于公共治理领域做出不可或缺的贡献。政府部门要想使用大数据，既需要征得民众的同意，也需要依靠企业等机构提供数据、算法、算力、平台等技术支持，还需要协调其他政府部门配合和支持。如果不能赢得这些利益相关者的广泛参与，那么大数据就很难在公共治理领域应用，更遑论取得预期效果了。这些国家的政府部门也热衷于打造大数据应用的数字生态系统，使各类利益相关者都能找到其利益契合的共同点，进而为大数据应用提供基础设施、技术平台、制度框架和组织文化的全方位支持。

2021 年 2 月，德国发布《联邦政府数据战略》，将数据战略作为推进社会进步和可持续增长的创新性战略，旨在增强商业、科学、社会和行政管理等领域的数据采集和利用，打造数据文化，使德国成为欧洲数据共享和创新应用领域的领导者。这份战略明确了德国要建立高效且可持续的数据基础架构，创新性和负责任地利用数据，提高数据素养并建立数据文化，提升德国在数据利用方面的领先地位。为了达到这些目标，该战略明确政府部门要加大对数据基础设施的投资和优化，专门成立数据政策部际联席工作组，建立跨部门的数据伙伴关系。与此同时，该战略还要求所有联邦政府部门设立首席数据官或首席数据科学家，提高联邦政府部门使用数据的技能。

在公共治理领域应用大数据方面，各个国家之间的差距固然存在，但是齐头并进的趋势非常明显。如果说21世纪初是大数据在公共治理领域应用的初期，那么进入21世纪20年代，大数据在公共治理领域的应用日益广泛普及和持续深入。虽然每个国家内部都形成了自己的一套大数据应用战略，但是各国之间的交流和沟通是非常频繁而活跃的。这使一些实践做法很快在各个国家之间扩散，并为形成大数据在公共治理领域应用的国际共识提供了初步基础。

欧盟在2003年和2013年先后两次修订《开放数据和公共部门信息再利用指令》，为政府开放数据和社会信息再利用提供了制度性框架。但是，公共部门数据还没有得到充分利用和再利用，仍然面临许多值得关注的障碍。比如，公共事业和交通运输部门的业务数据有很大的再利用潜力，但是这些部门的具体供应商无法开放数据。再如，政府部门提供的有应用程序编程接口（API）的实时动态数据不多，这使公共数据的利用和再利用价值大打折扣。此外，政府部门向再利用公共数据的企业收取过高的复制传播费用，这使很多中小企业面临较高的进入门槛，不利于通过数据流动来激活商业创新。与此同时，一些政府部门和企业在合作过程中形成了垄断性的数据交易框架，使其他企业无法接触这些公共数据，并导致不公平竞争问题。因此，欧盟认为该指令还有提升空间，并在2021年进一步对其修订完善。

三、公共治理中大数据应用的典型案例

（一）政府监管创新

英国税务和海关办公室（British HM Revenue and Customs Office）开发的英国关联系统（British Connect），在发现税收舞弊和其他违规行为方面发挥了重要作用。该系统使政府部门可以从各个来源获取数据（包括境外零售商和大数据公司的数据），特别监测过去偷漏税的人、富人等人群，从而能够发现哪些人

可能存在较高的偷漏税风险。与此同时，税务部门还转变了工作模式，从过去被动响应走向主动积极，特别是通过“助推”（nudge）、行为科学和循证决策来引导人们依法纳税。

美国税务局开发了基于大数据的偷漏税研判系统，通过社交媒体来获取和估计人们的生活开支数据，并判断其收入是否能够满足这种生活标准，以及是否存在偷漏税问题。类似地，美国证监会利用大数据来监测和甄别违规交易行为，发现金融市场中的舞弊现象。美国医疗保险部门也利用大数据来发现是否存在医保报销的违规行为，其效率比传统做法提高了数倍。美国能源部利用大数据改善风力和太阳能预测，从而提升可再生能源的利用效率。美国金融业监管局也开发了基于大数据的监管系统，用于发现违规向不法分子或不符合条件的人提供金融服务的案件线索。美国食品药品监督管理局通过大数据提前发现与其正在批准的药物存在关联的副作用或其他问题，避免一些不合格的药物“带病”入市。

警察局等公共安全执法部门在大数据应用方面不遗余力，通过打造大数据分析和人工智能技术平台，来辅助警察部门发现罪犯并采取有效行动。通过部署在大街小巷的摄像头、传感器和物联网，警察部门在城市布下了“天罗地网”，可以对移动的人、车进行全天候无死角的监测，并将这些数据同其通过其他部门和机构获得的数据进行比对，为发现犯罪线索和蛛丝马迹提供依据。借助于大数据的应用，警察部门甚至可以对贩毒等一些有组织的犯罪进行预测，使警力部署和预警工作得到大幅改善。

大数据还有助于政府自身的改善，包括使工作优化和自动化、衡量部门和员工绩效，并进行内部控制和监督。此外，除了用于公共政策和服务，大数据在舆情监测方面也可发挥重要作用。比如，澳大利亚等国家的政府部门就利用社交媒体等各种来源的数据，对本部门的舆情进行监测，以便于在出现舆情危机时采取果断措施。

（二）智慧城市与公共服务创新

从数据驱动的城市治理来看，加强顶层设计和推进数据共享是其中最为关键的两个方面。在政府大数据分析方面，要加强巨量数据的分解与归因。比如，美国纽约等城市推动建立全市建筑物、企业和公民个人的唯一标识系统，并将其同政务热线数据相互交换；政府为每个市民和城市中的每座建筑物设置唯一标识符，方便政府各个部门跟踪，为更加精准地进行定位和预测提供依据。

新加坡是一个岛国和城市国家，其推行的“智慧国”计划，旨在通过大数据等技术来实现城市治理的智能化。新加坡陆路交通局利用大数据分析公共交通工具的利用情况，进而不断优化公交线路和地铁运行计划，使之能够高效运转和满足乘客需求。与此同时，新加坡陆路交通局还利用大数据监测公共交通工具的紧急情况，在遇到突发事件时能够及时采取应急措施。此外，新加坡陆路交通局还基于大数据分析来测算高峰期的乘客特征，并据此推出性价比最高的优惠票价政策，吸引人们错峰出行并减轻高峰期的交通压力。

这方面值得一提的一个案例，是波士顿养路局发现路面不平或坑洞的手机应用程序“街震”（Street Bump）。美国是车轮上的国家，各地普遍面临道路养护问题。过去需要依赖养护人员巡查，成本高且发现问题速度慢。驾驶员也可以主动报告，但是往往难以准确定位路段和位置。“街震”这款 App 使用手机的加速器和 GPS 这两个感应器，将其嵌入导航系统，用于探测路面不平或坑洞。驾驶员在行驶时使用 App，就可以记录位置和道路平整程度。如果在同一地点有 3 个或 3 个以上的驾驶员出现震动情况，那么政府就会勘察路况并进行快速维修，或者记录位置并用于长期维修计划。这款 App 是开源软件，这就意味着任何希望使用它的市政府都可以微调后用于本地。

在智慧城市领域，一个颇有价值的案例是推动公共政策的游戏化，让孩子领养一个消防栓。许多北方城市都面临冬季消防难题，特别是如何确保分散在全市的消防栓不被积雪覆盖或冻住。一方面，冬季天干物燥，是火灾多发季；另一方面，积雪导致消防栓冻住或找不到，使消防救援面临难题。2011 年 1 月，美国波士顿启动了“领养一个消防栓”的活动，开发了一个互动地图软件来解决这个问题。居民可以下载这个游戏软件，像线下真人游戏一样，按图索骥地搜寻被积雪覆盖的消防栓，然后挖出来、命名和维护。如果下次下雪后这个消防栓被其他人挖出来，那么它就属于新的主人。到了春天，消防局会统计哪些人领养的消防栓多，并通过颁奖来予以肯定并加强宣传。所以，这个游戏有很强的趣味性、互动性和竞争性，引得许多寒假无事可做的中小学生参与其中。这样一来，既使孩子们找到了冬日的乐趣，又使消防局解决了一大难题，同时还顺带普及了消防救援知识，可谓一举多得。波士顿市内共有 1.3 万个消防栓，项目启动时有 100 多个志愿者，但是却引发许多城市纷纷效仿。由于软件是开源的，所以很多城市都可以变换地图来支持本地的类似创新。

当然，在智慧城市建设的同时，人们也在反思如何避免智慧城市（Smart City）沦为愚蠢城市（Stupid City）。智慧城市是大数据、机器学习和物联网的三位一体，是将数据和技术用于传统事物或过程，从而提高效率和便利性。但是，智慧城市建设容易陷入所谓的“技术障目镜”或“反城市的”技术决定论，即政府官员可能极端短视地把城市等同于技术问题，而忽视社会和政治障碍。“我们不能让技术之尾摇摆城市之头”，解决复杂的真问题，而不是人为简化的假问题。换句话说，要让技术服务于社会与政策需求，而不是调整社会目标迎合技术。毕竟，政策与项目改革的出现优先于技术创新，要确保技术的设计与实施能够促进提升民主价值。为此要发展市政部门使用数据的能力与流程，厘清目标与手段的关系，做到让技术围着人转，而不是人围着技术转。

有学者基于美国城市的调查和访谈，提出了地方政府实施大数据战略的10条建议，其中5条是针对市领导的，5条是针对市经理的。这些建议包括：要有对大数据应用的整体思维，思考智慧城市系统，而不只是关注数据；要明确坚持大数据和循证决策的战略和愿景，并将其贯彻到市直部门；要通过法律、政策文件等将大数据发展予以制度化，使大数据应用能够得到各类资源支持和实现长期可持续发展；营造鼓励自下而上创新、预见性变革、实验试错的组织文化，推动技术创新和组织变革；邀请市民广泛参与大数据应用，既提供大数据分析的创意，又得到民众支持和理解，避免触及法律或伦理底线；推动各个部门之间通力合作，跨部门共享和利用大数据；通过培训学习来提升跨部门、跨地区的合作能力；建立各部门与外部利益相关者的常态化沟通交流网络，打破部门之间的合作障碍；制订长期战略数据计划，明确中长期需要达到的具体目标；与民众充分而广泛地沟通大数据分析获得的信息和收益，获得他们的支持并吸引他们参与。

四、公共治理中大数据应用的经验与启示

在公共治理中推动大数据应用，需要从宏观、中观和微观3个层面全面推进（见表7–4），使大数据应用能够得到系统支持和全面深化。在宏观层面，需要通过制定大数据战略、出台大数据法律法规和构建大数据治理体制来为大数据应用保驾护航，使其在公共治理中发挥更大的积极作用，避免导致风险和降低负面影响。在中观层面，要设立大数据管理机构，建立跨层级、跨部门、跨地区、跨系统的数据交换和共享机制，吸引企业、学术机构参与大数据应用，并打造鼓励数据共享、利用和再利用的数据文化。在微观层面，要让领导干部和公务员有足够的数据素养和技能，让更多的人才投身数据产业，让社会公众

有更强的数据思维。通过宏观、中观和微观 3 个层面的首尾相接和系统推进，才能使大数据应用真正在公共治理中发挥作用，并尽可能降低大数据应用可能带来的负面影响和潜在风险。

表 7–4 公共治理大数据应用的推进建议

层面	对象	建议
宏观	数据战略 数据法律 数据体制	大数据战略 大数据法律法规 大数据治理体制
中观	数据机构 数据机制 数据产业 数据文化	大数据管理局、首席数据官 数据交换和共享机制 企业和学术机构合作 数据共享利用文化
微观	领导干部和公务员 数据科学家 公民	数据素养 数据技能 数据思维

资料来源：作者自制。

在宏观层面，要制定大数据战略，明确大数据在公共治理应用中的战略地位，并通过各项行之有效的人才培养、资金保障、技术研发、场景应用等具体措施来为其保驾护航。要出台大数据在公共治理中应用的法律法规、规章制度和条例，修订和大数据应用不相适应的制定规则，使大数据在公共治理中发挥更大的积极作用。要通过法律法规和政策体系来奠定数据交换流通的基础架构，突出大数据应用的顶层设计和统筹协调，实现全国大数据应用的“一盘棋”。构建大数据治理体制，特别是明确数据共享为原则、不共享为例外的基本原则，强化数据可及性、可访问性、可用性、开放共享性、价值性、安全性等，为大数据在公共治理中的应用提供保障。比如，可以参照公共教育、社会保障等领域的财政支出管理办法，设定最低比例的年度大数据预算，将其列入部门预算并予以执行，确保大数据应用可以得到足够资金支持。如果不能为政府部门保障足额预算支出，面对“烧钱”的大数据应用，政府很难有所作为，和其他国家的差距也会进一步拉大。

在中观层面，要统筹全国性和区域性的大数据基础设施建设，避免各地一哄而散和重复建设，在强化基础支撑保障能力的同时注重集约化和一体化建设。与此同时，要大力吸引企业、学术机构参与大数据应用，推动经济社会全方位数字化转型，进一步拓展和丰富大数据应用场景。值得注意的是，要着力打造鼓励数据共享、利用和再利用的数据文化。当数据文化形成以后，就会推动大数据应用的良性循环，使数据交换、共享和应用成为人人遵守的社会准则和行业共识。

在微观层面，要认识到最终是人在产生、交换、共享和利用数据，因此要让社会各部门的人都能参与大数据在公共治理中的应用。要让领导干部和公务员有足够的数据素养，使他们不对大数据“谈之色变”，而是对大数据“眉飞色舞”，善于通过大数据分析来进行行政管理。要让更多的顶尖人才投身大数据关联产业，吸引更多的数据科学家到公共部门工作，使他们能够在政府大数据应用中一展身手。比如，美国众议院就在 2021 年提出了《联邦计算机科学工作机会法案》，使软件开发、软件工程、数据管理、知识管理等方面的工作岗位能够延揽优秀人才。美国总统拜登也推出了“数字军团”计划，吸引更多数字技术人员投身联邦政府部门。此外，要通过在校教育、终身学习等方式，让社会公众有更强的数据思维，配合和支持国家大数据应用战略，并能够参与大数据在公共治理中的应用。

以下分别从政府数据共享与开放、公众参与和众筹众创、数字生态健康规范发展、大数据应用的制度规则建设 4 个方面来总结国际典型经验，并探讨其对中国推进大数据在公共治理中应用的借鉴与启示。

（一）政府数据共享与开放

大数据在公共治理领域的应用首先需要解决数据从哪里来和谁能使用数据的问题，否则就是“巧妇难为无米之炊”。从西方代表国家来看，各级政府部门一般都有较强的数据开放和共享能力，也能够极力推动政府数据开放和共享，使大数据在公共治理领域得到充分利用。与此同时，这些国家也在推动政府从数据开放走向代码和算法共享。数据开放不同于信息公开，尽管二者都是透明政府建设的重要议题。中国各级政府还在推动信息公开，要促成乃至推动数据公开还有很大挑战。大数据不只是数据，还有算法和代码，因此要从开放数据走向开放算法和开放代码。一方面，这有助于打开算法“黑箱”，是对政府的问责和监督所必要的；另一方面，这会推动算法的标准化，并降低政府再开发成本。

在公共治理领域应用大数据，意味着要从政府 1.0 走向政府 2.0，实现政府数字化转型。政府 1.0 意味着封闭、单向、静态的电子政务，而政府 2.0 则意味着开放、双向、多媒体的数字政府，是政府部门在其内部和外部利用 Web 2.0 技术，以增进合作与透明，并改变政府部门与公民的关系，以及政府部门的运转方式。因此，政府要摒弃闭门造车的观念，要认识到大数据分析需要通过外包或众包众筹等模式创新。

从全球发展趋势来看，建立公共部门和其他机构之间的安全数据共享交换平台至关重要，且这是数字时代政府数据治理的关键所在。否则，缺乏区域性或全国性的数据再利用框架，就无法对数据交换和共享进行规范，也难以实质性推动数据再利用。比如，世界经济论坛发布的《面向数据经济的数据交换框架》就提出，数据交换是数据共享的重要模式，将为促进数字经济发展提供原动力。新加坡先后推出了财务数据交换平台和贸易数据交换平台，为数据交换和再利用建立技术通用框架，持续深化公共数据开发利用。

具体来说，可以借鉴欧盟出台的《开放数据和公共部门信息再利用指令》，进一步降低社会利用政府数据的门槛和成本，使更多政府部门掌握的实时动态数据可以和企业、学术机构等共享，避免公共数据被政府部门和少数合作企业排他性地独断专用。唯有如此，才能使政府数据开放的范围扩大，开放的数据含金量增强，开放数据的获取门槛和成本降低，并吸引更多机构利用政府开放数据来创新商业模式和创造公共价值。

政府 2.0 不是指技术，它是文化变革，是支持公共治理的一种新途径。技术只是其催化剂或助推器。如果缺少内部实质变化与因应，那么信息技术只是使政府成为“有电子邮件的利维坦”，仅此而已。我们对政府 2.0 的认识过度局限于技术层面，但实际上我们可以将其视为一座冰山，技术只是冰山露出水面的一角，在水面以下的冰山是流程再造，而在冰山底端则是政府的观念或理念。政府 2.0 意味着一场根本性的文化变迁与运作变革，使政府更加透明并乐于合作。根本来说，政府 2.0 的核心在于理念和观念的转变，即以公民为中心的公共服务理念。

各地普遍设立的大数据管理局等机构本身不产生数据，而是对各委办局生成的业务数据进行集成、加工和处理，使之达到可利用和再利用的水平。但是，各委办局的数据质量差异大，需要大数据管理局等部门加强数据标准化建设，推进数据交换和再利用。要明确哪些数据是可以跨部门无条件共享的，哪些数据需要有条件共享，通过制度来约束数据流动，避免数据流动的无序。

在公共治理领域应用大数据的具体操作中，流程再造需要置于中心位置。显然，只引入大数据分析技术是简单的，成本低廉，效果明显，但其可持续性如何却值得商榷。20 世纪 90 年代计算机革命所产生的商业奇迹就是如此，企业流程再造之所以发生，就是因为信息技术没有导致企业绩效提升，反而使企业规模膨胀。由此人们认识到流程再造的重要性，紧接着政府也注意到流程再造的必要性。一些地方政府网站建设得非常华美，许多还开发了情景模拟，为用户提供身临其境的服务指引。但是，如果审批程序和流程不做根本性的改变，信息技术只是将繁文缛节进一步电子化而已，并没有改变繁复的流程和用户体验。

（二）公众参与和众筹众创

大数据在公共治理领域的应用，既离不开从公众收集和获取数据，也离不开公众的参与、认可和信任。西方代表国家在推动大数据在公共治理领域的应用方面不遗余力地加强公众参与和提升公众信任，使大数据应用在阳光下推进，并通过增强政府透明公开来提高政府合法性。在公共服务的设计、提供、评估等全过程，政府部门都会加强公众参与，使大数据为民所用。“群众的眼睛是雪亮的”，高手在民间，答案也在民间，所以政府部门会问计于民和合作设计公共服务，通过各种渠道鼓励公众提供创新线索，公众建言提供创新想法。政府部门也会加强公共服务合供（Coproduction），与民众合作提供公共服务。此外，政府还会加强公共服务的共同创造（Cocreation），与民众合作创新服务设计。

在城市面临的各类问题中，政府部门开放越来越多的数据，市民开发 App 来将这些信息用于解决本地问题。与此同时，人们还会开发平台共享这些信息，并据此评价公共服务质量，选择公共服务和披露违法违规行为。这使市民可以参与城市治理的全过程，并推动城市公共服务更加以人为本。例如，对用户点评网的评论进行分析，可以识别家长们主要关注托儿所提供服务的哪些方面，据此为政府部门评估托儿所服务质量提供了依据，使它们能够有针对性地进行监测和评估，并为家长们提供更好的选择，也督促托儿所能够按照家长需求来完善和提升。

世界经济论坛在 2021 年发布《赋权数据社会：以人为本的数据关系方法》，提出数据治理要换位思考，充分考虑产生数据的公民个人如何才能从自己产生的数据中受益，而不是对数据奉行“拿来主义”。虽然我们强调数据驱动，但是至关重要的是以人民为中心的大数据应用，大数据分析的目的是追求公共价值，因此本质上来说是价值驱动的。为此，在数据治理中要强调以人为本，从对人民负责和为人民服务的立场出发来制定和执行相关政策，形成一套以人为本的数据治理体系，得到社会公众的认可、信任和参与。与此同时，在保护个人数据安全的同时，也要强调数据赋能的作用，使人们能够参与到大数据分析中，并平衡数据利用过程中的责任、机会、自由和风险。

在推动大数据在公共治理领域的应用时，要全方位加强公众参与，推动众筹众创。一方面，政府部门要安全和可信地利用大数据，使公众相信政府可以让他们的数据得到合理和负责任的使用，他们的个人信息得到了充分保护。另一方面，政府部门要经常和公众沟通，向社会发布大数据在公共治理领域应用所取得的成绩和产生的影响，特别是为公众所带来的切切实实的收益，使他们成为支持大数据在公共治理领域应用的中坚力量。

对美国城市的调查显示，地方政府利用大数据的主要障碍体现在人力资源方面，这包括能否为公务员进行培训，使他们能够利用数据来辅助决策；也包括延揽符合条件的程序员或数据科学家。与此同时，能否和其他部门通力合作来获取和利用数据，也是影响大数据在公共治理领域能否发挥作用的关键因素。当然，这些方面的障碍要想克服，都需要来自高层领导者的强烈支持和深度参与，否则就难以撬动政府官僚制的僵化结构，也无法激活大数据的潜在价值。为此，领导者需要基于公共价值来解决技术公司带来的算法挑战，使大数据在公共治理领域真正创造公共价值。

（三）数字生态健康规范发展

在大数据时代，领导干部如何认识和使用大数据，将在很大程度上决定公共治理水平。一个城市的“智商”（Smartness）指一种能力，使其能够利用信息与通信技术吸引人力资本，并推动人力资本同各种行动者（组织或个体）的协同。大数据和人工智能、区块链、云计算等新兴信息技术一样，都需要政府部门包容审慎地应用。澳大利亚统计局前局长就指出，大型政府部门在使用技术时要充分利用技术带来的机遇，但是应进行审慎管理，达到合理的成本收益。组织领导层不需要是技术达人，但是他们需要对技术及其带来的机遇有基本的认识，并参与对技术的管理过程。领导层需要确保项目是业务驱动的而不是技术驱动的，并认识到技术带来的风险、挑战和外部性。

对创新性应用这些新兴信息技术的政府官员进行研究显示，他们都有 5 个关键理念，包括：企业家精神、协同合作、适应力、驾驭新兴信息技术能力和领导力。因此，提升领导干部的数字素养特别是数字领导力，使其能够珍视大数据的公共治理价值并予以开发和利用，是特别值得关注的问题。这意味着领导干部要提升数字领导力，它是一种数字胜任力，包括数字沟通、数字社交技能、数字团队构建、数字变革管理、数字科技技能、数字信任。还应加强领导干部的数字领导力培训提升，使其不被技术牵着鼻子走，并能够有数字化思维与理念。当领导干部有了较强的数字领导力以后，就能够在公共治理中善用大数据。

在公共治理领域应用大数据不应是政府“唱独角戏”，而是需要和企业、非营利组织、学术机构、社会公众等携手一道合力推进。特别是公共治理需要的数据不仅来自政府部门，而且来自企业等其他机构，所以跨部门合作是至关重要的。西方代表国家都在致力于打造促进政府部门应用大数据的生态系统，使各个利益相关者都能够从中受益并实现共赢。

英国政府在内阁办公室下设政府数字服务办公室，与国家统计局、政府科学办公室合作发起政府数据科学联盟（Government Data Science Partnership），帮助政府更好地发挥数据科学的潜能。该联盟开发了一系列工具帮助政府部门利用大数据，并培养公务员的数据科学素养。在该联盟的支持下，英国政府推出了数据科学加速器计划、数字学院和数据科学园区等，大力培育、吸引和利用数据科学家，使他们能够参与公共治理领域的大数据应用；让各部门各级公务员接触新鲜好玩的数据科学，使他们认识到大数据的价值并拥抱大数据。

美国建立了类似美国代码（Code of America）的跨区域协同网络或城市联盟，鼓励政府部门通过 GitHub 等平台共享代码，并共同推动开放创新和协同发展。这虽然和上一代的“开源”运动不同，但是其宗旨和理念是相通的，最终都是要让大数据在公共治理领域得到更加广泛且普惠的应用。这使分散在各类机构的数据科学家充满热情，很多人都是为政府部门免费编写程序，使一些政府想都想不到的创意得到实践。

俄罗斯发布了《关于联邦国家信息系统“国家数据管理统一信息平台”的规定》，提出建立“国家数据管理统一信息平台”，将俄罗斯联邦政府各类系统和数据库的数据和信息都集成到统一平台，确保数据的可靠性、相关性与一致性。该平台由联邦数字发展、通信和大众传媒部负责运营，计划将所有具有社会意义的公共服务转化为数字形态，提高公共服务质量和可用性。该平台包括集成、政府数据质量控制、元数据管理和目录管理、信息安全、运营管理、信息门户、信息分析支持等子系统，为政府提供完善的一体化系统。

在邀请各类利益相关者参与公共治理领域的大数据应用的同时，政府部门也认识到企业等可能对这个事业带来的挑战和威胁。一些技术企业可能在应用大数据的同时，通过算法“黑箱”而达到遮人眼目的目的，如何对算法进行监管就成为至关重要的问题。特别是一些技术企业做大做强而成为带有垄断性或寡头性质的平台企业，它们既是大数据的来源，也是可能危及大数据在公共治理领域应用的源头。发达国家都在不遗余力地加大对技术企业的监管，使它们能够秉持“科技向善”的理念参与公共治理。

（四）大数据应用的制度规则建设

大数据在公共治理中的应用比在商业领域更加复杂、微妙和挑战重重，这是因为公共治理涉及公权力的使用、公共利益的兑现和公共价值的实现。如果大数据被误用或滥用，或者个人隐私、商业机密和国家秘密因此而遭遇泄露风险，那么就会导致巨大的社会危机，并使公众信任和政府合法性遭受挑战。有学者指出，在公共管理中应用人工智能技术面临 4 个方面的挑战：精准性、偏见和歧视，合法性、公正程序和行政正义，责任、问责、透明和可解释性，权力、遵从和控制。因此，西方代表国家都非常强调推进大数据在公共治理领域应用的制度规则建设，特别是在法律法规和监管制度方面率先布局，使大数据应用能够在一个安全、可控、透明和问责的制度环境中运行。政府部门建立和完善数据标准，使大数据在格式、存储、获取、使用等方面都有标准可循，进而能够促进跨部门的数据共享共用。

世界经济论坛 2021 年发布了《良好的数据：共享数据并促进公众信任和意愿》，提出数据的处理方式要考虑个人隐私保护、社会公平、社会正义、道德标准和法律合规，如此才是良好的数据。澳大利亚发布的《政府间数据共享协议》就明确了数据去标识化、可识别数据共享等方面的政府职责和要求，避免数据共享带来的隐私泄露风险。与此同时，这些国家也和公务员约法三章，出台大数据在公共治理领域应用的伦理准则和制度框架，使政府部门形成安全和负责任地使用大数据的共识和组织文化。

英国公务员首席执行官约翰·曼佐尼（John Manzoni）在 2017 年的一次演讲中就谈到，政府在利用大数据方面面临两大挑战，一是赢得和保持公众信任，二是使公务员具备收集、存储、分析、共享和利用数据的能力。要想确保公众信任政府利用大数据，就需要明确什么是可以做的，什么是不可以做的，以及怎样做是合法合理的。英国在 2017 年通过了《数字经济法》，使政府部门可以获取相关组织的数据，以便更好地识别特定群体并为其提供更加有针对性的公共服务。英国政府数字服务办公室在2016年发布数据伦理框架，并在2018年和2020年修订。数据伦理框架要求公共部门在规划、执行和评估政策或服务时合理和负责任地使用数据，并确定了透明、问责、公平这3项总原则，要求政府部门在数据利用的全过程都予以贯彻落实。政府部门要在利用数据时首先界定和理解公众收益和用户需求，广泛征求专家意见，遵守相关法律，审查数据的质量和局限，并考虑数据利用的广泛影响。

党的十九届四中全会提出，要建立健全运用互联网、大数据、人工智能等技术手段进行行政管理的制度规则。推进数字政府建设，加强数据有序共享，依法保护个人信息。这意味着在推进大数据公共治理领域的应用时，既要打破过时陈旧的法律法规和规章制度，为政府数据的流动、共享和开放大开方便之门；又要特别考虑到大数据对公共治理带来的一系列挑战和潜在风险，加强权责归属、风险防范、应急管理等方面的制度建设。《深圳经济特区数据条例》在2021年6月29日通过，上海市、浙江省、广东省等地也出台了类似的规则制度，而在国家层面也需要适时总结地方实践经验并加强顶层设计。

参考文献

[1] 本·格林. 足够智慧的城市：恰当技术与城市未来. 上海：上海交通大学出版社，2020.
[2] 李华芳. 合供：过去、现在与未来. 公共管理与政策评论，2020（1）.
[3] 马亮. 大数据技术何以创新公共治理？——新加坡智慧国案例研究. 电子政务，2015（5）.
[4] 马亮. 公共部门大数据应用的动机、能力与绩效：理论述评与研究展望. 电子政务，2016（4）.
[5] 马亮. 大数据治理：地方政府准备好了吗. 电子政务，2017（1）.
[6] 马亮. 大数据时代的政府绩效管理. 理论探索，2020（6）.
[7] 马亮. 公务员的信息技术能力与数字政府建设：中国城市的调查研究. 广西师范大学学报（哲学社会科学版），2020（2）.
[8] 马亮. 四位一体的国家治理——制度优势何以转化为治理效能. 广西师范大学学报（哲学社

会科学版），2021（1）.

[9] 日本日立东大实验室 . 社会 5.0：以人为中心的超级智能社会 . 北京：机械工业出版社，2020.

[10] 史蒂芬·戈德史密斯，苏珊·克劳福德 . 数据驱动的智能城市 . 杭州：浙江人民出版社，2019.

[11] 郑磊 . 开放的数林：政府数据开放的中国故事 . 上海：上海人民出版社，2018.

[12] Andrews L. Public Administration，Public Leadership and the Construction of Public Value in the Age of the Algorithm and Big Data. Public Administration，2019，97（2）.

[13] Ang Y. Y. Integrating Big Data and Thick Data to Transform Public Services Delivery. Retrieved from Washington D. C.，2019.

[14] Brayne S. Big Data Surveillance：The Case of Policing. American Sociological Review，2017，82（5）.

[15] Desouza K. C.，Bhagwatwar A. Citizen Apps to Solve Complex Urban Problems. Journal of Urban Technology，2012，19（3）.

[16] Desouza K. C.，Jacob B. Big Data in the Public Sector：Lessons for Practitioners and Scholars. Administration & Society，2014，49（7）.

[17] Eggers W. D. Government 2.0：Using Technology to Improve Education，Cut Red Tape，Reduce Gridlock，and Enhance Democracy. Lanham：Rowman & Littlefield Publishers，Inc，2007.

[18] Henman P. Improving Public Services Using Artificial Intelligence：Possibilities，Pitfalls，Governance. Asia Pacific Journal of Public Administration，2020，42（4）.

[19] Herbst C. M.，Desouza K. C.，Al-Ashri S.，Srivatsav Kandala S.，Khullar M.，Bajaj V. What do Parents Value in a Child Care Provider? Evidence from Help Consumer Reviews. Early Childhood Research Quarterly，2020（51）.

[20] Ho A. T.，McCall B. Ten Actions to Implement Big Data Initiatives：A Study of 65 Cities. Retrieved from Washington D. C，2018.

[21] Lavertu S. We All Need Help："Big Data" and the Mismeasure of Public Administration. Public Administration Review，2016，76（6）.

[22] Maciejewski M. To do More，Better，Faster and More Cheaply：Using Big Data in Public Administration. International Review of Administrative Sciences，2016，83（1S）.

[23] Meijer A.，Bolívar M. P. R. Governing the Smart City：a Review of the Literature on Smart Urban Governance. International Review of Administrative Sciences，2016，82（2）.

[24] Mergel I.，Rethemeyer R. K.，Isett K. Big Data in Public Affairs. Public Administration Review，2016，76（6）.

[25] Monroe B. L. The Five Vs of Big Data Political Science Introduction to the Virtual Issue on Big Data in Political Science Political Analysis. Political Analysis, 2017, 21 (V5) .

[26] Osborne S. P. Public Service Logic: Creating Value for Public Service Users, Citizens, and Society Through Public Service Delivery. London: Routledge, 2020.

[27] Roman A. V., Van Wart M., Wang X., Liu C., Kim S., McCarthy A. Defining E-leadership as Competence in ICT-Mediated Communications: An Exploratory Assessment. Public Administration Review, 2019, 79 (6) .

[28] Ruijer E., Détienne F., Baker M., Groff J., Meijer A. J. The Politics of Open Government Data: Understanding Organizational Responses to Pressure for More Transparency. The American Review of Public Administration, 2019, 50 (3) .

[29] Shark A. R. Innovation and Emerging Technologies in Government: Keys to Success. Retrieved from Washington D. C., 2020.

[30] Wenzel R., Van Quaquebeke N. The Double-Edged Sword of Big Data in Organizational and Management Research: A Review of Opportunities and Risks. Organizational Research Methods, 2017, 21 (3) .

[31] Yeung K. Algorithmic Regulation: A Critical Interrogation. Regulation & Governance, 2018, 12 (4) .

[32] Young M. M. Implementation of Digital-Era Governance: The Case of Open Data in U.S. Cities. Public Administration Review, 2020, 80 (2) .

第五篇　政策建议

专题八

大数据治理时代政府适应性改革的政策建议*

一、公共治理现代化面临的机遇与挑战

经济社会的快速发展使公共治理问题越发复杂化，公共部门不能仅关注提升自身的管理和服务能力，还必须与其他相关部门紧密协同，解决以往碎片化带来的各自为政、“信息孤岛”等问题。因此，秉承整体性治理理念推动多业务协同，提高公共部门处理复杂事务的能力，构建整合、协调、共治的现代化公共治理体系，已经成为世界各国改革创新的发展方向。

（一）公共治理范式的演进历程

范式，是指在科学领域得到普遍认同并形成共识的思维方式、基本理论、方法手段、典型范例等要素集合体。自科技革命后，影响世界各国政府运行的基础理论体系不断演变，表现为公共行政范式、新公共管理范式和整体性治理

① 本专题作者为清华大学张少彤。

范式的更迭替代。

1. 公共行政范式强调职能明确，指令传递路径清晰，容易处理具有专业性且逻辑简单的事务，在公共服务从无到有的过程中具有一定效率优势

公共行政范式产生于 19 世纪末 20 世纪初，其理论基础是马克斯·韦伯提出的官僚制理论。所谓官僚制，是建立于法理型权威基础上的一种现代社会所特有的、具有专业功能以及固定规章制度、设科分层的组织制度和管理形式。官僚制组织的纵向等级层次反映了权威的模式，横向功能结构则是专业领域细化分工的结果。科层官僚制是绝大多数政府部门组织结构的基本方式。

科层官僚制的优势在于各部门的职责固定清晰，具有高度的规范性和专业性，其在公共治理中的优势特征包括：一是讲求分工，在组织中明确划分每个组织成员的职责权限并以法规的形式将这种分工固化下来。二是层级节制的权力体系，在组织中实行职务等级制和权力等级化，整个组织是一个层级节制的权力体系，组织中的工作具有高度的纪律性和对上的服从性。三是信息传递的规范性，正式公文是组织中传达重要决定和工作部署的主要载体，下级易于接受明确的命令，上级也易于对下级进行管理。但是，科层官僚制由于更加强调对上负责，其价值取向并不在于追求公共利益最大化；同时，官僚制组织缺少与其他组织协同的动力，并且长期运行会导致机构臃肿，工作效率降低、积极性不足等问题。

2. 新公共管理范式更加强调以用户为中心的思想，引入竞争机制提高效率，在公共服务从有到多的过程中扮演主要角色

新公共管理范式产生于 20 世纪 70 年代。针对当时经济滞胀、政府扩大支出产生的高税收、公共服务缺少效率所造成政府与市场和社会关系比较对立等问题，英美等国为缓解社会普遍不满情绪，改革者为了增强组织活力和提高效率，主张借鉴私营部门管理原则、方法和技术对传统官僚制进行改革。

新公共管理范式的理论基础是现代经济学，以“理性人”为假设前提分析政府工作驱动力，追求付出最小公共成本而获得最大公共利益的目标；借鉴公共选择和交易成本理论，指出政府工作应以市场或社会公众需求为导向，要致力于提高服务效率、质量和有效性。同时，将私营部门管理经验引入公共部门以改造僵化的科层制，例如探索制定科学的政府绩效目标和测量评估指标，改变以往只重投入、不重产出的问题，以及在人事管理上实行更为灵活的合同制、雇佣制，逐步打破终身制。

但是，由于现代社会面临公共问题的跨领域关联度和复杂度越来越高，新公共管理范式在实践中也产生了一系列突出的问题，例如，一些部门之间存在着相互冲突的政策目标，在实际工作中难免出现转嫁或推诿责任的现象；再如，一些部门之间职能交叉，存在因重复提供公共服务而增加过多成本的现象。不同机构间缺少恰当的干预和沟通机制，各自为政的权力职能“碎片化”原因加剧了新公共管理范式下的治理危机，往往使得复杂事务不能得到有效处理。

3. 整体性治理范式更加强调整合协同、协调共治，在公共服务从多到优的过程中发挥重要作用

整体性治理范式兴起于20世纪90年代末期，是一次重大的行政学范式转移，逐步发展成为当前英美等国家公共治理改革最鲜明的特征。整体性治理是一种较为严密的跨部门协同理论模式，由英国学者佩里·希克斯首倡，这种跨界跨领域协同是以“协作”和“整合”作为基本特征和工具，推动职能交叉的组织结构重构，推进公共治理过程中政府、企事业单位、第三方组织和公民等多元主体间的协同共治，解决新公共管理中部门本位主义和“碎片化”问题。

第一，整体性治理强调“部门间主义”和跨功能合作，提倡运用整体论的思维方式跨越组织机构和专业领域的边界进行协同工作，以解决职能交叉性问题并构建跨功能提供整合服务的合作模式。第二，建立网络化的协调机制进行

协同运作；提倡以大部门制的适度集权对分散权力进行整合；提倡建立整体预算与采购制度。第三，提倡人员岗位的灵活应变，管理人员必须通过培训掌握多学科知识以实现共享性目标，设置跨服务功能的“浮动”行政人员岗位，以处理跨部门和跨领域的交互性任务和问题。第四，强调现代信息技术（如互联网、大数据、人工智能等）在整体政府中的重要支撑作用，构建便捷的信息检索、数据共享、整体服务系统平台，为实现跨组织的整合工作界面创造有利条件，推动业务流程透明化与优化，助力打破部门割裂的壁垒，提高政府整体运作效率效能。

（二）整体性治理改革面临的挑战

整体性治理范式为当今世界各国处理好政治、经济、社会等领域越来越复杂的事务提供了重要思想理念，但是，全面实现整体性治理尚需较长期的发展过程，特别是探索创新形成体系化的有效实施举措将面临诸多巨大挑战，主要体现在以下方面。

一是组织管理模式难以进行根本性创新，业务协同的动力机制难以保证持续性。当前，多数部门在实际工作中更加关注履行好本部门的法定职能，而对于多领域协同的要求，所采取的探索创新措施多是临时性、短期性的。例如，设立议事协调机构往往呈现出一种“就事论事”的特征，并不能支持部门间长期的合作和全方位的协调，一旦该事项完成或者暂告一段落之后，部门间的合作关系也宣告结束。再如，建立工作专班方式，更多是为了解决执行层面和技术实施层面的问题，一旦涉及制度规则的改革调整，工作专班则难以推动部门间关系的深层次变化，并且也缺乏有效的机制持续地调动这种临时性组织中工作人员的积极性。

二是协同过程权责难以明晰，激励与监督问责机制难以实现。对于多领域协同的复杂事务治理，由于多个部门共同施策，调控因素更多，因而协同过程中的不确定性会显著提升，并且难以清晰界定和分解出每个相关部门应承担的责任。因此在权责界定不明晰的状况下，即使各部门选择协同合作，也不一定能有效解决问题，各部门不想为大家获益的事情担负主要责任，一段时间后，很多部门索性对协同工作置之不理，又退回到只关注落实好本部门有明确要求和职能职责范围内工作的原始状态。权责不明也会导致组织内缺少对有效协同的激励和对抵触拒绝协同的监督问责，长此以往会降低涉及协同工作部门的参与积极性，加大推进工作的阻力。

三是构建数字化支撑平台的难度大幅度提高，牵头部门的职能职责尚需改革创新。整体性治理的基础是数据共享，通过数据共享消除或降低部门间信息的不对称性。随着事务的复杂度和关联度极大提升，只有借助先进信息技术手段才能对提升治理能力进行有效支撑。数字化技术应用的渗透效应日渐凸显，以整体性治理的理念对大量异构的系统平台进行关联对接和整合协同的挑战性也直线上升，集约化建设在降低成本和提升安全性的同时，也加大了建设失败的风险，因此也需要技术平台建设牵头部门加强改革，既要能够推动新技术的应用，又要能够有效防范和控制新技术应用带来的安全性、公平性、合规性等方面的潜在风险。数字化系统建设要能够与公共治理改革的业务和服务创新同步，还必须依靠既懂信息技术又懂业务治理知识的复合型人才，而这种人才在公共部门和承建厂商中都是稀缺资源，这也增加了实现整体治理的技术难度。

（三）实现公共治理现代化的适应性要求

借鉴各阶段政府运行范式的优势特征，改进存在的主要问题和不足，我国政府治理改革应关注并加快实现以下 6 个方面的适应性要求。

1. 提高机构的履职专业化、运行规范化、行政法治化水平

目前，科层制仍然是政府部门组织管理的主要体制。在此背景下，政府部门要注重发挥科层制组织优势：一是从公共行政角度看，要不断提高履行职能

的专业能力，提高政策决策过程的科学性和合理性；二是依据部门职能清单、权力清单、责任清单，加强对行政权力事项运行全流程的规范化管理，依照标准规范的流程，提高处理事务的工作效率；三是提高行政管理工作的法治化水平，将行政权力关进法律制度的铁笼，行政权力的取得必须有法律法规作为依据，违法行政必须要承担相应的法律责任，对行政管理工作应建立全程留痕的监督追责手段。

2. 转变机构治理模式，建立整体型、敏捷型、协同型组织

以整体性治理理念为指导推动组织结构重构，以公共治理的综合性结果和全局性目标为参照进行治理制度机制的创新设计，既要保证部门专业化分工的治理能力，又要提升跨部门合作的实施和支撑能力。一是加强整合建立整体性治理结构。既要加强部门内职能整合，重塑组织文化、价值取向、信息管理、人事管理等制度机制以促进内部分工协作；又要推进部门间整合，强化共同的领导权和目标考核，加强信息数据共享，统筹配置资金人才等投入资源推动跨组织边界的工作协同。二是随需应变建立敏捷型治理结构，能够实时灵敏地感知治理环境和对象的变化，快速动态地调整机构设置和职能设定，提高科学应对各种变化的响应速度，创新机制以适应迭代渐进式的治理协商过程。三是共治共享建立协同型的治理结构，政府部门能够与市场主体、第三方机构、社会公众形成治理合力，共同解决所面临的难题。政府部门在其中要发挥正确的导向作用，同时要确保透明民主，通过对话、协作等方式增进多方信任，形成共同的治理目标；并且清晰界定责任，担当公共利益博弈的“减震器”，降低多方冲突对公共利益的损害。

3. 以人民为中心，以服务为重心，构建一体化、无缝隙的公共服务体系

现代化治理必须“以人民为中心”，最大化地实现并维护公共利益，创造公共价值。社会公众对便捷高效的公共服务最有获得感和体验度，整体性治理可

以将改进传统公共服务体系作为切入点，运用联合、协调、整合、数字化等方法手段为民众提供一站式、一体化、无缝隙的公共服务。公共服务部门要紧密围绕群众眼中办成“一件事”的需求，整合办事链条上各个环节所涉及的事项和服务资源，确保服务内容好用、实用、易用；在此基础上，公共服务部门应利用好政务服务大厅、移动客户端、自助终端等设施平台将服务一揽子、导引式地提供给公众，加强公共服务向基层多渠道延伸，加强公共服务与电子商务平台的整合，构建无缝隙的服务体系，使公众可以方便、快捷、低成本地获取公共服务。

4. 提高决策的科学性和预见性，在全局范围内优化资源配置

提高政府政策决策的科学性和预见性水平非常重要，这是因为政府拥有强大的资源整合和配置的能力，政府的政策决策无论短期还是长期都会对整个国民经济和社会发展产生重要影响，科学且具有战略眼光的政策决策将使整个国家处于长期有利的竞争优势地位，而失误短视的决策将极大消耗国家实力，损害人民利益。因此，现代政府越来越强调决策过程的重要性，即首先要确保正确的战略方向。提高科学决策能力，必须要从整体治理的角度加强全局优化，避免出现为追求局部利益、短期利益而损害整体利益和长期利益的情况。未来政府应更加注重战略规划，谋划更加合理地配置资源以实现整体治理目标。

5. 充分发挥市场、公众、第三方机构作用，建立多元共治的体系格局

既要防止“政府失灵”，又要防止“市场失灵”，最为有效的办法就是树立和运用治理理念。治理不是一套规则，也不是一种活动，而是一个过程；治理过程的基础不是控制，而是协调动员和协商；治理既涉及公共部门，也包括私人部门；治理既包括人们必须服从的正式制度和规则，也包括各种人们同意或认为符合其利益的非正式的规则，是一种持续性的互动。

进入信息社会，以往政府独占大量信息资源的情况已经不复存在，企业和

社会公众在各自领域内获取信息的能力大大提高，绝对的知识差、能力差大幅降低，甚至在某些场景下企业和社会公众的认识水平要高于政府部门。尤其是在经济和社会生活领域，企业和社会公众亲身感受到存在的问题。因此，构建多元共治的体系，避免政府是唯一公共服务供给主体和唱“独角戏”的状况，有利于激发社会创造力和市场活力。借鉴整体性治理理论，加强向基层授权，及时处理解决好行业和社区“微循环”问题，这也是现代治理能力的重要内容。

治理的基础是信任和认同，关键是构建好合作协商的伙伴关系，因此，政府首先要健全完善政务公开制度，提高工作的透明度，保障公众的知情权，增进信任和公众对政府的认同度，共同面对和解决复杂问题。在此基础上，加强公众参与，建立公共政策制定过程征求公众意见的制度，听民声、聚民意、汇民智；发挥智能移动终端优势，创新多元参与的社会监督机制。培育基层群众自治组织和行业协会，加强未来社区和智慧乡村建设，完善社区居民和农村村民的自我管理、自我教育和自我服务的制度机制，以充分的协商沟通预防和化解矛盾。

6. 发挥现代数字技术优势，加强信息系统整合和数据资源共享

运用互联网、物联网、大数据、人工智能、区块链等先进数字技术的能力是实现治理现代化的关键要素。面对复杂的治理需求，以及人民群众对美好生活的向往，政府部门必须实现数字化转型，更加科学化、精准化、智慧化地履行职能。政府制定政策、进行监管和提供公共服务，已经离不开信息化支撑手段，没有数字化就没有公共治理的现代化。治理能力的高低，取决于汇聚数据的能力，取决于智能化处理分析数据以挖掘知识、识别潜在风险和发现规律的能力。从传统的强化单部门履职能力的电子政务，发展到现在提升综合治理能力的数字政府，其过程主要是围绕加强数据共享和深化业务协同的目标而进行，业务协同是核心，数据共享是关键，以此牵引和支撑政府信息化建设整体布局。

加强政府数字化转型是建设整体政府的重要举措，做好整体的顶层设计至关重要，如果因信息化建设而产生越来越多的“数据孤岛”，则政府部门业务碎片化的问题必将加剧、固化并导致更为严重的割裂脱节现象。因此，现代政府治理既要加强数字化建设，充分运用先进技术改善公共服务和提高行政效率，又要注重系统整合和数据共享，尽可能消除“数据孤岛”和“数字鸿沟”的问题。

二、大数据辅助公共治理的政策体系

党中央放眼未来大势，做出建设数字中国的战略决策。新一代信息技术与政府改革、经济发展、社会民生、人民生活深度融合，我国全面迈进数字化转型的新阶段。在此背景下，大数据对提升公共治理能力的创新驱动支撑作用越发凸显，国家和地方层面纷纷加强顶层设计与政策引导，整体性系统性地推进大数据体系建设与应用。

（一）国家层面大数据应用相关政策的基本情况

我们梳理了 2016 年以来中国政府网站所公开发布的部分政策文件，再结合国家与各地区“十四五”发展规划的布局内容，研究政策层面大数据辅助公共治理的主要特点和导向趋势。从履行职能和实现各业务领域治理目标的角度看，当前和未来一段时间内大数据应用将在优化政务服务的基础上加强事中事后监管，在提高具体工作执行效率的基础上加强科学决策，在政府自身发力推进的基础上构建更加繁荣的数字生态。

政策措施相对更加关注 4 个重点方向。一是事中事后监管和信用监管领域。提及此类治理要求的文件占比约为 75%，通过大数据支撑监管，将有助于维护公平公正的市场秩序，营造良好和谐的发展环境，使人民群众工作生活更有安全感，经济社会发展更加有序。二是推行“一网通办”优化政务服务。优化政务服务作为“放管服”改革的“先手棋”，历经多年推进仍然是最重要的措施之一，涉及此类治理要求的文件占比将近 50%，尤其以改善营商环境、推行全程网办和提高高频政务服务事项办理便捷度为主要着力点，最直接地影响着人民群众的获得感和满意度，一体化政务服务平台也是数字政府建设的重要支柱。三是加强风险评估和辅助决策。涉及此类治理要求的文件占比超过四成，风险评估是科学决策的重要环节，是数字政府建设迈上新台阶、取得新成效的重要方向。发现知识、发现规律、及时发现潜在问题，提升科学决策水平，将成为“十四五”期间国家治理创新的攻坚点和亮点。四是繁荣数字生态，促进数字经济和数字社会发展。涉及此类治理要求的文件约占 20%，主要体现在加强政务公开、促进政民互动和探索数据开放等方面，政府提高工作透明度、交互性和开放性，营造良好发展环境，创新多元共治模式，充分调动市场和社会的积极性，进一步提升治理能力，实现建设和谐社会和高质量发展的“善治”理想。

与大数据应用有关的具有代表性的部分政策要点如表 8–1 所示。

表 8–1　国家关于大数据应用的政策要点

职能	领域	政策要求
经济调节	要素市场化配置	破除阻碍要素自由流动的体制机制障碍，扩大要素市场化配置范围，健全要素市场体系，推进要素市场制度建设，实现要素价格市场决定、流动自主有序、配置高效公平。 加快培育数据要素市场。推进政府数据开放共享。提升社会数据资源价值。培育数字经济新产业、新业态和新模式，支持构建农业、工业、交通、教育、安防、城市管理、公共资源交易等领域规范化数据开发利用的场景。加强数据资源整合和安全保护。 引导培育大数据交易市场，依法合规开展数据交易。建立健全数据产权交易和行业自律机制
	发展流通促进商业消费	鼓励运用大数据、云计算、移动互联网等现代信息技术，促进商旅文体等跨界融合，形成更多流通新平台、新业态、新模式。 加强消费领域大数据应用。依托国家数据共享交换平台体系等基础设施资源，加快推动各部门、各地区消费领域大数据应用并实现互联互通。推动社会组织、电商企业等建设相关领域大数据库，支持专业化大数据服务企业发展

续表

职能	领域	政策要求
经济调节	供应链创新	推动建设农业供应链信息平台，集成农业生产经营各环节的大数据，共享政策、市场、科技、金融、保险等信息服务，提高农业生产科技化和精准化水平。 推动感知技术在制造供应链关键节点的应用，促进全链条信息共享，实现供应链可视化
市场监管	医药卫生	充分运用云计算、大数据、物联网等现代信息技术，整合抽查抽检、定点监测、违法失信、投诉举报等相关信息，加强风险评估和分析，提高发现问题和防范化解重大风险能力
	食品安全	建立覆盖从产地到餐桌全流程的粮食质量安全追溯体系和平台，加强粮食种植、收购、储存、销售及食品生产经营监管，严防不符合食品安全标准的粮食流入口粮市场或用于食品加工。汇总分析风险监测数据，加强食品安全风险研判
	事中、事后监管	“双随机、一公开”监管全覆盖、常态化，避免数据重复录入、多头报送，着力规范计划制订、名单抽取、结果公示、数据存档等各项抽查检查工作程序，做到全程留痕、责任可追溯。对重点领域进行重点监管，特别是对疫苗、药品、特种设备、危险化学品等涉及人民生命安全、社会关注度高的领域，要实行全主体、全品种、全链条严格监管。 加强大数据综合分析。整合工商登记、质量安全监管、食品安全、竞争执法、消费维权、企业公示和涉企信息等数据资源，研究构建大数据监管模型，加强对市场环境的监测分析、预测预警，提高市场监管的针对性、科学性和时效性。加强对市场主体经营行为和运行规律的分析，对高风险领域建立市场风险监测预警机制，防范行业性、系统性、区域性风险
	信用监管	依托国家“互联网＋监管”等系统，有效整合公共信用信息、市场信用信息、投诉举报信息和互联网及第三方相关信息，将企业基础信息和政府部门在履职过程中形成的行政许可、行政处罚及其他监管信息，全部归集到企业名下，形成企业的全景多维画像。 充分运用大数据、人工智能等新一代信息技术，加快实现信用监管数据可比对、过程可追溯、问题可监测
	规范平台经济发展	依托国家“互联网＋监管”等系统 ，推动监管平台与企业平台联通，加强交易、支付、物流、出行等第三方数据分析比对，开展信息监测、在线证据保全、在线识别、源头追溯，增强对行业风险和违法违规线索的发现识别能力
	进出口贸易	充分利用风险管理前沿技术和现代科技手段，打造风险管理大数据平台，推动“互联网＋监管”，科学研判进出口商品质量安全风险，不断提升风险预警和快速反应决策的准确性、科学性、有效性、权威性。 构建风险信息共享交换机制，推动跨部门、跨区域、跨行业的伤害信息通报协作，加快实现与商品相关的伤害报告、食源性疾病、交通事故、火灾事故等信息的共享
	反洗钱监管	健全监测分析体系，提升监测分析水平。不断拓宽反洗钱监测分析数据信息来源，依法推动数据信息在相关单位间的双向流动和共享。强化反洗钱监测分析工作的组织协调，有针对性地做好对重点领域、重点地区、重点人群的监测分析工作

续表

职能	领域	政策要求
社会治理	稳定就业	对重点区域、重点群体、重点行业、重点企业进行就业形势监测和研判，加强移动通信、铁路运输、社保缴纳、招聘求职等大数据比对分析
	教育管理	利用中小学生学籍信息管理系统，加强学生失学、辍学情况监测。教育部、公安部要建立学籍系统和国家人口基础信息库比对核查机制，及时发现未入学适龄少年儿童。各级教育部门和残联组织、安置帮教机构要共同核查未入学适龄残疾儿童少年、服刑人员未成年子女数据，安排他们以合适形式接受义务教育并纳入学籍管理，同时防止空挂学籍和中途辍学。 建立动态监测和数据搜集、分析机制，及时为学校提供安全风险提示
	基层治理	统筹推进智慧城市、智慧社区基础设施、系统平台和应用终端建设，强化系统集成、数据融合和网络安全保障。 实施“互联网＋基层治理”行动，完善乡镇（街道）、村（社区）地理信息等基础数据，共建全国基层治理数据库，推动基层治理数据资源共享，根据需要向基层开放使用。推进村（社区）数据资源建设，实行村（社区）数据综合采集，一次采集、多方利用
公共服务	“证照分离”改革	通过政务信息共享平台精准推送数据，实现企业经营许可事项与登记注册同步办理
	优化营商环境	建设全国一体化在线政务服务平台，实现“一网通办”，简化办事环节，减少申请人提交材料，减少跑腿次数，推行当场办结、一次办结、限时办结，实现集中办理、就近办理、网上办理、异地可办。 进一步提升工程建设项目审批效率。推进工程建设项目审批管理系统与投资审批、规划、消防等管理系统数据实时共享，实现信息一次填报、材料一次上传、相关评审意见和审批结果即时推送。 深入推进“多规合一”。抓紧统筹各类空间性规划，积极推进各类相关规划数据衔接或整合。 鼓励推行惠企政策“免申即享”，通过政府部门信息共享等方式，实现符合条件的企业免予申报、直接享受惠企政策
	政务服务评价	要运用大数据等技术，加强对评价数据的跟踪分析和综合挖掘，及时归纳发现政务服务的堵点、难点，分析研判企业群众的诉求和期盼，找准服务企业群众的切入点和着力点，推进服务供给精细化
	不动产登记	加快实现公安、市场监管、住房城乡建设、税务、司法、民政等部门信息与不动产登记信息共享集成。对登记中涉及多个部门交叉办理的事项，通过信息化手段整合集成业务流程。能够直接通过共享交换平台提取的，不得要求申请人重复提交
	养老服务	促进人工智能、物联网、云计算、大数据等新一代信息技术和智能硬件等产品在养老服务领域深度应用

续表

职能	领域	政策要求
公共服务	物流运输	推进公路、铁路、航空、水运、邮政及公安、工商、海关、质检等领域相关物流数据开放共享，为行业企业查询和组织开展物流活动提供便利。结合大数据应用专项，开展物流大数据应用示范，为提升物流资源配置效率提供基础支撑。 依托部门、行业大数据应用平台，推动跨地区、跨行业物流信息互联共享。积极支持基于大数据的运输配载、跟踪监测、库存监控等第三方物流信息平台创新发展
生态环境保护	无废城市	建立政府固体废物环境管理平台与市场化固体废物公共交易平台信息交换机制，进一步明确各类固体废物产生、收集、转移、利用、处置等环节的部门职责边界，提升监管能力
	农田管理	运用遥感监控等技术，建立农田管理大数据平台，把各级农田建设项目立项、实施、验收、使用等各阶段相关信息上图入库，建成全国农田建设“一张图”和监管系统
政府运行决策	公共资源交易	实现市场主体、中介机构和交易过程信息全面记录、实时交互，确保交易记录来源可溯、去向可查、监督留痕、责任可究。 运用大数据、云计算等现代信息技术手段，对公共资源交易活动进行监测分析，及时发现并自动预警围标串标、弄虚作假等违法违规行为，加大对重点地区、重点领域、重点环节的监督执法力度，增强监管的针对性和精准性。 积极开展交易大数据分析，为提高宏观经济决策、优化营商环境、规范交易市场提供参考和支撑
	重大行政决策科学化	重大行政决策的实施可能对社会稳定、公共安全等方面造成不利影响的，要运用定性分析与定量分析等方法，对决策实施的风险进行科学预测、综合研判
	政府投资	采取在线监测等方式，加强对政府投资项目实施情况的监督检查。建立政府投资项目信息共享机制，通过在线平台实现信息共享

资料来源：作者根据相关资料整理。

（二）政策体系布局的框架模型

现代化的公共治理必然是数字化的公共治理，数据既是关键输入，也是关键输出。数据要素的核心地位，使得大数据在现代公共治理体系中成为重要的“底座”，融合了多个维度的优势特征。第一是治理目标的融合，现代治理强调管理与服务的融合、监测与决策的融合，通过大数据的应用，在采集和获取数据的同时就能够发现治理过程中潜在的规律和问题。因此，高质量的数字化应用必须满足多元主体的治理服务需求，数字化公共治理工程的建设管理门槛和难度较传统电子政务项目会相应提高。第二是数据本身的融合，国家政策推动各类主体对象的全生命周期多领域政务数据的汇聚融合，以及政务数据和公共企事业单位服务数据的融合，在此基础上进一步融合平台型企业的数据、第三方机构数据，相互关联形成全面的公共数据，在公共治理数字化转型过程中发挥核心作用，为实现预测、研判、风险分析和知识挖掘等能力提供关键材料。第三是技术融合，不仅仅是大数据单独一项技术的应用，而是大数据、物联网、互联网、人工智能、遥感测绘、电子地图、区块链等新一代信息技术的融合应用，充分实现大数据技术的创新价值，在公共治理数字化转型过程中发挥重要支撑作用。第四是机制融合，营造有利于数字化公共治理创新的政策环境，能够撬动整个经济社会数字化转型发展，反过来数字经济和数字社会的运行机制也将促进公共治理现代化实现突破。

研究国家层面大数据赋能公共治理的相关政策文件内容，可以从以上 4 个维度的融合分析政策体系的布局框架。一是提出各领域业务和服务治理改革的目标要求和措施，这是大数据应用的治理场景，大数据推动传统公共治理的理念思维和工作方式进行变革。二是实现治理改革目标所需的核心技术与管理能力，大数据对公共治理过程进行赋能，以技术手段和功能最大化地实现大数据的价值。三是承载大数据核心能力的载体平台及其实现路径，这是实现业务与技术融合提升治理能力的重要环节，将大数据从理念和模型实化为治理工具。四是打造大数据可持续驱动治理改革的发展模式，形成科学健全的制度机制保障大数据体系建设全流程能够整合与优化配置所需的资源。我国大数据政策体系布局的框架模型如图 8–1 所示。

（三）主要特点和导向趋势

1. 从治理改革角度看，大数据应用贯穿渗透效应凸显

研究数字化公共治理相关文件所涉及的领域和环节，可以发现大数据表现

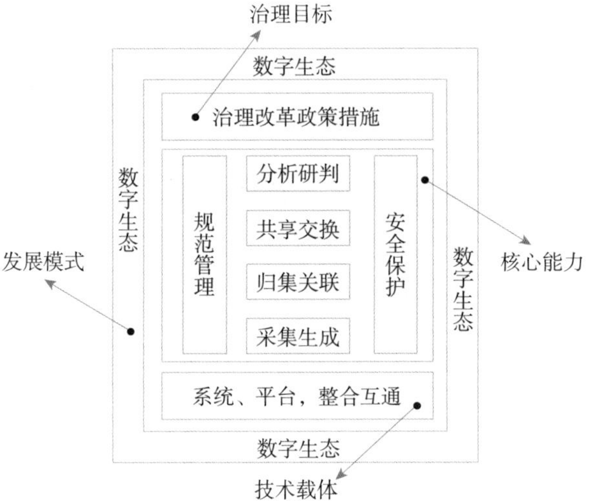

图 8-1　我国大数据政策体系布局的框架模型

资料来源：作者自制。

出极强的贯穿渗透效应，即深入贯穿公共治理的关键环节，广泛渗透公共治理的重要领域。一方面，从政府对外部履行公共职能角度看，大数据应用越来越广泛地成为各个领域实现治理改革创新目标的不可或缺的重要工作方式和支撑手段，基本已经涵盖经济调节、市场监管、社会治理、公共服务、生态环境保护等主要职能的方方面面。另一方面，从政府内部提高管理效能角度看，大数据也越来越多地在规范行政管理、提高行政决策科学化水平等方面发挥着不可替代的作用。

在经济调节方面，大数据应用渗透到促进消费、供应链创新等领域。政策导向是最大程度激活数据资源，加快高质量数据资源流通，加强大数据技术在经济领域应用，促进培育和催生出新产业、新业态、新模式；同时，充分发挥数据作为生产要素的优势特点，推动传统产业生产提高科技化和精准化水平，优化调整国民经济结构。《中共中央 国务院关于构建更加完善的要素市场化配置体制机制的意见》明确把数据作为跟土地、劳动力、资本和技术并列的五大要素之一，指出促进这些要素自主有序流动，提高要素配置效率，是推动经济发展质量变革、效率变革、动力变革的关键。但是，数据要素市场处于萌芽和起步状态，政府还需加大力度进行培育。

在市场监管方面，医药卫生、食品安全、信用体系建设、平台经济发展、进出口贸易等领域运用大数据技术构建新型监管模式和手段，如全面采集数据，全程留痕，用以实现对重点领域监管的问题源头追溯、责任追溯；通过将各类信用信息全面归集于监管主体名下，基于信用记录实现联合激励和惩戒机制，“一处违法、处处受限”；通过整合关联多领域数据，构建大数据分析模型，使政府部门能够尽早发现潜在问题，提高对苗头性、潜在性违法违规线索的预测预警预判能力，从而提升监管的针对性和时效性。

在社会治理方面，如教育管理、基层治理、稳定就业等领域，通过实时的数据监测掌握治理对象的运行状况，准确、低延迟地反映发展形势，能够为采取科学合理的治理措施提供参考依据。实现整体性治理的理念，必须要同时考虑治理链上下游和治理对象在多维治理空间映射的结果，通过多领域的数据关联和分析比对，能够进一步发现并挖掘出隐蔽性较强的深层次问题，从而有针对性地采取应对措施以提升预测和防范风险的能力，有助于实现精准治理、精细治理的目标。

在公共服务方面，通过数据共享推动部门协同办理服务需求，简化办事流程、压减审批办理时限、减少跑腿次数，凡是能够直接通过共享交换平台提取数据核验的材料，不得要求申请人重复提交，数据共享切实为企业和公众办事带来了便利。同时通过数据汇聚关联，能够为服务对象进行全景多维画像，这是实现主动服务、精准服务的重要基础。提升公共服务过程中的数据开放程度，也将为数字社会的发展创造有利条件，提升养老、医疗、交通等领域服务的智慧化水平。

在生态环境保护方面，通过大数据与物联网、空间遥感、GIS 等技术融合应用，能够实时全面地采集、监测、分析、处理治理对象状态数据，对于满足好生态环境保护领域这种空间分布和时间分布尺度大、范围广的治理需求，提供了创新有效的方式和手段，及时发现存在问题，优化配置治理投入的资源，通过数据共享交换促进跨领域的业务协同，全流程、全链条、全方位地提升生态环境保护领域的整体治理能力。

在政府运行决策方面，同样越来越离不开大数据技术的支撑。政策决策制定过程中，信息时代的社会民意调查往往能从海量数据中发现真知灼见和各类群体诉求期待的分布特点；科学化、精细化的决策管理将会更加依托模拟仿真平台预测研判决策实施风险，多维度分析决策可能对社会稳定、公共安全等方面造成的影响；通过数据核实比对、基于大数据算法模型的智能化分析，能够使公共部门发现不易察觉的管理漏洞和死角；对政策决策的执行效果的评价也需要基于大数据分析挖掘能力的监测跟踪。同时，公共部门越来越重视对工作过程数据的全面记录和管理，这也为应用大数据技术实现行为留痕、工作监督、责任追溯创造了有利条件，有助于解决公共组织内部长期存在的管理难题，提高公共部门的运行效能。

2. 从核心能力角度看，大数据治理框架体系逐步明晰

健全完善的大数据治理体系是赋能公共治理改革创新的中枢。大数据治理体系安全有序运行的过程，是释放大数据治理体系核心能力的关键环节。研究实现各领域公共治理改革创新目标所依托的重要手段和功能，我们可以分析得出当前国家大数据治理体系的基本框架，力图实现 6 个方面的核心能力，覆盖采集生成、汇聚关联、共享开放、开发利用的数据价值链，并构建相应的管理和安全防护保障体系，驱动公共治理能力不断提升。

第一，采集生成数据的能力。这是大数据治理的源头。一是政府部门采集

企业和公众的数据，主要包括在申请办理行政权力事项和公共服务事项过程中采集数据，为申请人减少提交材料的数量，能够通过共享实现核验的信息不得要求申请人重复提供；政府在履行监管和治理职能过程中采集行政相对人的信息数据，出于保护隐私的考虑提倡政府采集数据遵循最小化的原则。二是行政许可、行政处罚、行政检查等依申请行政权力事项和依职权行政权力事项的运行结果数据，代表了行政相对人在各项法律规章规定内容下的具体状态。三是各类治理系统平台运行过程中生成的数据，如通过物联网感知的生态环境数据、智能交通系统生成的路况数据和通行数据、物流的监测数据等，对于涉及人民群众生命财产安全的重点类别产品，也需要采集全生命周期各环节的监测“轨迹”数据，用以满足可回溯、可追责、全程留痕的治理要求。对于标识和区分不同治理对象的基础数据，要做到“一数一源”，避免重复采集，因此，确定部门采集数据的职能职责也是推动治理现代化的一项重要改革创新措施。

第二，归集关联数据的能力。归集和关联是实现整体性治理的基础能力，是深化大数据开发利用的前置环节。由于部门职能专业化细致分工，没有哪一个部门能够完全掌握治理对象的全面情况，因此应多领域跨部门汇聚数据和关联数据，把分散的数据聚合成数据链、数据块并形成整体性结构，通过数据图谱等技术获取和呈现数据间的相互关系，更好表征治理对象的全部属性状态。数据归集关联是形成信用记录的核心能力，将不同部门采集的信用信息利用企业统一社会信用代码或身份证号码归集到同一主体名下，这是实现信用监管模式的关键，代表着“放管服”改革中加强事中事后监管的发展方向。数据归集关联的能力取决于对基础数据库和各领域主题数据库的管理应用能力。一些政策文件中要求建立动态更新的数据目录，是数据归集关联后的重要结果，做到“底数清、脉络清”。当前，数据归集关联的一大创新方向是实现政务数据和公共企事业单位数据、社会数据的融合，为公共数据“开源”，拓展大数据公共治理的价值空间。

第三，共享交换数据的能力。数字政府相对于传统电子政务的最大变革，就是更加强调数据共享交换在信息化过程中的基础性地位，通过数据共享推动多部门业务协同以实现整体治理。实现各领域治理改革目标，几乎无一例外地涉及数据共享的基础支撑作用，国家一体化政务服务平台、数据共享交换平台，各地建设的大数据平台、公共数据平台等，这些当前数字政府的重要支柱性基础性系统平台的核心功能就是实现跨层级、跨地域、跨系统、跨部门、跨业务的数据共享。《国务院办公厅关于建立健全政务数据共享协调机制加快推进数据有序共享的意见》的印发，就是要着手解决困扰信息化建设多年的数据共享难题，以政务数据共享为重点，全面提升地方、部门数据共享水平，协调推进公共服务机构、相关企业等社会数据共享，其主要措施包括：加强数据共享工作组织领导，建立政务数据共享议事协调机制，强化各地区各部门政务数据共享工作职责；强化政务数据共享的平台支撑；各级部门按照“三定”明确的职责，依法依规梳理形成完整有效的政务信息资源目录，以满足业务需求为目标，编制形成政务数据供需对接清单，纳入全国一体化政务服务平台和国家共享交换平台运行管理，建立高效的政务数据供需对接机制等。

第四，分析研判数据的能力。综合考察国内领先地区对大数据赋能公共治理的认识，无论是贵州省提出的“聚、通、用”，还是北京市提出的“汇、管、用”，“用”都是决定大数据产生价值的最终环节，因此提升数据开发利用水平是宗旨，大数据分析研判能力是数字政府步入高级发展阶段的关键性指标。各项政策中对大数据分析研判能力的运用主要体现在：一是对以往政策执行效果进行跟踪评价，或根据出现的问题进行过程及来源回溯和责任追查，提高决策和监管工作的科学性、有效性。二是对当前治理对象状况和运行情况进行监测，及时发现解决公共机构在履行职能和管理经济社会事务中遇到的问题，及时响应并采取措施，提高治理的精准性和快速反应能力，如分析政务服务大数据，及时归纳发现政务服务的堵点难点，分析研判企业群众的诉求和期盼，找准服务的切入点和着力点，促进服务供给精细化，对企业和群众反映集中的问题依法依规及时整改解决。三是对未来潜在风险进行预测预警或对发展形势进行研判，如对市场主体经营行为和运行规律的分析，对高风险领域建立市场风险监测预警机制，防范行业性、系统性、区域性风险。这需要将聚类、分类、神经网络、深度学习、文本挖掘等大数据算法应用于公共治理过程，其中为公共治理对象的特性、行为、发展变化趋势等建立智能化模型是大数据应用的普遍性难题，而这恰恰又是提升分析研判能力的关键，因此还需要培育一大批专业型和复合型的公共治理领域大数据人才。

第五，规范管理数据的能力。大数据体系赋能公共治理应当纳入法治化、制度化、标准化、规范化的发展轨道。近年来国家加快了网络安全和信息化领域的立法工作，出台了《中华人民共和国数据安全法》《中华人民共和国个人信息保护法》等法律，以及《国务院关于在线政务服务的若干规定》《关键信息基础设施安全保护条例》等行政法规，为我国数字政府建设提供了重要法治遵循。政策文件中关于规范管理的能力主要体现在：一是形成解决一系列基础性制约性问题的制度规则，鼓励大数据等先进技术在公共治理中的创新应用，如《国务院关于在线政务服务的若干规定》明确电子签名、电子印章、电子证照、电子档案的法律效力，破解了困扰政务服务在线化多年的电子材料合法性等问题。二是明确了一系列数字化应用过程中不得触碰的“底线”要求，逐步形成必须遵守的行为准则和禁止发生的“负面清单”，如《中华人民共和国数据安全法》规定，任何组织、个人收集数据，应当采取合法、正当的方式，不得窃取或者以其他非法方式获取数据。法律、行政法规对收集、使用数据的目的、范围有规定的，应当在法律、行政法规规定的目的和范围内收集、使用数据。三是明确各类主体职能分工和承担责任，以及保证治理体系健康平稳运行的相关制度规则。如《中华人民共和国数据安全法》规定，各地区、各部门对本地区、本部门工作中收集和产生的数据及数据安全负责。工业、电信、交通、金融、自然资源、卫生健康、教育、科技等主管部门承担本行业、本领域数据安全监管职责，并且要求建立数据交易管理、数据分类分级保护、数据安全审查、全流程数据安全管理等制度规则。四是要求建立推进系统平台互联互通和数据共享的相关技术标准体系，如《中华人民共和国个人信息保护法》中要求制定个人信息保护具体规则、标准；针对小型个人信息处理者、处理敏感个人信息以及人脸识别、人工智能等新技术、新应用，制定专门的个人信息保护规则、标准。

总体来看，我国通过系列法规规章和规范性文件已经基本构建起大数据赋能公共治理的管理制度规则体系框架，其具体内容主要聚焦 6 个方面：一是规范数字化工程建设项目的投资审批和备案监督管理工作，二是解决行政管理中关键技术应用的法律效力问题，三是鼓励推进数据治理与共享整合的创新应用，四是强化安全防护和风险防控的相关制度机制，五是数字化过程中企业和个人的权利保障和信息保护措施，六是建立健全电子政务、数字政府、政务服务事项及一体化平台、数据采集和共享等方面的技术标准和建设指南。

第六，安全保护数据的能力。没有网络安全就没有国家安全，没有信息化就没有现代化。安全和发展是一体之两翼、驱动之双轮。安全是发展的保障，发展是安全的目的。数据安全在国家安全体系中也占有重要地位，尤其是在当前大数据普遍渗透到国家政治、经济、社会各个领域的背景下，数字政府建设相关的政策文件中几乎都对网络、数据、系统等安全防护工作提出要求，国家层面也提出实施大数据安全保障工程，加强数据资源在采集、传输、存储、使用和开放等环节的安全保护，主要聚焦于安全管理制度机制建设、日常监测和安全态势感知分析、密码和数据保护、核心安全技术和产品研发、协同联动机制和安全预防应急处置能力等方面。当前，在数字政府加速发展的背景下，各级政府将更加关注共享数据安全、关键数据保护、个人隐私保护等方面的制度机制体系建构及安全防护系统平台建设，更加关注采取严厉措施打击非法泄露和非法买卖数据的行为，对数据跨境流动的安全建立有效监管体系，保障国家基础数据和敏感信息安全。随着《中华人民共和国数据安全法》《中华人民共和国网络安全法》《中华人民共和国个人信息保护法》的施行，数据安全和隐私保护的责任逐步明确，监管力度不断加大，行政监管、市场约束、行业自律及社会监督等多种手段不断健全完善，数据安全领域将呈现崭新局面。

3. 从技术载体角度看，平台化和整合共享是关键措施

数字化工程项目是实现算力、数据、算法不断融合的媒介和载体，是推动公共部门数字化转型的重要环节。通过实施数字化工程项目，将业务规则和服务过程转化为技术规则，以数字化治理的思维，运用数字化的支撑手段，辅助或自动处理决策、监管和服务等公共事务或任务，进而推动公共部门转变职能和管理方式，逐步实现治理体系和治理能力提升的改革转型目标。因此，科学规划和合理布局数字化技术体系，高质量建成重点数字化工程项目，是加快大数据辅助公共治理政策落地的关键一环。研究国家政策内容，数字化工程项目的平台化特点非常突出，这是最有利于实现业务标准化和技术标准化的发展模式。国家和各地区规划部署了一系列重点的业务应用技术支撑平台，构成了我国数字政府的核心骨干支柱体系，包括 3 个主要方面。

一是国家和地区的基础共性应用支撑平台，提供跨层级、跨地域、跨系统、跨部门、跨业务的数据共享交换平台，以满足基础性监管和服务需求及技术功能要求。当前，此类支撑平台主要包括：国家和各地区的数据共享交换平台（公共数据平台）、全国一体化“互联网＋政务服务”平台、“互联网＋监管”平台、国家企业信用信息公示系统和全国信用信息共享平台。这些平台互为依

托，通过数据共享交换平台打通部门间的“数据壁垒”，实现央地间和跨地区的数据汇聚与共享，以共享核验减少申请人提交材料的种类和数量，以汇聚归集数据形成治理对象全生命周期属性状态的记录留痕，构建并支撑“一网通办”、“全程网办”、“异地办理”、“双随机、一公开”监管、信用监管等新体系，为深化“放管服”改革的核心治理能力提供技术工具和管理手段。

二是重要的综合性多部门协同业务支撑平台。这类平台往往在实现数据共享交换的基础上，更加关注提升多部门多业务的协同能力，以协同交互增效部门间流程性事务处理过程。典型的平台如工程建设项目审批管理系统、公共资源交易平台电子系统、行政执法综合管理监督信息系统、行政执法裁量智能辅助信息系统等。从企业和群众视角看，一件事往往会涉及多个部门的多个事项，综合性协同支撑平台则以用户视角的“一件事”为链条，为整合关联多部门业务流程提供协同处置能力。例如，工程建设项目审批管理系统实现发展改革、自然资源、住房和城乡建设、消防以及各专业领域建设审批部门间业务的协同，为工程建设项目的规范化管理、优化营商环境、方便企业办事提供了重要支撑，使“放管服”改革在专项工作层面得到进一步深化。综合性多部门协同业务支撑平台提升了共性应用支撑平台对多业务协同的支撑能力，为实现多部门无缝隙的公共治理提供有效的解决方案。

三是支撑各行业领域运行监测和决策分析的智慧化系统平台，进一步提升重点领域更加专业化的治理能力。这类系统平台数量相对较多，广泛渗透于各行业各领域的数字化改革。如教育领域的中小学生学籍信息管理系统、交通领域的国家交通运输物流公共信息平台、生态保护领域的固体废物环境管理平台等，专业领域的治理规则更加明晰，数据共享需求更加明确，进一步提高了业务规则与技术支撑能力的融合程度，提升了各业务线的治理现代化水平。例如，中小学生学籍信息管理系统与国家人口基础信息库比对核查，能够及时发现未入学的适龄少年儿童；不动产登记系统共享公安部门的户籍人口基本信息、市场监管部门的营业执照信息、机构编制部门的统一社会信用代码信息、住房和城乡建设（房管）部门的竣工验收备案等信息、税务部门的税收信息等10余个部门的数据，提升了不动产相关业务的管理服务水平。

以上3类系统平台在各层面和重点领域发挥作用的同时，必须要形成有机的整体，才能最大限度体现出整体性治理的优势，因此，国家对系统平台间的互联互通和整合工作给予高度重视。首先是基础共性平台整合实现更多核心功能，如一体化“互联网+政务服务”平台整合统一身份认证、电子证照、电子签名等功能，共性支撑能力进一步提升；其次是更加强调综合性和专项性业务支撑系统平台与一体化“互联网+政务服务”平台、国家共享交换平台等进行对接，减少重复建设，畅通数据共享渠道；最后是更加强调“国家级—省级”系统平台对接、“省市县”系统平台协同，“横向到边、纵向到底”，最大限度减少“数据孤岛”问题。国务院办公厅印发《政务信息系统整合共享实施方案》，从2017年就开始按照内外联动、点面结合、上下协同的工作思路建设大平台、大数据、大系统，即形成覆盖全国、统筹利用、统一接入的数据共享大平台，建立物理分散、逻辑集中、资源共享、政企互联的政务信息资源大数据，构建深度应用、上下联动、纵横协管的协同治理大系统，要求各地区各部门消除“僵尸”信息系统，加快部门内部信息系统整合共享，推进接入统一数据共享交换平台，推动开放，强化协同，构建信息资源目录，完善标准，整体性推进政务信息系统整合共享工作。

4. 从发展模式角度看，构建繁荣数字生态是重要趋势

2021年各级政府陆续发布出台“十四五”发展规划，对下一个5年的发展计划做出部署。2021年3月，《中华人民共和国国民经济和社会发展第十四个五年规划和2035年远景目标纲要》正式发布，描绘出我国开启全面建设社会

主义现代化国家新征程的宏伟蓝图，其中用专门章节部署提高数字政府建设水平，提出要加强公共数据开放共享、推动政务信息化共建共用、提高数字化政务服务效能。其中，开放共享和共建共用是关键词，体现出“十四五”期间更加注重调动多元主体参与数字化建设的积极性，实现公共治理数字化建设模式的“换档升级”。

数字化已经成为驱动生产方式、生活方式、治理方式整体转型的重要力量，绝大多数的省级地区“十四五”规划的发展目标中明确提出数字化要求。教育、医疗、养老、文体等领域公共服务中，智慧城市和数字乡村建设成为打造数字社会的工作重心。由此可见，数字化转型的过程更加强调多元化主体的共建共享，而不是各级政府使用财政资金“大包大揽”地建设，特别在智慧化的公共服务领域，市场主体和公共企事业单位具有专业性强、服务意识领先等优势，是推动数字政府与数字经济、数字社会更好融合发展的重要力量。政府、企事业单位等多元主体间的协作已成为数字化的重要发展模式。

整体的数字化转型依赖开放、健康、安全的数字生态。公共数据科学合理地开放共享，是实现数据要素优化配置的前提基础，是激发社会创造力和市场活力的重要措施，也是政府透明度迈上新高度、撬动数字经济和智慧社会发展的切实措施；个人信息保护、数据分类分级保护等制度法规，是维护数字化秩序的重要保障；关键信息基础设施保护体系的建设，是维护政治安全能力的关键措施；数字政府建设中的监管能力提升，将为全面数字化转型的健康持续发展保驾护航。形成繁荣和谐的数字生态，不仅要提高公共部门间的协同水平，更要注重提高公共部门和企业及第三方组织间的协同水平，关键是要畅通政企数据双向流通机制，加强政府数据开放，探索建立数据资源确权、流通、应用开发规则和流程，完善数据资产登记、定价、交易和知识产权保护等制度，培育数据交易市场。

三、大数据驱动公共治理改革的措施建议

一些地区在运用大数据等先进技术推进数字化转型的过程中，在实现跨层级、跨地域、跨系统、跨部门、跨业务的深度应用方面还存在较大不足。究其原因，主要是数据管理部门的职能职责有待进一步强化，业务部门与数据管理部门之间的权责和协调关系不顺，对数据采集者、使用者、管理者的“数据职责”尚未实现清单化管理，数据行为没有得到规范化界定与保障；系统平台的建设模式有待进一步优化创新，“统分结合”的关系需要在实际工作中更好落地，使得大数据既能为高层级部门提高统揽全局能力服务，又能提高基层工作水平，为基层治理赋能；实现全面数字化转型的生态体系需加快形成，要能够充分调动企事业单位、第三方机构和社会公众推动数字化转型的积极性，形成共建共治共享的发展格局。因此，总体来看，数据共享、业务协同和责任机制的不充分不完善是制约大数据等先进技术发挥全方位系统性重塑性变革作用的突出短板。为解决大数据驱动公共治理改革中的难点堵点问题，应加快健全数字化职责和相关制度机制。

（一）组织领导层面

1. 从战略高度深刻认识大数据赋能公共治理的重要意义

2008 年《自然》杂志发表名为 *Big Data* 的专刊，从多学科的视角系统分析大数据所蕴含的潜在价值和挑战，预示“大数据时代”已经悄然到来。随着舍恩伯格《大数据时代》风靡全球，“大数据”作为一个时代标志性的概念登上科学研究的舞台，并迅速成为政府的关注焦点。大数据技术使许多奇思妙想可以在公共治理中实现，包括不断提升服务效率、管理效能与公众满意度，并使许多棘手的公共问题得以解决。我国《促进大数据发展行动纲要》对大数据概念进行权威阐述：大数据是以容量大、类型多、存取速度快、应用价值高为主要

特征的数据集合，正快速发展为对数量巨大、来源分散、格式多样的数据进行采集、存储和关联分析，从中发现新知识、创造新价值、提升新能力的新一代信息技术和服务业态。拉塞尔·阿克夫提出了数据—信息—知识—智慧（Data—Information—Knowledge—Wisdom）的金字塔模型，表达了人们运用信息系统，对信息和数据进行规律性、本质性和系统性的思维活动，进而创造新知识和智慧。数据居于“金字塔”底部，是人们对研究对象收集的有关资料，信息是对收集的数据资料进行整合分析后得到的结果，知识是对信息进行加工转换得到的产品，智慧是依据知识实施公共决策或掌控某一机制运作的能力。数据的战略资源地位越来越凸显，其价值本质上是蕴含在数据背后的信息和知识，大数据技术的出现，通过关联分析和数据挖掘获取潜藏在数据中的价值。

因此，各级政府及公共部门应当高度重视数据的战略基础性作用，公共数据全生命周期治理就等同于对相关主体行为和状态的全面治理，再结合信息传递速度快、信息技术处理能力强等特点，大数据因而成为实现公共治理现代化的最基本保障和最有效手段。同时，业务和技术的深度融合也促进公共组织架构和管理方式发生变革，使得治理体系更好满足治理能力提升的要求，为治理现代化创造出新的发展空间。

具体而言，各级政府应高度重视大数据对公共治理的革命性意义。制定发展规划，加强顶层设计，搭建公共数据平台，建立数据资源畅通流动的渠道和机制，加强运用大数据提升风险预测预判预警能力，提高发现治理线索、知识和规律的能力，提高科学制定政策和动态调整政策的能力；完善运用大数据形成全程留痕的治理机制，有效追溯问题源头，科学评价治理主体信用状况，形成新型的监管模式；加强运用大数据共享行政权力信息，坚持以人为本，最大限度地简化企业和公众的办事过程，提高政务服务效率，改善用户体验和满意度。

2. 制度创新与技术创新同步发展，为深化大数据应用扫除制约障碍

从领先的国家和地区的实践经验看，大数据、数字政府作为创新性的技术应用在提高公共治理效能、促进公共部门业务和服务流程重组及管理重构的同时，也需要公共部门对制度规则进行调整，为新技术的应用创造更加有利的制度环境，使新技术应用能够快速发展并成功突破原有制度的制约性障碍，建立新的制度规则体系。例如，新加坡、美国等最早推行“无纸化办公”，先是以法规形式明确了电子文件的合法性和地位，然后才是政府部门大规模使用计算机化办公系统；英国《规制改革法》规定，各部部长可以通过发布命令的方式，经议会两院批准后，废止法律规定中过时的政策条款，为推行数字政府建设破除制度规则上的阻碍，也在一定程度上保证法规的制定完善与数字化改革基本同步。

在我国，党的十九届四中全会明确提出要建立健全运用互联网、大数据、人工智能等技术手段进行行政管理的制度规则，推进数字政府建设，加强数据有序共享。因此，各地区各部门应对政策法规文件进行系统化梳理，研究与大数据、数字政府应用相关的条款规定，对其中涉及材料证据电子化、业务服务流程网络化的非现场模式、数据采集共享和开发利用、安全保密等方面的要求进行深入论证，以“鼓励应用、安全为基”的原则进行制度创新，充分发挥公共数据作为数字政府建设和推进治理现代化关键要素的重要作用，破除制约数字化应用的制度机制障碍。同时，各级政府也应按照《中华人民共和国网络安全法》《中华人民共和国数据安全法》《中华人民共和国个人信息保护法》等法律法规规定，健全完善相应的具体管理办法和标准规范，明晰各类数字化应用的“负面清单”，强化安全和隐私保护措施。

我们也应该关注到，当前由于科层制体制使得各级部门的关注度更多聚焦于“三定”方案赋予的职能职责，政府工作规范性严谨性强，而改革创新的动

力相对不足。由于各级政府公务员晋升机制体现为“竞争锦标赛”模式，对于能够短时间内带来显著经济效益和社会效益的工作，具有很强的内在推行动力；但相比处于职能边缘或者一定意义上超越目前规定职能，同时具备一定风险性和不确定性的前瞻性工作，各级部门往往缺少实质性推进的动力。数字政府建设在很多情况下是对当前职能结构的改革，因而不确定因素较多，一些工作需要经过一定培育周期才能显现成效，甚至有些工作处于前沿探索阶段，存在一定的失败风险。因此，数字政府改革过程中，既要能够及时发现先进典型、先进部门、先进个人，给予职位晋升或其他激励措施，同时要关注为实际决策者、执行者给予一定的免责空间，减轻其创新过程中害怕犯错的思想负担。当然免责空间要科学合理地设定，不能成为乱作为、不作为的“挡箭牌”。

建议有条件的地区和部门可以选定若干前沿性、探索性的领域进行试点，制定相应制度给予“当事人”一定的免责空间。例如，针对大数据预测预判潜在风险等类型的相关应用，核心模型算法研发难度大，实际应用中可能会出现误判或漏判的情况。可以探索构建相应免责条款，或者由大数据部门对业务部门的数据智能化应用进行技术性风险性检验评估，避免由业务部门单独承担失效责任。

3. 强化大数据部门的统筹协调能力，探索首席数据官和业务协作专员等制度，推动业务与技术深度融合

数字政府的业务体系不是碎片化的管理和服务，而是多部门整体协同的现代治理；数字政府的技术体系不是割裂孤岛式的信息系统，而是整合的关联共享的数字化平台。因此，大数据部门作为数字政府建设的牵头部门，应致力于实现业务与技术深度融合的目标，为公共治理改革创新赋能，提升对数字政府整体建设综合组织领导的统筹协调能力。

对于促进业务协同。根据紧密程度的不同，我们可以把多业务协同分为两

大类。一类是沟通合作式协同，即相关主体只是按照一定机制互通信息，把进展情况和存在问题告知各方，某些情况下会采取有配合度的行动以减少分歧和缓解冲突，但各方主体尚未成为利益共同体，相互间的关系仍是独立为主、整体为辅。另外一类是协作整合式协同，各方主体会采取联合行动等措施解决共同面对的治理问题，一定程度上共享内部和外部资源，甚至将原来组织间的协作转变为新的组织内部分工，围绕共同的目标分解责任与任务。这两类多业务协同方式的共通之处在于以数据共享为基础推动协同各方主体的利益目标趋于一致，并采取整体性和系统性的措施解决公共治理问题。大数据部门应深度参与研究现代治理的特点和各部门职能业务关联关系，合理划分出系列业务群组，针对不同业务群组的要求和内在规律设定协同级别，构建沟通会、联席会议、工作专班等机制促进相关部门组织体系和职能优化重组，建立更加科学合理的业务协同绩效评价规则与指标。

对于促进技术手段协同。数字政府技术体系专业性很强，要能够确保大数据、人工智能、云计算、网络安全等先进技术合理化和深度应用，实现数据采集、汇聚、共享、分析挖掘、安全防护等数据治理要求，加强异构系统的互联互通，为实现治理能力的提升进行技术赋能。因此，大数据部门应当围绕构建先进有效、安全稳定的技术体系，强化包括总体规划、顶层设计、公共数据平台等关键支撑技术体系建设、数字化工程项目管理、制度和技术标准制定、应用试点示范、数字化考核评估等在内的职能及履职能力。

为此，各级政府可探索建立首席数据官和业务协作专员等制度，进一步推动业务与技术深度融合。

设立首席数据官已经成为许多国家政府数据治理的组织管理体系创新的重要举措，所涉及的不仅仅是单个职位的增设，而是与职位相关联的政府数据治理权力行使方式与相应组织运行体系的变革。首席数据官的角色不仅在于促进数据共享和提升透明度、提高数据质量、保护数据机密性和隐私等，更强调发挥战略导向的作用，作为直接责任人具体推进和处理数字政府建设工作，其制度重心应体现在重大数据问题的话语权上。首席数据官应能直接参与关于数字政府建设的高层决策，有权就数字政府建设中的重大决策、重大问题直接向“一把手”汇报，能够在数据治理领域提出规划方案和政策法规实施建议。在此基础上可延伸探索部门和地区首席数据官制度，建立首席数据官委员会或联席会议制度；还可效法新加坡等国做法，由大数据部门向重要业务部门或下辖地区大数据部门派驻首席数据官，参与地区和部门重点数字化工程决策、规划制定，加强数字政府建设主体间的协调联动，进而形成层次分明、纵横贯通、衔接紧密的政府数据治理组织结构体系，有效保障政府数据治理工作的一致性、协调性。

有条件的地区可探索建立业务协作专员制度。如果业务人员在数字化工程需求策划和详细设计过程中不够重视或参与度较低，会导致两种潜在风险：一是数字化系统实际运行过程中不能对数据变化做出有效判断，难以发挥对业务工作的支撑作用；二是数字化的业务规则设置不合理，但由于受技术系统执行规则的刚性约束，业务人员难以采取优化调整措施。但实际中，业务部门伴随式、全程式跟进数字政府工程项目的执行难度较大。因此，可探索的做法是：由重点业务部门选择对总体业务规则了解、对数字化转型的重点领域业务规则精通的人员以业务协作专员的名义派驻到大数据部门参与重点数字化工程建设工作，对重点数字化项目内嵌的业务逻辑和规则进行梳理把关，策划设计大数据分析场景需求和智能化算法模型，试验调优大数据处理分析结果，推动技术与业务深度融合，为科学运用大数据智能化技术解决业务实际问题创造有利条件，解决因技术人员不懂业务而导致数字化项目成果不实用的问题。业务协作专员的编制可保留在原业务部门，待重点数字化项目实施结束后，业务协作专员可申请选择留在大数据部门工作或者返回原业务部门工作。

（二）数据治理层面

1. 围绕业务职能建立“定数据”机制，基于权责关系加强公共数据治理体系建设

当前，我国政务数据治理存在问题的主要根源在于数据权责关系不清，体现在4个方面。一是重复采集现象普遍。政务部门往往为了在履行职能的过程中占据主动，普遍倾向于自己去采集、收集数据资源，从而造成大量的重复采集现象，并导致整体上发生数据来源不一、数据内容矛盾冲突等问题，增加了数据治理工作的难度。二是数据归属权不明确。各地各部门在政务工作中采集、生成的政务数据资源归谁所有的问题一直没有得到很好的回答，因此对能否共享和使用数据普遍存在疑虑，从而导致部门不敢把数据拿出来用，不敢把数据提供给其他部门用等问题。三是数据管理权不清晰。政务信息共享工作中普遍缺乏对政务数据的统筹管理，对数据能否共享、如何共享等问题缺乏清晰的界定。往往一方说需要共享，另一方说不能提供，缺少权威的判定。多数情况下的政务数据共享往往是通过部门之间的单独协调实现，缺乏共享长效机制，判断规则不清，使得协调难度和沟通成本较高。四是使用方责任边界模糊。使用方对利用数据应该承担的责任不清楚，是否需要对数据的准确性负责、是否需要对数据的安全和保密负责等问题未能得到清晰解答，从而导致一些部门不敢用共享的数据。

因此，（破解公共数据治理根源性障碍的措施，可以探索构建“三权四定”为基础的公共数据治理体系。）“三权”是指公共数据的采集维护权、核验使用权、流通管理权；“四定”是指在部门业务职能“三定”方案（定部门职责、定内设机构、定人员编制）的基础上，增加“定数据”的明确要求，将职能业务映射到数据层面，实现部门“数据职责”清单化管理，为形成规范化的政务数据保障责任体系提供有力的指引和依据。

采集维护权，是指定义解释、采集、存储数据的权力，对如何支配使用数据具有话语权，同时要对数据资源的质量负责，须承担数据整理、维护、更新等责任；应实现政务数据“应采尽采”“一数一源”的目标原则。

核验使用权，是指针对某一具体数据，享有进行数据核验服务或直接获取使用数据的权利。在核验或使用数据的过程中，应对数据安全、隐私保护等要求承担相应责任。核验使用应坚持“最低限度”原则，按照应用需求“最小集合”申请数据使用权限，确定使用方式，并遵守相对应的使用权限要求，在规定的范围和权限内使用政务数据资源。

流通管理权，是指制定数据采集、存储、共享、开放、交易、应用等各环节的规则，并对数据治理全过程进行监督管理、考核评价、责任追溯、协调裁决以解决相关问题的权力和责任。在公共数据资源的共享使用过程中，拥有流通管理权的部门应负责对数据共享中出现的争议和问题进行处置和裁决，对不按照规则存储、维护和使用数据的部门进行责任追溯，因此，流通管理权部门需对数据使用情况建立技术监测手段。

“定数据”是指从各地各部门“三定”中的业务职能出发，明确政府机构履行业务职能所需要获取或产生的数据资源，厘清政务数据与业务职能间的对应关系，探索确立部门的数据职责并纳入部门职能范畴。按照“一数一源”的原则，确定各项政务数据的来源和获取方式，规范政务数据采集、产生、共享等行为。通过“定数据”的过程，为界定数据采集维护权和核验使用权提供明确的履职依据。

数据权属和职能界定是数据治理需要解决的基础性问题，也是推动建立可信任、可追溯、可持续的数据共享机制的必要前提。公共数据治理中“三权四定”既相互独立又相互联系，通过权责划分可以明确政府数据治理各环节的责任和义务边界，消除各方共享数据的疑虑，为建立长效数据共享机制创造有利条件。围绕健全完善数据治理体系的要求，各地各部门还可探索建立以下制度机制。

第一，建立统采共用机制。按照“统一采购、共同使用”的原则获取并利用社会数据。对于单一部门有需求的社会数据，由需求部门进行数据的采集、接入或购买。对于多个部门有共同需求的社会数据，由数据管理部门或指定的需求部门采购数据，并将数据向其他有需求的部门共享。对于多个层级有共同需求的社会数据，原则上由最高层级部门统一采购数据，并将数据向有需求的下级部门共享。

第二，编制政务数据目录和供需对接清单。各级政务部门按照规定明确的职责，依法依规梳理形成衔接一致、完整有效的政务信息资源目录，全面摸清政务信息资源底数。各地区、各部门对照政务信息资源目录，以满足业务需求为目标，编制形成政务数据供需对接清单，将目录和清单纳入全国和各地区一体化政务服务平台及数据共享交换平台运行管理，及时更新。

第三，探索构建基于区块链技术的政务数据流通长效机制。打破过去分散数据向上级部门单方向集中的传统模式，通过区块链、智能合约等新兴技术，建立不同层级部门之间数据的动态双向流动机制，加强央地间数据共享，加快实现省区内数据回流赋能基层治理。通过对关键数据内容建链，完整记录数据的获取、更新、使用的信息，实现可追溯的数据全生命周期管理体系。引入多节点加密算法，以技术手段保障跨部门、跨区域高频数据共享的安全性。通过试点示范等方式，推动特定区域、特定政务服务和业务领域的数据率先建链上链。

2. 落实《中华人民共和国数据安全法》《中华人民共和国个人信息保护法》等法规，加强公共数据安全防护和个人隐私保护

加快数据安全保护制度规范建设。各地区各部门应加强对公共数据分类分

级管理，落实数据采集、归集、整合、使用等环节的安全责任，防范数据泄露和被非法获取；出台公共数据脱敏技术规范等配套措施，进一步完善公共数据安全保护制度规则。数据使用方要加强共享数据授权管理，强化涉密和重要敏感数据使用监管，按需申请共享数据，严格控制共享范围，确保共享数据规范使用，不被泄露、滥用、篡改。各级大数据部门要健全相应安全管控体系，探索政府、平台型企业、数据市场主体和个人多方参与、协同共治的新型监管体系；强化对参与政府信息化项目建设运营企业的监管，避免政务数据被违规截留和商业化使用。完善个人信息保护机制，坚持个人信息保护与数据要素市场发展并重，采用数据备份、流动追溯、加密认证等措施，加强对个人信息和重要数据的保护。

加强数据要素全生命周期安全管理。加强数据要素流动过程安全保障，规范数据在采集、传输、存储、处理、共享、开放、利用、销毁等全生命周期的主体责任和安全技术标准，建立健全数据安全评估制度、安全责任认定机制和重大安全事件及时处置机制。加强数据应用系统平台安全保障，进一步完善以病毒防范、漏洞管理、入侵检测、信息加密、访问控制等为重点的平台安全防护体系，加强安全可靠技术和产品推广应用，增强数据安全预警和溯源能力。建立对技术、设备和服务提供商的安全审查制度，鼓励行业协会、产业联盟制定行业算法自律准则，探索推进算法治理。

3. 加强科学化的监督评估，引导大数据应用形成良性工作机制

积极运用内部监督检查、第三方组织评估、专业机构评定、群众满意度评价等方式开展监督评估，充分发挥监督评估的导向作用，客观公正评价大数据应用成效，及时发现存在问题并加以整改，形成良性的工作机制。健全监督评估机制的核心和关键是科学合理地制定指标体系。根据不同层级数字政府建设的特点及监督评估工作的侧重点制定不同角度的指标，大体上包括两种类别：

一是用于全国各地区间横向比较数字政府建设发展水平，或者用于检查督促各地区各部门数字政府规划及工作部署落实完成情况的指标；二是用于对数字化重点工程项目的检查监督指标。

全面评价型指标的构建可以参考RAISE模型，即包括准备度指标（Readiness）、应用指标（Application）、交互指标（Interaction）、服务指标（Service）和体验指标（Experience）5个维度。其中，准备度指标（R）评价数字政府平稳安全运行的支撑设施和保障制度，体现一个地区的数字化“底蕴”；应用指标（A）评价数字化技术从政府内部看对治理能力提升的情况，可通过对重点领域治理改革支撑度的评估来考察数字政府发展水平；交互指标（I）评价数字政府与经济、社会中多元主体的互动情况，包括数字化的政务公开、民意征集、咨询投诉、数据开放等，体现共建共治共享的治理现代化基本特征；服务指标（S）评价通过一体化政务服务平台、政务服务大厅、自助服务终端、政务新媒体等方式为企业和公众提供行政权力事项服务和公共服务的能力；体验指标（E）评价用户对数字化应用的认知度和满意度水平，可以采用访谈调查、大数据挖掘等方式进行评估，分析数字政府从需求端展现的认可度。

数字化工程项目的监督评估。从数字政府建设投入的资金情况看，绝大多数经费投入到项目建设和运维中，因此加强数字政府工程项目的考核评估是形成数字政府建设正向发展循环的不可或缺的手段。第一，引导数字化应用对多业务协同的有力支撑，可以从提升业务履职能力和协同能力的角度定义该指标。第二，数字化系统建设是持续迭代的过程，迭代的前提是要有充分的使用，因此可以从反映系统平台基本运行状态的角度定义指标，例如系统平台的注册用户数占全部潜在用户数的比例、系统注册用户的活跃度（平均在线使用时长等）、系统沉淀数据的情况、所支撑业务在线运行的比例等。第三，可以设置用户使用体验和满意度指标，引导数字化工程重视用户端实用、好用、易用的感受。

健全完善科学运用评价结果的机制。一方面，应建立评估结果与项目运维费用预算挂钩的机制，对于连续几个监测周期内基本使用运行情况不达标的系统平台，要启动诊断流程，建立系统平台的退出机制，对无法产生使用价值的系统平台不再安排运维经费，对应用效果良好的系统平台在安排运维经费时应给予倾斜。另一方面，应建立各部门（建设主体单位）和各开发商的“信用能力档案”，将已建成项目的应用效果进行记录分析，对信用能力长期发展滞后的部门，要加强培训和工作层面的深度诊断，发现建设效果不佳的根本问题并加以整改。探索部门数字政府信用能力评价结果与部门职能编制动态调整的联动机制，对数字政府信用能力长期表现不佳的部门，适当将职能和编制划转给相关职能有交集的信用能力表现突出的部门。对信用能力长期表现不佳的开发厂商，建立合法合规的市场退出机制。

（三）系统平台建设层面

1. 创新集约化一体化平台建设模式

“统分结合”是各地数字政府建设的主要模式。既要强调“统”，在顶层设计的指导下分工负责，基于统一的公共数据平台实现数据按需合规有序汇聚、共享交换，一些关键的基础设施如政务云、安全防护体系等，一些共性的应用支撑功能如身份认证、电子签名、电子印章等，统一建设可以便捷地实现互联互通；又要强调“分”，尤其是治理和服务要下沉到基层，基层的具体情况各不相同，因此要能够鼓励各地结合自身实际情况和需求进行创新，提高数字政府的实用性。“统分结合”度的把握，是数字政府建设需要处理好的一对关系。

应鼓励省级行业主管部门推进集约化数字支撑系统平台的建设。主要基于3点认识：一是各区县的发展水平参差不齐，有创新意识强、建设成效显著的先进地区，但多数区县受限于资金和专业人才而难以全面实现数字政府建设的要求，省级部门的集约化平台建设有助于提高全省的整体数字化水平。二是区县创新的成果仅仅覆盖一个地区，而省级集约化平台如果建设成功，则能够提高全省整体水平，因此应当对省级集约化平台建设给予更多支持和关注，将个别领先地区的创新实践经验与省级集约化平台建设紧密衔接起来。三是从资金和人才等要素投入上看，省级集约化平台的总体费用大大低于分散建设所花费的成本，这是集约化容易形成规模效应的结果，而且省级部门相对基层而言，专业人才、复合型人才占有绝对优势，因此数字化平台建设的成功率会更高。

但是，省级集约化平台建设也要遵循一定的规则和程序，如果省级集约化平台建设失败，其造成的损失也是全局性的。省级集约化平台的论证和设计要建立严格的程序和标准，平台建设以构建统一的业务标准和技术标准为基础，需求和设计方案出台过程要对基层地区进行充分的调研，结果要经过基层代表的评审和确认，确保需求和设计能够满足基层实际工作的需要，避免仅考虑省级管理的需求，忽略了基层实际操作的要求。省级集约化平台要有数据回流机制，不能仅实现从基层抽取数据的功能，也要将本地区的数据留存在该地区，为基层治理赋能。

因此，数字政府工程项目应强调以集约节约为原则，加强共性系统、关键支撑平台的统一建设，发挥规模效应，便于实现互联互通和数据共享。统一建设的支撑平台要充分考虑基层人员的实际工作需求，在平台规划的详细设计过程中要设定专门环节聆听基层代表意见，设计方案评审要有基层代表参加。统一建设的系统平台要实现数据回流机制，为基层治理赋能。鼓励各地的业务服务创新试点，统建平台方可以与基层创新试点地区合作，形成的创新试点成果应能够与统建平台无缝整合，通过推广有益的试点创新成果实现统建平台的迭代升级，提升全局性整体性的数字化建设应用水平。

2. 探索迭代式、组件式系统开发模式

数字政府代表先进技术在政府改革治理过程中的深度应用，因此数字政府建设的复杂度要比传统电子政务更高。这是由于当前对实现治理体系和治理能力现代化的要求越来越高，因此各项业务工作也在不断加强创新，规则和流程处于不断探索中，不确定性和动态调整的特点比较突出；同时数字技术的深度应用是极具创新性的工作，因而没有先例可供参考复制，很多建设需求也是逐步明晰的，认识水平不断提高，业务本身也强调与时俱进。这些原因导致数字政府建设不能像以往电子政务工程项目一样，面向确定好的建设需求进行招标，选择开发建设团队实现固定的需求，这种建设模式不能完全适应当前治理改革频繁动态调整的特点。

一些地区的系统建设需进行服务外包，当业务规则发生调整时，必须要协调开发商修改程序，一些开发商服务不到位就很难实质性地响应这种变更需求。一些领先国家为解决此类问题进行探索，例如爱沙尼亚建立开发项目的迭代机制，提出信息化项目的建设过程应该是“开放期限”的，即没有截止日期，以便开发维护单位持续不断地对系统进行系统性改进。因此，对某些业务创新性要求比较高、规则变化比较频繁的领域，数字政府项目建设理想化的模式应该支持迭代式的开发过程，打破以往“交钥匙”的工程建设模式——仅实现原先设定好的需求后便将系统平台移交给甲方使用，通常情况下，甲方难以根据业务规则的变化而对系统功能进行同步调整。实现原先设定的需求只是系统平台建设成果的基础，政府部门还应当采购“伴随式”服务，与开发商共同应对改革过程中业务规则动态调整的要求，这样才能使数字政府项目与业务深度融合，不断提升数字化工程项目的生命力，创造更大公共价值。

组件式开发模式，则是为了应对大数据、人工智能等先进技术开发应用门槛越来越高的难题，降低系统平台开发的复杂度，将技术功能和算法进行封装。组件式的模式能够较好体现出“平台化”的优势，提高数字政府建设分工的专业化程度，提高系统建设的灵活性、功能模块的复用性，从而有效降低开发成本，提高开发效率。例如，英国提出“政府即平台”战略，探索代码、组件和平台的共享模式，并向世界各国分享解决技术和服务设计等问题的最佳实践案例；内阁组成部门或者第三方机构基于共享机制和通用业务平台来组建在线服务功能，开发附加应用，从而实现数字技术、业务流程和公务人员的有效结合，推动以平台为基础的政府数字化转型。

近年来，电子商务平台企业提出中台概念，有效处理复杂业务系统间的数据治理问题，其实质就是加强复杂信息系统的组件化、模块化建设，将采集、加工、服务、消费等全链条的各个环节功能需求封装成组件对内对外提供服务。数据中台强调的是“大中台，小前台”的建设模式，将数据进行全面汇集，统一满足各部门的共享需求，减少各部门的系统开发建设工作量。数据共享应用数量越多，整体成本节约就越多，同时，不管后台系统和前台系统如何改造，数据都会在中台留存下来，更有利于数据的积累和沉淀。

（四）数字生态层面

实现大数据赋能公共治理的目标，必须集各类主体之合力，不应该是政府“唱独角戏”，要能够形成政府—企业—社会良性互动的格局，构建繁荣多元的数字生态，为推动全面数字化转型汇聚更多资源。

一是要加强政务公开，提高政府工作的透明度和公信力，保障人民群众的知情权，这是政府工作能够赢得社会理解信任的重要基础，也是加强多元主体参与治理的前提条件。数字政府建设也必须置于“阳光”之下，接受各界监督。因此，应出台专门的数字化项目政务公开指导意见，统一规范各级政府部门数字化项目建设工作，全面公开资金投入使用、采购招投标、运行情况和效果等信息，为营造繁荣的数字化生态夯实基础。

二是要加强数据开放，为企业和第三方组织参与公共服务供给和数字政府建设创造有利条件。企业和第三方组织相对于政府部门具有技术优势，在某些领域中比政府部门更加了解服务对象的实际需求，但是企业和第三方组织由于缺少权威可靠的数据资源而无法将技术优势转变成有效的产品和服务。各级政府部门应负责将本部门履行职能和提供服务产生的数据进行脱敏处理，脱敏后的数据应以开放为原则提供给市场和社会使用。有条件的地区可尝试建立公共数据开放专区或科研专区，或通过数据大赛等形式选取具有实力的数据厂商或高校科研团队入围开放专区，在签订使用开发协议的条件下获取公共数据，从而既能为探索公共数据开放积累经验，又能够合理有效地控制数据开放的潜在风险。当前政务数据是否开放，鉴定判别权往往在各个业务部门手中，因此业务部门既是数据的提供者，又是判断数据是否开放的责任人，而一些政务数据开放后可能会带来不可预料的问题，因此，业务部门要完全承担未知风险。业务部门故而没有动力开放数据。为解决此类问题，尽量消除业务部门顾虑，可由大数据部门受政府委托，承接数据开放“鉴定权”的职能。由大数据部门负责鉴定数据是否能够开放，在一定程度上，相当于代表政府对部门数据开放行为进行背书，在一定范围内缓解业务部门对不可预料责任的顾虑。

三是探索以财政资金撬动数字政府建设的机制。对于公共治理与数字经济和数字社会相交叉的领域，可以探索利用财政资金撬动创新应用的做法，充分调动公共事业单位或市场主体的资源进行开发建设，建立根据应用实际效果进行财政资金补贴的机制，而不是传统方式下数字化应用建设费用由财政资金大包大揽。一方面可以减轻财政负担，使用少量资金撬动更多资源投入；另一方面，可调动多方主体的积极性参与建设，有助于改善数字政府项目的应用效果和用户体验。美国、加拿大等国家也在探索数字化工程项目的“无成本契约”建设模式，即政府不需要进行大量的前期投资，就可以启动数字化服务，类似于消费者在网上购买电影票，平台公司会向使用数字化服务的用户收取一定的费用，因此公司会积极推动公民采纳和使用这项服务。此种模式有助于形成政府和行业间公私合作伙伴关系，财政资金用于数字化公共服务建设的模式和补贴机制也存在一定的创新空间。

四是加强培训交流和人才培养。大数据部门应协同人社、教育等部门组织好大数据培训工作，面向全体公务人员提供数字化素养培训和数字化技能培训，为政府数字化转型夯实人才基础，培养一批既懂业务又懂技术的复合型人才。同时建立大数据部门与主要数字政府支撑机构（企业）间的人员交流机制，使得支撑机构人员能够了解政府部门的需求和运行特点，也使得政府人员能够了解企业运作和技术发展最新趋势，从而深化政企合作。

五是建立专家和用户参与机制。组建数字政府专家咨询委员会，在战略规划、项目评审、理论课题研究等方面充分发挥专家团队的作用。建立用户调查制度，既包括公务员队伍的用户，也包括企业和社会公众用户，对大数据赋能公共治理的应用效果开展定期调查，及时发现潜在问题和关键需求并加以整改。